Introdução à Semanálise

Coleção Estudos
Dirigida por J. Guinsburg

Equipe de Realização – Tradução: Lucia Helena França Ferraz; Edição de Texto: Sandra Marta Dolinsky e Eloisa Graziela Franco de O. Hamasaki; Revisão: Maura Loria Pereira e Iracema A. Oliveira; Sobrecapa: Sergio Kon; Produção: Ricardo W. Neves, Sergio Kon e Raquel Fernandes Abranches

Julia Kristeva

INTRODUÇÃO À SEMANÁLISE

 PERSPECTIVA

Título do original francês:
Σημειωτική: *Recherches pour une sémanalyse*

© Editions du Seuil, 1969

CIP-Brasil. Catalogação-na-Fonte
Sindicato Nacional dos Editores de Livros, RJ

K93i

Kristeva, Julia, 1941-
  Introdução à semanálise / Julia Kristeva; [tradução Lucia Helena França Ferraz]. 3. ed. revista e aumentada – São Paulo: Perspectiva, 2012.
      (Estudos ; 272p.)

  Tradução de: Recherches pour une sémanalyse, 3. ed.
  ISBN 978-85-273-0880-9

  1. Semântica (Filosofia). 2. Semiótica. I. Título. II. Série.

12-3416.   CDD: 401.41
                 CDU: 81'42

22.05.12   31.05.12   035778

3ª edição, revista e aumentada.

Direitos reservados em língua portuguesa à
EDITORA PERSPECTIVA S.A.

Av. Brigadeiro Luís Antônio, 3025
01401-000 São Paulo SP Brasil
Telefax: (011) 3885-8388
www.editoraperspectiva.com.br

2012

Sumário

1. O Texto e sua Ciência 1
2. A Semiótica, Ciência Crítica
   e/ou Crítica da Ciência 21
3. A Expansão da Semiótica 37
4. O Sentido e a Moda 55
5. O Gesto, Prática ou Comunicação? 85
6. O Texto Fechado 109
7. A Palavra, o Diálogo e o Romance 139
8. Por uma Semiologia dos Paragramas 169
9. A Produtividade Chamada Texto 203
10. Poesia e Negatividade 243
11. A Geração da Fórmula 277

Índice 383

1. O Texto e sua Ciência

I

> *Já bem tarde, somente agora, os homens começam a se dar conta do enorme erro que propagaram com sua crença na linguagem.*
>
> NIETZSCHE, *Humano, Demasiado Humano*

> *[...] de diversos vocábulos refaz uma palavra total, nova, estranha à língua.*
>
> MALLARMÉ, *Avant-dire*

Fazer da língua um trabalho – ποιεῖν (poiein) –, laborar sobre a *materialidade* do que, para a sociedade, é um meio de contato e de compreensão, não é fazer-se estranho à saída da língua? O ato chamado literário, por não admitir a distância *ideal* em relação *àquilo* que significa, introduz o estranhamento radical relativamente ao que se julga ser a língua – um portador de sentido. Estranhamente próxima, intimamente estranha à matéria de nossos discursos e de nossos sonhos, a "literatura" nos parece hoje ser o ato mesmo que apreende como a língua funciona e indica o que ela amanhã tem o poder de transformar.

Sob o nome de *magia, poesia* e, enfim, *literatura*, essa prática sobre o significante encontra-se, ao longo de toda a História, envolvida por um halo "misterioso" que, seja valorizando-a, seja atribuindo-lhe um lugar ornamental, se não nulo, dá-lhe o duplo golpe da *censura* e da recuperação *ideológica. Sagrado, belo, irracional*/religião estética, psiquiatria – essas categorias e esses discursos pretendem, cada um por seu turno, ocupar-se desse "objeto específico", o qual não poderíamos denominar sem classificá-lo em uma das ideologias recuperadas e que constitui o centro de nosso interesse, operacionalmente designado como *texto*.

Qual é o lugar desse objeto específico dentre a multiplicidade das práticas significantes? Quais são as leis de seu funcionamento? Qual é seu papel histórico e social? Tantas perguntas hoje colocadas à ciência das significações, à SEMIÓTICA, perguntas que seduzem continuamente o pensamento e às quais um certo saber positivo acompanhado de um obscurantismo estetizante recusam conceder seu lugar.

Entre a mistificação de um idealismo sublimado e sublimante e a recusa da atitude científica, a *especificidade* do trabalho com a língua *persiste* e mesmo há um século se acentua de modo a conquistar mais e mais firmemente seu *domínio* próprio, sempre mais inacessível às tentativas de ensaísmo psicológico, sociológico e estético. A falta de um conjunto conceitual se faz sentir, o qual acederia à particularidade do "texto", destacaria suas linhas de força e de mutação, seu devir histórico e seu impacto sobre o conjunto das práticas significantes.

A. Trabalhar a língua implica, necessariamente, remontar ao próprio germe onde despontam o sentido e seu sujeito. É o mesmo que dizer que o *produtor* da língua (Mallarmé) é obrigado a um nascimento permanente, ou melhor, que, às portas do nascimento, ele *explora* o que o precede. Sem ser uma "criança" de Heráclito que se diverte com seu jogo, ele é esse ancião que volta, antes de seu nascimento, para mostrar àqueles que falam que eles são falados. Mergulhado na língua, o "texto" é, por conseguinte, o que ela tem de mais estranho: aquilo que a questiona, aquilo que a transforma, aquilo que a descola de seu inconsciente e do automatismo de seu desenvolvimento habitual. Assim, sem estar na "origem" da linguagem[1] e eliminando a própria questão de origem, o "texto" (poético, literário ou outro) escava na superfície da palavra uma vertical, onde se buscam os modelos dessa *significância* que a linguagem representativa e comunicativa *não recita*, mesmo se os marca. Essa vertical, o texto a atinge à força de trabalhar o *significante*: a imagem sonora que Saussure vê envolver o sentido, um significante que devemos pensar aqui também no sentido que lhe deu a análise lacaniana.

Designaremos por *significância* esse *trabalho* de diferenciação, estratificação e confronto que se pratica na língua e que deposita sobre a linha do sujeito falante uma cadeia significante comunicativa e gramaticalmente estruturada. A *semanálise*, que estudará no *texto* a significância e seus tipos, terá, pois, de atravessar o significante com o sujeito e o signo, assim como a organização gramatical do discurso, para atingir essa zona onde se congregam os *germes* do que *significará* na presença da língua.

B. Este trabalho justamente questiona as leis dos discursos estabelecidos e apresenta um terreno propício no qual novos discursos podem se fazer ouvir. Tocar nos tabus da língua, redistribuindo suas categorias gramaticais e remanejando suas leis semânticas é, pois, também tocar nos tabus sociais e históricos; mas essa regra contém ainda um imperativo: o *sentido* dito e comunicado do texto (do fenotexto estruturado) *fala* e *representa* essa ação revolucionária que a significância *opera*, na medida em que encontra seu equivalente na cena da realidade social. Assim, por um duplo jogo, na matéria da língua e na história social, o texto se *instala* no real que o engendra: ele faz parte do vasto processo do movimento material e histórico,

---

1 "A partir da teologia dos poetas, que foi a primeira metafísica, e apoiando-se na lógica poética daí decorrente, vamos no presente procurar as origens das línguas e das letras." Giambattista Vico, *La Science nouvelle*, Paris: Nagel, 1953, § 428.
"Parece-nos, pois, evidente ter sido em virtude das leis necessárias da natureza humana que a linguagem poética tenha precedido à aparição da prosa" (idem, § 460). Herder procurava no ato poético o modelo da aparição das primeiras palavras. Assim também T. Carlyle sustenta que a esfera literária "encontra-se na nossa natureza mais íntima e envolve as bases primeiras, onde se originam o pensamento e a ação", em H. Shine (ed.), *Carlyle's Unfinished History of German Literature*, Lexington: University of Kentucky Press, 1951, p. 3. Encontra-se uma ideia semelhante em Nietzsche, em sua tese da arte necromante: remontando ao passado, restitui ao homem sua infância.

se não se limita – enquanto significado – a se autodescrever ou a se abismar numa fantasmática subjetivista.

Em outros termos, não sendo o texto a linguagem comunicativa que a gramática codifica, não se contenta com *representar* – com *significar* o real. Pelo que significa, pelo efeito alterado presente naquilo que representa, participa da mobilidade, da transformação do real, que apreende no momento de seu não fechamento. Dito de outro modo, sem remontar a – simular – um real fixo, constrói o teatro móvel de seu movimento, para o qual contribui e do qual é o *atributo*. Transformando a matéria da língua (*sua organização lógica e gramatical*), para aí transportando a relação das forças sociais da cena histórica (em seus *significados* regulados pela *situação do sujeito* do enunciado comunicado), o texto liga-se – lê-se – duplamente em relação ao real: à língua (alterada e transformada) e à sociedade (com cuja transformação ele se *harmoniza*). Se ele desorganizar e transformar o sistema semiótico regulador da mudança social e, ao mesmo tempo, dispuser nas instâncias discursivas as instâncias ativas do processo social, o texto não logrará se construir como signo nem no primeiro, nem no segundo tempo de sua articulação, nem em seu conjunto. O texto não *denomina* nem *determina* um exterior: designa como um *atributo* (uma *concordância*) essa mobilidade heraclitiana que nenhuma teoria da linguagem-signo pôde admitir e que desafia os postulados platônicos da *essência* das coisas e de sua *forma*[2], substituindo-os por uma outra linguagem, um outro conhecimento, cuja materialidade no texto apenas agora começamos a perceber. O texto está, pois, duplamente orientado: para o sistema significante no qual se produz (a

---

2 Sabemos que, se para Protágoras "a parte mais importante da educação consiste em ser um conhecedor de poesia" (338 e), Platão não leva a sério a "sabedoria" poética (*Crátilo* 391-397) quando ele não condena sua influência transformadora e libertadora das multidões (*Leis*). É surpreendente que a teoria platônica das Formas, que se vê questionada pelo trabalho poético na língua (sua mobilidade, sua ausência de fixidez etc.), encontre além disso e ao mesmo tempo um adversário indomável na doutrina de Heráclito. E é de todo natural que, na sua batalha para impor suas teses da língua como *instrumento de expressão* com fim *didático* (378 a, b), da *essência* estável e definida das coisas cujos nomes são imagens enganadoras (349 b) – é necessário, pois, conhecer a essência das coisas sem passar pelos nomes: eis o ponto de partida da metafísica pós-platônica até hoje – Platão, depois de haver desacreditado os poetas (o texto de Homero não lhe fornece provas para a estabilidade da essência), acaba por opor-se ao discípulo de Heráclito e ao princípio heraclitiano da mudança (*Crátilo*).

língua e a linguagem de uma época e de uma sociedade precisa) e para o processo social do qual participa enquanto discurso. Seus dois registros, de funcionamento autônomo, podem se separar em práticas menores, onde um remanejamento do sistema significante deixa intacta a representação ideológica que ele transporta, ou, inversamente, eles se reúnem nos textos marcando os blocos históricos.

Tornando-se a significância uma infinidade diferenciada cuja combinatória ilimitada jamais encontra limites, a "literatura" / o texto subtrai o sujeito de sua identificação com o discurso comunicado, e, pelo mesmo movimento, rompe com sua categoria de espelho que reflete as "estruturas" de um exterior. Engendrado por um exterior real e infinito em seu movimento material (e sem ser deste o *efeito* causal), e incorporando seu destinatário à combinatória de seus traços, o texto cria para si uma zona de multiplicidade de marcas e de intervalos cuja inscrição não centrada põe em prática uma polivalência sem unidade possível. Esse estado – essa prática – da linguagem no texto afasta-o de toda dependência de uma exterioridade metafísica, ainda que intencional, e, portanto, de todo *expressionismo* e de toda *finalidade*, o que significa que o afasta também do evolucionismo e da subordinação instrumental a uma história sem língua[3], sem

---

3 A teoria clássica considerava a literatura e a arte em geral como uma *imitação*: "Imitar é natural nos homens e se manifesta desde sua infância [...] e em segundo lugar todos os homens têm prazer com as imitações" (Aristóteles, *Poética*). A mimese aristotélica, cuja sutileza está longe de ser revelada, foi compreendida ao longo da história da teoria literária como uma cópia, um reflexo, um decalque de um exterior autônomo, para dar apoio às exigências de um *realismo* literário. Para a literatura concebida, pois, como uma arte, foi atribuído o domínio das *percepções*, oposto àquele dos *conhecimentos*. Essa distinção que encontramos em Plotino (*Ennéades*, IV, 87: *Dites de physeos tautes ouses, tes men noetes, tes de aisthetes*./ Também a natureza tem dois aspectos: um inteligível, o outro sensível.) foi retomada por Baumgarten, que fundou com a palavra o discurso *estético*: "Os filósofos gregos e os padres da igreja sempre distinguiram cuidadosamente entre *coisas percebidas* (*aistheta*) e *coisas conhecidas* (*noeta*). É, de fato, evidente que não identificavam as coisas inteligíveis às coisas sensíveis ao dignificar com esta palavra coisas tão distantes do sentido (das imagens, portanto). Consequentemente, as coisas intelectuais devem ser conhecidas por uma faculdade superior, como objetos da lógica; as coisas percebidas devem ser estudadas por uma faculdade inferior, como objetos da ciência das percepções ou *estética*. Cf. Alexander Gottlieb Baumgarten, *Reflections on Poetry*, Berkeley/Los Angeles: University of California Press, 1954, § 116. E mais além: "a *retórica geral* pode ser definida como representações dos sentidos, a *poética geral* como a ciência que trata geralmente da apresentação perfeita das representações sensitivas" (idem, § 117).

com isso destacá-lo daquilo que é seu papel na cena histórica: marcar as transformações do real histórico e social, praticando-as na matéria da língua.

Esse significante (que não é mais *um* desde que não depende mais de *um sentido*) textual é uma rede de diferenças que marcam e/ou reúnem as mutações dos blocos históricos. Analisada do ponto de vista da cadeia comunicativa e expressiva do sujeito, a rede abandona:

– um *sagrado*: quando o sujeito concebe Um centro regente-intencional da rede;

– uma *magia*: quando o sujeito se preserva da instância dominante do exterior, à qual a rede, por um gesto inverso, teria, por destino, de dominar, mudar, orientar;

> Se, para a estética idealista de Kant, o "estético" é um *julgamento universal* mas *subjetivo*, pois oposto ao *conceitual*, em Hegel a arte da palavra chamada "poesia" torna-se a expressão suprema da Ideia em seu movimento de particularização: "ela (a poesia) abarca a totalidade do espírito humano, o que comporta sua particularização nas mais variadas direções", La Poésie I, *Esthétique*, Paris: Aubier, p. 37. Posta assim em paralelo com a filosofia especulativa, a poesia dela se diferencia, ao mesmo tempo, em virtude da relação que estabelece entre o *todo* e a *parte*. "Certamente, suas obras devem possuir uma unidade concordante, e aquilo que anima o todo deve estar igualmente presente no particular, mas essa presença, em vez de ser marcada e acentuada pela arte, deve permanecer um em-si interior, semelhante à alma que está presente em todos os seus membros, sem dar-lhes a aparência de uma existência independente" (idem, p. 49). Assim, sendo uma *expressão* – uma exteriorização particularizante – da Ideia, e porque participa da *língua*, a poesia é uma representação interiorizante que coloca a Ideia o mais perto do Sujeito: "A força da criação poética consiste, pois, em a poesia modelar um conteúdo interiormente, sem recurso a figuras exteriores ou a sucessões de melodias: desse modo, ela transforma a objetividade exterior numa objetividade interior, que o espírito exterioriza para a representação, sob a própria forma na qual essa objetividade encontra-se e deve se encontrar no espírito" (idem, p. 74). Evocado para justificar a subjetivização do movimento poético, o fato de a poesia ser *verbal* é rapidamente descartado: Hegel recusa pensar na materialidade da língua: "Esse lado verbal da poesia poderia dar margem a considerações infinitas e infinitamente complicadas, das quais creio, contudo, dever abster-me, para ocupar-me de assuntos mais importantes que me esperam" (idem, p. 83).
>
> Essas reproduções de certos momentos ideológicos da concepção do texto – que cortam a página em dois e tendem a invadi-la – não estão destinadas unicamente a designar que aquilo que está escrito acima, tal qual um *iceberg*, vá ser lido sobre o fundo de uma tradição incômoda. Elas indicam, também, o pesado fundo idealista, de onde uma teoria do texto deve poder emergir: o do Sujeito e o da Expressão, aquele fundo que se encontra por vezes retomado, sem crítica, por discursos de pretensões materialistas que buscam na literatura uma expressão do sujeito coletivo da história.

– um *efeito* (literário, *belo*): quando o sujeito se identifica com seu outro – o destinatário – para lhe oferecer (para se oferecer) a rede sob uma forma fantasmática, *ersatz* do prazer.

Desligar a rede desse tríplice nó – do *um*, do *exterior* e do *outro*, nós onde se entrava o *sujeito* para aí se erigir – seria talvez abordá-la no que ela tem de especificamente próprio, a saber: a transformação a que submete suas categorias e a construção de seu domínio fora delas. É, ao mesmo tempo, construir-se no *texto* um campo conceitual novo que nenhum *discurso* possa propor.

C. Área específica da realidade social – da História –, o *texto* impede a identificação da linguagem como sistema de comunicação de sentido, com a História como um todo linear. Equivale dizer que ele impede a constituição de um *continuum* simbólico substitutivo da linearidade histórica, e que não pagará jamais – quaisquer que sejam as justificativas sociológicas e psicológicas que lhe possamos atribuir – sua *dívida* para com a razão gramatical e semântica da superfície linguística de comunicação. Fazendo romper a superfície da língua, o texto é o "objeto" que permitirá quebrar a mecânica conceitual que põe em foco uma linearidade histórica e ler uma *história estratificada*: de temporalidade cortada, recursiva, dialética, irredutível a um único sentido, mas feita de tipos de *práticas significantes* nas quais a série plural resta sem origem nem fim. Uma outra história se perfilará assim, que serve de base à história linear: a história recursivamente estratificada das *significâncias*, da qual a linguagem comunicativa e sua ideologia subjacente (sociológica, historicista ou subjetivista) representam apenas a faceta superficial. Tal papel, o texto o desempenha em toda sociedade atual: ele é-lhe solicitado inconscientemente, é-lhe interdito ou dificultado *praticamente*.

D. Se o texto permite essa transformação em volume da linha histórica, não deixa de manter relações precisas com os diversos tipos de práticas significantes na história corrente: no bloco social evolutivo.

Em uma época pré-histórica/pré-científica, o trabalho com a língua se opunha à atividade mítica[4] e, sem cair na psicose

---

4 "Poderíamos definir o mito como esse modo de discurso em que o valor da fórmula *traduttore, traditore* tende praticamente a zero. Desse ponto de vista, o lugar

superada da magia[5], porém tangenciando-a – poderíamos dizer, conhecendo-a –, ele se oferecia como o *intervalo* entre dois absolutos: o Sentido sem língua acima do referente (se tal é a lei do mito) e o Corpo da língua englobando o real (se tal é a lei do rito mágico). Um intervalo colocado em posição de ornamento, isto é, esmagado, mas permitindo o funcionamento dos termos do sistema. Intervalo que, com o curso dos anos, se distanciará de sua proximidade com o rito para se aproximar do mito: aproximação exigida paradoxalmente por uma necessidade social de realismo, este entendido como abandono do corpo da língua.

Na modernidade, oposto habitualmente ao conhecimento científico formal[6], o texto "estranho à língua" parece-nos,

do mito na escala dos modos de expressão linguística é oposto ao da poesia, não importa o que tenhamos dito para aproximá-los. A poesia é uma forma de linguagem extremamente difícil de traduzir numa língua estrangeira, e toda tradução acarreta múltiplas deformações. Ao contrário, o valor do mito como mito persiste, apesar da pior tradução. Seja qual for nossa ignorância acerca da língua e da cultura do povo de onde o recolhemos, um mito é percebido como mito por todo leitor no mundo inteiro. A substância do mito não se encontra no estilo, nem no modo de narração, nem na sintaxe, mas na história que aí é contada. O mito é linguagem; mas uma linguagem que trabalha num nível muito elevado, e onde o sentido chega a *descolar-se* do alicerce linguístico sobre o qual começou a correr" (C. Lévi-Strauss, *Anthropologie structurale*, Plon, 1958, p. 232).

5 Analisando a magia nas sociedades primitivas, Geza Roheim a identifica com o processo de sublimação e afirma: "a magia, em sua forma primeira e original, é o elemento fundamental do pensamento, a fase inicial de toda atividade [...] A tendência orientada para o objeto (libido ou destruído) é desviada e fixada sobre o Eu (narcisismo secundário) para constituir objetos intermediários (cultura), e desse modo dominar a realidade graças unicamente à nossa própria magia" (*Magie et schizophrénie*, Anthropos, 1969, p. 101-102; para esta tese de Roheim, cf. também *The Origin and Function of Culture*, New York: Nervous and Mental Desease Monographs, 1943).

6 Como o nota Croce (*La Poésie*, PUF, 1951, p. 9), "foi em relação à poesia que foi abandonado, pela primeira vez, o conceito do 'conhecer receptivo' e postulado o do 'conhecer como fazer'". Pensada em relação à atividade científica, a literatura sucumbe a duas atitudes igualmente censurantes. Ela pode ser banida da ordem do conhecimento e declarada ser da ordem da impressão, da excitação, da natureza (em virtude, por exemplo, de sua obediência ao princípio "da economia da energia mental do receptor", cf. H. Spencer, *Philosophie of Style, An Essay*, New York, 1880); da apreciação (o discurso poético, para Charles Morris, "significa através de signos, cujo modo é apreciativo, e sua finalidade principal é provocar a concordância do intérprete sobre que o que é significado deve ter um lugar preferencial em seu comportamento apreciativo", cf. *Signs, Language and Behavior*, New York, 1946); da emoção oposta aos discursos referenciais (para Ogden and Richards, *The Meaning of "Meaning"*, Londres, 1923, o discurso referencial opõe-se ao tipo emotivo de discurso). Segundo a velha fórmula *Sorbonae nullum jus in Parnaso*, toda abordagem científica é declarada inadequada e impotente face ao "discurso emocional".

realmente, ser a operação mesma que introduz *através da língua* esse trabalho que pertence *manifestadamente* à ciência e que encobre a carga representativa e comunicativa da palavra, a saber: a pluralização dos sistemas abertos de notação não submetidos ao centro regulador de um sentido. Sem se opor ao ato científico (a batalha do "conceito e da imagem" não tem curso hoje), mas longe de se igualar a ele e sem pretender substituí-lo, o texto inscreve seu domínio fora da ciência e através da ideologia como uma verbalização (*mise-en-langue*) da notação científica. O texto transpõe para a linguagem, para a história social, portanto, os remanejamentos históricos da significância evocando aqueles que encontramos marcados em seu domínio próprio

> O cientificismo positivista comunga a mesma definição da arte, mesmo reconhecendo que a ciência pode e deve estudar seu domínio. "A arte é uma expressão emotiva [...] Os objetos estéticos servem de símbolos que exprimem os estados emocionais. Para o artista, assim como para quem o olha ou o escuta, a obra de arte introduz significações emotivas (*emotive meanings*) no objeto físico, que consiste numa pintura exibida sobre uma talagarça, ou em sons produzidos por instrumentos musicais. A expressão simbólica da significação emotiva é uma meta natural, isto é, representa um valor que aspiramos desfrutar. A avaliação é uma característica geral das atividades orientadas do homem (*human goal activities*), e é oportuno estudar sua natureza lógica em sua generalidade, sem restringi-la à análise da arte." Hans Reichenbach, *The Rise of Scientific Philosophies*, Berkeley/Los Angeles: University of California Press, 1956, p. 313.
> Uma outra espécie de positivismo, que não está longe de se confundir com um materialismo mecanicista, atribui à "arte", como função predominante, a função *cognitiva*, chegando a identificá-la com a ciência: "como a ciência é uma atividade mental, pois levamos certos conteúdos do mundo para o reino do conhecimento objetivamente válido; [...] o papel particular da arte é fazer o mesmo com o conteúdo emocional do mundo. Segundo este ponto de vista, consequentemente, a função da arte não é a de dar ao receptor qualquer espécie de prazer, por mais nobre que seja, mas de fazê-lo conhecer algo que ele antes não sabia". O. Baensch, "Kunst und Geful", em *Logos*, 1923, traduzido para o inglês, em S. K. Langer (ed.), *Reflections on Art*, Baltimore: Johns Hopkins University Press, 1958, p. 10-23. Se, de fato, um texto aplica uma notação rítmica do significante e do significado, obedecendo às leis por ele dadas e assim aparentando à conduta científica, é impossível identificar os dois tipos de práticas significantes (como o faz H. Read: "A meta fundamental do artista é a mesma do erudito: enunciar um fato [...] Não consigo pensar em nenhum critério de verdade em ciência que não se aplique com o mesmo vigor à arte", *The Forms of Things Unknown*, London: Faber & Faber, 1960, p. 21). Mesmo se não aceitarmos o modo pelo qual Read define a "arte" e a "ciência", subordinando-as à enunciação de um fato, e se definirmos suas práticas pelas leis de sua lógica interna, ainda assim a formulação de um texto insere ou não no *discurso ideológico* a operação formulária da ciência contemporânea e, como tal, furta-se a toda neutralidade científica, a todo sistema de verdade extrassubjetivo, e, portanto, extraideológico, para se acentuar como prática incluída no processo social em curso.

pela descoberta científica. Essa transposição não poderia operar-se – ou permaneceria caduca, fechada em seu alhures mental e subjetivista – se a formulação textual não se apoiasse na prática social e política, e, portanto, na ideologia da classe progressista da época. Assim, *transpondo* uma operação da inscrição científica e *falando* uma atitude de classe, isto é, *representando-a* no significado daquilo que é entendido como Um sentido (uma estrutura), a prática textual descentra o sujeito de um discurso (de um sentido, de uma estrutura) e constrói-se como a operação de sua pulverização numa infinidade diferenciada. Ao mesmo tempo, o texto evita censurar a exploração "científica" da infinidade significante, censura essa sustentada simultaneamente por uma atitude estética e por um realismo ingênuo.

Assim sendo, vemos em nossos dias o texto tornar-se o terreno onde se *atua*: pratica-se e apresenta-se o remanejamento epistemológico, social e político. O texto literário atualmente atravessa a face da ciência, da ideologia e da política como discurso e se oferece para confrontá-los, desdobrá-los, refundi-los. Plural, plurilinguístico às vezes, e frequentemente polifônico (pela multiplicidade de tipos de enunciados que articula), ele presentifica o gráfico desse cristal, que é o trabalho da significância, tomada num ponto preciso de sua infinidade: um ponto presente da *história* onde esta infinidade *insiste*.

A particularidade do *texto*, assim designado, separa-o radicalmente da noção de "obra literária" instalada por uma interpretação expressionista e fenomenológica, facilmente populista, surda e cega ao registro dos estratos diferenciados e confrontados no significante folhado – multiplicado – da língua: diferenciação e confronto, cuja relação específica com a fruição que pulveriza o sujeito é claramente percebida pela teoria freudiana, e que a prática textual dita de vanguarda, contemporânea e posterior à ruptura epistemológica operada pelo marxismo, acentua de modo historicamente marcante.

Mas se o conceito de *texto* colocado aqui escapa ao domínio do objeto literário solicitado conjuntamente pelo sociologismo vulgar e pelo esteticismo, não se poderia confundi-lo com esse objeto plano que a linguística postula como *texto*, esforçando-se por tornar precisas as "regras verificáveis" de suas articulações e transformações. Uma descrição positivista da gramaticalidade (sintática ou semântica), ou da agramaticalidade, não será suficiente para definir a especificidade do texto tal como é lido aqui. Seu estudo dependerá de uma análise do ato significante – de um questionamento das próprias categorias da gramaticalidade – e não poderá ter a pretensão de fornecer um sistema de regras formais que acabariam por encobrir totalmente o trabalho da significância. Este trabalho é sempre um *a mais* que excede as regras do discurso comunicativo e como tal *insiste* na presença da fórmula textual. O texto não é um conjunto de enunciados gramaticais ou agramaticais; é *aquilo* que se deixa ler através da particularidade dessa conjunção de diferentes estratos da significância presente na língua, cuja memória ele desperta: a história. Equivale a dizer que é uma prática complexa, cujos grafos devem ser apreendidos por uma *teoria* do ato significante específico que se representa *através* da língua, e é unicamente nessa medida que a ciência do texto tem qualquer coisa a ver com a descrição linguística.

II

> *O movimento do conhecimento científico, eis o essencial.*
>
> LÊNIN, *Cahiers Philosophiques*

Assim sendo, coloca-se o problema de afirmar o direito à existência de um *discurso* que levasse em conta o funcionamento do texto e de esboçar as primeiras tentativas de construção desse discurso. A semiótica parece-nos oferecer hoje um terreno ainda não demarcado para a elaboração desse discurso. É importante lembrar que as primeiras reflexões sistematizadas sobre o *signo* – *semeion* – foram as dos estoicos, e coincidiram com a origem da epistemologia antiga. Opondo-se ao que se julga ser o núcleo da significação, a semiótica retoma esse *semeion* sobre o fundo do longo desenvolvimento das ciências do discurso (linguística, lógica) e de sua supradeterminante – a matemática – e se inscreve como um *cálculo lógico*, tal como o vasto projeto leibniziano dos diferentes modos de *significar*. Vale dizer que o procedimento semiótico retoma de alguma forma o procedimento axiomático fundado por Boole, de Morgan, Peirce, Peano, Zermelo, Frege, Russel, Hilbert etc. Com efeito, é a um dos primeiros axiomáticos, Charles Sanders Peirce, que devemos o emprego moderno do termo *semiótica*[7]. Mas se a via axiomática, exportada para fora do domínio matemático, tende ao impasse subjetivista positivista (consagrado pela *Construction logique du monde*, de R. Carnap), o projeto semiótico não fica menos aberto e cheio de promessas. A razão talvez deva ser procurada na acepção de semiótica que podemos descobrir nas breves indicações de Ferdinand de Saussure[8]. Notemos a importância que se destaca para nós da *semiologia* saussuriana:

A. A semiótica construir-se-á como uma *ciência* dos discursos. Para alcançar o estatuto científico, terá necessidade, num primeiro tempo, de se fundar numa entidade formal, isto é, de destacar uma entidade sem exterior, do discurso reflexivo de um "real". Tal é, para Saussure, o signo linguístico. Sua exclusão do referente e seu caráter arbitrário[9] aparecem hoje como postulados teóricos, permitindo ou justificando a possibilidade de uma axiomatização dos discursos.

---

[7] "A lógica, em seu sentido geral, creio tê-lo mostrado, é somente uma outra palavra para semiótica (*semeiotike*), uma doutrina quase necessária ou formal dos signos. Ao descrever a doutrina como 'quase necessária' ou formal, tenho em vista que observamos os caracteres de tais signos como o podemos, e a partir de tais observações, por um processo que não me recuso a chamar de Abstração, somos levados a julgamentos eminentemente falíveis e, consequentemente, num sentido absolutamente necessários, relativos ao que *devem* ser os caracteres dos signos utilizados pela inteligência 'científica'." Em Justus Buchler (ed.), *Philosophical Writings of Peirce*, New York: Dover, 1955, p. 98.

[8] "Pode-se conceber uma ciência que estude a vida dos signos no seio da vida social; ela constituiria uma parte da psicologia social e, por conseguinte, da psicologia geral; chama-la-emos de *semiologia* (do grego *semeîon*, 'signo'). Ela nos ensinaria em que consistem os signos, quais leis os regem. Como não existe ainda, não se pode dizer o que ela será; mas ela tem direito à existência, seu lugar está determinado de antemão. A linguística é apenas uma parte dessa ciência geral; as leis que a semiologia descobrir serão aplicáveis à linguística e esta se encontrará, assim, vinculada a um domínio bem definido no conjunto dos fatos humanos. Compete ao psicólogo determinar o lugar exato da semiologia." Ferdinand de Saussure, *Cours de linguistique générale*, Paris: Payot, 1960, p. 33 (trad. bras., *Curso de Lingüística Geral*, 27. ed., São Paulo: Cultrix, 2006, p. 24).

[9] Para a crítica da noção do arbitrário do signo, cf. Émile Benveniste, Nature du signe linguistique, em *Problèmes de linguistique générale*, Paris: Gallimard, 1966.

B. "Nesse sentido, a linguística pode erigir-se em padrão de toda semiologia[10], se bem a língua não seja um sistema particular"[11]. Está assim enunciada para a semiologia a possibilidade de poder escapar às leis da significação dos discursos como sistemas de comunicação, e de pensar outros domínios da *significância*. Uma primeira advertência contra a matriz do signo foi, pois, pronunciada para ser posta em prática no próprio trabalho de Saussure consagrado nos *textos*, os *Anagrammes*, que traçam uma lógica textual distinta daquela regida pelo signo. O problema do exame crítico da noção de *signo* impõe-se, pois, a todo o procedimento semiótico: sua definição, seu desenvolvimento histórico, sua validade e suas relações com os diferentes tipos de práticas significantes. A semiótica não lograria se fazer a não ser obedecendo totalmente à lei que a fundamenta, a saber, à desintricação dos procedimentos significantes; isto implica que ela se volte incessantemente sobre seus próprios fundamentos, pense-os e transforme-os. Mais que "semiologia", ou "semiótica", esta ciência constrói-se como uma crítica do sentido, de seus elementos e de suas leis – como uma *semanálise*.

C. "Compete ao psicólogo determinar o lugar exato da semiologia", escreve Saussure, e coloca assim o problema essencial: o do lugar da semanálise no sistema das ciências. Hoje, é evidente que o psicólogo e mesmo o psicanalista só dificilmente determinariam o lugar da semanálise: essa especificação seria devida, talvez, a uma teoria geral do funcionamento simbólico, para cuja constituição o concurso da semiótica é indispensável. Dever-se-ia, não obstante, entender a proposição saussuriana como uma advertência: a semiótica não poderá ser uma neutralidade formal semelhante à da axiomática pura, nem mesmo à da lógica e da linguística. Explorando os *discursos*, a semiótica participa dessa "troca de aplicações" entre as ciências, que o materialismo racional de Bachelard foi um dos primeiros a pensar, e situa-se no cruzamento de diversas ciências, produzidas elas mesmas pelo processo de interpenetração das ciências.

---

10 Sobre as relações semiologia-linguística, cf. R. Barthes, Éléments de sémiologie, em *Communication*, n. 4; Jacques Derrida, *De la grammatologie*, Paris: Minuit, 1967 (trad. bras.: *Gramatologia*, São Paulo: Perspectiva, 2. ed., 2000), e Grammatologie et sémiologie, em *Information sur les sciences sociales*, n. 4, 1968.
11 F. Saussure, *Cours…*, p. 101 (*Curso…*, p. 82).

Ora, se se procura evitar concebê-la como um procedimento capitalizador do sentido e, por conseguinte, criador do campo unificado e totalizante de uma nova suma teológica, e para começar a demarcar o *lugar semiótico*, é importante precisar suas relações com as outras ciências[12].

É uma relação semelhante àquela que une a matemática à metamatemática, mas exposta a uma escala geral, abarcando toda construção significante, que atribui seu lugar à semiótica. Movimento de retirada com relação aos sistemas significantes, portanto, com relação às diferentes práticas significantes que *postulam* a *natureza*, produzem *textos* e apresentam *ciências*.

A semiótica, ao mesmo tempo, faz parte do corpo das ciências porque possui um objeto específico: os modos e as leis da significação (a sociedade, o pensamento), e porque se elabora no cruzamento de outras ciências; mas também se reserva *uma*

12 Depois de Auguste Comte, a filosofia idealista moderna, seja ela subjetivista (a do círculo positivista de Viena, por exemplo) ou objetivista (como o neotomismo), tenta designar um lugar para a ciência no sistema das atividades humanas e postular relações entre as diferentes ciências. Inúmeras obras abordam estes problemas (citemos algumas marcando os anos antes da renovação psicanalítica e do advento da semiótica durante os anos de 1960: Neotomistas – Jacques Maritain, *De Bergson à Thomas d'Aquin*, New York: Maison Française, 1944; Maurice de Wulf, *Initiation à la philosophie thomiste*, Louvain: Nauwelaerts, 1949; Nicolai Hartmann, *Philosophie der Naturen*, Berlin: de Gruyter, 1950; Günther Jacoby, *Allgemeine Ontologie der Wirklichkeit*, band II, Halle: Niemeyer, 1955. Para a crítica desses filósofos teológicos, cf. Georg Klauss, *Jesuiten, Gott, Materie*, Berlin, 1957; neopositivistas: Philipp Frank, *Philosophy of Science: The Link between Science and Philosophy*, New Jersey: Prentice Hall, 1957; Gustav Bergmann, *Philosophy of Science*, Madison: University of Wisconsin Press, 1957) e tentaram uma classificação das ciências. Outras, seguindo o ceticismo de John Venn, *Principles of Empirical and Inductive Logik*, London: Macmillan, 1889, recusam-se pensar a unidade diversificada das ciências e reúnem-se, assim, a um relativismo subjetivo não distante do idealismo objetivo. É surpreendente, porém, ver que essas filosofias, mesmo nas obras mais recentes, compreendendo-se aí os sucessores da epistemologia magistral de Husserl e deixando de lado a revolução freudiana, evitam colocar o problema do ato significante tal como a trilha freudiana permite colocá-lo em questão, em sua origem e sua transformação, e conceber a possibilidade de uma *ciência* que o teria por *objeto*.
A filosofia marxista, em suas tentativas epistemológicas frequentemente contaminadas por um naturalismo que esquece (portanto não analisa) a parte do processo significante (do sentido e do sujeito) que produz os conceitos, e, exposta a um evolucionismo inconscientemente hegeliano. Strumiline apresentou uma classificação das ciências do ponto de vista do materialismo dialético, na qual, mais do que nas classificações positivistas, a semiótica encontrará seu lugar. *A Ciência e o Desenvolvimento das Forças Produtivas*, Moscou, [s. n.], 1954. Cf. B. A. Kedrov, *Classificação das Ciências*, t. II, Moscou, 1965, p. 469.

distância teórica que lhe permite pensar os discursos científicos dos quais faz parte e, simultaneamente, para extrair deles o fundamento científico do *materialismo dialético*.

Na sua classificação das ciências, Peirce reserva um lugar particular à *theorics* que ele situa entre a *filosofia* e a *idioscopia*[13] (à qual pertencem as ciências físicas e as ciências humanas). A *teórica* é uma subclasse das ciências filosóficas (lógica, estética, ética etc.) ao lado daquilo que Peirce chama "necessary philosophy" e que, segundo ele, pode ser nomeada *"epistemy* porque, única entre as ciências, realiza a concepção platônica e helênica em geral de *episteme*".

Esta subclasse tem apenas duas subdivisões que dificilmente podemos classificar como ordens, ou antes, como famílias: a *cronoteoria* e a *topoteoria*. Esse tipo de estudo está em sua infância. Pouca gente reconhece que existe outra coisa além de uma especulação ideal. É possível que, no futuro, a subclasse seja completada por outras ordens.

A semiótica, hoje, nos parece poder erigir-se como uma tal *teórica*: ciência do tempo (cronoteoria) e topografia do ato significante (topoteoria).

Instância que pensa as leis da significância sem se deixar bloquear pela lógica da linguagem comunicativa, na qual falta o lugar do sujeito, mas incluindo suas topologias no traçado de sua teorização, e, com isto, voltando-se sobre si mesma, como por sobre um de seus objetos, a semiótica/a semanálise construir-se-á, com efeito, como uma *lógica*. Mais que uma lógica formal, porém, ela será talvez o que se pode chamar de *lógica dialética* – termo cujos dois componentes neutralizam, reciprocamente, a teleologia da dialética idealista e a censura dirigida ao sujeito na lógica formal.

Operando uma "troca de aplicações" entre a sociologia, a matemática, a psicanálise, a linguística e a lógica, a semiótica torna-se a alavanca que orienta as ciências para a elaboração de uma gnoseologia materialista. Pela intervenção semiótica,

---

13   O termo *idioscopia* é emprestado de Bentham e designa "ciências especiais [escreve Peirce] que dependem de uma observação especial e que atravessam ou outras explorações, ou certas presenças dos sentidos". Philosophy and the Science: A Classification, em J. Buchler (ed.), op. cit., p. 66.

o sistema das ciências vê-se descentrado e obrigado a se voltar para o materialismo dialético para permitir-lhe, por sua vez, ver a elaboração da significação, isto é, produzir uma gnoseoogia. O sistema científico é extraído de sua banalidade, e uma profundidade lhe é acrescentada, que pensa as operações que o *constituem* – uma verticalidade que pensa o procedimento significante.

Assim, a semiótica enquanto semanálise e/ou *crítica* de seu próprio método (de seu objeto, de seus modelos, de seu discurso colocados pelo *signo*) participa de um procedimento *filosófico* (no sentido kantiano do termo). Ora, é o lugar semiótico exatamente que remaneja a distinção filosofia/ciência: nesse lugar, e a partir dele, a filosofia não pode ignorar os discursos – os sistemas significantes – das ciências, e as ciências não podem esquecer que são discursos – sistemas significantes. Lugar de penetração da ciência na filosofia e de análise crítica do procedimento científico, a *semanálise* delineia-se como a *articulação* que permite a constituição rompida, estratificada, diferenciada de uma *gnoseologia materialista*, isto é, de uma teoria científica dos sistemas significantes na história, e da história como sistema significante. Por isso, digamos que a semanálise extrai o conjunto dos sistemas significantes das ciências, de sua univocidade não crítica (orientada para o seu objeto e ignorando o seu sujeito), ordena criticamente os sistemas significantes e contribui, desse modo, para o embasamento não de um Sistema do Saber, mas de uma série discreta de proposições sobre as práticas significantes.

A semanálise, cujo projeto é antes de tudo crítico, não se construirá como um edifício terminado, "enciclopédia geral das estruturas semióticas", e ainda menos como o topo último, a *metalinguagem* "final" e "saturada" duma imbricação de linguagens, onde cada uma toma a outra por "plano de conteúdo". Se tal é a intenção da *metassemiologia* de Hjelmslev[14],

14 A teoria semiótica de Louis Hjelmslev, por sua precisão e sua amplitude, e malgrado sua extrema abstração (tornando-se o anti-humanismo um logicismo apriorístico), é, sem dúvida, a mais bem-definida dentre as que propõem um procedimento de formalização dos sistemas significantes. Exemplo marcante das contradições internas das ciências ditas humanas, a concepção hjelmsleviana da semiótica parte de premissas carregadas de ideologia (como a distinção substância/forma, conteúdo/expressão, imanência/transparência etc.), e através de uma série

a semanálise, ao contrário, rompe a neutralidade secreta da metalinguagem supraconcreta e superlógica e designa *para as linguagens* as operações definitivas para lhes atribuir o sujeito e a história. Pois longe de compartilhar do entusiasmo da *glossemática* que marcou a "belle époque" da Razão Sistematizante persuadida da universalidade de suas operações transcendentais, a semanálise se ressente do abalo freudiano, e, em outro plano, marxista, do sujeito e de seu discurso, e sem propor sistema universal e fechado, formaliza para desconstruir. Ela evita, assim, o voltar-se agnóstico da linguagem sobre si mesma e lhe designa um *exterior* – um "objeto" (sistema significante) resistente –, o qual a semiótica analisa para situar seu formalismo numa concepção materialista histórica, que toma essa formalização obliquamente.

Na etapa atual, hesitante, dividida entre o cientificismo e a ideologia, a semiótica penetra em todos os "objetos" do domínio da "sociedade" e do "pensamento", o que significa que ela penetra nas ciências sociais e procura seu parentesco com o discurso epistemológico.

<small>de decorrências logicamente definidas, chega à *metassemiologia* que, "na prática, é idêntica à descrição da substância". "A distinção de Saussure (substância/forma) e a formulação que dela deu não devem, portanto, levar-nos a crer que os functivos, descobertos graças à análise do esquema linguístico, não podem ser considerados, com alguma razão, como sendo de natureza física". Ora, esse retorno do formalismo a uma materialidade objetiva parece roçar numa posição materialista e continuou no partido oposto da filosofia. Porque Hjelmslev recua diante do problema: "Em que medida é possível, afinal de contas, considerar as grandezas de uma linguagem, tanto em seu conteúdo quanto em sua expressão, como grandezas físicas?", indaga, para recusar tratar desse problema "que só concerne à epistemologia", e para preconizar uma pureza anepistemológica do domínio em que reina a "teoria do esquema linguístico". A teoria hjelmsleviana é finalista e sistematizante, reencontra na "transcendência" o que havia se dado como "imanência" e delineia, assim, os confins de uma totalidade fechada, delimitada por uma descrição apriorística da linguagem, por bloquear a via para o conhecimento objetivo dos sistemas significantes, irredutíveis à linguagem como "sistema biplano". Pode-se duvidar de que o conceito de conotação possa provocar a abertura do sistema assim fechado. As pesquisas posteriores a Hjelmslev sobre o signo literário (conotativo) alcançaram construções mecânicas complexas que não rompem a cerca do signo-limite da denotação. Mais profundamente, os conceitos de base "conteúdo" e "expressão" descrevem o signo para fixá-lo e são coextensivos a seu domínio, mas não lhe atravessam a opacidade; quanto ao conceito de "texto" como "processo", é praticamente afastado pelo de "língua" como "sistema", que o encampa. Cf. *Prolégomènes à une théorie du langage*, Paris: Minuit, 1968 (trad. bras., *Prolegômenos a uma Teoria da Linguagem*, 2. ed., São Paulo: Perspectiva, 2003).</small>

D. Se a semiótica está apenas em seus primeiros passos buscando-se como ciência, seus problemas estão ainda menos elucidados quando aborda esse objeto específico, o *texto* que designamos mais acima. É raro, se não ausente, que os diferentes teóricos e classificadores das ciências considerem seriamente em seus esquemas a possibilidade de uma ciência do *texto*. Essa zona da atividade social parece estar relegada à ideologia, até mesmo à religião[15].

De fato, o texto é precisamente aquilo que *não pode* ser pensado por todo um sistema conceitual, que fundamenta a inteligência atual, pois é justamente ele que delineia seus limites. Interrogar *aquilo* que *delimita* o campo de uma certa lógica cognoscente, à força de ser dela *excluído*, e que permite, por sua própria exclusão, o prosseguimento de uma interrogação que não o vê e nele se apoia: eis, sem dúvida, o passo decisivo que deve ser tentado por uma ciência *dos* sistemas significantes, que os estudaria sem admitir a exclusão daquilo que a torna possível – o texto – e sem se apropriar dele ao medi-lo com os conceitos de seu interior (como "estrutura", ou, mais especificamente, "neurose", "perversão" etc.), mas marcando, de saída, essa *alteridade*, esse *exterior*. E é assim, nesse sentido, que esta ciência será *materialista*.

É evidente, portanto, que designar o *texto* como fazendo parte dos objetos de conhecimento de uma semiótica é um gesto cuja ousadia e dificuldade não desconhecemos. Parece-nos, contudo, indispensável prosseguir com esta pesquisa, que, a nossos olhos, *contribui* para a construção de uma semiótica não bloqueada pelos pressupostos das teorias da significação que ignoram o *texto* como prática específica; e que, por isso, será capaz de refazer a teoria da significância que se tornará, assim, uma gnoseologia materialista. Essa contribuição dever-se-á ao

---

15 O formalismo russo foi, sem dúvida, o primeiro a abrir o caminho para uma semiótica dos textos literários. A seu positivismo fenomenológico juntou-se a tímida tentativa do Círculo Linguístico de Praga de esboçar uma semiótica da literatura e das artes, marcada pelos trabalhos de Jan Mukarovsky, *Esteticka Funkce, Norma a Hodnota Jako Sociálnífakty* (Função, Norma e Valor Estético como Fatos Sociais), Praga, 1939; *L'Art comme fait sémiologique* (s./l.) etc. Uma escola polonesa de teoria literária, influenciada ao mesmo tempo pelo formalismo russo e pelos trabalhos dos lógicos poloneses, retomou depois da guerra essa tradição semiótica no estudo literário.

fato de que, com relação ao *texto*, e em virtude das particularidades deste objeto, a semiótica, mais que em outros domínios, é obrigada a se inventar, a rever suas matrizes e seus modelos, a refazê-los, e a dar-lhes a dimensão histórica e social que os constrói em silêncio.

O texto confronta a semiótica com um funcionamento que se coloca fora da lógica aristotélica, exigindo a construção de uma outra lógica, e impelindo, assim, ao máximo – ao *excesso* – o discurso do saber, obrigado, consequentemente, a *ceder* ou a se reinventar.

Equivale dizer que o texto propõe à semiótica uma problemática que atravessa a opacidade de um objeto significante *produto*, e *condensa* no produto (no *corpus* linguístico presente) um duplo processo de *produção* e de *transformação* de sentido. É neste ponto da teorização semiótica que a ciência psicanalítica intervém para dar uma conceitualização capaz de apreender a *figurabilidade* na língua através do figurado[16].

Questionando a psicanálise, a semanálise pode "desobjetivizar" seu objeto: tentar pensar, na conceitualização que propõe desse objeto específico, um corte *vertical* e não limitado por origem nem por fim, restabelecendo a produção da significância, na medida em que essa produção não é a causa do produto, sem se contentar com uma organização superficial de uma totalidade objetual.

As ciências matemáticas, lógicas e linguísticas oferecem modelos formais e conceitos operacionais a esse procedimento; as ciências sociais e filosóficas determinam as coordenadas de seus objetos e situam o lugar de onde fala sua pesquisa. Propondo, assim, uma formalização, sem reduzir-se a ela, mas representando sempre seu teatro, isto é, inscrevendo as leis de

---

16 A teoria freudiana da lógica do sonho, *deslocando-se* entre o consciente e o inconsciente pela análise da série de operações de produção e de transformação que torna o sonho irredutível ao discurso comunicado, indica essa direção que a semiótica do texto poderia elaborar. Assim: "O trabalho psíquico na formação do sonho divide-se em duas operações: a produção dos pensamentos do sonho, sua transformação em conteúdo do sonho [...] esse trabalho, que é verdadeiramente o do sonho, difere muito mais do pensamento no estado de vigília do que acreditaram mesmo os teóricos mais obstinados em reduzir a parte da atividade psíquica na elaboração do sonho. A diferença entre essas duas formas de pensamento é uma diferença de natureza, razão pela qual não podemos compará-las". *L'Interprétation des rêves* [1926], Paris: puf, 1967, p. 432.

um tipo de *significância*, a ciência do texto é uma *condensação*, no sentido analítico do termo, da prática histórica – a ciência da figurabilidade da história:

reflexão sobre o processo histórico, de forma abstrata e teórica consequente, reflexão corrigida, mas segundo as leis que o próprio processo histórico real nos propõe, de modo que cada momento possa ser considerado do ponto de vista de sua produção, de onde o processo atinge sua maturidade plena e sua forma clássica[17].

Os estudos que se seguem, elaborados ao longo de dois anos, e cuja desigualdade ou contradições estão relacionadas às etapas sucessivas de um trabalho nem definitivo nem acabado, testemunham uma tentativa primeira de elaboração teórica que seria contemporânea à prática textual atual e à ciência das significações de nossos dias. Eles tentam apreender através da língua aquilo que é estranho a seus hábitos e desorganiza seu conformismo – o texto e sua ciência – para integrá-los à construção de uma gnoseologia materialista.

---

17 Karl Marx; Friedrich Engels, *Obras Escolhidas*, t. I, Moscou: Gosposlitisdat, 1955, p. 332.

2. A Semiótica, Ciência Crítica e/ou Crítica da Ciência

Num movimento decisivo de autoanálise, o discurso (científico) orienta-se, hoje, para as linguagens para extrair seus (delas/dele) modelos.

Em outros termos, já que a prática social (isto é, a economia, os costumes, a "arte" etc.) é considerada um sistema significante "estruturado como uma linguagem", toda prática pode ser cientificamente estudada enquanto modelo secundário em relação à língua natural, modelada sobre essa língua e modelando-a[1].

É nesse ponto exatamente que a semiótica se articula, ou melhor, atualmente se procura.

Tentaremos destacar aqui algumas das particularidades que lhe asseveram um lugar preciso na história do saber e da ideologia, pois, a nosso ver, esse tipo de discurso marca maciçamente o processo de subversão cultural que nossa civilização está prestes a sofrer. Particularidades que explicam a hostilidade mal camuflada da palavra (da "consciência") burguesa em suas múltiplas variantes (do esteticismo esotérico

---

1 Cf. *Trudy po Znadovyn Sistemam* (Trabalhos sobre os Sistemas Significantes), Tartu, 1965.

ao cientificismo positivista, do jornalismo "liberal" ao "engajamento" limitado), que declara ser esta pesquisa "obscura", "gratuita", "esquemática" ou "empobrecedora" quando ela não recupera, como margem inofensiva, os produtos menores, no que uma investigação em curso não deixa de falhar.

Diante da expansão (e da contestação) da semiótica, é necessária uma teoria de seu procedimento que a situe na história da ciência e do pensamento sobre a ciência e que se ligue à pesquisa epistemológica que o marxismo hoje é o único a empreender com seriedade nos trabalhos de (e inspirados por) Louis Althusser. As notas que se seguem são apenas uma anáfora (um gesto de indicação) dessa necessidade. Falaremos, pois, menos do que a semiótica é do que o que ela nos parece poder fazer.

A SEMIÓTICA COMO MODELAGEM

A complexidade do problema começa desde a definição dessa pesquisa nova. Para Saussure, que introduziu o termo em *Cours de linguistique générale*, 1916, a *semiologia* deveria designar uma vasta ciência dos signos, da qual a linguística seria apenas uma parte. Ora, descobriu-se, num segundo momento, que qualquer que seja o objeto-signo da semiologia (gesto, som, imagem etc.), ele só é acessível ao conhecimento através da língua[2]. Segue-se que a "linguística não é uma parte, mesmo privilegiada, da ciência geral dos signos, mas é a semiologia que é parte da linguística: muito precisamente, aquela parte responsável pelas grandes unidades significantes do discurso"[3]. Não poderemos abordar aqui as vantagens e desvantagens dessa inversão[4] a nossos olhos muito pertinente, e que exige, por sua vez, modificações em virtude das próprias aberturas que

---

2 "A semiologia é chamada a encontrar, cedo ou tarde, a linguagem (o 'verdadeiro') em seu caminho não somente a título de modelo, mas também a título de componente, de mediação ou de significado." Roland Barthes, Éléments de sémiologie, *Communication*, 4, Paris: Seuil, 1964.
3 Idem.
4 Sobre este assunto, cf. a crítica de Jacques Derrida, *De la grammatologie*, Paris: Minuit, 1967, p. 75 (trad. bras. *Gramatologia*, 2. ed., São Paulo: Perspectiva, 2008, p. 63).

permitiu. Seguindo aqui J. Derrida, assinalaremos as limitações científicas e ideológicas que o modelo fonológico arrisca impor a uma ciência que visa modelar práticas translinguísticas. Mas fixaremos o gesto de base da semiótica. Ela é uma formalização, uma produção de modelos[5]. Assim, quando dissermos semiótica, pensaremos na elaboração (o que, aliás, está por fazer) de *modelos*: isto é, de sistemas formais, cuja estrutura é isomorfa ou análoga[6] à estrutura de um outro sistema (do sistema estudado).

Em outros termos, num terceiro momento, a semiótica elaborar-se-ia como uma axiomatização dos sistemas significantes, sem se deixar entravar por suas relações de dependência epistemológica com a linguística, mas emprestando às ciências formais (a matemática, a lógica, que, desde logo, são reduzidas ao estatuto de ramificações da vasta *ciência* dos modelos da linguagem) seus modelos, os quais a linguística, em troca, poderia adotar para se renovar.

Nesse sentido, mais que de uma semiótica, falaremos de um nível semiótico, que é o nível de axiomatização (da formalização) dos sistemas significantes[7].

Tendo definido a semiótica como uma produção de modelos, designamos seu objeto, mas, ao mesmo tempo, tocamos na particularidade que a distingue dentre as outras "ciências"[8]. Os modelos que a semiótica elabora, como os modelos das ciências exatas, são representações[9] e, como tais, realizam-se

---

5 Cf. A. Rosenbluth; W. Wiener, The Role of Models in Science, *Philosophy of Sciences*, [s. l.], 1945, v. 12, n. 4, p. 314. Notemos o sentido etimológico da palavra "modelo" para precisar brevemente o conceito: lat. *modus* = medida, melodia, moda, cadência, limite conveniente, moderação, maneira, modo.

6 A noção de analogia, que parece chocar as consciências puristas, deve ser tomada aqui no seu sentido sério, que Mallarmé definia "poeticamente" assim: "Todo mistério está nisso: estabelecer identidades secretas por um dois a dois que corrói e desgasta os objetos em nome de uma central pureza".

7 "Poder-se-ia dizer que o semiológico constitui uma espécie de significante que, tomado por um estágio anagógico qualquer, articula o significado simbólico e o constitui em rede de significações diferenciadas." Algirdas Julien Greimas, *Sémantique structurale*, Paris: Larousse, 1966, p. 60.

8 A visão clássica distingue entre ciências naturais e ciências do homem e considera como ciências "puras" mais aquelas que estas.

9 "O modelo é sempre uma representação. O problema consiste no que é representado e em como aparece a função da representação." G. Frey, Symbolische und ikonische Modelle, *Synthèse*, [S. l.: s. n.], 1960, v. XII, n. 2-3, p. 213.

nas coordenadas espaço-temporais. Ora – e surge a distinção das ciências exatas –, a semiótica é também a produção da teoria da modelagem que ela é: uma teoria que, em princípio, pode abordar o que não é da ordem da representação. Evidentemente, uma teoria está sempre implícita nos modelos de cada ciência. Mas a semiótica manifesta essa teoria, ou melhor, ela não existe sem essa teoria que a constitui, isto é, que constitui ao mesmo tempo (e a cada vez) seu objeto (portanto o nível semiótico da prática estudada) e seu instrumento (o tipo de modelo que corresponderia a uma certa estrutura semiótica designada pela teoria). Em cada caso concreto da pesquisa semiótica, uma reflexão teórica põe em evidência o modo de funcionamento significante que se trata de axiomatizar, e um formalismo vem representar o que a teoria pôs em evidência. (Notemos que esse movimento é sincrônico e dialético e só o dizemos diacrônico para a comodidade da representação.)

A semiótica é, assim, um tipo de pensamento em que a ciência se nutre (é consciente) do fato de ser uma teoria. A cada momento em que se produz, a semiótica pensa seu objeto, seu instrumento e suas relações; portanto pensa-se e torna-se, nesse voltar-se sobre si mesma, a teoria da ciência que ela é. O que significa que a semiótica é, a cada vez, uma reavaliação de seu objeto e/ou de seus modelos, uma crítica desses modelos (logo, das ciências das quais são retirados) e de si mesma (enquanto sistema de verdades constantes). Cruzamento das ciências e de um processo teórico sempre em curso, a semiótica não pode se cristalizar como uma ciência e, menos ainda, como *a* ciência: ela é um caminho aberto de pesquisa, uma crítica constante que remete a si mesma, ou seja, que se autocrítica. Sendo sua própria teoria, a semiótica é o tipo de pensamento que, sem se erigir como sistema, é capaz de se modelar (de se pensar) a si mesmo.

Contudo, essa volta sobre si mesma não é um círculo. A pesquisa semiótica permanece uma pesquisa que não encontra nada ao fim dela ("nenhuma chave para mistério algum", dirá Lévi-Strauss), a não ser seu próprio gesto ideológico, para dele tomar nota, negá-lo e recomeçar outra vez. Tendo, de início, um conhecimento como meta, acaba por obter como resultado de seu trajeto uma *teoria* que, sendo ela própria um sistema significante, remete a pesquisa semiótica a seu ponto de partida: ao modelo da própria semiótica, para criticá-lo ou invertê-lo. Isso para dizer que a semiótica só pode se fazer enquanto *crítica da semiótica*, que leva a outra coisa que não à semiótica: à *ideologia*. Por esse caminho, que Marx foi o primeiro a praticar, a semiótica se torna na história do saber o ponto onde se rompe a tradição, pela qual e na qual

a ciência se apresenta como um *círculo* fechado sobre si mesmo, a mediatização, remetendo o fim ao começo, que constitui a base simples do processo; mas esse círculo é, além disso, um *círculo de círculos*, pois cada membro, enquanto animado pelo método, é uma reflexão sobre si, que, pelo fato de retornar ao começo, é ele próprio o iniciar de um novo membro. Os fragmentos dessa cadeia representam as ciências particulares, das quais cada uma tem um *antes* e um *depois*, ou, mais exatamente, cada uma tem apenas um *antes*, e revela seu *depois* no próprio silogismo[10].

A prática semiótica rompe com essa visão teleológica de uma ciência subordinada a um *sistema* filosófico e, por isso mesmo, destinada a tornar-se, ela mesma, um sistema[11]. Sem se converter num sistema, o lugar da semiótica, enquanto lugar de elaboração de modelos e de teorias, é um lugar de contestação e de autocontestação: um "círculo" que não se fecha. Seu "fim" não reencontra seu "começo", mas o rejeita, faz oscilar e se abre a outro discurso, ou seja, a outro objeto e a outro método; ou melhor, não há mais fim nem começo, o começo é um fim e vice-versa.

Toda semiótica, portanto, só pode se fazer enquanto crítica da semiótica. Ponto morto das ciências, a semiótica é a consciência dessa morte e o relançamento do "científico" *com* essa consciência; menos (ou mais) que uma ciência, ela é, sobretudo, o ponto de agressividade e de desilusão do discurso científico no próprio interior desse discurso. Poder-se-ia sustentar que a semiótica é essa "ciência das ideologias", como se sugeriu na Rússia revolucionária[12], mas também uma ideologia das ciências.

10 Georg W. F. Hegel, *Science de la logique*, Paris: Aubier, 1949, t. II, p. 571.
11 "O conteúdo do conhecimento entra, como tal, no círculo de nossas considerações, pois, enquanto deduzido, ele pertence ao método. O próprio método se alarga graças a esse momento para se tornar um *sistema*" (idem, p. 566).
12 "Postulam-se dois problemas fundamentais à ciência marxista das ideologias: 1. o problema das particularidades e das formas do material ideológico, organizado como um material significante; 2. o problema das particularidades e das

Tal concepção da semiótica não implica, absolutamente, um relativismo ou um ceticismo agnóstico. Ela coincide, ao contrário, com a prática científica de Marx na medida em que recusa um sistema absoluto (inclusive o sistema científico), mas conserva o procedimento científico, isto é, o processo de elaboração de modelos, dublado pela teoria que subtende esses modelos. Fazendo-se no vaivém constante entre os dois, mas também afastada com relação a eles – portanto, do ponto de vista de uma tomada de posição na prática social em curso –, um pensamento dessa natureza evidencia aquele "corte epistemológico" que Marx introduziu.

Esse estatuto da semiótica implica: 1. A relação particular da semiótica com as outras ciências e, mais especialmente, com a linguística, a matemática e a lógica, cujos modelos lhes toma emprestado; 2. A introdução de uma terminologia nova e a subversão da terminologia existente.

A semiótica a que nos referimos utiliza-se dos modelos linguísticos, matemáticos e lógicos e *liga-os* às práticas significantes que aborda. Essa junção é um fato tanto teórico quanto científico, portanto, profundamente ideológico, e que desmistifica a exatidão e a "pureza" do discurso das ciências ditas "humanas". Ela subverte as premissas exatas de onde parte o procedimento científico, de modo que, na semiótica, a linguística, a lógica e a matemática são "premissas subvertidas" que nada têm (ou têm muito pouco) a ver com seu estatuto fora da semiótica. Longe de serem unicamente o estoque de empréstimos de modelos para a semiótica, tais ciências anexas são também o *objeto recusado* da semiótica, o objeto que ela recusa, para se construir explicitamente como crítica. Termos matemáticos, como "teorema da existência" ou "axioma da escolha"; físicos, como "isotopia"; linguísticos, como "competência", "desempenho", "geração", "anáfora"; lógicos, como "disjunção", "estrutura ortocomplementar" etc., podem adquirir um sentido alterado quando aplicados a um novo objeto ideológico, como,

---

formas da comunicação social que realiza essa significação." Pavel N. Medvedev, *Formalnyi Metod v Literaturovedenii. Kriticheskoïe Vvedenie v Sotsiologicheskuïu Poetiku* (O Método Formal na Teoria Literária: Introdução Crítica à Sociologia da Poética), Leningrado: [s. n.], 1928. Voltaremos, mais adiante, à importância dessa distinção.

por exemplo, o objeto que elabora para si uma semiótica contemporânea, e que é diverso do campo conceitual no qual os termos respectivos foram concebidos. Jogando com a "novidade da não novidade", com essa diferença de sentido de um termo em diferentes contextos teóricos, a semiótica desvenda como a ciência nasce numa ideologia.

O objeto novo bem pode conservar ainda alguns laços com o antigo objeto ideológico; pode-se encontrar nele elementos que pertenceram também ao objeto antigo: mas o sentido desses *elementos* muda com a nova *estrutura* que lhes confere exatamente o sentido. Essas semelhanças aparentes que se referem a elementos isolados podem enganar uma observação superficial que ignore a função da estrutura na constituição do sentido dos elementos de um objeto[13].

Marx praticou essa subversão dos termos das ciências precedentes: a "mais-valia" era para a terminologia dos mercantilistas "o resultado de uma majoração do valor do produto". Marx deu um sentido novo à mesma palavra: trouxe à tona, assim, "a novidade da não novidade de uma realidade, figurando em duas decisões diferentes, ou seja, na modalidade dessa *realidade*, inscrita em dois discursos teóricos"[14]. Se a abordagem semiótica provoca esse deslocamento do sentido dos termos, por que empregar uma terminologia que já possui um emprego restrito?

Sabe-se que toda renovação do pensamento científico fez-se através e graças a uma renovação da terminologia: não há invenção propriamente dita, a não ser quando um termo novo surge (quer seja o oxigênio ou o cálculo infinitesimal).

Todo aspecto novo de uma ciência implica uma revolução nos termos técnicos (*Fachonsdrücken*) dessa ciência [...]. A economia política contentou-se, em geral, em retomar, tais e quais, os termos da vida comercial e industrial, e em operar com eles, sem se dar conta de que, com isso, ela se fecharia no círculo estreito das ideias expressas por esses termos[15].

---

13 Louis Althusser, *Lire le Capital*, II, Paris: Maspero, 1965, p. 125.
14 Idem, p. 114.
15 Friedrich Engels, prefácio à edição inglesa de *O Capital*, 1866, apud L. Althusser, op. cit., p. 112.

Considerando hoje passageiros o sistema capitalista e o discurso que o acompanha, a semiótica – quando pensa as práticas significantes em seu percurso crítico – serve-se de termos diferentes daqueles que empregavam os discursos anteriores das "ciências humanas". Renunciando, assim, à terminologia humanista e subjetivista, a semiótica se endereça ao vocabulário das ciências exatas. Mas, como indicamos mais acima, esses termos têm uma *outra* acepção no novo campo ideológico que a pesquisa semiótica *pode* construir para si – uma alteridade à qual voltaremos a seguir. Tal uso de termos das ciências exatas não impede a possibilidade de introdução de uma terminologia totalmente nova nos pontos mais decisivos da pesquisa semiótica.

A SEMIÓTICA E A PRODUÇÃO

Até aqui definimos o objeto da semiótica como um *nível* semiótico: como uma *ruptura* nas práticas significantes onde o significado é remodelado enquanto significante. Nada melhor que essa definição para designar a novidade do procedimento semiótico em relação às "ciências humanas" precedentes e à ciência em geral: uma novidade pela qual a semiótica se liga ao procedimento de Marx quando apresenta uma economia ou uma sociedade (um significado) como uma permuta de elementos (significantes). Se, sessenta anos depois da aparição do termo, podemos falar hoje de uma semiótica "clássica", digamos que seu procedimento se satisfaz com a definição dada acima. Parece-nos, entretanto, que nos situaremos na *abertura permitida* pelo pensamento de nosso século (Marx, Freud, a reflexão husserliana) se definirmos o objeto da semiótica de modo mais sutil, como a seguir.

A grande novidade da economia marxista era, sublinhou-se diversas vezes, pensar o social como um *modo de produção* específico. O trabalho deixa de ser uma *subjetividade* ou uma *essência* do homem: Marx substitui o conceito de "um poder sobrenatural de criação" (*Crítica de Gotha*) pelo da "produção", visto sob seu duplo aspecto: processo de trabalho e relações sociais de produção, cujos elementos participam de uma combinatória de lógica particular. Poderíamos dizer que as variações dessa combinatória são os diferentes tipos de *sistemas* semióticos. Assim, o pensamento marxista *coloca*, pela primeira vez, a problemática do trabalho produtor como característica primordial na definição de um sistema semiótico. Isso quando, por exemplo, Marx destrói o conceito de "valor" e só fala de valor porque ele é uma cristalização de trabalho social[16]. Chega mesmo a introduzir conceitos (a mais-valia) que devem sua existência somente ao trabalho *não mensurável*, mas que são mensuráveis unicamente em seu efeito (a circulação das mercadorias, a troca).

Mas, se em Marx a *produção* é colocada em termos de uma problemática e de uma combinatória que determina o social (ou o valor), ela só é estudada do ponto de vista do social (do valor), portanto, da distribuição e da circulação das mercadorias, e não do interior da própria produção. O estudo que Marx empreende é um estudo da sociedade capitalista, das leis de troca e do capital. Nesse espaço, e para as metas desse estudo, o trabalho se "reifica" num objeto que toma um lugar preciso (para Marx, determinante) no processo de troca, mas que é examinado igualmente sob o ângulo dessa troca. Por conseguinte, Marx é levado a estudar o trabalho enquanto *valor*, a adotar a distinção valor de uso/valor de troca e – sempre seguindo as leis da sociedade capitalista – a estudar apenas este último. A análise marxista incide sobre o *valor de troca*, ou seja, sobre o *produto* do trabalho posto em circulação: o trabalho advém no sistema capitalista como valor (*quantum de trabalho*) e é como tal que Marx analisa a combinatória (força de trabalho, trabalhadores, patrões, objeto de produção, instrumento de produção).

Por isso, quando aborda o próprio trabalho e estabelece distinções no interior do conceito "trabalho", o faz do ponto de vista da circulação: circulação de uma utilidade (e então o trabalho é *concreto*: "dispêndio da força humana sob esta ou aquela forma produtiva, determinado por um fato particular e, sob esse título de trabalho *concreto* e *útil*, produz valores de uso ou utilidades")[17] ou circulação de um valor (e então o

---

16 Karl Marx, *Contribution à la critique de l'économie politique*, Paris: A. Costes, 1954, p. 38.
17 *Le Capital*.

trabalho é abstrato: "dispêndio da força humana, no sentido fisiológico"). Sublinhemos que Marx insiste na relatividade e historicidade do valor, e, sobretudo, do valor de troca. Assim sendo, quando tenta abordar o valor de uso para subtrair-se por um momento desse processo abstrato de circulação (simbólica) de valores de troca numa economia burguesa, Marx se contenta a indicar – e os termos são aqui muito significativos – que se trata, então, de um *corpo* e de um *dispêndio*. "Os valores de uso, isto é, os *corpos* das mercadorias, são combinações de dois elementos, matéria e trabalho [...] O trabalho não é, portanto, a única fonte dos valores de uso que produz, da riqueza material. Ele é o *pai* e a terra é, a *mãe*"[18]. "Afinal de contas, toda atividade produtiva, excetuando-se o seu caráter útil, é um *dispêndio* de força humana"[19].

Marx coloca os problemas claramente: do ponto de vista da distribuição e do consumo social ou, digamos, da *comunicação*, o trabalho é sempre um valor, de uso ou de troca. Em outros termos: se na comunicação os valores são sempre e infalivelmente cristais de trabalho, o trabalho não *representa* nada fora do valor no qual está cristalizado. Esse trabalho-valor é mensurável através do valor que é, e não de outro modo: mede-se o valor pela quantidade de tempo social necessário à produção.

Tal concepção do trabalho, extraída do espaço onde é produzida, ou seja, o espaço capitalista, pode tender a valorizações da produção e atrair as críticas pertinentes da filosofia heideggeriana.

Todavia – e Marx esboça claramente essa possibilidade – um outro espaço é pensável, onde o trabalho poderia ser apreendido fora do valor, isto é, aquém da mercadoria produzida e posta em circulação na cadeia comunicativa. Nesse quadro onde o trabalho não *representa* ainda nenhum valor e "não quer dizer nada", logo não tem *sentido*, tratar-se-ia das relações de um *corpo* e de um *dispêndio*. Essa produtividade anterior ao valor, esse "trabalho pré-sentido", Marx não tem nem a intenção nem os meios de abordá-lo. Ele faz somente uma descrição *crítica* da economia política: uma crítica do sistema de troca de signos (de valores) que escondem um trabalho-valor. Lido

18 Idem.
19 Idem, (Grifo nosso.)

como crítica, o texto de Marx sobre a circulação do dinheiro representa um dos cumes que atingiu o discurso (comunicativo), já que pode falar apenas de comunicação *mensurável* sobre o fundo de produção, que está apenas indicada. Nesse aspecto, a reflexão crítica de Marx sobre o sistema de troca faz pensar na crítica contemporânea do signo e da circulação do sentido: o discurso crítico sobre o signo, além disso, não deixa de ser reconhecido no discurso crítico sobre o dinheiro. Assim, quando J. Derrida funda sua teoria da escritura contra a teoria da circulação dos signos, escreve a propósito de Rousseau:

> Este movimento de abstração analítica na circulação dos signos arbitrários é realmente paralelo àquele no qual se constitui a moeda. O dinheiro substitui as coisas por seus signos. Não apenas no interior de uma sociedade, mas de uma cultura para outra, ou de uma organização econômica para outra. É por isso que o alfabeto é comerciante. Ele deve ser compreendido *no momento monetário da racionalidade econômica. A descrição crítica do dinheiro é a reflexão fiel do discurso sobre a escritura*[20].

Foi preciso o longo desenvolvimento da ciência do discurso, das leis de suas permutações e de suas anulações; foi necessária uma longa meditação sobre os princípios e os limites do *Logos* enquanto modelo-padrão do sistema de comunicação de sentido (de valor) para que hoje se pudesse colocar o *conceito* desse "trabalho" que "não quer dizer nada", dessa produção muda, mas marcante e transformadora, anterior ao "dizer" circular, à comunicação, à troca, ao sentido. Um conceito que se forma na leitura de textos, por exemplo, como os de J. Derrida quando escreve "traço", "grama", "différance" ("diferencial") ou "escritura *avant la lettre*", criticando o "signo" e o "sentido".

Nessa direção, notemos a contribuição magistral de Husserl e de Heidegger, mas, sobretudo, de Freud, que foi o primeiro a pensar o trabalho constitutivo da significação, anterior ao sentido produzido e/ou ao discurso representativo: o mecanismo do sonho. Intitulando um dos capítulos de *A Interpretação dos Sonhos* de "O trabalho do sonho", Freud desvenda a própria produção enquanto *processo* não de troca (ou de uso) de um

---

20 *De la grammatologie*, p. 424 (trad. bras. *Gramatologia*, p. 367). Grifo nosso.

sentido (de um valor), mas sim de jogo permutativo, modelador da própria produção. Freud abre, assim, a problemática do *trabalho como sistema semiótico particular*, distinto daquele de troca: esse trabalho se faz no interior da palavra comunicativa, mas difere essencialmente dela. Ao nível da manifestação ele é um *hieróglifo*, e ao nível latente, um *pensamento de sonho*. "Trabalho do sonho" converte-se num conceito teórico, que desencadeia uma nova pesquisa: a que concerne à produção pré-representativa, à elaboração do "pensar" antes do *pensamento*. Para essa nova pesquisa, uma ruptura radical separa o *trabalho do sonho* do trabalho do pensamento desperto: "não se pode compará-los". "O trabalho do sonho não pensa nem calcula; de uma maneira mais geral, não julga; contenta-se com transformar"[21].

Todo o problema da semiótica atual parece-nos estar aí: continuar a formalizar os sistemas semióticos do ponto de vista da *comunicação* (arrisquemos uma comparação brutal: como Ricardo considerava a mais-valia do ponto de vista da distribuição e do consumo) ou, então, abrir no interior da problemática da comunicação (que é, inevitavelmente, toda problemática social) essa outra cena, que é a produção de sentido anterior ao sentido.

Se adotamos o segundo caminho, duas possibilidades se oferecem: ou se isola um aspecto mensurável, portanto representável, do sistema significante estudado sobre o pano de fundo de um conceito não mensurável (o trabalho, a produção, ou o grama, o traço, a diferença); ou se tenta construir uma nova problemática científica (no sentido designado anteriormente de ciência, que é também uma teoria) que este novo conceito não deixa de suscitar. Em outros termos, no segundo caso tratar-se-ia de construir uma nova "ciência" depois de haver definido um novo objeto: *o trabalho* como prática semiótica diferente da troca.

Várias manifestações da atualidade social e científica justificam, e até exigem, uma tentativa desse tipo. A irrupção do mundo do trabalho na cena histórica reclama seus direitos contra o sistema de troca, e exige do "conhecimento" a inversão de sua perspectiva: não mais "troca fundada na produção", mas "produção regulada pela troca".

21 Sigmund Freud, *L'Interprétation des rêves*, Paris: PUF, 1967, p. 432.

A própria ciência exata já se defronta com os problemas do não representável e do não mensurável; tenta pensá-los não como "desvios" relativamente ao mundo observável, mas sim como estrutura de leis particulares. Não estamos mais no tempo de Laplace, quando se acreditava na inteligência superior, capaz de englobar "na mesma fórmula os movimentos dos maiores corpos do universo e os do mais imperceptível átomo: nada seria incerto para ela, e o futuro, assim como o passado, estariam presentes aos nossos olhos"[22]. A mecânica dos *quanta* percebe que nosso discurso (a "inteligência") precisa ser "fraturado", deve mudar de objeto e de estrutura, para abordar uma problemática que não mais se enquadra no raciocínio clássico; fala-se, então, de *objeto inobservável*[23], e procuram-se novos modelos, lógicos e matemáticos, de formalização. Herdeira dessa infiltração do pensamento científico no interior do não representável, a semiótica da produção se servirá, sem dúvida, dos modelos que as ciências exatas elaboraram (a lógica polivalente, a topologia). Mas porque é uma ciência-teoria do discurso e, portanto, de si mesma; porque tende a tomar o caminho dinâmico da produção antes do próprio produto e, portanto, rebelde à representação que se utiliza sempre de modelos (representativos), recusa a fixar a própria formalização que lhe dá corpo, revolvendo-a incessantemente através de uma teoria inquieta do não representável (não mensurável), a semiótica da produção acentuará a *alteridade* de seu objeto com relação a um objeto de troca (representável e representativo) abordado pelas ciências exatas. Ao mesmo tempo, ela acentuará a subversão da terminologia científica (exata), orientando-a para esse outro quadro do trabalho antes do valor que hoje dificilmente entrevemos.

É aqui que se encontra a dificuldade da semiótica: para ela mesma e para aqueles que, estando fora dela, querem compreendê-la. É efetivamente impossível apreender de que fala uma semiótica dessa natureza quando coloca o problema de uma produção que não equivale à comunicação, mas que se faz sempre através dela, se não aceitarmos essa *ruptura* que separa claramente

---

22 Pierre-Simon Laplace, *Essai philosophique sur les probabilités*, Paris: Gauthier-Villard, 1921, p. 3.
23 Hans Reichenbach, *Philosophical Foundations of Quantum Mechanics*, Berkeley/Los Angeles: University of California Press, 1946.

a problemática da troca da do trabalho. Entre as múltiplas consequências que tal abordagem semiótica não deixa de ter, assinalemos uma: ela substitui a concepção de uma *historicidade linear* pela necessidade de estabelecer uma tipologia das práticas significantes segundo os modelos particulares de produção de sentido que as fundamentam. Essa visão é, pois, diferente do historicismo tradicional, que ela substitui pela pluralidade das produções irredutíveis umas às outras e, menos ainda, ao pensamento de troca. Insistamos sobre o fato de que não visamos fazer uma lista dos *modos de produção*: Marx o sugeriu, limitando-se ao ponto de vista da circulação dos produtos. Visamos estabelecer a diferença entre os tipos de produção significante antes do produto (do valor): as filosofias orientais tentaram abordá-los sob o aspecto do trabalho pré-comunicativo[24]. Tais tipos de produção constituiriam talvez o que se chamou de "história monumental", "na medida em que ela 'faz fundo', de modo literal, com relação a uma história 'cursiva', figurada (teleológica)"[25].

SEMIÓTICA E "LITERATURA"

No campo assim definido da semiótica, a prática dita literária ocupa um lugar privilegiado?

Para a semiótica, a literatura não existe. Ela não existe enquanto uma linguagem igual às outras, e, ainda menos, como objeto estético. Ela é uma *prática semiótica particular*, detentora da vantagem de tornar mais apreensível que outras aquela problemática da produção de sentido que uma semiótica nova se coloca e, consequentemente, só tem interesse na medida em que ela (a "literatura") é considerada em sua irredutibilidade ao objeto da linguística normativa (da palavra codificada e denotativa). Poder-se-ia, assim, adotar o termo *escritura* quando se trata de um texto visto como produção para distingui-lo dos conceitos de "literatura" e de "fala" (*parole*). Compreende-se,

---

[24] Para um ensaio de tipologia das práticas significantes, ver Por uma Semiologia dos Paragramas, infra p. 169, assim como Distance et anti-réprésentation, em *Tel Quel n.* 32, 1968.
[25] Philippe Sollers, Programme, *Tel Quel* n. 31, 1967. Retomado em *Logiques*, Paris: Seuil, 1968.

então, que é uma leviandade, se não má-fé, escrever "parole" (ou "escritura"), "língua falada" (ou "língua escrita"). Entendido como prática, o texto literário

não é assimilável ao conceito, historicamente determinado, de "literatura". Implica a inversão e o remanejamento completo do lugar e dos efeitos desse conceito [...]. Em outros termos, a problemática específica da escritura destaca-se totalmente do mito e da representação para pensar-se em sua literalidade e espaço. A prática deve ser definida ao nível do "texto", na medida em que esta palavra remete, daqui para diante, a uma função que, entretanto, a escritura "não exprime", mas da qual *dispõe*. Economia dramática, cujo "lugar geométrico" não é representável (ele se pratica)[26].

Todo texto "literário" pode ser encarado como produtividade. Ora, a história literária, desde o fim do século XIX, oferece textos modernos que, em suas próprias estruturas, pensam-se como produção irredutível à representação (Joyce, Mallarmé, Lautréamont, Roussel). Por isso, uma semiótica da produção deve abordar esses textos, justamente para unir uma prática escritural voltada para sua produção a um pensamento científico em busca da produção. E para extrair todas as consequências desse confronto, ou seja, os transtornos recíprocos que as duas práticas se infligem mutuamente.

Elaboradas sobre e a partir dos textos modernos, os modelos semióticos assim produzidos voltam-se para o *texto social* – para as práticas sociais, dentre as quais a "literatura" não passa de uma variante não valorizada – para pensá-las enquanto transformações-produções em curso.

[1968]

---

26 Idem, ibidem.

3. A Expansão da Semiótica

Assistimos há alguns anos a um curioso fenômeno do discurso científico, cuja significação social está por explicar e cujo vulto não pode ainda ser avaliado. Depois das aquisições da linguística e, mais especialmente, da semântica, a semiótica, engendrada por essas aquisições, amplia mais e mais a área de suas pesquisas, e essa ampliação é acompanhada de um questionamento ao mesmo tempo dos pressupostos do discurso filosófico clássico que organiza hoje o espaço das "ciências humanas" e dos próprios princípios de onde a semiótica (portanto, a linguística moderna) partiu.

O estudo estrutural das línguas naturais forneceu aos semioticistas métodos aplicáveis às outras práticas semióticas. Foi por ele que a semiótica se formou antes de encontrar sua razão de ser no estudo das práticas semióticas, que não seguem aquilo que a linguística acredita ser a lógica do discurso natural, regulamentado pelas normas da comunicação utilitária (pela gramática). A semiótica encontrou-se, pois, como o ponto de partida do qual a ciência podia recuperar práticas significantes por longo tempo ocultas, postas à margem da cultura europeia oficial, declaradas irracionais ou perigosas para uma sociedade obediente às leis unívocas e lineares da *palavra* e da *troca*. Hoje, a semiótica orienta-se para o estudo da "magia", das predições, da poesia, dos textos *sagrados*, dos ritos, da religião, da música e da "pintura" rituais para descobrir em suas estruturas dimensões que a linguagem da comunicação denotativa impede. Nesse procedimento, ela ultrapassa as fronteiras do discurso europeu e opõe-se aos complexos semióticos das outras civilizações, tentando escapar, desse modo, a uma tradição cultural carregada de idealismo e de mecanicismo. Esse alargamento da esfera de ação da semiótica coloca o problema do instrumento que dará acesso às práticas semióticas, cujas leis não são aquelas da linguagem denotativa. A semiótica procura esse instrumental nos formalismos matemáticos e na tradição cultural das civilizações longínquas. Prepara, assim, os modelos que servirão um dia para explicar as *estruturas sociais* complicadas, sem reduzi-las às estruturas das civilizações que atingiram discursos altamente semiotizados (Índia, China).

Os trabalhos dos semioticistas soviéticos recentemente publicados testemunham tais preocupações. O lugar de vanguarda é ocupado pelo grupo da Universidade de Tartu, na Estônia[1]. Suas pesquisas referem-se, sobretudo, aos *sistemas modeladores secundários*, isto é, às práticas semióticas que se organizam sobre bases linguísticas (sendo a linguagem denotativa o sistema primário), mas que se constituem em estruturas complementares, secundárias e específicas. Por conseguinte, esses sistemas modeladores secundários contêm, além das relações próprias às estruturas linguísticas, relações de um segundo grau e *mais complexas*:

> Decorre daí que um dos problemas fundamentais colocado pelo estudo dos sistemas modeladores secundários é o de definir suas relações com as estruturas linguísticas. É necessário, pois, determinar o conteúdo do conceito "estrutura linguística". Evidentemente, todo sistema de signos, inclusive o sistema secundário, pode ser considerado como uma língua particular, cujos elementos mínimos – o alfabeto do sistema – precisam ser isolados, se desejarmos definir as regras de suas combinações. Segue-se que todo sistema de signos pode, em princípio, ser estudado por métodos linguísticos,

---

1 *Trudy po Znakovym Sistemam* (Trabalhos sobre os Sistemas Sígnicos), v. II, Tartu, 1965; a obra de que falamos aqui e mais adiante faz parte da coleção sobre os problemas semióticos publicada pela Universidade de Tartu.

o que define o papel particular da linguística moderna como metodologia. No entanto, é preciso distinguir esses "métodos linguísticos" (no sentido *lato* da palavra) de certos princípios científicos, próprios aos hábitos operacionais relativos às línguas naturais, que são somente uma variante específica e particular dos sistemas linguísticos. É a afirmação desse princípio que possibilita a pesquisa das *particularidades* dos sistemas modeladores secundários e dos *meios* a adotar para seu estudo[2].

Não nos perguntaremos aqui se a estrutura das línguas naturais é diferente da estrutura dos sistemas modeladores secundários. A diferença é patente se, pelo termo estrutura linguística, compreendermos a estrutura da língua da comunicação usual (denotativa). Contrariamente, a distinção deixa de ser válida se considerarmos a estrutura da linguagem como uma *infinidade potencial*, apreensível tanto nas redes linguísticas da linguagem poética quanto nas práticas semióticas marginais e ocultas pela civilização europeia oficial. Em consequência, o interesse do postulado de "distintividade" reside no fato de ele permitir o estudo das *práticas semióticas*[3] distintas das línguas naturais indo-europeias, pronto a voltar, mais tarde, ao mecanismo do devir propriamente *linguístico* e a apreendê-lo em seu funcionamento polivalente, irredutível aos procedimentos atuais das linguísticas. Para nós, a distinção lógica *linguística/lógica* dos sistemas secundários é só operacional. Permite à semiótica de hoje construir-se como *supralinguística* e partir em busca de 1. uma *metodologia* que não se satisfaça com a análise linguística e 2. um *objeto* cuja estrutura não seja redutível à da linguagem denotativa ("sistemas modeladores secundários").

Com essa finalidade, os semioticistas de Tartu utilizam a notação e os conceitos da lógica simbólica ou matemática e os da teoria da informação. Os sistemas secundários estudados são dos mais simples: poesia, cartomancia, adivinhas, ícones, notação musical etc. Mas, por mais simples que sejam, oferecem espécimes interessantes de estruturas cibernéticas supercomplexas

---

2 Idem.
3 Preferimos o termo "prática" ao termo "sistema", empregado pelos semioticistas soviéticos, na medida em que: 1. é aplicável a complexos semióticos não sistemáticos; 2. indica a inserção dos complexos semióticos na atividade social considerada como processo de transformação.

(superiores aos sistemas cibernéticos complexos do tipo estudado pela biologia). Os procedimentos de acesso a esses sistemas supercomplexos estão longe de ser elaborados – a lógica simbólica e a teoria da informação não parecem permitir uma abordagem eficaz. É preciso, entretanto, valorizar o esforço realizado para encontrar uma linguagem exata e rigorosa, adaptada às práticas semióticas de uma organização *diferente* daquela da linguagem denotativa codificada. É preciso, sobretudo, isolar as *rupturas* epistemológicas e ideológicas, sugeridas ou já realizadas ao longo daquelas atividades semióticas.

CONTRA O SIGNO

A problemática do *signo* (os semioticistas soviéticos referem-se, mais frequentemente, às teorias de Peirce e de Frege) está longe de se apresentar como esgotada. Ela permitiu o estudo das estruturas linguísticas independentemente de seus referentes e da descoberta das relações significantes no próprio interior dos complexos semióticos. Nem por isso, a problemática do *signo* deixa de ser um pressuposto metafísico que dificulta muitas vezes as pesquisas ulteriores. Na França, as limitações do simbolismo já foram assinaladas. Sem formulá-las explicitamente, os semioticistas soviéticos as deixam ouvir e dão início a uma superação ditada, de um lado, pela ideologia marxista e, de outro, pela ampla abertura da pesquisa em direção às práticas semióticas ocultas.

Examinemos essas limitações do simbolismo mais de perto.

A noção de *signo* comporta uma distinção simbólica/não simbólica correspondente à antiga divisão espírito/matéria e impede o estudo científico dos fenômenos ditos "do espírito". Parece necessário para certos estruturalistas abandonar o *significado* relativo ao *referente* e, por razões de rigor científico, ater-se somente ao domínio do *significante*. A teoria da comunicação prende-se a procedimento idêntico. Esse procedimento, no entanto, na medida em que pressupõe o *signo*, implica um idealismo, independentemente das intenções daqueles que o praticam. O círculo vicioso só pode ser abolido com a condição de limitar, de modo preciso, a esfera (já bastante limitada) dos atos significantes, à qual a noção de signo pode ser aplicada sem tentar incluir no molde da problemática do signo todas as práticas semióticas.

Um estudo da história do discurso ocidental mostrará que a aparição lenta, porém tenaz, da noção de signo como algo diferente da prática é socialmente definida e limitada. Essa noção é posterior ao sincretismo e inexistente nas sociedades arcaicas. Aplica-se, integralmente, às normas simbólicas que fazem e consolidam todas as variantes da sociedade europeia moderna (o discurso científico, a literatura representativa etc.), mas é impotente face às práticas semióticas que se afastam das normas ou tendem a modificá-las (o discurso revolucionário, a magia, o paragramatismo). Consequentemente, a problemática do signo enquanto meio de explicação e de recuperação pode ser eficaz apenas para o estudo de estruturas de ordem sincrética, isto é, de estruturas que desconhecem a noção de signo. Comprovam-no os trabalhos de Lévi-Strauss consagrados a tais estruturas. Poder-se-ia supor que o *simbolismo* enquanto método científico é aplicável de modo absoluto às práticas semióticas que derivam das normas que formam e consolidam as variantes da sociedade moderna (o discurso científico, a literatura representativa, a linguagem da comunicação corrente e consciente). Isto só é relativamente verdadeiro, pois os sistemas simbólicos *normativos* que acabamos de mencionar interferem em outras práticas semióticas não normativas (as que Vladimir N. Toporov designa como "abordagens *hipersemióticas* do mundo")[4]. Por conseguinte, toda tentativa de *simbolização* das práticas semióticas de uma sociedade pós-sincrética é uma redução dessas práticas, uma eliminação de suas dimensões não simbólicas. Estruturado enquanto dicotomia (signo = não prática), o simbolismo projeta essa dicotomia sobre o objeto estudado, apresentando-o estruturado como uma *díade*. Por outro lado, os modelos simbólicos penetram nas práticas semióticas não normativas e exercem sobre elas uma retroação modificante, reduzindo-as a uma norma e a um simbolismo. Esse processo é válido para o conjunto das práticas semióticas de nosso complexo cultural – observado também nos quadros de cada prática semiótica tomada isoladamente, as quais, em nossa sociedade alicerçada na troca, não podem jamais estar a salvo do simbolismo: elas são, a rigor, ambivalentes, simultaneamente símbolo e prática. É o caso, por exemplo, da literatura europeia a partir da Renascença.

---

4 Para uma Semiologia das Predições em Suctônio, em *Trudy* II, p. 200.

O modelo do processo descrito acima corresponde à espiral hegeliana:

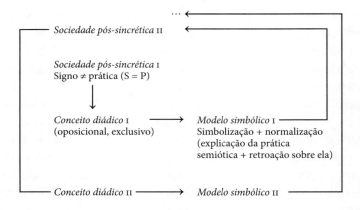

A ruptura dessa espiral só pode sobreviver quando as práticas semióticas não normativas (não simbólicas) são exercidas conscientemente como tais (como não simbólicas), e destroem o postulado primordial S = P. Observamos hoje esse jogo consciente dos conjuntos semióticos como práticas, mesmo quando os discursos marginais e considerados passivos ("expressão" ou "reflexo") na nossa civilização se reativam e impõem suas estruturas aos sistemas explicativos. Na literatura encontramos exemplos disso na escritura de um Lautréamont, de um Mallarmé, de um Jarry, de um Roussel: uma escrita consciente de *construir uma nova semântica*. A retomada desta *outra* semântica por um sistema explicativo (pela *semiótica*) obrigar-nos-á a fazer novas *découpages* e modificará nosso modelo global do mundo. Os semioticistas soviéticos já se orientavam para o estudo de tais textos *nevrálgicos*. Segal e Tsivian (p. 320) examinam a semântica da poesia inglesa do contrassenso. De seu lado, Toporov estuda a semiótica das predições em *Suetônio* para descobrir que a *história* (um dos discursos mais próximos do simbolismo) tem também um estatuto secundário, modificador. Uma análise pertinente desse gênero foi feita por Zegin sobre os *Felskonstruktionen* (em russo, "iconnye gorki") na *pintura* antiga: o autor estuda as unidades espaciais e temporais da pintura fora da representação simbólica (p. 231). Abordando uma prática semiótica simples, *a cartomancia*, Lekomsteva e Uspenski encontram em cada unidade (cada carta) não um sujeito ou um sentido, mas um elemento que só se torna inteligível num contexto, portanto, uma espécie de hieróglifo que só se lê em relação aos outros (p. 94).

Se um abalo do signo se esboça, não é, entretanto, ainda assumido a ponto de tornar-se uma metodologia consequente. Duas vias simultâneas se oferecem com vistas à eliminação da espiral hegeliana do procedimento simbólico que acabamos de descrever e cuja ineficácia é tanto mais grave quanto mais sem saída é. Essas vias são: 1. o método axiomático, única abordagem científica que escapa à atomização e ao postulado da inteligibilidade do signo em virtude de colocar a inteligibilidade nas articulações e não nos resultados; 2. a recusa a assimilar todas as práticas semióticas a uma problemática Signo = não prática (e, consequentemente, à dicotomia signo/não signo). Podemos distinguir, desde já, diversas práticas semióticas: o sistema normativo *simbólico*, a prática semiótica *transformativa*, a prática semiótica *paragramática*. Analisando as linguagens do budismo, Linart Mäll fala de *sistema*, de *via* e de *via zero*[5].

Uma axiomatização teórica, que será uma abordagem científica (simbólica) *aberta*, poderá estudar as diferentes práticas semióticas como sistemas de relações, sem se preocupar com a problemática do signo, sendo sua meta apenas apreender o funcionamento de seus objetos, no sentido de uma dialética do *sujeito* e do *objeto*, ou seja, da *interinfluência* sujeito-objeto, possível depois da eliminação do postulado simbólico $S = P$.

O ISOMORFISMO DAS PRÁTICAS SIGNIFICANTES

A noção de signo se apaga, sobretudo, numa perspectiva marxista quando a ciência se opõe às *estruturas sociais*, assim como as *práticas semióticas* abordáveis a partir de uma base linguística. Então surgem as contradições entre o procedimento semiótico

---

5 A Via Zero, em *Trudy*..., p. 189.

e um raciocínio herdeiro do idealismo e da teleologia hegeliana. Os vestígios de uma concepção não científica das práticas semióticas persistem sob a capa de uma abordagem que se diz marxista e que continua a considerar "as artes" como espaços alienados, ou seja, não produtivos, mas expressivos ou ilustrativos. Quando tal concepção encontra a semiótica, os contrassensos não deixam de aparecer. Assim, os semioticistas soviéticos tendem a estudar a pintura utilizando a teoria da informação (portanto, como um complexo de articulações significantes), mas, ao mesmo tempo, tendem a *explicá-la* como dependendo causalisticamente do modo de trabalho da sociedade. "A principal função pragmática da arte (na sociedade agrícola) consistia em ultrapassar as tendências individuais e arcaicas do comportamento (nocivas numa dada cultura) e em criar o modelo psíquico para uma espera longa e paciente dos frutos do trabalho investido"[6]. Esse exagero levaria a uma eliminação dos detalhes e a uma operação utilizadora de um número mínimo de signos; daria conta do desenvolvimento das formas simbólicas da expressão e da substituição dos signos-ícones por índices e símbolos. Uma sociedade em crise elaboraria preferivelmente formas de expressão menos estilizadas, mais individualizadas e mais realistas. Uma sociedade equilibrada, dominada por um grupo, cristalizaria sua arte numa estilização que Pereverzev chama de estilo convencional (o Antigo Egito, por exemplo). O autor, visivelmente partidário da concepção de arte como expressão, vê a pintura "exprimir" os estados da sociedade. Sem discutir aqui a pertinência da análise das sociedades, parece-nos que a história da literatura opõe-se à interpretação dada por Pereverzev. Um marxismo radical veria, sobretudo, nas práticas semióticas, inclusive na pintura, uma atividade da mesma ordem das outras práticas sociais. Por outro lado, a distinção valorizante da pintura entre simbólica/realista não é pertinente. O valor social de uma prática semiótica consiste no modelo global do mundo que essa prática propõe: esse valor só existe se a divisão do *corpus*, proposta pela prática semiótica dada, é orientada no sentido das rupturas históricas que renovam a sociedade. Assim, uma pesquisa de "formas" pôde acompanhar a revolução russa,

---

[6] L. Pereverzev, O Grau de Redundância como Índice das Particularidades Estilísticas da Pintura nas Sociedades Primitivas, em *Trudy*..., p. 217.

ao passo que uma "arte" individualista e realista coincide com uma sociedade de consumo e de estagnação. Mas aqui também toda generalização é perigosa: seria necessário falar concretamente de uma época e de um espaço precisos, dos produtores e dos consumidores, conhecidos e inventariados, das diferentes práticas semióticas.

O exagero da teleologia e do projetivismo, com o qual o marxismo não deve ser contaminado, opera-se a partir de um confronto da conduta marxista com outros complexos culturais (Índia), ou com práticas semióticas que se afastam dos quadros de nossa cultura (a linguagem poética, por exemplo). Desse modo, estudando os tons da música hindu, encontram-se correlações entre o sistema musical e *todos* os sistemas que recobrem fenômenos microcósmicos, macrocósmicos e cósmicos, inclusive a organização social. "As séries das correspondências (horizontais)", escreve O. F. Volkova, "não são fechadas e podem ser prolongadas. Cada uma das séries verticais é reversível em direção ao primeiro elemento da série, mas não de uma série a outra"[7]. A. J. Syrkin, de sua parte, insiste nas observações da Chandogya Upanishad (uma parte dos Upanishad caracterizada por reflexões abstratas e prescrições dogmáticas relativas aos textos) que *identificam* os diferentes objetos de seus estudos, estabelecendo um sistema de *equivalências* entre os complexos considerados (o termo "upanishad" significa equivalência). A "semiótica" hindu chegou mesmo a estabelecer equivalências "numéricas": sua tendência à procura do isomorfismo atinge um nível "matemático" no qual domínios heterogêneos (para um observador vindo de outra civilização) se reconhecem equivalentes numericamente[8]. Viacheslay V. Ivanov e V. N. Toporov recuperam o mesmo isomorfismo em seu estudo das adivinhas dos Kets[9]. A estrutura das adivinhas é análoga à da linguagem natural: podem, consequentemente, ser consideradas como "uma manifestação daquela flexibilidade da linguagem, que permite no discurso poético uma acepção tão ampla quanto possível das significações figuradas e

---

7 Descrição dos Tons da Música Hindu, em *Trudy*..., p. 274.
8 O Sistema de Identificação na Chandogya Upanishad, *Trudy*..., p. 276; Cf. também T. Elisarenkova; A. Syrkin, Esboço de Análise de um Hino Nupcial Hindu, em *Trudy*..., p. 173.
9 Por uma Descrição dos Sistemas Semióticos dos Kets, em *Trudy*..., p. 116.

dos complexos sêmicos". As adivinhas seriam construções de imagens metafóricas correspondentes a um certo objeto, ou a toda uma situação que a língua natural descreve de um modo não metafórico. O esquema estratificado que os autores propõem e que engloba os signos rituais, os signos das adivinhas, o discurso dos xamãs, as representações temporais e espaciais etc. permite estabelecer um único tipo estrutural que se repete em diferentes culturas (geográfica ou historicamente) e em diferentes esferas semióticas. Tal modelo é um passo em direção à abolição do simbolismo, um estágio que a linguagem científica é obrigada a passar para poder, em seguida, dele se desembaraçar, adotando uma axiomática que estabelecerá, em níveis diferentes, redes relacionais nas numerosas estruturações que nos cercam, desde os cristais até os livros.

Do mesmo modo, na perspectiva do isomorfismo das práticas semióticas, impõe-se uma revisão dos pressupostos que influenciam o estudo estrutural da linguagem poética, a saber: a) a retórica, b) as relações linguagem poética/linguagem científica, c) as estruturas da narrativa postuladas por Propp.

Nada justifica a acepção, que remonta à época da retórica e da poética antigas, do discurso estético concebido como um discurso ornamentado de tropos, de figuras ou de construções arquitetônicas particulares, que o distinguiriam do discurso cotidiano, onde os ornamentos, mesmo que existam, seriam apenas provisórios. "A chuva vai" ("idiot dojd", chove) não é menos uma metáfora que "as pernas dos nervos se esquivam" (Maiakóvski)[10].

Se as construções poéticas são consideradas como tais, isto se deveria apenas ao fato de sua aparição ser muito pouco provável, enquanto a probabilidade do emprego das outras construções é, ao contrário, muito grande. *Seria poético o que não se tornou lei*. Os semioticistas soviéticos estudam, pois, o discurso poético segundo os métodos da teoria da informação: a poética seria uma articulação de significantes que "esgota a entropia" do texto. As leis da cibernética talvez ainda não sejam capazes de apreender o funcionamento da poesia, mas estão aptas a situar desde já o impasse da análise atual (retórica).

10 V. Zaretski, Ritmo e Significação nos Textos Literários, em *Trudy*..., p. 68.

O problema, difícil e ao mesmo tempo apaixonante, das diferenças entre o discurso denotativo e o discurso conotativo é abordado com muitas precauções (na ausência de critérios precisos e de instrumental eficaz para o estudo dessas distinções) por Lesskis (p. 76), que se contenta em assinalar as particularidades gramaticais da linguagem literária russa do século xx (emprego dos tempos verbais, dos substantivos, dos adjetivos etc.) comparada ao discurso científico. Mintz (p. 330) vai além, estudando a formação do sentido poético como *secundário* com relação ao sentido de um outro texto poético: o autor observa a *ironia* como modo de estruturação poética no poema "Neznakomka" (A desconhecida), de Alexandre Blok.

Citemos também a crítica dirigida à pesquisa de uma tipologia dos assuntos ou dos motivos da narrativa, pesquisa que traduz um raciocínio não correlacional e não dialético. Lembrando as unidades que Propp distinguiu para sua classificação dos contos populares russos, B. F. Egorov escreve:

> Essas unidades não nos trazem nada quanto à compreensão da essência do conto fantástico porque não podem entrar livremente em correlação umas com as outras: coloca-se uma interdição ao herói, e não ao malfeitor ou ao benfeitor, pune-se o malfeitor e não o herói ou seus colaboradores. O pensamento sincrético operava com entidades totais que eram, já por elas mesmas, pequenos assuntos que passavam inteiramente de um conto a outro; assim, uma diferenciação ulterior das funções de Propp é privada de sentido [...]. A dissolução dos motivos em partes constituintes (e, primeiro, em sujeitos e em predicados), tendo entre elas correlações livres – eis uma particularidade da literatura dos tempos modernos. Mas o aumento do número dos elementos aumenta o número das relações entre eles, o que, por sua vez, complica a estrutura. As tentativas de reduzir toda a multiplicidade da dramaturgia mundial a três dezenas de situações são ingênuas[11].

Questionar as fronteiras do signo e encontrar um isomorfismo de todas as práticas significantes é também questionar as fronteiras da representação temporal, sem com isso assimilar a diacronia temporal a uma sincronia subjetiva. Para

---

11 Os Sistemas Semióticos mais Simples e a Tipologia dos Sujeitos, em *Trudy...*, p. 110.

Iuri M. Lotman, a mudança de espaço na arte medieval na Rússia[12] significa uma mudança de valores sociais: a passagem de uma situação local a uma outra indica uma mudança de estatuto moral; essa "ética local", como a chama o autor, contradiz frequentemente certas normas cristãs. Analisando a iconografia budista, Vladimir N. Toporov distingue estruturas distributivas e estabelece suas equivalências com as estruturas sociais e éticas[13]. Em seu estudo da estrutura espacial dos ícones russos e bizantinos, L. Zegin descobre uma perspectiva "invertida" e, introduzindo a noção de "espaço ativo ou deformador", mostra como uma prática semiótica antecipa a simbolização científica: o pintor da Antiguidade já se colocava ante problemas temporais e espaciais que a ciência tende a resolver apenas hoje[14]. Zegin nota que, nas práticas semióticas, "a ciência poderia encontrar a confirmação de suas posições e de suas conclusões".

Desse modo, um ponto de interrogação se coloca, a partir de agora, sobre a eficácia ulterior da problemática do signo para uma semiótica que reconheceu sua necessidade e que se construiu a partir dela. Se essa problemática é necessária para dissolver o intuicionismo, o positivismo ou o sociologismo vulgar, é também verdade que a semiótica a suspende desde já. Sem se ocupar mais de referente-significante-significado ou de conteúdo-expressão etc., ela estuda todos os gestos significantes da sociedade produtora (o discurso, a prática literária, a produção, a política etc.) enquanto redes de relações, cuja significação se articula pelas aplicações ou negações de uma norma. Não é por acaso que essa superação do signo observada em certos trabalhos dos semioticistas soviéticos seja possível de ser encontrada nos quadros do marxismo, considerado como uma ciência ou como uma metodologia científica.

---

12 A Concepção do Espaço Geográfico nos Textos Russos da Idade Média, em *Trudy...*, p. 210.
13 Notas sobre a Iconografia Budista em Relação aos Problemas da Semiótica das Concepções Cosmogônicas, em *Trudy...*, p. 221.
14 "Felskonstruktion" na Pintura Antiga: A Unidade Espaçotemporal na Pintura, em *Trudy...*, p. 231.

O LUGAR DA SEMIÓTICA:
O ESPAÇO DOS NÚMEROS

A semiótica prepara-se, assim, para tornar-se o discurso que afastará a palavra metafísica do filósofo graças a uma linguagem científica e rigorosa, capaz de fornecer modelos do funcionamento social (das diferentes práticas semióticas). *Construir a linguagem dessa semiótica geral: eis o problema.*

Há sessenta anos, um sábio russo, Jacob Linzbach – com um fervor que provoca às vezes o riso e um irracionalismo que convida à condescendência, mas também com uma rara audácia de síntese e uma perspicácia que a ciência atual confirma assustadoramente – observara que o problema urgente das ciências humanas era a elaboração de uma *linguagem*, que chamou de "a língua filosófica". Linzbach parecia esforçar-se para construir uma língua tal como a dos alquimistas da Idade Média em busca da "pedra filosofal".

A pedra filosofal jamais foi encontrada, mas encontrou-se outra coisa, algo muito mais maravilhoso: a ciência exata, que nos permite hoje sonhar com o que os próprios alquimistas não puderam sonhar – com a transformação total da matéria [...]. Consideramos o trabalho dos linguistas modernos um trabalho infatigável de gnomos fantásticos como o era o dos alquimistas. Sua atividade define-se por um esforço mais ou menos consciente de descobrir as leis mais gerais que determinam a existência da linguagem e cuja posse equivale à posse da pedra filosofal (p. III)[15].

Linzbach, insurgindo-se contra o empirismo da linguística, propunha a construção de um *esquema dedutivo abstrato*, realizável através de uma recorrência à matemática, "uma criação livre no sentido da matemática". Fazia corresponder aos fonemas *números*, que situava nas quatro coordenadas do espaço e do tempo. As aquisições da ciência na época eram insuficientes para permitir a construção da linguagem de uma semiótica geral. Linzbach, no entanto, indicou as dificuldades que agora nos cabe resolver:

---

[15] *Princípios da Linguagem Filosófica: Ensaio de Linguística Exata*. Petrogrado, [s. n.], 1916. J. J. Revzin publicou uma resenha dessa obra em *Trudy...*, p. 339.

1. a incompatibilidade entre a lógica de um *sistema* científico e aquela das *práticas* semióticas;

É preciso reconhecer que os termos da língua não são sistemáticos [...]. Consequentemente, a elaboração dos esquemas e das combinações necessárias para designar este ou aquele conceito não é uma tarefa da ciência, mas da arte, e a solução dos problemas aqui colocados deve ser proposta não aos sábios, mas aos artistas (p. 94).

2. a impossibilidade de aplicar um sistema finito (a ciência, a linguagem denotativa) às práticas semióticas, que são infinitas;

[A linguagem denotativa] se distingue da língua natural pelo fato de só possuir um número finito de pontos de vista. A natureza, ao contrário, é pensada como uma construção possuidora de um número infinito de pontos de vista (p. 202).

3. a necessidade de introduzir a matemática na semiótica, de encontrar um sistema de *siglas* (= de *números*), cuja articulação descreveria o funcionamento das práticas semióticas e constituiria a linguagem de uma semiótica geral.

Mais que linguista, o semioticista seria, pois, um matemático que calcularia as articulações significantes com o auxílio de signos vazios. Assim sendo, sua linguagem não será a linguagem discursiva: será da ordem dos números, será *axiomática*.

Uma grave escolha ontológica perfila-se, pois, por trás desse ponto máximo, que é a elaboração da linguagem semiótica. Lembremos que os problemas ontológicos, que subtendem a controvérsia atual quanto à escolha do discurso científico, aparecem claramente ao longo de toda a história do pensamento ocidental. É possível abordá-los em três momentos diferentes, sob três formas distintas: a metafísica da Idade Média preocupou-se com o problema dos universais; a matemática moderna instaurou o debate sobre a ordem das entidades a que uma variável presa pode se referir; a semiótica atual discute o mesmo problema do sentido sobre o estatuto do sujeito da ciência, recolocada em questão. Estabelece-se nesses três níveis uma analogia entre o realismo, o conceitualismo e o nominalismo da Idade Média, de um lado; o logicismo, o intuicionismo e o formalismo matemático, de outro[16]; e, enfim, entre o positivismo, o estruturalismo e o paragramatismo axiomático dos estudos semióticos.

O *realismo* medieval ligado à doutrina platônica considerava os universais, ou as entidades abstratas (o sentido), como independentes de nosso julgamento, que sabe apenas descobri-los, sem criá-los. Os *lógicos* (Frege, Russel, Whitehead, Church, Carnap) procedem analogamente, empregando variáveis que se referem a qualquer entidade abstrata, considerada como especificável ou não especificável. Nas ciências humanas, o *positivismo* utiliza um discurso valorizado feito de universais, ou de entidades abstratas, que ele parece supor como existindo objetivamente, independentemente do sistema do discurso que as "desvenda" no objeto estudado, sem com isso criá-las.

O *conceitualismo medieval* considerava os universais como produtos do juízo. Do mesmo modo, o *intuicionismo* matemático de Poincaré, Brouwer, Weyl somente emprega variáveis, referindo-se a entidades abstratas quando essas entidades são, como diz Quine, "cozidas individualmente por ingredientes preparados antes". O estruturalismo aceita um método semelhante: não descobre as classes (o sentido), elabora-as quer em seus sistemas semânticos, construídos com a ajuda de termos carregados de valores ideológicos que aplica ao objeto estudado, quer nos esquemas que superpõe ao objeto estudado. Se ele apresenta vantagens em relação ao realismo (positivismo), tem também um defeito: é incapaz de alcançar a infinidade que os realistas aceitam, e a consequência direta disso é que ele chega mesmo a abandonar certas leis clássicas (a dialética, a pluridetermintação).

O *formalismo*, associado aqui a Hilbert, aceita o intuicionismo e rejeita a concepção realista (positivista) do sentido existente fora de nosso julgamento. Mas o formalismo rejeita do intuicionismo a acepção das entidades abstratas, mesmo se essa acepção é limitada pela noção da elaboração subjetiva dessas entidades. Da mesma maneira, uma semiótica fundada sobre a axiomatização das práticas significantes faria eco ao estruturalismo: ela reconheceria a utilidade de uma explicação de tipo

---

16 Aqui e posteriormente seguimos as considerações de Willard van O. Quine, On What There Is, *From a Logical Point of View*, Cambridge: Harvard University Press, 1953.

estruturalista. Porém, a axiomatização distinguir-se-ia do estruturalismo em sua ontologia, ou seja, na noção do sentido que embasará sua escritura. A formalização considera o complexo semiótico estudado como uma rede de articulações, e não um sistema de entidades; vai mesmo além, erigindo-se, de acordo com essa consideração, como um sistema axiomático. A axiomatização recusará os nomes (os valores preestabelecidos) e se utilizará de uma linguagem artificial de variáveis (pronomes), que serão notações (siglas) vazias, sem nenhum sentido preciso; sua única significação e sua inteligibilidade estarão nas regras que governam a manipulação dessas siglas. Assim considerada, a axiomática surge como um nível no qual se situa o esforço do discurso científico para contornar o monologismo que o constitui, procurando tornar-se isomorfo às práticas semióticas diversas.

Todos esses problemas estão longe de estar resolvidos: o empirismo linguístico, na verdade, os abafou. É evidente que a busca de sua solução deve ser conduzida paralelamente às pesquisas linguísticas empíricas. A semiótica construir-se-á, então, ao lado do cadáver da linguística – morte que Linzbach já previa e à qual a linguística se resignaria depois de ter preparado o terreno para a semiótica.

O papel do semioticista é, por conseguinte, mais que um papel de quem descreve. Seu estatuto mudará o estatuto da própria ciência: a sociedade tomará cada vez mais consciência do fato de o discurso científico não ser uma simbolização, mas uma prática que não *reflete*, e sim *organiza*. Pois o semioticista não é somente linguista e matemático, ele é escritor. Não é somente aquele que descreve, como um antiquário, velhas linguagens, fazendo de sua ciência um cemitério de discursos já mortos ou prestes a morrer. É também aquele que descobre, junto com o escritor, os esquemas e as combinações dos discursos que são feitos. O lugar ocupado pelo semioticista na sociedade não metafísica que se delineia hoje tornará manifesta e evidente a interpretação da ciência e da "poesia". Pois sua conduta, consistindo em *explicar* a linguagem, supõe, preliminarmente, uma capacidade de *identificação* com o procedimento daquele que *produz* o discurso – o escritor. A explicação semiótica deverá ser, consequentemente, uma *escritura* repetida e sistematizada. Mais ainda: a partir dos sistemas anteriores, o semioticista será capaz de engendrar formalizações semióticas ao mesmo tempo ou antes mesmo de sua produção nas linguagens naturais. No diálogo das escrituras, a escritura semiótica é uma escritura repetitiva das escrituras transformativas. Se o semioticista vem depois do escritor, esse "depois" não é de ordem temporal: caberia tanto ao escritor quanto ao semioticista *produzir* simultaneamente *linguagens*. Porém a produção semiótica terá a particularidade de servir de transmissão entre dois modos de produção significantes: a escritura e a ciência; a semiótica será, portanto, o lugar onde a distinção entre elas está destinada a se articular.

[1967]

4. O Sentido e a Moda

Apesar de sua aparência tão bem apurada, a chita reconheceu nele (o hábito) uma alma irmã cheia de valor. É o lado platônico da coisa. Na realidade o hábito não pode absolutamente representar o valor em suas relações exteriores sem que o valor tome, ao mesmo tempo, o aspecto de um hábito.

MARX

[...] é o sentido que faz vender.

ROLAND BARTHES[1]

O embargo da ciência sobre a sociedade moderna parece ter alcançado seu apogeu e sua conclusão tomando seus modelos e seu método emprestados da linguística (da palavra). A ciência da comunicação fonética cria hoje o estudo do "pensamento selvagem", descobre e analisa um "discurso do Outro", tenta em vão recuperar as "artes" e a política, fazendo preponderar em toda parte a autoridade do *signo*: noção historicamente limitada e cujo *ideologema* (a função que liga as práticas translinguísticas de uma sociedade condensando o modo dominante de pensamento) nos reenvia a Platão e a Auguste Comte. O círculo se fecha: a concepção da língua como signo se estende para toda atividade translinguística, a organiza em seus esquemas e segundo suas regras, e reflete toda prática ordenada como uma *estrutura* ("uma entidade autônoma de dependências internas"[2]) dependente da comunicação denotativa verbal. Não se trata aqui de ignorar as incontestáveis descobertas devidas à ciência da palavra (a linguística), à explicação pelo signo de práticas que lhe são

---

1 *Système de la mode*, Paris: Seuil, 1967, p. 10. Adiante será designado como S.M.
2 Louis Hjelmslev, *Essais linguistiques*, Copenhague: Nordick Sprag og Kulturferlag, 1959, p. 1 (trad. bras., *Ensaios Linguísticos*, São Paulo: Perspectiva, 1991, p. 29).

estranhas (a antropologia estrutural), nem ao fato de tornar evidentes estratificações do sujeito ocidental que se debate dentro e contra a linearidade da cadeia falada (a psicanálise). Trata-se de frisar que, tendo desmistificado e neutralizado toda e qualquer hermenêutica, a ciência do signo alcança o ponto em que ela se desmistifica a si mesma. É a semiótica que tem esse papel e, mais especificamente, a semiótica dos sistemas significantes que a civilização dos signos gera para poder ser, por sua vez, consolidada. Essa semiótica põe em confronto o modelo do signo linguístico não com sistemas externos ao ideologema linguístico (medida etnológica) nem com práticas repelidas pela lógica de uma sociedade fundada sobre o signo (estudo do inconsciente), mas com os próprios produtos que tornam explícita a sociedade do signo. Se, no primeiro caso, o fato de reconduzir ao signo das civilizações *outras* reforça o poder de apropriação do sujeito-signo; se, no segundo caso, a explicação de uma atividade não fonética e não comunicativa pelos modelos da comunicação (fonética) *torna mais sólido* o sujeito-signo, no terceiro, o trabalho do semioticista suscita a irritação desse mesmo sujeito-signo.

Basta ler os artigos dos jornalistas consagrados ao *Sistema da Moda* para perceber este efeito de irritação, que é muito mais do que uma simples incompreensão. O que constrange é que Roland Barthes provoca um encontro insólito: o do *signo*, base da sociedade da troca ("Na troca real, a abstração deve ser, por sua vez, reificada, simbolizada, realizada por meio de um determinado signo"[3]) e da *moda* ("um fenômeno coletivo que nos transmite de uma maneira mais imediata a revelação que há de social em nossos comportamentos"; s.m.). O estudo da moda se torna, então, o terreno propício para "reconstruir passo a passo um sistema de sentido". "A vestimenta escrita é absolutamente sentido"; sendo a moda a vestimenta descrita, analisar a moda é analisar o sentido. A ciência do *sentido* se confunde, desse modo, com a ciência da "compra" e da "apropriação" – têm um mesmo ideologema patente na estrutura da palavra comunicativa. Poder-se-ia dizer que, sendo todo o aparelho linguístico usado para revelar "a moda como um sentido", essa revelação se transforma necessariamente em seu contrário complementar: o

---

3 Karl Marx; Friedrich Engels, *Arquivos*, [s.n.], v. IV, Moscou, 1935, p. 61.

sentido aparece como uma moda. O trajeto completo é realizado desse modo: uma sociedade (a da troca) reificada em ciência (do signo = do sentido) encontra sua reificação em "*objeto*" (a moda como signo = sentido). Defrontamo-nos com uma tautologia: o signo encontra o signo; a objetividade do *discurso* científico vai pelos ares; a linguística – mãe das ciências ditas humanas – encontra-se diante de um espelho; de chofre, o ideologema do signo se manifesta intensamente: depende, ele também, do espelho (reconhecimento, identificação, semelhança acima da diferença), eu diria, para retomar esse ponto mais adiante, que ele garante a lógica da *palavra*, portanto do *sentido*. "A palavra não é a *muda* fatal (grifamos) de toda a ordem significante?", escreve Barthes, e ainda: "numa sociedade como a nossa, onde mitos e ritos tomaram a forma de uma *razão*, isto é em definitiva de uma palavra, a linguagem humana não é somente o modelo de um sentido, mas também seu fundamento". (s.m., p. 9).

Duas consequências fundamentais resultam desse *jogo de espelho* no qual o ideologema do signo se vê tomado pela reviravolta do signo sobre si mesmo (ciência do signo <–> objeto-signo). Ele obriga, antes de mais nada, a investigar de perto os fundamentos filosóficos do pensamento do signo e põe em evidência suas limitações. Aplicando os modelos linguísticos a objetos *translinguísticos* (Barthes estuda a moda em *textos* irredutíveis às leis da comunicação oral), o semioticista reencontra a cumplicidade da *palavra*, da *razão* e do *texto comercial*[4] fundidos pelo ideologema do signo: a estrutura desse universo "obedece a restrições universais, que são as de todo sistema de signos" (s.m., p. 10); ao mesmo tempo, ele liberta os aspectos pelos quais o comercial, sendo um *texto* (a moda descrita também é uma retórica), evade das categorias da palavra. O binarismo é, deste modo, posto em questão (s.m., p. 173), as relações do signo e do fantasma se manifestam (s.m., p. 255), o mito científico da "coerência" e da "funcionalidade" se vê desmascarado como uma retórica (s.m., p. 268). É significativo que o remate do sistema do signo que acaba por se recortar a si próprio, designando desse modo o impasse de uma ciência idealista, somente seja tornado evidente quando

---

4 A noção de "texto comercial" implica, na terminologia de Barthes, uma ambivalência: ele é uma descrição (fonética, pois) e ao mesmo tempo um desafio ao fonetismo (uma escrita).

o semioticista acrescenta, à sua concepção da moda como signo, a aceitação da moda como *texto*, isto é, como inscrição de uma prática *através* (e não *dentro*) da linguagem. Desse modo, o *Sistema da moda* expõe a ciência do signo no limiar de sua oscilação numa notação materialista, que reconheceria, como ponto de partida, a pluralidade das práticas translinguísticas e procuraria definir sua sequência inicial não como uma *unidade* monopolizante, mas como *funções* suprassegmentais. Eis-nos, pois, diante da segunda consequência desse jogo de espelho signo-moda: ele torna necessária a *fratura* da dominação do signo como modelo universal aplicável a toda prática, do mesmo modo que a *introdução* de vários modelos diferentes; é evidente que, se a medida explicativa não toma como princípio de partida senão um único modelo (o signo), ela irá se reencontrar obrigatoriamente diante da impossibilidade de apoderar-se em sua especificidade das práticas estranhas ao signo e de manifestar suas próprias contradições (veja-se o teorema de Gödel).

Assim, o trabalho de Barthes subverte a corrente que domina a ciência moderna: o pensamento do signo; fazendo funcionar todas as suas possibilidades, ele mostra seus bloqueios e trava seu universalismo. Do mesmo modo que a Renascença ressuscitava o latim para transformá-lo em língua morta, o texto do semioticista, fazendo falar a ciência do signo, obriga-a ao silêncio dos arquivos:

A linguística contemporânea, escrevia não sem pateticidade um sábio russo no início do século – e forçoso torna-se confessar que a situação não está radicalmente mudada –, está fadada a não se tornar uma verdadeira ciência assim como aconteceu com a alquimia, e assim como essa última, ela (a linguística) nunca irá alcançar seu alvo, mas tendo realizado seu papel – que consiste em preparar a verdadeira ciência –, ela deverá cessar de existir. Que a linguística contemporânea é realmente comparável à alquimia, que ela não passa de um predecessor da verdadeira ciência que irá lhe suceder, será possível de ser coisa da qual possamos nos persuadir examinando as premissas visivelmente desesperadoras e inconsistentes das quais ela partiu. Ela supõe que, na enorme aglomeração de material histórico que se nos apresenta sob o aspecto de vários milhares de línguas mortas e vivas, deve se achar oculta essa pérola procurada pelo pensamento do homem contemporâneo. Não é de se estranhar que, partindo dessas premissas, os linguistas sejam obrigados a representar o papel não de artistas, mas de antiquários, não de sábios, mas de amadores que, em vez de criar por si próprios, outra coisa não fazem senão recolher e estudar os produtos da criação dos outros. Temos aqui [...] não uma criação, mas sua ausência, não o berço de novas ideias, mas o cemitério das antigas. Estamos diante de uma época da vida da humanidade, época rica e interessante em si, mas que chegou a seu fim e que nada está em condição de fazer voltar à vida[5].

Sistema da moda: leitura desmistificante para todo sujeito-signo que se apercebe subitamente estar rodando em círculos na cilada daquilo em que ele acreditou, no início, ser o instrumento de apropriação de uma exterioridade.

O IDEOLOGEMA DO SIGNO

*As restrições não limitam o sentido,
mas, ao contrário, o constituem.*

S.M., p. 160

O estudo de todo objeto translinguístico exige, antes de mais nada, uma distinção metodológica entre o código pseudorreal, o sistema da língua (o sistema terminológico) e o sistema retórico no qual o objeto translinguístico se apresenta em última análise. Pois que "não há um universo que não seja a língua e cujas leis sejam diferentes", o sentido do objeto translinguístico seria o que desarranja a equivalência entre o sistema de língua e o sistema retórico: esses dois sistemas "não têm o mesmo nível de comutação" (S.M., p. 45). O sentido (a moda) teria uma dupla estruturação: na língua, como na comunicação fonética, e na retórica, como suplemento (descrito) da corrente falada. Diacronizando uma sincronia, poder-se-ia dizer que o sentido seria a resultante de dois "sentidos" incompletos: o sentido da corrente falada e o sentido da retórica. A distinção só é aparente (voltaremos mais adiante sobre a ambivalência da retórica): de fato, a retórica é uma descrição do fonético, ela se parece com o mesmo ideologema. São, em definitivo, as restrições da palavra que constituem

---

5 Jacob Lintzbach, *Prinzipi filosofskovo jazika: Opyt -tochnovo jazikoznanija* (Princípios da Linguagem Filosófica. Ensaio de Linguística Exata), Petrogrado: [s.n.], 1916.

o sentido do signo: "o sistema vestimentar parece ser tomado a cargo do sistema linguístico" (s.m., p. 38). A conceptualização da palavra em signo e/ou em sistema linguístico é, por conseguinte, capital para a construção do sistema do sentido.

O Trabalho Despojado de Sentido

Lembremos que a díade significante-significado que fundou o signo saussuriano remonta à escola filosófica de Megara e às origens da lógica estoica. Dialéticos como Zenão de Eleia, geralmente considerados como "materialistas" por causa de sua teoria do corporal, os estoicos – verdadeiros positivistas da Antiguidade – trazem o cunho da epistemologia platônica transmitida através de Euclides, fundador da escola e contemporâneo de Platão. Assim, segundo Diógenes Laércio, os estoicos distinguem duas partes na dialética: uma que trata dos objetos significados (*ta semainomena*), outra, dos objetos significantes (*ta semainonta*) ou elemento de discurso. Essa última postula a existência de uma categoria de coisas *significadas* ou *expressas* que são chamadas de *lekta* e que se caracterizam por meio de três particularidades: 1. elas não existem fora do discurso; 2. elas podem ser verdadeiras ou falsas; 3. elas são *incorpóreas*. É evidente que o *lekton* traduz em discurso "semiótico" *a ideia* platônica e mediatiza sutilizando a separação espírito – matéria, pensamento-prática. A tríade objeto-*lekton*-palavra, com ocultação do primeiro elemento e concentração de todas as operações (mentalistas) entre as duas coordenadas *lekton*-palavra, molda um espaço epistemológico que se alia ao espaço geométrico euclidiano, a uma teoria da superfície, pois, antes que do espaço, e desenha o binarismo do sistema do signo. Frisamos incidentalmente que se trata de uma pseudoplatitude, pois a pirâmide objeto-*lekton*-som é implícita a toda relação *lekton*-som, e nessa pirâmide o *lekton* (o significado ou o exprimível) ocupa o lugar hierárquico do topo (Deus). Por outro lado, reagindo ao platonismo por uma teoria do corpo e uma valorização do corporal (a alma também é corporal), a medida dos estoicos é o inverso necessário da ideologia platônica, seu *outro* equivalente: sendo "o corpo" uma vez anunciado como entidade absoluta, "o espírito" é menos denunciado que pressuposto; a um ponto determinado do discurso é mesmo pronunciado: o *lekton* vem à luz, necessariamente programado pelo postulado sentido = não real.

O *lekton* é uma coisa expressa, mas também o fundamento de toda representação: "Eles (os estoicos) dizem que o *lekton* é o que resta depois da representação racional, e que a representação racional é aquela na qual o que é representado pode ser traduzido em discurso"[6]. Longe de ser uma encenação, a representação é antes uma *expressão* mentalista, uma mentalização da prática através do *lekton* (o "conceito", "o sentido"). A representação que funda nosso raciocínio não é, pois, um "teatro" no sentido de introdução de um *exterior*, mas a destruição da disjunção alternante interior-exterior, portanto do volume cênico, e sua redução à superfície interna: a representação, que é necessariamente simbólica, é um *vestígio* traduzido em discurso, e o discurso é o *vestígio* representativo de uma prática ocultada. A representação lektoniana (simbólica) não é possível senão como um *depois* da representação teatral. O *lekton* (o sentido, o signo) abole o gesto para lhe substituir um som que visa o não visual. Em outras palavras, o *lekton* (o sentido, o signo) é uma *denegação*, mas não uma negação, de uma dimensão: a que situa a atividade translinguística no espaço com o qual ela faz corpo (o que significa que lá o corpo não existe como o oposto da língua). O espaço cênico assim amputado, o teatro, como prática e como representação ao mesmo tempo, está morto: o logos interioriza-lineariza essa morte para constituir-se como signo. (Não é de se admirar que um grande número de esforços recentes contra a representação significante ressuscitem a cena teatral ou investiguem literalmente um volume através da gestualidade: Mallarmé, Artaud). O *lekton* (o sentido) é, assim, como representação, o emblema de uma *perda* (a do *espaço*) e de uma *morte* (a do teatro como *prática*) ; ele é um *substituto* do espaço de trabalho; ele se ergue sobre uma *ausência* na qual fermenta a "consciência trágica" e todo esforço de reconstrução da pluridimensionalidade, num segundo tempo, com o auxílio de um *sentido* da língua completada por uma retórica (a narração ou "o inconsciente").

[6] Sextus Empiricus, Adv. Math., VIII, II, 12; cf. William Kneale; Martha H. Keneale, *The Development of Logic*, Oxford/New York: Oxford University Press, 1962, p. 113.

"Estendida a um outro sistema semântico, a língua tende deste modo a naturalizá-lo" (S.M., p. 42). É natural o que está dotado de um sentido, é natural o que está culturalizado. Mas o sentido, apresentando-se antes de mais nada como uma equivalência, solidificada pela língua, do objeto real e da interdição imposta pela estrutura da comunicação oral, acaba por não mais ser uma "forma". Ele "se substantifica", toma consistência, torna-se Todo; pelo mesmo gesto o Todo se manifesta como "Verbo" – "sem limites verbais [...] ela (a moda, mas também o sentido) não seria em nada uma elaboração ideológica" (S.M., p. 59).

Lembremos que o verbo *legein*, do qual *lekton* tira sua raiz, significa "significar", mas também quer dizer "dizer". Não há significação sem palavra, mas também não há senão a palavra que significa. O signo faz parte do mundo do *dizer*, do *enunciar*, do *relatar*: Sêneca traduz *lekton* em latim por *effatum, ennuntiatum, dictum*[7]. O sentido é o outro complementar de um corpo-diferenciado-do-vestígio, assim como o falar é o outro complementar de ver. A cadeia sonora suplantando o visual, o *lekton* se substitui ao corporal; o sentido alcança, assim, o fonético que o exige e do qual é inseparável. A sociedade fonética é necessariamente a sociedade do sentido e da representação. Um ausente: o trabalho. A ciência do dizer (do signo) se constrói abafando-o, em base a uma prática que é sua própria ciência: a ciência falada substitui o fazer científico. "O mundo da moda é o trabalho despojado de sentido" (S.M., p. 251).

O representante mentalista, seja ele de estrutura icônica (a imagem) ou de estrutura verbal (a palavra), é funcionalmente exigido pela socialização do trabalho: ele é, para Barthes, o mediador entre o processo de trabalho e seus produtos. O trabalho recua para ceder a superfície ao simulacro: o sentido (a moda) afirma uma *função*, mas não uma produção ("a correção do signo nunca se faz passar por ser abertamente normativa, mas por ser simplesmente funcional", S.M., p. 270), ele é um "substituto" do trabalho, sua "manifestação", em outras palavras, "uma atividade negativa" ("O fazer da Moda está por assim dizer malogrado",

---

7 "video Catonem ambulantem. Hoc sensus ostendit, animus credidit. Corpus est quod video, cui et oculos intendi et animum. Dico deinde: 'Cato ambulat'. 'Non corpus, inquit, est quod nunc loquor, sed enuntiativum quiddam de corpore, quod alii effatum vocant, alii enuntiatum, alii dictum'". *Epistulae*, 117, 13.

s.m., p. 252). "A origem" substitutiva do signo se estende e corrói sua própria organização: "o signo está pronto a separar-se da função e a operar sozinho" (s.m., p. 267). Alienando o trabalho, o sistema do sentido é um "fazer falado" que institui dois mitos: a coerência (da palavra comunicativa, do signo linguístico) e a funcionalidade (introduzida pela retórica como uma caução do "real"). "O *homo significans* toma a máscara do *homo faber*, isto é, seu próprio contrário" (s.m., p. 270). Leiamos invertendo: o *homo faber* não pode falar senão com a máscara do *homo significans*, isto é, seu próprio contrário. Se ele "esquecer" o trabalho, o *homo significans* se realiza no comércio que parece ser o elemento do signo: "A origem comercial de nosso imaginário coletivo (submetido à moda em toda parte, muito além da vestimenta) não pode, pois, fazer mistério para ninguém" (s.m., p. 9).

O "Representamen" e a Comunicação

Para as teorias modernas do signo (insistiremos aqui nas de Peirce e nas de F. de Saussure), do mesmo modo que para os estoicos, o signo é explicitamente ligado à representação e à comunicação.

"O signo, ou *representamen*, é o que substitui para alguém alguma coisa num certo aspecto ou posição. Ele se dirige para alguém, isto é, cria no espírito desta pessoa um signo equivalente ou pode ser um signo apenas desenvolvido"[8]. O signo é por definição uma representação que exige um circuito comunicativo do mesmo modo que isso é exigido por meio dele. Esse circuito é posto em movimento por um sujeito constituído pela palavra ("alguém"), necessita da separação desse sujeito de um objeto ("alguma coisa") considerado como uma entidade não subjetiva que, no próprio momento de sua constituição, está isolado do sujeito, *ausente* de seu espaço, relegado em um "ante" espaçotemporal e substituído pelo intermediário de uma *ideia* "no sentido platônico"[9]. O limite final do circuito é sempre o sujeito falante deslocado para o extremo da cadeia sonora como sujeito ouvinte: é a palavra do destinatário na qual o *representamen*

---

[8] Charles Sanders Peirce, Logic as Semiotic: The Theory of Signs, em Justus Buchler (ed.), *Philosophical Writing of Peirce*, New York: Dover, 1955, p. 99.
[9] Idem, ibidem.

comunicado deve ser incluído. O *representamen* é, pois, inseparável do circuito da comunicação verbal. A teoria saussuriana, por outro lado, dá a conhecer o signo como exigido pelo contrato social. Fazendo eco a Auguste Comte e a Durkheim, Ferdinand de Saussure estuda a língua como um instrumento da comunicação social e distingue na língua "um lado individual e um lado social". Frisando ser "impossível um sem o outro"[10], Saussure coloca o acento sobre a consciência individual que antecede e determina o contrato social: a língua é apoderada através do "*ato* individual que permite reconstituir o circuito da palavra" (grifo nosso). A comunicação auditiva valoriza o "ato" individual (o som, o gesto) como "embrião da linguagem"[11]; a consciência individual é anterior e indispensável à instituição social, à "cristalização social" posterior. "Os signos linguísticos, embora sendo essencialmente psíquicos, não são abstrações; as associações, ratificadas pelo consentimento coletivo, e cujo conjunto constitui a língua, são realidades que têm sua sede no cérebro"[12]. Sob a máscara de uma socialização e de um realismo mecanicista, a ideologia linguística, absorvida pela ciência do signo, instala o sujeito-signo como centro, início e fim de toda atividade translinguística, e a envolve, a assenta em sua palavra que o positivismo concebe como um psiquismo que tem sua "sede" no cérebro.

Operando na linearidade da cadeia falada, o signo desnuda a topologia do circuito comunicativo: esse circuito se revela não como sendo uma pluralidade de instâncias, mas a linearização repartida de uma única instância, a do sujeito falante. Essa instância toma, por conseguinte, o aspecto de uma continuidade (a palavra normativa, a língua) audível (= inteligível) através do descontínuo (sujeito-destinatário-mensagem, ou linguagem). O circuito comunicativo seria a expansão fraturada da instância do discurso do sujeito falante, portanto do *representamen* (do signo), pois, o que significa também que o sujeito *é* o signo, e não pode se constituir fora do signo. A civilização do signo é a civilização do sujeito; num dicionário da sociedade da troca, o signo seria o sinônimo do sujeito, da comunicação e da palavra.

---

10 *Cours de linguistique générale*, Paris: Payot, 1960, p. 24 (trad. bras., *Curso de Linguística Geral*, 27 ed., São Paulo: Cultrix, 2006, p. 16)
11 Idem, p. 29 (trad. bras., p. 21).
12 Idem, p. 32 (trad. bras., p. 23).

A comunicação reconduzida à palavra do sujeito é assim reduzida ao binômio *enunciado-enunciação* que tende a suprimir todo aspecto transformacional produtivo quando este é aplicado a uma prática translinguística. O conceito de *conotação*, complementar daquele de *denotação*, está aí para remediar esta redução: Hjelmslev o introduz para explicar a coincidência de dois sistemas semânticos num único enunciado. Esse conceito permanece, portanto, secundário e subordinado pelo que diz respeito à denotação que define a palavra comunicativa: é esta última (o enunciado) que é o ponto de partida e o ponto de chegada de todo estruturalismo linguístico.

O signo restaura instâncias diferenciadas (objeto-sujeito, de uma parte; sujeito-interlocutor, da outra) a um *conjunto* (a uma "unidade" que se apresenta como enunciado-mensagem), substituindo às práticas um sentido, e às diferenças, uma *semelhança*. O sentido é *associativo* – ele serve de permuta tanto do lado sujeito-objeto quanto do lado sujeito-interlocutor. Deste modo, associativo e substitutivo, o signo é o núcleo mesmo da permuta. Etimologicamente, "símbolo" significa "coisas colocadas *juntas*", a palavra grega *symballein* = fazer um contrato ou uma convenção; o "ticket" e o "cheque" são "símbolo", do mesmo modo que toda *"expressão* de sentimento"[13].

A comunicação social, obliterando a produção e o espaço, substitui-lhes um produto de tipo *secundário* (o signo para Peirce é sempre secundário, mesmo o ícone é um substituto) e conciliador (voltaremos mais adiante sobre a natureza da representação como "semelhança-acima da diferença"); esse produto é o signo (o sentido) que toma a forma de um valor (o "ticket", o cheque e, na mesma série, o dinheiro, a moda), ou de uma retórica (a "expressão" psicológica, a "literatura", a "arte").

A Superfície Teológica

Examinemos agora o *representamen* como operação mentalista do sujeito-signo. Ele necessita de uma relação triádica ("object-ground-interpretant" na terminologia de Peirce) na

---

13 C. S. Peirce, op. cit., p. 113.

qual "o pensamento é o principal, senão o único modo de representação"[14] e não aparece senão através do interpretante. O signo seria uma mediatização da ideia (Deus), o ponto de partida (o objeto) e o que se dá como ponto de chegada (o interpretante). Sendo o substituto de um objeto relegado alhures e antes (sendo excluído da palavra), o signo postula o terceiro termo da "tríade originária": a noção de destinação, intenção, causalidade (*purpose*, para Peirce), de *sentido*, pois. Objeto-*representamen*-intencionalidade: eis-nos diante da tríade teológica que constitui o ideologema do signo.

Ele implica, antes de mais nada, uma estratificação diádica da prática e do espaço. Toda prática é dividida em duas partes: o sujeito e o objeto, ou antes a palavra e a realidade, a palavra sendo signo, portanto, "realidade de segunda ordem".

A Moda, como todas as modas, repousa sobre uma disparidade das duas consciências: uma deve ser estranha à outra. Para obnubilar a consciência contábil do comprador, é necessário elaborar diante do objeto um véu de imagens, de razões, de sentidos, de elaborar à sua volta uma substância mediata, de ordem aperitiva, breve, de criar um simulacro do objeto real (s.m., p. 9).

Quanto ao espaço, ele é reduzido a duas dimensões nas quais uma "força física" age entre duas entidades, a segunda das quais (presente, conhecida) serve de índice à primeira (ausente, desconhecida). O pensamento causalístico com sua nostalgia das origens, do mesmo modo que os pressupostos da mecânica e da ciência mecanicista do século XIX, se deixam ver em um tal raciocínio.

A compreensão deste processo diádico (objeto-*representamen*) necessita da tríade simbólica dominada pelo *sentido* (a ideia, o *purpose*). Na medida, conciliadora e identificadora do signo, a oposição das duas entidades postuladas pelo binarismo (sujeito-objeto, signo-realidade, do mesmo modo que, na comunicação, sujeito-interlocutor, mesmo-outro, ou, na estrutura significante, paradigma-sintagma, metáfora-metonímia) cria uma pseudossuperfície fenomenalista por trás da qual se dissimula, para aí se introduzir a cada instante, a metafísica. O binarismo

---

14 Idem, p. 100.

resultante de uma destruição do volume aspira à tríade através do sentido (a ideia) que subtende o positivismo aparente.

O que funda um sistema de signos não é a relação de um significante e de um significado (essa relação pode fundar um símbolo, mas não forçosamente um signo), é a relação dos significantes entre si: *a profundidade* de um signo nada acrescenta à sua determinação; é sua extensão que conta, o papel que ele representa em relação a outros signos [...]: todo signo se parece em seu ser com suas imediações, não com suas raízes (S.M., p. 37).

Eliminando a metafísica da profundidade, o signo restabelece "superfícies" encadeadas por uma causalidade metonímica; substituindo a metáfora hermenêutica, ele instaura uma cosmogonia da mediocridade na qual o elemento metafísico não deixa de despertar fora de tempo, no momento da decifração.

O Sentido Temporal

O sentido se sustenta do tempo, tornando-o mudo: significa o que não está atualizado na palavra, o que a ela se opõe, encaminhando para um depósito ausente chamado memória. "Os termos do variante que não estão atualizados formam evidentemente a reserva do sentido; [...] quanto melhor esta reserva estiver organizada, tanto mais o chamado do signo será fácil" (S.M., p. 169). O possível (o notado), o impossível (a ausência de sinal) e o excluído (o extrapertinência) são categorias simbólicas que dependem do tempo sempre presente, mas nunca revelado: "o tempo pode reabrir sentidos fechados há muito tempo, ou mesmo desde sempre" (S.M., p. 186). A chamada dos "fragmentos de substância" organizados pela metonímia sobre a superfície simbólica, a uma permanência, a uma duração, é feita na passagem do sintagma para o sistema (que é o depositário da duração na estrutura simbólica). O tempo se perde para a análise (na atualidade) e só aparece na abstração (que necessita do tempo) (S.M., p. 301).

Então, no afluxo da temporalidade, o sentido *cai de moda*: "forte no nível do instante, a significação tende a se desfazer no nível da duração; contudo, ela não se desfaz completamente: ela recua" (S.M., p. 214).

A teoria saussuriana decreta esse tipo de temporalidade, "princípio fundamental" do qual "suas consequências são incalculáveis". "O significante, sendo de natureza auditiva, desenvolve-se no tempo, unicamente e tem as características que toma do tempo: a) representa uma extensão, e b) essa extensão é mensurável numa só dimensão: é uma linha"[15]. Entendamos: o *lekton* tornado conceito (ou significado) alcança a linearidade fonética do enunciado subjetivo, e reduz o espaço da prática ao tempo da palavra: o signo (significante-significado, som-conceito) é temporal, ele é compreensível e mensurável na duração; tendo eliminado o espaço, ele vive do tempo.

Mas é um tempo bizarro, um tempo amputado, extraído de sua dialética com o espaço, e organizado como uma linha, ou antes, como uma superfície de duas coordenadas (sincronia-diacronia, esta última aparecendo à interpretação) segundo o modelo da comunicação auditiva que, tendo pretensão de um presente, não pode existir senão graças a um passado que se abre em um abismo por detrás da mediocridade da palavra "agora". E esta lei temporal, que Saussure descobriu em sua origem (o signo linguístico), rege toda a medida simbólica (conceitual) do racionalismo ocidental projetivo e finitista.

A TRANSLINGUÍSTICA

> *Semiologia entende-se aqui como exterior à linguística.*
> S.M., p. 57.

É uma necessidade histórica o fato do racionalismo ter que encontrar sua confirmação e seu fim fulgurando na ciência do signo, o qual, ao revelar a máquina linguística e ao lhe permitir assimilar os sistemas da sociedade moderna, explicita que o ideologema de todo discurso filosófico (racionalista) e científico

---

15 F. de Saussure, op. cit., p. 103 (trad. bras., p. 84). Em compensação, abordando o texto "poético", Saussure parece descobrir uma outra temporalidade: permutante, pluridimensional, espacial. Cf. os *Anagrammes*, parcialmente publicados por Jean Starobinski em *Le Mercure de France*, fevereiro de 1964. Cf. também *Tel Quel*, n. 37.

(positivista) é simbólico. Se a teoria saussuriana aparece como sendo una simbiose de Descartes e de Auguste Comte, contestar os fundamentos do signo equivaleria a uma contestação de todo pensamento alienado da prática, e, no fim, de toda filosofia e de toda ciência. A própria medida contestativa seria reconduzida a seu ideologema, seu conceptualismo seria elucidado em sua historicidade e confrontado com seu impossível. O que permaneceria intacto seria o pensamento-prático (a atividade transformadora) e toda ação translinguística produtiva (a redistribuição e o remanejamento da superfície linguística *através de* uma atividade que produz textos, e não *dentro de uma* comunicação que transmite informações).

Portanto, fixados na sociedade da troca que reivindica sua ciência como justificação ao gerar uma prática para se desmentir, é esta última que a "semiótica" é chamada a "cientificar". Uma "semiótica" entre aspas, porque ela não poderia mais tomar como ponto de partida o signo (linguístico ou mesmo lógico). Esse signo, com todo seu peso ideológico que indicamos brevemente, é perfeitamente operante no estudo da comunicação auditiva da qual ele é tirado e na qual ele triunfa com a linguística moderna da palavra (tal a gramática chomskiana). Ele não tem, portanto, influência sobre o que faz oscilar a palavra (e/ou o racionalismo linear, a sociedade da troca), salvo para reduzir a pluridimensionalidade às normas da linearidade. O estudo de uma produção, em compensação, para ser devedor à língua e incluído dentro da comunicação, não lhe pode ser subsumido: translinguística e transcomunicativa, a *prática é transsimbólica*[16].

Para Saussure, a linguística não era senão uma parte da ciência geral dos signos. Esse postulado implicava a dissolução da linguística numa ciência do signo universal, e supunha uma aproximação não diferenciada das diferentes práticas translinguísticas. Barthes introduz uma correção capital na formulação saussuriana. "É preciso, pois, talvez, derrubar a formulação de Saussure e afirmar que é a semiologia que é uma parte da linguística" (S.M., p. 9), e mais adiante: "Semiológico se entende

---

16 "Por prática em geral, iremos entender todo procedimento de *transformação* de uma determinada matéria-prima dada, em um produto determinado, transformação efetuada por um trabalho humano determinado, utilizando meios (de 'produção') determinados." Louis Althusser, *Pour Marx*, Maspero, 1965, p. 167.

aqui como exterior à linguística" (s.m., p. 57). A contradição é somente aparente; o estatuto dialético da semiótica aparece na decifração, a saber: a "semiótica" estudará toda produtividade como *texto* elaborado na língua e, por conseguinte, não poderá renunciar ao modelo fonético-comunicativo do signo, do sentido e da estrutura (da linguística); mas essa produtividade textual se situa, no que diz respeito à linearidade simbólica, num exterior, num *fora de* que toma o signo a seu cargo (antes que ele não seja tomado a cargo pelo signo, como Barthes parece insinuar), restabelece suas carências (a dimensão espacial e a totalidade), portanto destruindo-o (pois são essas carências que o fundam), e lhe substitui uma *outra* unidade de base de duplo caráter. Ela é um *signo* do ponto de vista de uma leitura explicativa que tende a reconstruir (regenerar) o objeto do estudo para recolocá-la na máquina comunicativa; ela é *variável* do ponto de vista da própria prática do texto semiológico, isto é, uma notação despojada de tipo numerológico (ou axiomático) que não tem significado senão na medida em que ela se combina com outras para reconstituir o espaço translinguístico. Trata-se, pois, menos de uma *unidade* que de uma *função*, isto é, de uma variável dependente, determinada cada vez que as variáveis independentes que ela liga o são, ou, para ser mais claro, digamos, uma *correspondência* unívoca entre as palavras ou as séries de palavras. Mais que de um signo, tratar-se-ia, no estudo das práticas translinguísticas, de uma *função*; mais que de uma semiologia, dever-se-ia falar de uma translinguística construída não sobre unidades em relação, mas sobre *operações suprassegmentais*.

Seria aqui preciso distinguir o *signo* que funda a língua e a comunicação da *função suprassegmental* que funda a prática translinguística.

A Palavra e o Texto

Ao insistir sobre o caráter demasiado complexo do sistema da língua, Ferdinand de Saussure, como de resto seus antecessores estoicos, votou-o a uma simplicidade exemplar tomando como protótipo do signo *a palavra* como independência (relativa) na frase europeia. A língua é, assim, necessariamente reduzida a um encadeamento de corpúsculos (de palavras), a uma articulação de unidades. Barthes frisa que o signo é um produto secundário do encadeamento fonético das palavras: ele é "o supracódigo imposto à vestimenta real pelas palavras" (s.m., p. 19). As *partes* autônomas (as palavras) se acumulam em um todo (a frase, a língua) que não é *pensado* como um *todo*, mas que resulta, tal como um agregado mecânico, da coordenação das partes. Da mesma maneira, as partes não são pensadas a contrapelo, através do todo. Assim a relação dialética partes-totalidade, palavra-texto, é ocultada[17].

A medida translinguística exigiria como ponto de partida uma "unidade" muito superior à palavra: *o texto*[18]. Irredutível a um enunciado, o texto é um *funcionamento* translinguístico. Na língua, o texto pensa a língua, isto é, torna a distribuir sua ordem colocando em relação a superfície de uma palavra comunicativa, visando a informação direta, com o espaço de outros tipos de enunciados anteriores ou sincrônicos. Mais que um *corpus*, ele é uma função *transenunciativa*, abordável através da língua por categorias devidas diretamente à lógica, e não à linguística, à teoria da comunicação ou à psicanálise. O texto não é o discurso de um sujeito que se constrói em relação a outro: uma tal reflexão supõe o sujeito e o outro como entidades anteriores ao texto, e permanece submetida à cadeia da comunicação fonética. Não se saberia tampouco pensar o texto como um "decalque" das categorias da língua na qual ele é feito: o texto maneja categorias desconhecidas à sua língua, ele torna a lhe trazer a infinidade potencial[19] de que somente ele dispõe. A relação do texto para a língua na qual ele se situa é uma relação de *redistribuição*, isto é, destrutivo-construtiva. A aproximação do texto exige um ponto de vista *externo* à língua como sistema comunicativo, e uma análise das relações textuais *através* dessa língua. Poder-se-ia estudar como *texto* todos os sistemas ditos retóricos: as artes, a literatura, o inconsciente. Vistos

---

17 Fora do ensino oficial, num obscuro "extrassocial", F. de Saussure tentou reintroduzir a dialética textual em seu raciocínio sobre a língua. Seus *Anagrammes* o mostram preocupado em pensar a totalidade do texto na qual surgem as correspondências sonoras, e o signo se apaga diante do modelo tabular do escrito.
18 A noção de "texto" é definida com rigor científico e elaborada em sua complexidade escritural por Philippe Sollers, La Science de Lautrémont, *Logiques*, 1968.
19 Ver Por uma Semiologia dos Paragramas, infra, p. 175.

como textos, eles obtêm sua autonomia com relação à comunicação fonética e revelam sua produtividade transformadora.

O que nós chamamos aqui um texto aproxima-se do que os semioticistas soviéticos chamam de "um sistema modelador secundário" ou de "uma aproximação hipersemiótica do mundo". Eles têm em vista práticas semióticas que se organizam sobre uma base linguística (a linguagem denotativa sendo o sistema primário), mas se dão uma estrutura complementar secundária e específica. Por conseguinte, esses sistemas modeladores secundários contêm, além das relações próprias às estruturas linguísticas, relações de uma segunda ordem e mais complexas.

Resulta daí que um dos problemas fundamentais que se colocam diante do estudo dos sistemas modeladores secundários é definir suas relações com as estruturas linguísticas. É, pois, necessário precisar o conteúdo do conceito "estrutura linguística". Evidentemente, todo sistema de signo, compreendendo-se aí o secundário, pode ser considerado como uma língua particular. Seria, então, preciso isolar os elementos os mais elementares (o alfabeto do sistema) e definir as regras de suas combinações. Resulta daí que todo sistema de signo, em princípio, pode ser estudado por meio de métodos linguísticos, o que define o papel particular da linguística moderna como metodologia. Mas seria necessário distinguir esses "métodos linguísticos", no sentido extenso da palavra, de certos princípios científicos legados pelo hábito de operar com línguas naturais que não são senão uma variante específica e particular dos sistemas linguísticos. É evidente que esta medida (esta distinção) torna justamente possível a pesquisa das *particularidades* dos sistemas modeladores secundários e dos *meios* para seu estudo[20].

O problema é, pois, livrar-se de "certos princípios científicos legados pelo hábito de operar com línguas naturais", indo até sua partida cuja expansão na translinguística irá distinguir esta da linguística.

---

20 *Trudy po Znakovym Sistemam* (Trabalhos sobre os Sistemas Sígnicos), v. II, Tartu: [s. n.], 1965. Nós preferimos à noção de "sistema" a de "prática" como: 1. aplicável a complexos semióticos não sistemáticos; 2. indicando a inserção dos complexos semióticos na atividade social enquanto procedimento de transformação.

Principium Reddendae Rationis

Vimos que o gesto que constituía o signo era um gesto de desespacializacão; ele reduz o volume a uma superfície, a prática a uma cadeia sonora, e substitui à dimensão escondida uma intencionalidade: o sentido. Uma vez isolado como "objeto", o referente é posto entre parênteses e esquecido: para Saussure o signo é acima de tudo uma combinação significante-significado, e citamos muitas vezes a imagem de uma folha de duas faces como metáfora do signo. Mesmo teorias recentes, mais diretamente inspiradas pela lógica formal e pelas concepções de Peirce, tendem, quando definem o signo, a linearizá-lo situando-o na consciência. Assim, pôde-se definir o signo como "uma implicação convencional" entre o elemento T (o "texto", mas aqui antes no sentido de "palavra", por isso usaremos a inicial P) e o elemento R (o "referente"), de modo que, quando P, nesse caso R, mas o contrário não é necessário[21]. Ora, sabe-se que a implicação é "uma relação de um termo a uma classe da qual ele faz parte", é a noção de "tal que"[22]. Daí, definir o signo como uma "implicação convencional" é dar-se como "origem" uma consciência já estruturada e reconduzir a ela uma exterioridade *a priori* alienada e definida como outra. A implicação supõe duas estruturas determinadas, P e R (este último é inevitavelmente estruturado sobre o modelo de P), do mesmo modo que um tipo de dependência estrutural ditada e dominada pela estrutura de P. A implicação convencional (o signo) é, pois, esse mecanismo que "fornece a razão" que, como diria Heidegger, "introduziu-se agora entre o homem que pensa e seu mundo para tornar-se senhor, de uma maneira nova, do pensamento representativo do homem". O signo é o aparelho pelo qual funciona, sob a forma reduzida de uma conexão estrutural, o que Leibniz chamava de *principium reddendae rationis*. Com efeito, Barthes descobre o signo lá onde haveria aparentemente "razão pura": a razão é para ele o ponto de junção do sistema do sentido. Ela é o sentido e sua morte: à

---

21 Referimo-nos aqui à comunicação de L. Zavadowski à Conferência Internacional de Semiótica na Polônia. Cf. *Informação Científica e Técnica*, Moscou: [s. n.], 1967.
22 Cf. Bertrand Russell, *Principia Mathematica*, 1903.

força de refletir e de *se* refletir ("espetáculo" que "faz significar o insignificante"; s.m., p. 287), o sentido se torna um "sentido iludido".

Em outras palavras, considerando a linguagem da comunicação enquanto sistema logicamente construído, normal e equilibrado à maneira de "uma entidade autônoma de dependências internas" (portanto enquanto estrutura), o pensamento do signo (o racionalismo positivista) dota de tal estrutura aquilo que ela se deu como referente exterior; ela o bloqueia, o remata, o ordena a sua imagem, o faz coincidir consigo próprio: o espaço se desvanece, substituído pelas duas faces da folha. Essa duplicidade que é a superfície do signo e, por definição, não ativa; nenhuma transformação (ruptura, omissão) não é possível a partir dela que não reconduza a ela: ela ordena numa estrutura tranquilizadora, mas não é capaz de reverter. Condensando o princípio de razão, o signo triunfa em *estrutura*: uma variante e/ou um resultado do "princípio da representação racional no sentido de cálculo que assegura". Barthes revela as particularidades da estrutura "tranquilizadora" da palavra, ordenada pela causalidade: *estatismo* (ela "imobiliza os níveis de percepção"), *didatismo* (ela tem uma função de conhecimento e de informação, dotando "a vestimenta de um *sistema de oposições funcionais*"), *remate* (enfática devido a sua descontinuidade, a palavra organiza a vestimenta descrita como uma série de "escolhas" e de "amputações"; s.m., p. 23-27).

A relação que torna possíveis essas funções estáticas, didáticas e de remate da palavra (do signo) é uma relação estruturada na partida e na chegada (P e R, significante-significado), e estrutural em si mesma. Sendo parte do princípio *reddendae rationis*, ela não é senão uma parte, e se apresenta antes de mais nada como uma relação *causal*. Os vasos comunicantes signo-estrutura postulam um único tipo de conexão – a conexão estrutural é a causalidade. A causalidade é *principium reddendae rationis* investida pelo ideologema do signo. Poder-se-ia dizer que toda relação estrutural é de tipo causal e, mesmo, que não há causalidade no exterior de uma estrutura (pouco importa se essa estrutura é nomeada). A causalidade só reata estruturas e não funciona senão por dentro de estruturas. Conexão estrutural, ela faz reinar a superfície do signo e se desloca em suas duas dimensões. Num segundo tempo, isto é, nos quadros de uma estrutura já consciente e definida, a conexão estrutural, dita causalidade, torna-se *causalidade estrutural*; ela se diversifica e se sutiliza, ela se torna mesmo dialética ao experimentar pensar as partes através do todo ("a determinação dos fenômenos de uma região dada pela estrutura desta região"[23]). Que ela seja metafórica (apoiada sobre o significado, a ausência ou a similaridade) ou metonímica (apoiada sobre o significante, a presença e a contiguidade); que ela seja uma comparação ou uma implicação, sua função é sempre a de "fazer assemelhar" um "outro" a um "mesmo", um "indeterminado" a um "determinado", ela pressupõe uma estrutura, uma normatividade já presente (uma região dada). Sendo o signo, ele mesmo, uma figuração de tipo causal (ele pressupunha a "estrutura" dada da palavra), toda operação possível em sua esfera de ação é de tipo causal.

A Relação Anafórica

Ora, toda relação significante não é obrigatoriamente uma relação estrutural. Barthes define a particularidade fundamental da relação significante como *demonstrativa* e *seletiva*. A função radical da língua não é a de inserir dentro da palavra uma "materialidade" postulada por essa mesma palavra, mas a de afirmar, de fazer surgir um "extralíngua". "Determinar é sempre fazer existir". A língua "não pode falar nem fazer surgir substâncias" (s.m., p. 100). Tendo, assim, entrevisto uma relação que chamaremos de "anafórica", Barthes praticamente a despreza: ele a inclui num sistema binário (x/o resto), examinando suas oposições no campo da seleção e no sistema seletivo, sem ir até o ponto de fazê-la ligar essas duas entidades e mesmo os três sistemas hierarquizados de sua análise: o código real, o sistema terminológico e o sistema retórico. É esse problema, justamente, que irá nos interessar aqui.

A colocação em evidência do signo como ideologema indica que a causalidade (empregamos esse conceito como sinônimo de toda conexão estrutural) não é "senão uma pequena

23 L. Althusser, *Lire le Capital*, ii, Paris: Maspero, 1965, p. 166.

parcela da conexão universal, mas (suplemento materialista) uma parcela não da conexão subjetiva, mas da relação objetiva real"[24]. "O movimento da relação causal = de fato: movimento da matéria respectiva ao movimento da história, possível de ser tomado, assimilável na *relação* interior até um certo grau de amplitude e de profundidade", escreve Lênin mais adiante. Leiamos: a causalidade é uma relação derivada da linguagem estruturada do sujeito falante ("relação subjetiva"); ela é enfática e redutora (falha a "amplitude" e a "profundidade"); sair do sujeito falante (do subjetivismo) significa sair da conexão estrutural e fazer se mover o princípio da razão, orientando-a para o espaço aberto da prática e da história. Em outras palavras, o problema de uma ciência translinguística é o de devolver à sua "unidade" minimal (a variável) a dimensão que o signo tinha destruído: a dimensão *suplementar à estrutura linguística*, a dimensão que transforma a língua em texto, a comunicação em produção; que abole (na própria unidade minimal) a alienação palavra = não prática; que faz aparecer toda prática como translinguística, como texto, pois, e assegura a conexão na infinidade transtextual assim aberta.

A dimensão de que se trata é uma conexão semântica mas não estrutural: nós a chamaremos de *anafórica*. Sabe-se que para a sintaxe estrutural moderna[25] "a anáfora é uma conexão semântica suplementar, à qual não corresponde nenhuma conexão estrutural". A variável do texto, sendo o instrumento da anáfora, pode ser comparada aos *anafóricos* da frase. "O anafórico é um vocábulo vazio no dicionário, mas um vocábulo cheio na frase, onde ele se torna cheio do sentido do vocábulo com o qual ele está em *conexão anafórica*. O anafórico é, pois, por assim dizer, um vocábulo *tomada de corrente*"[26]. Longe de implicar uma dependência causal (a ideia, pois, de um "secundário" representante, de uma maneira ou de outra de uma entidade dada), o vocábulo *anáfora* significa etimologicamente um movimento *através de* um espaço: *anáfora* em grego significa

---

24 Wladimir I. Ulianov Lênin, *Filosofskije Tetrady* (Cadernos de Filosofia), *Obras Completas*, v. 38, Moscou, 1958, p. 150.
25 Lucien Tesnière, *Esquisse d'une syntaxe structurale*, Paris: Klincksieck, 1953.
26 Idem. Como exemplos da relação anafórica, poder-se-ia dar os anafóricos da sintaxe: os pronomes demonstrativos, os pronomes possessivos, as proposições incisas etc.

"surgimento", "elevação", "ascensão", "subida de uma profundidade ou retrocesso"; *anaphorikos* = relativo a; o prefixo *ana*, que exige o genitivo, o dativo ou o acusativo, significa "movimento *em direção de*, sobre ou *através de* alguma coisa"; usa-se também para designar uma *presença contínua* na memória ou na boca; para Homero e para outros poetas o advérbio *ana* significa "estender-se sobre todo o espaço, através e por toda a parte".

Ressuscitando esse sentido etimológico, só poderemos insistir sobre a importância da relação anafórica e as particularidades que a distinguem da relação estática, didática e de remate do signo. O espaço translinguístico se constrói a partir da anáfora: conexão semântica suplementar, ela situa a língua no texto, e o texto no espaço social que, entrando numa relação anafórica, se apresenta também como texto. Poderemos dizer agora que o texto é um aparelho no qual as "unidades" semânticas da cadeia linguística (vocábulos, expressões, frases, parágrafos) se abrem em volume, colocando-se em relação, através da superfície estruturada da palavra, com a infinidade da prática translinguística. Essas unidades podem ser lidas *também* como uma sequência linear de categorias linguísticas, mas de fato elas remetem a textos fora do texto presente e não tomam sua significação senão como "tomadas de corrente" com esse texto-exterior-ao-texto-presente.

A anáfora *atravessa* e *designa* espaços estranhos à superfície linguística pronunciada ou recopiada. Ela reúne a língua (o que é dito) a tudo o que está fora da língua, mas não pode ser pensado senão através da língua (o que não é dito). Ela é não estruturada, portanto não pronunciável, silenciosa, muda e mesmo não escrita se considerarmos como "escrito" o traçado visual do descrito. Ela não é o que está traçado (todo traçado já é estruturado), ela é a *omissão* do traçado *em direção a*, *sobre*, *através*. Ela é suprassegmental: ela é o vazio que une o pronome demonstrativo ao objeto demonstrado, a proposição incisa na frase completa, a língua conforme o que se pratica através dela fora da comunicação presente. Ela se assemelha menos à *fonética* que ao *gesto*: ela designa, através de uma inscrição, o que não está *escrito*, mas que *se inscreve* numa gestualidade (prática); ela designa o que é suplementar ao escrito, mudo, mas sempre presente, chamado à superfície escrita pela variável textual.

"A unidade" semântica de um texto, vista como uma variável, é, pois, anafórica: ela é uma fixação provisória na palavra de todo o espaço de produção do sujeito-texto não alienado de sua prática; esse espaço é tomado em sua totalidade pelo texto escrito como uma proposição incisa, uma citação, um demonstrativo são tomados no enunciado estruturado. Através da anáfora, a variável faz surgir, no texto escrito, os textos ausentes (a política, a economia, os mitos). A anáfora elimina a ausência, ela concentra o tempo e o espaço na não inscrição, no vazio que une duas inscrições. A linguagem poética, todo texto citacional, o sonho, a escrita hieroglífica, constroem-se como anafóricos, irredutíveis ao signo[27].

A anáfora não faz estourar a estrutura, pois necessita dela para existir; ela não é senão seu suplemento; ela se adiciona à causalidade estrutural e, sempre no domínio regido pelo *principium reddendae rationis*, ela estende sua função sobre o que não está ou não pode ainda estar estruturado.

Mas, face à anáfora, a regularidade harmônica da estrutura desmascara-se como uma ficção científica, e a diacronia (com o espaço) vê novamente chamada na sincronia do que é enunciado ou escrito.

A Negação Não Disjuntiva

"O princípio de toda oposição sistemática depende da natureza do signo: o signo é uma diferença" (s.m., p. 169). A diferença, sinônimo do *representamen*, que é antes de mais nada uma semelhança: eis aí, condensada no signo, a negação não disjuntiva que parece fundar as operações simbólicas e estruturais. *O gesto fundamental que liga a unidade significante ao objeto significado é um gesto de semelhança acima da diferença*[28]:

---

27 Desenvolvemos logo no início do próximo capítulo as relações da anáfora com o gesto e a língua.
28 Essa função radical para a sociedade de troca, Marx a descobre estudando o estatuto da mercadoria e lhe dá o nome de equivalência: "Já foi visto: ao mesmo tempo que uma mercadoria A (o pano) exprime seu valor no valor de uso de uma mercadoria diferente B (a roupa), ela imprime a esta última uma forma particular de valor, a de equivalente. O pano manifesta seu próprio caráter de valor por uma relação na qual uma outra mercadoria, a roupa, tal como ela

Peirce afirma que o *representamen* estabelece uma "similaridade" (no caso dos "ícones"), uma "associação por contiguidade" (o índice) ou "uma associação de ideias gerais" (o símbolo). A operação representativa que funda o signo supõe dois momentos: 1. dou-me uma entidade A e uma entidade B dizendo que A difere de B; 2. conservo aquilo pelo qual A se parece com B. O primeiro passo, que define a relação P/R (palavra/referente) é uma diferenciação, um desvio em relação ao mesmo (ao sujeito falante). É R o que não é P, mas esta "negação" que o signo implica não é uma *inversão*, ela não postula também uma *não conjunção* dos dois termos (−/−). Tratar-se-ia antes de uma disjunção que organiza a série referencial como uma série *diferente*, à parte da cadeia falada; P/R é concebida como uma oposição *absoluta* entre dois agrupamentos rivais susceptíveis de serem unidos em um, mas nunca alternantes, nunca solidários num ritmo indissolúvel. Para que esta disjunção não alternante seja retomada pelo sujeito falante, uma função negativa deve englobá-la: a não disjunção. Assim, num segundo tempo (e desta vez não tornamos diacrônica uma operação sincrônica), o signo anuncia o *acordo* dos dois termos constituídos pelo desvio. A relação que o signo instala seria, pois, um *acordo de desvios, uma identificação de diferenças*. O desvio está sempre presente, mas encoberto pela "similarização". Em outras palavras, constituída por uma dupla negação, a operação do signo é uma não disjunção[29]. Barthes parece reencontrá-la no nível da narração e a chama de "equilíbrio lúdico": "a narração permite, com efeito, ao mesmo tempo realizar e esquivar a estrutura na qual ela se inspira", a estrutura do signo (S.M., p. 250).

O signo faz com que a diferença se cale para procurar uma *identificação além* do desvio, uma projeção ou uma semelhança. No espaço topológico do signo, o Outro não é reconhecido como tal senão na medida em que ele é *recusado* por sua colocação como paralelo com o Mesmo; o Outro não existe senão a partir de uma medida fundada sobre a

---

é em sua forma natural, lhe faz equação. Ele exprime, pois, que ele mesmo vale alguma coisa, pelo fato de que uma outra mercadoria, a roupa, é imediatamente permutável com ele" (*O Capital*, cap. I, secção III). É a *equivalência* apesar da diferença que exprime um *sentido*: o *valor* e vice-versa.

29 A negação hegeliana tese-antítese-síntese toma de empréstimo, de fato, o movimento da negação simbólica não disjuntiva: referente-signo-sentido (conceito).

semelhança (o acordo): é fácil de ser lido, neste procedimento, o *a priori* do "conjunto" da comunicação fonética. O desvio e o outro são um pseudodesvio e um pseudo-outro no domínio do signo. Sobre a superfície do signo, a diferença não é uma disjunção; ela é solicitada pelo mesmo que nela se projeta, ela é seu espelho[30]. *Bipartição* privada de seu complementar, a infinidade, o *representamen* é, assim, um ambivalência, *um duplo*. O binarismo simbólico é a expressão do "duplo" representativo. Ora, o sentido sendo também uma retórica, não se pode reduzir o sistema do sentido (da moda) a um processo de oposições binárias válidas para o nível da palavra; as unidades significativas, enquanto retóricas, abrem passagem sobre uma defecção do binarismo, e Barthes entrevê a possibilidade de lhe substituir um paradigma serial. Portanto a não disjunção explode também ao nível retórico: a retórica é simultaneamente o signo e seu outro, a palavra e a escrita. A retórica completa a pirâmide do sentido, dotando o signo de um conteúdo; pelo mesmo gesto, ela orienta a descrição em direção à escrita, o *representamen* em direção à prática, e, na medida em que ela chega a explicitar-se a si mesma (a se negar), ela cessa de ser uma retórica (uma justificação do signo) e se esboça como texto.

Mas voltemos às particularidades da não disjunção do signo. A oposição não alternante inicial, que situa o sujeito falante longe de sua prática, revela-se como sendo uma pseudo-oposição, a saber, a solidariedade dos rivais ou a infinidade complementar à bipartição[31]. Sem esse gesto de solidariedade, que seria aquele de uma negação disjuntiva e alternante (dependente de uma *dialética materialista*), fazendo chegar a diferença dos termos a uma disjunção radical, ela mesma eclipsada e tomada por um

---

30 "De um certo modo, acontece com o homem o mesmo que com a mercadoria. Como ele não vem ao mundo com um espelho – nem como na filosofa à la Fitche, da qual o Eu não precisa de qualquer coisa para se afirmar –, ele se vê e se reconhece antes de mais nada somente em outro homem. Também esse outro, com pele e pelo, lhe parece ser a forma fenomenal do gênero homem", escreve Marx (*O Capital*, I, III), e pode-se ler nessa constatação o mesmo ideologema que funda o signo, a mercadoria e todas as relações da sociedade da troca.
31 Tal parece ser a acepção da negação na velha cosmogonia chinesa, que, necessariamente, não conheceu nosso signo. Cf. M. Granet, *La Pensée chinoise*, Paris: Albin Michel, 1934, p. 115; Sur le signe et l'objet, em *Deux sophistes chinois*, Bibliothèque de l'Institut des Hautes Études Chinoises, v. VIII, Paris: PUF, 1953.

ritmo alternante numa totalidade vazia[32], – a negação permanece incompleta e não realizada. Dando-se dois termos em oposição sem afirmar pelo mesmo gesto a supressão dos opostos, ela *desdobra* o movimento da *negação dialética* em dois momentos: 1. disjunção; 2. não disjunção.

Esse desdobramento introduz, antes de mais nada, o *tempo*. A temporalidade seria o espaçamento do gesto negativo, o que se infiltra entre as duas escansões (oposição-conciliação) isoladas. Poder-se-ia pensar um outro tipo de negação, uma negação radical: ligada numa totalização de contrários, ela evitaria o espaçamento (a duração), substituindo-lhe o vazio (o espaço) produzido pela alternância rítmica dos contrários disjuntos.

O desdobramento da negação dialética exige uma mediação, uma finalidade de tipo teológico: *o sentido*. Isso na medida em que a disjunção, sendo admitida como fase inicial, uma não disjunção dos dois em Um se impõe no segundo tempo, apresentando-se como uma síntese que "esquece" a oposição (ela faz, assim, eco à oposição que não "supunha" a síntese). A moda que Barthes estuda como um sentido se apropria de um estatuto de divindade na sociedade do signo, sendo o mediador de duas consciências estranhas (s.m., p. 9). "O sentido, para nascer, explora uma certa virtualidade da substância; ele pode, pois, se definir como a captura de uma situação frágil" (s.m., p. 185). Seria preciso ler: o sentido é um simulacro, uma "diferença semelhante", uma ambivalência entre o que Barthes chama de uma "substância" e o código. O sentido como duplo aparece ao nível das relações sintagmáticas que Barthes define como "o lugar do sistema geral da Moda por onde o mundo se investe no sentido, porque é o real que, através do traço, dita as probabilidades de aparecer do sentido" (s.m., p. 183). Sendo dado que esse "real" é originariamente e *a posteriori* redutível à palavra, o sentido surge na não disjunção e se concentra, movido por ela, ao nível significante: "é realmente o

---

32 A lógica dialética do budismo e do taoísmo dá o exemplo de uma tal negação pela "Teoria da verdade dupla": cada um dos versantes desta verdade pode ser resumido pelo tetralema

$$A = B + (-B) + [B + (-B)] + \{-[B + (-B)]\} = 0;$$

o outro versante, sendo o oposto do primeiro, eles se neutralizam assim mutuamente. Cf. Joseph Needham (org.), *Science and Civilization in China*, v. II, Cambridge: Cambridge University Press, 1956, p. 424.

nascimento, delicado e paciente, de uma significação" (s.m., p. 95). O significado se neutraliza ("nenhuma significação é excluída"), do mesmo modo que o significante: o sentido se manifesta e desaparece significando, e substitui ao código uma inscrição destrutiva simultânea. Poder-se-ia seguir por esse percurso a ação lenta e tenaz da não disjunção que funda o signo. Ela se interioriza e se explicita: o significante se significa, ele mesmo, ao passo que se observa, por outro lado, um jogo de significados retóricos para muitos significantes. O signo gera seu sistema retórico, um suplemento simbólico que restitui à linearidade do sentido uma dimensão "real". Afastando a motivação, o significado retórico só reconhece uma única prova, a coerência: esta, mesmo que se dando como não ideológica e não ética, deixa romper (através de sua estruturação e de seu funcionamento não disjuntivos) a ideologia da palavra.

Se o sentido aparece para assinalar o remate de um sistema organizado sobre a disjunção não alternante, é evidente que este remate já está presente no primeiro tempo da diferenciação colocada pelo signo. O medo da morte durante a vida, a angústia do vazio no espaço cheio (o sentido), domina esse pensamento simbólico que não conhece a negação disjuntivo-alternante. O ideologema da não disjunção seria o da continuação, do prolongamento, da apropriação pela explicação, mas não o da ruptura. Insistamos, portanto: se se puder pensar um outro tipo de negação, a negação dialética, disjuntiva e alternante que coloca seus termos como radicalmente diferentes e semelhantes *simultaneamente*, esse tipo de negação dialética na obra no que nós chamamos um *texto*, não é pensável senão em relação ao tipo de relação simbólica não disjuntivo. Elas estão na dependência de duas práticas semióticas que não são inteiramente legíveis senão quando estão correlatas uma com a outra. É interessante constatar que, se, num dado momento, a negação dialética (textual) se fazia admitir referindo-se à negação não disjuntiva (simbólica) e ia até o ponto de se dissolver identificando-se com esta última (lembremos o exemplo da literatura realista e surrealista que não somente se constrói como *representamen*, mas procura sua confirmação na ciência ao antecipá-la), uma nova época parece se anunciar: a negação simbólica tende a integrar, a compreender, a negação dialética (penso, aqui, nos esforços da ciência para apoderar-se das leis da escrita). A irredutibilidade das duas negações mostra, todavia, a incompatibilidade das duas práticas semânticas: complementares, elas são disjuntivas.

É no desdobramento da negação dialética que se situa toda e qualquer mimese. A negação não disjuntiva é a lei da *narração*: toda narração é feita, exige e se nutre de tempo e de finalidade, de história e de sentido. A retórica ocupa esse espaçamento e visa esta teologia que secreta o signo como não disjunção. O signo suscita a retórica como um suplemento simbólico que lhe restituiria a totalidade perdida (o espaço, o trabalho).

Desligado do real, o signo (sempre não disjuntivo) se dá um *falso real* pela retórica. Ela explicita a ordem do signo como uma ordem de razão: ela é uma racionalização que apresenta a normatividade simbólica como uma funcionalidade. Barthes a considera como o análogo do procedimento nevrótico ("proveito secundário"), o que vale dizer que o procedimento nevrótico é próprio ao sistema do signo (do sentido e da retórica). Provocada pelo signo e acrescentada a ele, a retórica conclui a estruturação do sentido, e o faz aparecer como estrutural e factual ao mesmo tempo. Vimos como o sistema do signo tende como resultado a uma deslocação da significação do nível significado ao nível significante, a um desequilíbrio entre significado pobre e significante rico, que é uma refletividade: "a vestimenta se significa a si mesma", constata Barthes, que chama esse fenômeno de "decepção de sentido" (s.m., p. 286). O sistema do signo se abre "despojado de conteúdo, mas não de sentido" (s.m., p. 287). O sentido está sempre presente, apesar de "disfarçado", porque o sistema do signo gera uma retórica para remediar a sua esterilização. A retórica é classificadora e reflexiva, ela é, pois, um sistema (de signo) sempre dominado pela razão, mas sua atividade é antissistemática: ela mantém o sentido sem nunca fixá-lo; ela mima o real (o texto) ao injetá-lo na norma (a palavra).

Barthes revela, deste modo, o funcionamento secreto da máquina simbólica: lê-se nisso o ideologema da consciência "trágica" do homem ocidental. Agarrado pela sincronia plana de sua palavra, ele se fala (se pensa) como um signo, dando-se um sentido que, sendo um sentido da comunicação fonética, *tende* sempre *em direção de* uma *fusão* com o *Outro* (o diferente-semelhante). Essa tensão-em-direção-de-uma-fusão é admiravelmente concretizada pela noção de *signo* (*symballein*) e de *representamen*. É a retórica que vem realizá-la, chamada pelo signo a atulhá-lo de "gente" (de "conteúdo") – "não há *conteúdo* da moda senão ao nível retórico" (s.m., p. 284). Sendo a mais afastada do "real" no trajeto do signo, a retórica permite a *palavra* sobre o real: "não se pode *falar* do real sem alienar-se dele" (s.m., p. 284). O discurso científico, do mesmo modo que o das "artes", e cada um a seu modo, se parece com esta retórica do signo. Mas – reviravolta dialética e necessária –, uma vez atulhado de "gente", "todo sistema de signo é chamado a se atravancar, a se converter e a se corromper" (s.m., p. 289). Uma vez "compreendido", portanto descrito (pronunciado, enunciado) como retórico, o sentido se desmorona: a máquina de produção do sentido para, para recomeçar, de novo, com a mesma programação.

O mesmo procedimento de enunciação de sentido será encetado, costeado, mas intransponivelmente separado de uma produção: da produção de um texto que se apaga numa negação dialética, se nutre do sistema do sentido, integra-o em seu espaço e o nega, negando-se a si próprio e recusando qualquer outro "sentido" que não seja a negação. Parece que a semiótica, tendo desandado o aparelho do sentido e sua corrupção, abre passagem a dois desvios possíveis que alguns podem ler como imperativos[33]. De um lado, remanejar a superfície da língua (da palavra) em espaço textual disjuntivo-alternante. Do outro lado, transformar, com os princípios deste trabalho e de práticas hipersemióticas extraeuropeias (Índia, China), o *discurso* da ciência (da troca). Isto seria reunir "translinguisticamente" a atividade transformadora à obra atualmente.

[1967]

---

33 Para a crítica dos pressupostos metafísicos do sistema do signo e a produção de novos conceitos susceptíveis de introduzir o pensamento a uma ciência da escrita, remetemos aos trabalhos decisivos de Jacques Derrida: *L'Écriture et la différence*, Paris: Seuil, 1967 (trad. bras., *A Escritura e a Diferença*, 4. ed., São Paulo: Perspectiva, 2009); *De la grammatologie*, Paris: Minuit, 1967 (trad. bras., *Gramatologia*, 2. ed., São Paulo: Perspectiva, 2000,); *La Voix et le phenomène*, Paris: puf, 1967 (trad. bras., *A Voz e o Fenômeno*, Rio de Janeiro: Jorge Zahar, 1994).

5. O Gesto, Prática ou Comunicação?

> *Se, ignorante de nossa linguagem, não entenderes nossas razões, na falta de voz, fale-nos por gestos bárbaros.*
>
> ÉSQUILO, *Agamêmnon*

> *Pelo gesto ele permanece dentro dos limites da espécie, do mundo fenomenal, portanto; mas pelo som ele resolve o mundo fenomenal em sua unidade primeira [...] em geral todo gesto tem um som que lhe é paralelo; a aliança mais íntima e mais frequente de uma espécie de mímica simbólica e de som constitui a linguagem.*
>
> NIETZSCHE, *A Concepção Dionisíaca do Mundo* (verão, 1870)

> *Pois ao lado da cultura pelas palavras há a cultura pelos gestos. Há outras linguagens no mundo além de nossa linguagem ocidental, que optou pelo escrutínio, pela dissecação das ideias, e em que as ideias nos são apresentadas ao estado inerte sem abalar, na transição, todo um sistema de analogias naturais como nas línguas orientais.*
>
> ARTAUD, *Lettres sur le langage*, I
> (15 de setembro de 1931)

I. DO SIGNO À ANÁFORA

Se escolhermos essas reflexões como exergos, não será unicamente para indicar o interesse que o pensamento "antinormativo" sempre teve pela gestualidade, e mais do que nunca após o corte epistemológico dos séculos XIX-XX, quando, através de Marx, Nietzsche, Freud e certos textos ditos poéticos (Lautréamont, Mallarmé, Roussel), ela tende a se evadir das grades da racionalidade "logocêntrica" ("sujeito", discurso, comunicação). É antes para acentuar uma (sua) *contradição*, ou melhor, esta (sua) *complementaridade* que a linguística atualmente afronta antes de se renovar.

Com efeito, no momento em que nossa cultura se aproveita daquilo que a constitui – o vocábulo, o conceito, a palavra –, ela procura *também* ultrapassar esses fundamentos para adotar um ponto de vista *outro*, situado fora de seu sistema próprio. Neste movimento do pensamento moderno concernente aos sistemas semióticos, duas tendências parecem se delinear. De um lado, partidas dos princípios do pensamento grego que valoriza o *som* como cúmplice da *ideia* e, por conseguinte, como meio maior de intelecção, a literatura, a filosofia e a ciência (inclusive em suas manifestações as mais platônicas, como o provam as citações de Ésquilo e de Nietzsche) optam pela prioridade do discurso verbal considerado como uma *voz*-instrumento de expressão de um "mundo fenomenal", de uma "vontade" ou de uma "ideia" (um sentido). No campo assim repartido da *significação* e da comunicação, a noção de *prática* semiótica está excluída e, por si mesma, toda *gestualidade* apresentada como mecânica, redundante com relação à voz, ilustração-duplicação da palavra, visibilidade, pois, antes que ação, "representação acessória" (Nietzsche) antes que procedimento. O pensamento de Marx escapa a este pressuposto ocidental que consiste em reduzir toda práxis (gestualidade) para uma representação (visão, audição): ela estuda como *produtividade* (trabalho + permutação de produtos) um procedimento que se faz passar por uma comunicação (o sistema da troca). E isto pela análise do sistema capitalista como uma "máquina" através do conceito de *darstellung* (representação), isto é, de uma encenação autorreguladora, não espetáculo, mas gestualidade impessoal e permutante que, não tendo autor (sujeito), não tem espectador (destinatário) nem atores, pois cada um é o seu próprio "actante" que se destrói como tal, sendo ao mesmo tempo sua própria cena e seu próprio gesto[1]. Encontramos assim, num momento crucial do pensamento ocidental que se afirma contestando-se, uma tentativa de *surtida* da significação (do sujeito, da representação, do discurso, do sentido) para substituir-lhe o seu *outro*: a produção como gesto, portanto não teleológica, já que destruidora do "verbalismo" (designamos por esse termo a fixação de um sentido e/ou de uma estrutura como recinto cultural de nossa civilização). Mas a semiótica ainda não tirou da abordagem marxista as conclusões que a reformariam.

De outro lado, uma tendência se afirma cada vez mais claramente ao abordar práticas semióticas *outras* que aquelas das línguas verbais, tendência que é consistente com o interesse por

1 Cf. a interpretação desse conceito por Louis Althusser, *Lire le Capital*, II, Paris: Maspero, 1965, p. 170-171.

civilizações extraeuropeias irredutíveis aos esquemas de nossa cultura[2], para as práticas semióticas dos animais ("na maioria das vezes analógicas", ao passo que na linguagem humana uma parte da comunicação é codificada digitalmente[3]) ou para práticas semióticas não fonéticas (a escrita, o grafismo, o comportamento, a etiqueta). Muitos pesquisadores que trabalham sobre diferentes aspectos da gestualidade constataram e experimentaram formalizar a irredutibilidade do gesto à linguagem verbal. "A linguagem mímica não é somente linguagem, mas ainda ação e participação na ação e mesmo nas coisas", escreve o grande especialista da gestualidade Pierre Oléron, depois de ter demonstrado que as categorias gramaticais, sintáticas ou lógicas são inaplicáveis à gestualidade porque operantes com divisões bem distintas[4]. Mesmo reconhecendo a necessidade do modelo linguístico para uma aproximação inicial dessas práticas, os estudos recentes tentam se libertar dos esquemas de base da linguística, de elaborar novos modelos sobre novos *corpus*, e de ampliar, *a posteriori*, o poder do próprio processo linguístico (de revisar, pois, a própria noção de linguagem, não mais compreendida como comunicação, mas como produção).

É nesse ponto precisamente que se situa, a nosso ver, o interesse de um estudo da gestualidade. Interesse filosófico e metodológico de primeira importância para a constituição de uma semiótica geral, porque tal estudo permite ultrapassar em dois pontos fundamentais as grades elaboradas sobre um *corpus* verbal que a linguística impõe à semiótica em nossos dias e que é muitas vezes assinalada entre os defeitos inevitáveis do estruturalismo[5].

2 Cf. os trabalhos dos semiologistas soviéticos, *Trudy po Znakovym Sistemam* (Trabalhos sobre os Sistemas Sígnicos), Tartu, 1965.
3 Remetemos aqui aos importantes trabalhos de Thomas A. Sebeok, em particular a Coding in the Evolution of Signaling Behaviour, *Behavioral Science* n. 7, 1962, p. 430-442.
4 Études sur le langage mimique des sourds-muets, *L'Année psychologique*, Paris: PUF/CNRS, 1952, t. 52, n. 1, p. 47-81. Contra a redutibilidade da gestualidade à palavra, Rudolf Kleinpaul, *Sprache ohne Worte: Idee einer allgemeinen Wissenschaft der Sprache*, Leipzig: Wilhelm Friedrich, 1884; André Leroi-Gourhan, *Le Geste et la parole*, Paris: Albin Michel, 2 v., 1964-1965.
5 Jean Dubois demonstrou como, bloqueada pelos esquemas da comunicação, a linguística estrutural não pode encarar o problema da *produção da linguagem* senão reintroduzindo – gesto regressivo na corrente do pensamento moderno – a intuição do sujeito falante. Cf. Structuralisme et linguistique, *La Pensée*, out. 1967, p. 19-28.

1. A gestualidade, mais que o discurso (fonético) ou a imagem (visual), é susceptível de ser estudada como uma atividade no sentido de um *dispêndio*, de uma produtividade anterior ao produto, anterior, pois, à *representação* como fenômeno de significação no circuito comunicativo; é, portanto, possível não estudar a gestualidade como uma representação que é "um motivo de ação, mas que sequer resvala a natureza da ação" (Nietzsche), mas como uma atividade anterior à mensagem representada e representável. Evidentemente, o gesto transmite uma mensagem no quadro de um grupo e não é "linguagem" senão nesse sentido; mas, mais que esta mensagem já presente, ele é (e pode tornar concebível) a *elaboração* da mensagem, o *trabalho* que precede a constituição do signo (do sentido) na comunicação. A partir daí, isto é, em razão do caráter *prático* da gestualidade, uma semiótica do gesto, por razão de ser, deveria ter de atravessar as estruturas código-mensagem-comunicação, e de introduzir a um modo de pensamento do qual é difícil prever as consequências.

2. Reduzida a uma pobreza extrema no campo de nossa civilização verbal, a gestualidade se desenvolve em culturas exteriores ao circuito grego-judeu-cristão[6]. O estudo dessa gestualidade, por meio de modelos tomados das próprias civilizações nas quais se manifesta, dar-nos-á em compensação novos meios de pensar nossa própria cultura. Daí, a necessidade de uma estreita colaboração de antropólogos, historiadores da cultura, filósofos, escritores e semioticistas para esta "surtida da palavra".

À partir de tal perspectiva, iremos nos deter aqui em duas transposições que a acepção da gestualidade como *prática* introduz na reflexão sobre os sistemas semióticos: 1. a definição da *função* de base (nós não dizemos "unidade" de base) do gesto, 2. a diferenciação prática-produtividade/comunicação-significação.

Tomamos alguns exemplos da antropologia não a título de provas materiais, mas de matéria de raciocínio. Os estudos

---

6 Cf. Marcel Granet, *La Pensée chinoise*, cap. II e III, Paris: Albin Michel, 1934; La droite et la gauche en Chine, *Études sociologiques sur la Chine*, Paris: PUF, 1953; os textos de Artaud sobre os Tarahumaras (*La Danse du peyotl*) ou seus comentários do teatro de Bali; Zeami, *La Tradition secrète du Nô* – tradução e comentários de René Sieffert, Paris: Gallimard, 1967; a tradição indiana do teatro Kathakali, *Cahiers Renaud-Barrault*, maio-jun. 1967.

antropológicos que dizem respeito aos sistemas semióticos das tribos assim chamadas "primitivas" partem, que nós saibamos, do princípio filosófico corrente (platônico) que essas práticas semióticas são a expressão de uma ideia ou de um conceito anteriores a sua manifestação significante. A linguística moderna, modelada sobre o mesmo princípio (pensamos na dicotomia do signo linguístico em significante-significado), recupera imediatamente uma tal concepção no circuito da teoria da informação. Ora, nos parece possível uma outra leitura dos dados (das explicações "primitivas" que dizem respeito ao funcionamento dos sistemas semióticos) citados pelos antropólogos. Contentar-nos-emos aqui com alguns exemplos. Assim: "As coisas têm sido *designadas* e denominadas *silenciosamente* antes de terem existido e têm sido chamadas a ser por seu nome e seu signo" (grifo nosso). "Quando (as coisas) tivessem sido situadas e *designadas* em autoridade, um outro elemento se despreendeu de *glã* e pousou sobre elas para as *conhecer*: era o pé do homem (ou 'grão de pé'), símbolo da consciência humana"[7]. Ou então: "Segundo a teoria da palavra dos Dogons, o fato de dizer o nome exato de um ser ou de um objeto equivale a *mostrá-lo* simbolicamente"[8] (o grifo é nosso). O mesmo autor, evocando o simbolismo do grampo para cabelos como "o testemunho da criação do mundo por Amma", entre os Dogons, recorda a "associação, pela forma do objeto, com um dedo estendido", e o interpreta como "um *indicador* estendido para *mostrar* alguma coisa", de onde, "o dedo de Amma criando o mundo e *mostrando-o*"[9] (grifo nosso). Por outro lado, alguns estudos dos sistemas semióticos não fonéticos, escriturais, não deixaram de insistir sobre a complementariedade de dois princípios de semiotização: de um lado, a *representação*, do outro, a *indicação*. Deste modo são conhecidos os seis princípios da escrita Lieou-chou (403-247 a.C.): 1. *representação* figurativa dos *objetos*, 2. *indicação de ação*, 3. combinação de ideias, 4. composição de elementos figurativos e fonéticos, 5. deslocação de sentido,

---

7 Germaine Dieterlen, Signe d'écriture bambara, apud Geneviève Calame-Griaule, *Ethnologie et langage: La Parole chez les Dogons*, Paris: Gallimard, 1965, p. 514--516.
8 Idem, p. 363.
9 Idem, p. 506.

6. empréstimo; do mesmo modo que a divisão dos caracteres chineses em *wen* (figuras de tendências *descritivas*) e *tsen* (caracteres compostos de tendência *indicativa*)[10].

Se todas essas reflexões supõem a anterioridade sincrônica do sistema semiótico em relação ao "real dividido", é impressionante que essa anterioridade, contrariamente às explicações dos etnólogos, não seja aquela de um conceito em relação a uma voz (significado-significante), mas de um gesto de *demonstração*, de *designação*, de *indicação de ação* em relação à "consciência", à ideia. Antes (essa anterioridade é espacial e não temporal) do signo e de toda a problemática de *significação*[11] (e, pois, de estrutura significante), pôde-se pensar uma prática de *designação*, um *gesto* que mostra não para significar, mas para *englobar* num mesmo espaço (sem dicotomia ideia-palavra, significado-significante), digamos num mesmo *texto semiótico*, o "sujeito", o "objeto" e a prática. Esse procedimento torna impossíveis essas noções de "sujeito", "objeto" e prática enquanto entidades em si, mas as inclui numa *relação vazia* (o gesto = mostrar) de tipo *indicativo*, mas não significante, e que não significa senão em um "depois" – aquele do vocábulo (fonético) e de suas estruturas.

Sabe-se que a linguística moderna se constituiu como ciência a partir da fonologia e da semântica; mas é tempo, talvez, partindo desses modelos fonológicos e semânticos, isto é, partindo da *estrutura*, de tentar atingir aquilo que não o é, que não lhe é redutível ou que lhe escapa completamente. Evidentemente, a aproximação deste *outro* da estrutura fonético-semântica não é possível senão através desta estrutura mesmo. Assim, daremos a essa *estrutura de base* – indicativa, relacional, vazia – do texto semiótico geral o nome de *anáfora*, lembrando ao mesmo tempo

---

10 Tchang Tcheng-Ming, *L'Ecriture chinoise et le geste humain* (tese de doutorado, Paris, 1937).

11 Roman Jakobson tem razão ao objetar que "mostrar com o dedo" não denota "significação" *precisa* alguma, mas esta objeção está longe de eliminar o interesse do conceito de *indicação*, de *orientação* (diremos, mais adiante, de *anáfora*) para uma revisão das teorias semânticas como isso parece ser o propósito da comunicação de Harris e Voegelin na Conferência dos Antropólogos e dos Linguistas realizada na Universidade de Indiana em 1952. Cf. Results of the Conference of Anthropologists and Linguistics, *Supplement to International Journal of American Linguistics*, v. 19, n. 2, abril de 1953, mem. 8, 1953.

a significação deste termo na sintaxe estrutural[12] e sua etimologia. A função *anafórica*, relacional, pois, transgressiva em relação à estrutura verbal através da qual necessariamente nós a estudamos, conota uma *abertura*, uma *extensão* (do sistema de signo que lhe é "posterior", mas através da qual ela é necessariamente pensada *fora de tempo*) que os pontos básicos dos etnólogos não fazem senão confirmar (para os Dogons, Amma, que cria o mundo mostrando--o, significa "abertura", "extensão", "brotar de um fruto").

Por outro lado, a função *anafórica* (poderemos daqui por diante usar esse termo como sinônimo de "gestual") do texto semiótico geral constitui o fundo (ou a substituição?) sobre o qual se desenrola um procedimento: a produção semiótica, que não é fixável enquanto significação estereotipada e representada, a não ser em dois pontos, a palavra e a escrita. Antes e além da *voz* e da *grafia* há a anáfora: o gesto que *indica*, instaura *relações* e elimina as entidades. Pode-se demonstrar as relações da escrita hieroglífica com a gestualidade[13]. O sistema semiótico dos Dogons, que finalmente parece ser antes um sistema semântico escritural do que verbal, também repousa sobre a *indicação*: aprender a falar para eles significa aprender a indicar esboçando. A que ponto o papel da *indicação* é primordial na semiótica desse povo, está provado pelo fato de que cada "palavra" é reiterada por meio de alguma coisa de "outro" que a designa, mas que não a representa. Esse *anafórico* é, seja um suporte gráfico, seja um objeto natural ou fabricado, seja uma gestualidade que indica os quatro estágios da elaboração do sistema semiótico (por exemplo, "a palavra dos homens em regras"[14]).

A aceitação da gestualidade como prática *anafórica* coloca entre parênteses o estudo do gesto por meio do modelo do signo (portanto por meio das categorias gramaticais, sintáticas, lógicas) e nos sugere a possibilidade de abordá-la através das categorias matemáticas da ordem das *funções*.

Estas considerações sobre a *anáfora* fazem lembrar a reflexão husserliana sobre a natureza do signo. Com efeito, quando ele define o "duplo sentido do termo signo", Husserl distingue

---

12 Cf. Lucien Tesnière, *Esquisse d'une syntaxe structurale*, Paris: Klincksieck, 1953. Ver O Sentido e a Moda, supra, p. 75-76.
13 T. Tcheng-Ming, op. cit.
14 G. Calame-Griaule, op. cit., p. 237.

os signos-*expressões*, os que *querem dizer*, dos *índices* (*Anzeichen*) que não "exprimem nada", e são, pois, privados de "querer--dizer". Essa distinção que Derrida analisou (ver *A Voz e o Fenômeno*) parece indicar uma abertura no sistema husserliano, por outro lado rapidamente encerrada, onde *significar* enquanto "querer-dizer" não tem mais curso: a margem *da indicação*.

A motivação estabelece entre os atos do julgamento, nos quais os estados de coisas, tendo a propriedade de indicar, se constituem para o ser pensante, e os que são indicados uma *unidade descritiva*, que não deve ser concebida como uma "qualidade estrutural" (*Gestaltqualitat*), fundada nos atos de julgamento; é nela que reside a essência da indicação[15].

Além desta *não estruturalidade*, Husserl grifa a *não evidência* do índice. Ainda, ele coloca a relação indicativa como sendo uma motivação cujo correlato objetivo seria um "porque", que outra coisa não é senão a percepção de *causalidade*.

Portanto, a brecha no *significado expressivo* se vê bem depressa soldado pela *causalidade* que subentende o índice husserliano e o investe de "querer-dizer".

Husserl acentua, contudo, a diferença dos dois modos de significar, e vê a *indicação* se realizar, "originar-se" mesmo, na "associação das ideias" (onde "uma relação de coexistência forma uma relação de dependência").

Quanto à categoria das *expressões*, ela deve englobar "todo discurso e toda parte de discurso".

Ora, seja dos índices, seja das expressões, "excluímos o jogo das fisionomias e os gestos", pois "expressões desse gênero não têm, *propriamente falando, significação*", e, se uma segunda pessoa lhes atribuir uma: significação, não será senão na medida em que ela as *interpreta*; mas, mesmo nesse caso "elas não têm significação no sentido *pregnante* de signo linguístico, mas unicamente no sentido de índices".

Assim, a distinção husserliana índice-expressão deixa intacto o espaço onde se produz o gesto, mesmo se a *interpretação* gestual se parece com o índice. Sem *querer dizer* e sem *motivar uma causa*, nem expressão nem índice, o gesto rodeia o espaço

---

15 Edmund Husserl, *Les Recherches logiques*, t. II, p. 31.

vacante em que se opera o que pode ser pensado como índice e/ou expressão. Lá, nesta "alguma parte", tanto o índice quanto a expressão são limites externos que, finalmente, não fazem senão um: aquele onde desponta o signo. Que o que o gesto nos deixa entrever, seja, pois, não menos excluído da expressão do que a indicação (pois sua produção se retira da superfície onde os sinos se sistematizam) é o que nós queremos sugerir.

Aqui se impõe uma posição de defesa: estamos longe de defender a tese corrente de certos estudos sobre a gestualidade que quereriam ver nela a origem da língua. Se insistirmos na *anaforicidade* como função de base do texto semiótico, não a colocamos como *originária* e não consideramos o gesto como diacronicamente anterior à *fonética* ou à grafia. Trata-se simplesmente de definir, a partir do gesto *irredutível à voz* (portanto à significação, à comunicação), uma *particularidade geral do texto semiótico* enquanto práxis correlacional, permutacional e aniquilante, particularidade que as teorias comunicativas da língua deixam à sombra. Trata-se, por si, de sugerir a necessidade de uma estreita colaboração entre a semiótica geral, de um lado, e a teoria da produção e certos postulados do estudo do inconsciente (a deslocação do sujeito), do outro. Não é impossível que o estudo da gestualidade venha a ser o terreno de tal colaboração.

Anterior à significação, a função anafórica do texto semiótico conduz necessariamente, no campo de reflexão de que ela esboça, alguns dos conceitos que vemos surgir em todas as civilizações que atingiram uma alta semiotização da gestualidade. Em primeiro lugar, o conceito de *intervalo*: de vazio, de omissão, que não se opõe à "matéria", isto é, à representação acústica ou visual, mas que lhe é idêntica. O intervalo é uma articulação não interpretável, necessária à permutação do texto semiótico geral e abordável através de uma notação de tipo algébrico, mas exterior ao espaço da informação. Do mesmo modo, o conceito de *negatividade*[16], de aniquilação dos diferentes termos da prática semiótica (considerada à luz de sua anaforicidade), que é um procedimento de produção incessante, mas se destrói a si mesma e não pode ser detida (imobilizada) senão *a posteriori*,

---

16 Linart Mäll fala de *zerologia*: redução a zero dos *denotata* e mesmo dos signos que os representam num sistema semiótico dado. Cf. *Tel Quel*, n. 32.

por uma superposição de vocábulos. O gesto é o próprio exemplo de uma produção incessante de morte. Em seu campo, o indivíduo não pode se constituir – o gesto é um modo *impessoal*, visto que é um modo de produtividade sem produção. Ele é *espacial* – sai do "circuito" e da "superfície" (porque tal é a zona topológica da comunicação) e requer uma formalização nova de tipo espacial. Anafórico, o texto semiótico não exige forçosamente uma conexão estrutural (lógica) com um exemplo-tipo: é uma possibilidade constante de aberração, de incoerência, de desarraigamento, de criação, pois, de outros textos semióticos. Daí que um estudo da gestualidade como produção seja um preparo possível para o estudo de todas as práticas subversivas e "deviatórias" numa sociedade dada.

Em outros termos, o problema da significação é secundário num estudo da gestualidade como prática. O que volta a significar que uma ciência do gesto que visa uma semiótica geral não deve forçosamente se conformar aos modelos linguísticos, mas atravessá-los, ampliá-los, começando por considerar o "sentido" como *indicação*, o "signo" como "anáfora".

Todas essas considerações sobre o caráter da função gestual não visam senão sugerir uma aproximação possível da gestualidade enquanto irredutível à comunicação significante. É evidente que elas questionam as bases filosóficas da linguística contemporânea e não podem encontrar seus meios senão dentro de uma metodologia axiomatizada. Nosso intento tem sido unicamente o de lembrar que, se a linguística, como seria notado por Jakobson, tem lutado longamente para "anexar os *sons* (grifo nosso) da palavra [...] e incorporar as *significações* (grifo nosso) linguísticas"[17], chegou o momento, talvez, de anexar os *gestos* e de incorporar a *produtividade* à ciência semiótica.

O estado atual da ciência da gestualidade tal como ela se apresenta sob sua forma a mais elaborada dentro da cinese americana está longe de tal acepção. Ela irá, todavia, nos interessar na medida em que tende a ser independente dos esquemas da linguística verbal, sem ser ao mesmo tempo uma medida decisiva para a construção de uma semiótica geral.

---

17 Roman Jakobson, *Essais de linguistique générale*, Paris: Minuit, 1963, p. 42.

II. A CINESE AMERICANA

"A cinese enquanto metodologia trata dos aspectos comunicativos do comportamento aprendido e estruturado do corpo em movimento", escreve o cinesista americano Ray Birdwhistell[18], a cujos trabalhos nos referimos a seguir. Sua definição dá as características – e os limites – desta ciência recente, situando-a na margem da teoria da comunicação e do "behaviorismo". Voltaremos mais adiante aos impactos ideológicos que uma tal dependência impõe à cinese. Antes de mais nada, evocaremos sua história, assim como o aspecto geral de seu mecanismo e de seus procedimentos.

O Nascimento da Cinese

É Darwin que os cinesistas designam como estando à origem do estudo "comunicativo" dos movimentos corporais. *Expression of the Emotions in Man and the Animals* (1873) é muitas vezes citado como sendo o livro de partida da cinese atual, ainda que seja feita uma certa reserva no que diz respeito à falta de ponto de vista "comunicativo" (sociológico) no estudo darwiniano da gestualidade. Os trabalhos de Franz Boas balizam, em seguidas o nascimento da cinese americana: conhece-se o interesse do etnólogo pelo comportamento corporal das tribos de Northwest Coast, assim como o fato de que ele estimulava as pesquisas de David Effron sobre os contrastes do comportamento gestual dos judeus italianos e europeus orientais[19]. Mas é principalmente a medida antropológico-linguística de Edward Sapir e, particularmente, sua tese de que a gestualidade corporal é um código que deve ser aprendido em vista de uma comunicação bem-sucedida[20] que sugerem as tendências da cinese atual. As pesquisas dos psiquiatras e dos psicanalistas americanos acentuaram, por consequência, a relatividade do comportamento gestual: Weston La Barre ilustra o conceito de Malinowski da

---

18 Paralanguage: 25 Years after Sapir, em R. W. Brosin (ed.), *Lectures in Experimental Psychiatry*, Pittsburg: University of Pittsburg Press.
19 *Gesture and Environment: A Tentative Study*, New York: Kings Crown, 1941.
20 *The Selected Writings of Edward Sapir*, Berkeley/Los Angeles: University of California Press, 1949.

comunicação "fática" e fornece documentos sobre as "pseudo-linguagens" que precedem o discurso verbal[21].

Parece do mesmo modo que a "análise microcultural" tal como ela se revela, especialmente nos escritos de Margaret Mead[22], com sua utilização de máquinas de fumar e a acentuação de determinações culturais do comportamento, têm sido particularmente estimulantes para o desenvolvimento da cinese.

Assim, por volta da década de 1950, os esforços conjuntos dos antropólogos, dos psicanalistas e dos psicólogos americanos já tinham esboçado uma nova esfera de pesquisa: o comportamento corporal como um código particular. Estabeleceu-se, então, a necessidade de uma ciência especializada que pudesse interpretar e compreender esse novo código como um novo setor da comunicação. É na linguística americana de Leonard Bloomfield[23], mas, mais ainda, de E. Sapir[24], George L. Trager e Henry L. Smith[25], que a nova ciência da gestualidade foi procurar seus modelos para se constituir como uma ciência *estrutural*. Assim, pelo caminho que acabamos de descrever, aparece, em 1952, *Introduction to Kinesics*, de Ray Birdwhistell, que marca o início de um estudo estrutural do comportamento corporal.

Conhece-se a acepção psicológica e empiricamente sociológica da linguagem nas teorias de Sapir: sua distinção entre uma "personalidade" em si e uma "cultura" circundante que a influencia acarreta uma diferenciação mecanicista e vaga, entre um "ponto de vista social" e um "ponto de vista individual", na aproximação do "fato linguístico", com preferência dada ao ponto de vista "pessoal"[26]. Essa tese, dificilmente sustentável nos dias de hoje (após a pulverização freudiana e, em geral psicanalística, da "pessoa" enquanto sujeito = entidade "interacional"), determina a abordagem cinésica. E, principalmente, o postulado de Sapir,

---

21 The Cultural Basis of Emotions and Gestures, *The Journal of Personality*, n. 16, 49-68, 1947; *The Human Animal*, Chicago: University of Chicago Press, 1954.
22 On the Implications for Anthropology of the *Gesell-Ilg* Approach to Maturation, *Personal Character and the Cultural Milieu*, ed. por D. Haring, Syracuse University Press, 1956. Ver também M. Mead; Gregory Bateson, Balinese Character; M. Mead; Francis C. MacGregor, *Growth and Culture*, New York: Putnams, 1952.
23 *Language*, New York: Hilt, 1933.
24 *Language: An Introduction to the Study of Speech*, Harcourt Brace, 1921.
25 *An Outline of English Structure*, Oklahoma.
26 *Selected Writings in Languages, Culture, and Personality*, Berkeley: University of California Press, 1949, p. 533-559.

em que o discurso deve ser estudado como uma série de "níveis" analisáveis separadamente para permitir "colocar o dedo no local exato do complexo discursivo que nos leva a fazer tal ou tal julgamento pessoal"[27]. É ainda Sapir que reconhece a importância do comportamento corporal na comunicação e considera sua estrita *relação* com certos níveis do discurso: essa tese, como veremos, irá fornecer uma das maiores preocupações da cinese.

Na mesma corrente "personalista" da linguística americana, que trata dos problemas de *vocabulário* (Sapir: "A personalidade é largamente refletida na escolha dos vocábulos") e de *estilo* (Sapir: "Há sempre um método individual ainda que pobremente desenvolvido de arranjar vocábulos em grupos e de arranjar aqueles em unidades maiores"), Zellig Harris estudou a estrutura do discurso como um terreno de comportamento intersubjetivo[28], mas seus modelos *distribucionistas* têm a vantagem de ter permitido aos cinesistas passar além das unidades e das disposições sacralizadas e da linguística tradicional.

A essas origens linguísticas da cinese se acrescentam as pesquisas psicolinguísticas de Benjamin Lee Whorf[29] e de C. Osgood[30], que, analisando o papel da linguagem como modelo de pensamento e de prática, orientam os estudos cinésicos em direção ao problema "da relação entre a comunicação e os outros sistemas culturais enquanto portadores do caráter cultural e da personalidade".

Pode-se, pois, perceber que, nascida do cruzamento de várias disciplinas e dominada pelos esquemas "behavioristas" e comunicativos, a cinese identifica seu objeto e seu método e derrapa facilmente em direção às disciplinas colaterais nas quais o rigor da documentação anda emparelhado com um tecnicismo estorvante e uma ingenuidade filosófica da interpretação. Estendendo a esfera de suas investigações, a cinese americana se choca com o problema do *sentido* do comportamento gestual e procura encontrar soluções apoiando-se na

---

27 Idem, p. 534, apud Ray L. Birdwhistell, Paralanguage..., op. cit.
28 *Methods in Structural Linguistics*, Chicago: University of Chicago Press, 1951.
29 *Language, Thought, and Reality*, New York: Technology Press/John Wiley, 1956.
30 Charles E. Osgood; Thomas A. Sebeok (eds.), *Psycholinguistics: A Survey of Theory and Research Problems*, Bloomington/Baltimore: Indiana University Press/Waverly, 1954.

etnologia da gestualidade[31] e as pesquisas sobre os gestos especializados dos diferentes grupos[32] que se ligam indiretamente à cinese, oferecendo-lhe um *corpus* para suas pesquisas especializadas. Tal é também a relação da cinese com um outro ramo "behaviorista" chamado de "análise contextual" e que propõe ricos dados sociológicos, antropológicos e psicanalíticos para uma "descrição sistemática ulterior da lógica estrutural da atividade interpessoal num meio social preciso"[33]. Observamos, nos últimos anos, uma nova extensão do estudo "behaviorista" da gestualidade: a *proxêmica*, que se ocupa da maneira como o sujeito gesticulante organiza *seu espaço* como um sistema codificado no procedimento da comunicação[34]. Todas essas variantes, mais ou menos indecisas ou importantes que são tomadas pelo estudo do comportamento corporal enquanto mensagem (comunicação), se inscrevem no estoque dos dados de base que a cinese, especializada como uma antropologia linguística, estrutura e interpreta como um *código* específico.

Dois problemas principais se colocam diante da cinese que está se constituindo como ciência: 1. a utilização que ela fará dos modelos linguísticos; 2. a definição de suas próprias unidades de base e sua ardiculação.

Cinese e Linguística

Lembremos que os primeiros estudos da linguagem gestual estavam longe de subordiná-la à comunicação e ainda menos à linguagem verbal. Assim, pode-se defender o princípio de que todas as variedades de linguagem não verbal (signos premonitórios, divinação, simbolismos diversos, mímica e gesticulação etc.) são mais universais do que a linguagem verbal estratificada

---

31 Gordon W. Hewes, World Distribution of Certain Postural Habits, *American Anthropologist*, v. 57, n. 2, 1955, lavra uma lista detalhada das posições corporais nas diferentes culturas.
32 Robert L. Saitz; Edward J. Cervenka, Colombian and North American Gestures: A Contrastive Inventory, *Carrero*, n. 7, Bogotá: Centro Colombo Americano, 1962, p. 23-49.
33 Idem, ibidem.
34 Edward T. Hall, A System for Notation of Proxemic Behaviour, *American Anthropologist*, v. 65, n. 5, 1963.

numa diversidade de línguas. Uma repartição dos signos pertencentes à linguagem gestual foi proposta em três categorias: 1. "comunicação sem intenção de comunicar e sem troca de ideias"; 2. "comunicação com intenção de comunicar mas sem troca de ideias"; 3. "comunicação com intenção de comunicar e troca de ideias"[35]. Esta semiologia gestual, por mais simples que ela seja, aponta para a perspectiva já esquecida de estudar o comportamento corporal enquanto prática sem tentar forçosamente lhe impor as estruturas da comunicação. Certas análise das relações linguagem verbal/linguagem gestual defendem a autonomia desta última em relação à palavra e demonstram que a linguagem gestual traduz razoavelmente as *modalidades* do discurso (ordem, dúvida, súplica), mas, em compensação, de maneira imperfeita as categorias gramaticais (substantivos, verbos, adjetivos); que o signo gestual é impreciso e polissêmico; que a ordem sintática "normal" sujeito-objeto-predicado pode variar sem que o sentido evada dos sujeitos; que a linguagem gestual se alia à linguagem infantil (acentuação do concreto e do presente; antítese; posição final da negação e da interrogação) e às línguas "primitivas"[36]. A linguagem gestual tem sido, do mesmo modo, considerada como o "verdadeiro" meio de expressão susceptível de fornecer leis de uma linguística geral na qual a linguagem verbal não é senão uma manifestação tardia e limitada ao interior do gestual; filogeneticamente, a "mimicagem" ter-se-ia transformado lentamente em linguagem verbal, do mesmo modo que o mimeografismo em fonografismo; a linguagem repousa no *mimismo* (repercussão na montagem dos gestos de um indivíduo dos "mimemas" oculares) que reveste duas formas: fonomimismo e cinemimismo; a gestualidade infantil se parece com o cinemimismo com preponderância do mimismo manual ("manualagem") que se organiza a seguir (estágio do jogo), quando a criança se torna "mimodramaturgo" para resultar, enfim, no "gesto proposicional" como adulto consciente[37].

---

35 R. Kleinpaul, op. cit.
36 Otto Witte, Untersuchungen über die Gebardensprache: Beiträge zur Psychologie der Sprache, *Zeitschrift für Psychologie*, n. 116, 1930, p. 225-309.
37 Marcel Jousse, Le Mimisme humain et l'anthropologie du langage, *Revue anthropologique*, jul.-set. 1936, p. 101-225.

Ora, totalmente diferente é a finalidade cinésica. Parte de um psicologismo empírico, a *comunicação*, à qual obedece o código gestual, na cinese americana é considerada como uma *"multichannel structure"*. "A comunicação é um sistema de códigos interdependentes transmissíveis através dos canais influenciáveis de base sensorial"[38]. Numa estrutura semelhante, a linguagem falada não é *o* sistema comunicativo, mas unicamente um dos níveis *infracomunicativos*. O ponto de partida para o estudo do código gestual é, pois, o reconhecimento da *autonomia* do comportamento corporal no interior do sistema comunicativo e da *possibilidade* de descrevê-la sem usar as grades do comportamento fonético. É depois deste postulado de base que intervém a cooperação entre a linguística e os dados cinésicos, na medida em que a linguística é mais avançada quanto à estruturação de seu *corpus*. Está claro desde já, e veremos isto ainda melhor nas páginas que se seguem, que a relação linguística/cinese assim concebida, se reservar uma certa independência da cinese com respeito à linguística *fonética*, obriga-a, em compensação, a obedecer aos pressupostos fundamentais que fundam a linguística: os da comunicação que valoriza o indivíduo, colocando-o num circuito de troca (indo mesmo até o ponto de encarar uma dicotomia do comportamento em "emotivo" e "cognitivo"). Deste modo, longe de ocasionar uma ruptura nos modelos fonéticos, a cinese não lhe fornece senão variações que confirmam a regra.

A cinese se dá, pois, por tarefa, assim como a linguística antropológica, investigar os "elementos repetitivos" na corrente da comunicação, abstraí-los e testar sua significação estrutural. Trata-se de, antes de mais nada, isolar o elemento significante *minimal* da posição ou do movimento, estabelecer por meio de uma análise *oposicional* suas relações com os elementos de uma estrutura maior, e, repetindo esse procedimento, construir um código em segmentos hierarquizados. Nesse nível de pesquisa, o *sentido* é definido como a "significação estrutural de um elemento no contexto estrutural"[39]. É mesmo avançada a hipótese de que os elementos estruturais do código gestual

---

38 R. L. Birdwhistell, *Conceptual Bases and Applications of the Communicational Sciences*, University of California, abr. 1965.
39 Idem, p. 15.

têm geralmente a mesma variabilidade de função semântica dos vocábulos[40].

O Código Gestual

A analogia entre a palavra e o gesto, como base da cinese, impõe, primeiro, a necessidade de isolar diferentes *níveis* do código gestual: seja dos níveis correspondentes aos níveis admitidos pela linguística das línguas, seja dos níveis que permitem o estudo das interdependências linguagem/gestualidade.

Na primeira direção, Voegelin pôde encontrar na linguagem gestual, com o auxílio de um sistema de notação inspirado naquele da coreografia, um número de signos distintivos aproximadamente igual àquele dos fonemas de uma língua, e concluir deste fato que a linguagem por gesto pode ser analisada segundo dois níveis análogos aos níveis fonemático e morfemático das línguas[41]. Uma outra taxinomia gestual é proposta por William C. Stokoe[42]: ele chama os elementos gestuais de base "cheremas"; cada morfema gestual (= menor unidade portadora de sentido) é composta de três cheremas: pontos estruturais de posição, configuração e movimento, chamados respectivamente tabula (tab), designatum (dez), signação (sig). O estudo da gestualidade neste autor supõe três níveis: "cherologia" (análise dos cheremas), "morfocherêmica" (análise das combinações entre os cheremas) e "morfêmica" (morfologia e sintaxe). Para outros pesquisadores, em compensação, a linguagem gestual não comporta nenhuma unidade correspondente ao fonema: a análise deve se deter no nível das unidades que corresponde ao morfema[43].

Na segunda direção, é necessário que nos detenhamos nas teses de Ray Birdwhistell, cuja teoria é a mais elaborada da cinese

---

40 R. L. Birdwhistell, Body Behavior and Communication, *International Encyclopedia of the Social Sc.*, dez. 1964.
41 Charles F. Voegelin, Sign Language Analysis: One Level or Two?, *International Journal of American Linguistics*, n. 24, 1958, p. 71-76.
42 Sign Language Structure: An Outline of the Visual Communication System of the American Deaf, *Studies in Linguistics: Occasional Papers*, n. 8, Department of Anthropology and Linguistics, University of Buffalo, 1960, p. 78. Notícia dada por H. Landar, *Language*, n. 37, 1961, p. 269-271.
43 Alfred L. Kroeber, Sign Language Inquiry, *International Journal of American Linguistics* 24, 1958, p. 1-19 (estudos dos gestos dos índios).

americana. Para ele, se a gestualidade é uma redundância, uma substituição, pois, da mensagem verbal, ela não passa disto: ela tem suas particularidades que dão à comunicação seu aspecto polivalente. Daí as analogias e as diferenças entre os dois níveis linguagem/gestualidade. Birdwhistell fixa sua reticência a um paralelo por demais compelido entre a gestualidade e a linguagem fonética. "É perfeitamente possível que forcemos os dados do movimento corporal numa trama pseudolinguística"[44]. Se ele o aceita, contudo, é antes por razões de utilidade (ideológicas) que por convicção da validade final de tal paralelismo.

Em sua terminologia, a *unidade minimal* do código gestual, que corresponderia ao nível fonético/fonema da linguagem verbal, usa o nome de *kiné* e de *kinema*[45]. O *kiné* é o menor elemento perceptível dos movimentos corporais, por exemplo, o levantar e o baixar das sobrancelhas (bb ∧ v); esse mesmo movimento, repetido num único sinal antes de deter-se na posição (inicial), forma um *kinema*. Os kinemas combinam-se entre si, ligando-se a outras formas cinésicas que funcionam como prefixos, sufixos, infixos e transfixos, e formam, assim, unidades de uma ordem superior: *kinemorfos* e *kinemorfemas*. O *kiné*, "movimento de sobrancelhas" (bb ∧), pode ser *aloquínico* com kiné, "menear de cabeça" (h ∧), "movimento de mão" (/ ∧), ou com *acentos* etc., formando, assim, kinemorfos. Por sua vez, os kinemorfemas se combinam em *construções kinemórficas complexas*. Assim, a estrutura do código gestual é comparável à estrutura do discurso em "som", "vocábulos", "proposições", "frases" e mesmo "parágrafo"[46] (os movimentos de sobrancelhas podem denotar a dúvida, a interrogação, a súplica etc.).

Onde começa a diferenciação linguagem verbal/gestualidade?

Duas classes de fenômenos pareciam se manifestar em primeiro lugar para Birdwhistell no circuito cinésico.

Os primeiros se manifestam na comunicação *com* ou *sem* palavra e são chamados de dados *macrocinésicos*. A

---

44 *Conceptual Bases...*
45 Idem, *Introduction to Kinesis*, Louisville: University of Louisville Press, 1952; Some Body Motion Elements Accompanying Spoken American English, em L. Trager (ed.), *Communication: Concepts and Perspectives*, Washington: Spartan, 1967.
46 Idem, ibidem.

macrocinese trata, pois, dos elementos estruturais das construções cinemórficas *complexas*, isto é, dessas formas do código gestual que são confrontáveis aos vocábulos, às preposições, às frases e aos parágrafos.

Os segundos são exclusivamente ligados ao conhecimento da palavra e são chamados kinemorfemas *suprassegmentais*. Os pequenos movimentos de cabeça, as piscadelas de olhos, o franzir dos lábios, os tremores do queixo, dos ombros, das mãos etc. são considerados como fazendo parte de um sistema cinésico de *acentuação* quadripartida ("quadripartite kinesic stress system"). Os kinemorfemas suprassegmentais desse sistema de acento têm uma função de tipo *sintático*: eles indicam as combinações especiais de adjetivos e de nomes, de advérbios e de vocábulos de ação, e ainda participam da organização das proposições ou, então, reúnem proposições no interior das frases sintáticas complicadas. Os quatro acentos que os kinemorfemas suprassegmentais conotam são: acento principal, acento secundário, não acentuação, desacentuação[47].

Um terceiro tipo de fenômenos foi indicado no decorrer das análises ulteriores, que não possuem as propriedades estruturais dos elementos macrocinésicos ou suprassegmentais e que, além do mais, são ligados a classes *particulares* de *itens lexicais* particulares. Os elementos desse terceiro nível do código gestual, que são chamados de *kinesic markers*, devem ser distinguidos daquilo que é, de modo geral, chamado de "gesto". Birdwhistell determina que o "gesto" é uma "morfe ligado" (*bound morph*), o que significaria que os gestos são formas incapazes de autonomia, que exigem um comportamento cinésico infixal, sufixal, prefixal ou transfixal para obter uma identidade. Os gestos seriam uma espécie de "transfixo", já que inseparável da comunicação verbal[48]. Do mesmo modo, os *sinais cinésicos* não obtêm significação senão quando ligados a certos *itens sintáticos audíveis*, com a diferença que, contrariamente aos gestos, os sinais cinésicos

---

47 R. Birdwhistell, *Communication without Words*, Philadelphia: Eastern Pennsylvania Psychiatric Institute, 1964. Nesse nível da análise, fala-se também de duas *junções* cinésicas *interiores*: a junção cinésica "mais" (+), que aparece para mudar a posição do acento cinésico principal, e a junção de *aderência* ("hold juncture" (∩), que liga dois ou mais acentos principais ou, então, um principal e um secundário.

48 Idem.

são, por assim dizer, submetidos a um contexto fonético *particular*. Assim, Birdwhistell nota isso com razão: a introdução da noção "sinal cinésico" no código gestual é um compromisso entre uma posição que teria definido um tal comportamento como macrocinésico e um outro que lhe atribuiria um status supralinguístico ou supracinésico no sistema semiótico. A classificação dos sinais cinésicos é feita segundo as classes de unidades lexicais às quais eles estão associados, o que dá uma vez mais a prioridade às estruturas linguísticas na construção do código gestual. Os sinais cinésicos têm quatro particularidades gerais: 1. suas propriedades articulatórias podem ser apresentadas em classes *oposicionais*; 2. os sinais cinésicos se manifestam num meio ambiente sintático *distinto* (os lexemas aos quais eles estão associados pertencem a classes sintáticas distintas); 3. há posições articulatórias situacionais (que permitem reduzir a confusão dos sinais); 4. se a distinção das unidades é impossível em sua articulação, ela depende das oposições sintáticas ambientais. Assim, o sinal cinésico pode ser definido como uma série *oposicional* de comportamentos num meio ambiente particular[49]. Muitas variedades de sinais cinésicos são analisadas, tais como os sinais cinésicos *pronominais* (k^p) associados a (substitutos de) pronomes, estruturados segundo a oposição distância/proximidade: *he, she, it, those, they, that, then, there, any, some/I, me, us, we, this, there, now*. O mesmo gesto, ampliado, pluraliza o sinal cinésico pronominal: obtém-se, assim, os *sinais de pluralização* (k^{pp}) que designam: *we, we's, we'uns, they, these, those, them, our, you* (pl.)., *you all, you'uns, youse, their*. Distingue-se, do mesmo modo, sinais *verboides* associados aos k^p sem interrupção do movimento, entre os quais os sinais de *tempo* (k^t) têm um importante papel. Notemos também os sinais de *área* (k^a) que denotam: *on, over, under, by, through, behind, in front of*, que acompanham os verbos de ação; os sinais de *maneira* (k^m) associados a frases como "*a short time*", "*a long time*", ou "*slowly*", "*swiftly*". Uma categoria discutível representa os sinais de demonstração (k^d).

É necessário insistir sobre a importância desse nível da análise cinésica. Se os sinais cinésicos parecem ser, no código

---

49 Some body…, op. cit.

gestual, análogos aos adjetivos e aos advérbios, aos pronomes e aos verbos, eles não são considerados como *derivados* da língua falada. Eles constituem uma primeira tentativa de estudar o código gestual como um sistema autônomo da palavra, posto que abordável através dela. É significativo que essa tentativa de evadir do fonetismo ocasiona necessariamente uma terminologia não mais "vocálica", mas "escritural": Birdwhistell fala de *sinal* como pode-se falar de "traço" e de "grama". O gesto visto como sinal ou, talvez, o sinal visto como gesto: eis as premissas filosóficas que ainda é preciso desenvolver para tornar a lançar a cinese como ciência semiótica não exclusivamente linguística, e para dar a conhecer o fato que a metodologia linguística elaborada sobre os sistemas de comunicação verbal não é senão *uma* aproximação *possível*, mas não exaustiva e mesmo não essencial, desse *texto geral* que engloba, além da voz, os diferentes tipos de *produções*, tais como *o gesto*, *a escrita*, *a economia*. Os cinesistas americanos parecem estar conscientes desta abertura que promete o estudo da gestualidade não subordinada aos esquemas linguísticos: "os sinais cinésicos" e linguísticos podem ser aloformes, isto é, variantes estruturais uma em relação à outra, em um outro nível da análise"[50]. Mas esta orientação, se tende a abrandar a noção de comunicação (Birdwhistell considera que "a reavaliação da teoria da comunicação tem a importância que obteve o reconhecimento do fato que os processos neutros circulares, ou mesmo metabólicos, são sistemas intrapsicológicos"[51]) não sai, por isso, de seus limites.

A essa estratificação da cinese seria preciso acrescentar uma excrescência: o estudo do comportamento *paracinésico* associado, geralmente, ao nível macrocinésico da análise. A paracinese seria o paralelo gestual da paralinguística preconizada por Sapir, que estuda os fenômenos acessórios da vocalização e, em geral, da articulação do discurso[52]. Os efeitos paracinésicos particularizam o comportamento individual nesse processo social que é a comunicação gestual para a cinese e, inversamente, tornam possível a descrição dos elementos socialmente determinados

---

50 Idem, p. 38.
51 Idem, ibidem.
52 G. L. Trager: Paralanguage: A First Approximation, *Studies in Linguistics*, v. 13, n. 1-2, University of Buffalo, 1958, p. 1-13.

de um sistema de expressão individual. Eles somente fazem constar uma única vez os elementos macrocinésicos isolados, e põem, deste modo, em claro o que atravessa, modifica e dá, um colorido social ao circuito cinésico. Esse "material paracinésico" compreende: *qualificadores de movimento*, que modificam pequenas sequências de fenômenos "cinésicos" ou cinemórficos; *modificadores de atividade*, que descrevem o movimento completo do corpo ou a estrutura do movimento dos participantes numa interação; e, por fim, *set-quality activity*[53], uma gestualidade pluridimensional cujo estudo fica para ser feito e que analisaria o comportamento nos jogos, nas charadas, nas danças, nas representações teatrais etc.

Todavia, Birdwhistell, assim como de resto outros autores[54], concorda com a opinião que uma analogia ou mesmo uma substituição é possível entre os fenômenos cinésicos e paralinguísticos: cada indivíduo escolheria, segundo suas determinações idiossincréticas (que ele incumbe ao psicólogo estudar), as manifestações vocais ou cinésicas para acompanhar seu discurso.

Deste modo, ao ficar bloqueada metodologicamente pela psicologia, pela sociologia empirista e sua cúmplice, a teoria da comunicação, assim como pelos modelos linguísticos, a cinese tende a abrandar o estruturalismo fonético.

Subordinada aos preconceitos de um sociologismo positivista, a cinese opera através das constatações que o próprio desenvolvimento da linguística (da psicanálise, ou da semiótica dos "sistemas modelantes secundários") está em vias de dispersar: o "sujeito", a "percepção", a igualdade ou a diferença "sensorial", "o ser humano", a "verdade" de uma mensagem, a sociedade como intersubjetividade etc. Dependente da sociedade da troca e de sua estrutura "comunicativa", uma tal ideologia impõe *uma* interpretação possível das práticas semióticas ("as práticas semióticas são comunicações") e oculta o próprio processo da elaboração dessas práticas. Apoderar-se desta

---

53 R. Birdwhistell, Paralanguage..., op. cit.
54 F. Mahl; G. Schuze, Psychological Research in the Extralinguistic Area, em T. A. Sebeok; A. J. Hayes; H. C. Bateson (eds.), *Approaches in Semiotics: Cultural Anthropology, Education, Linguistics, Psychiatry, Psychology, Transactions of the Indiana University Conference on Paralinguistics and Kinesics*, The Hague: Mouton, 1964, p. 51-124.

elaboração equivale a sair da ideologia da *troca*, da filosofia da comunicação, pois, para procurar axiomatizar a gestualidade enquanto texto semiótico em curso de produção, não bloqueado, então, pelas estruturas fechadas da linguagem. Essa translinguística à formação da qual a cinese poderia contribuir, exige, antes de construir seu mecanismo, uma revisão dos modelos de base da linguística fonética. Sem tal trabalho – e a cinese americana, apesar de seu esforço para se libertar da linguística, prova que esse trabalho nem mesmo ainda começou –, é impossível romper "a sujeição intelectual à linguagem, dando o sentido de uma intelectualidade nova e mais profunda, que se esconde sob os gestos" (Artaud) e sob toda prática semiótica.

[1968]

6. O Texto Fechado

I. O ENUNCIADO COMO IDEOLOGEMA

1. Mais que *um discurso*, a semiótica se dá, atualmente, por objeto *diversas práticas semióticas* que ela considera como translinguísticas, isto é, feitas através da língua e irredutíveis às categorias que lhe são, hoje, designadas.

Nesta perspectiva, definimos o texto como um mecanismo translinguístico que redistribui a ordem da língua, relacionando uma palavra comunicativa visando a informação direta, com diferentes tipos de enunciados anteriores ou sincrônicos. O texto é, pois, uma *produtividade*, o que significa: 1. sua relação com a língua na qual ele se situa é redistributiva (destrutiva-construtiva), por conseguinte, é abordável através das categoria lógicas, ao invés de meramente linguísticas; 2. é uma permutação de textos, uma intertextualidade: no espaço de um texto, vários enunciados, tomados de outros textos, se cruzam e se neutralizam.

2. Um dos problemas da semiótica seria recolocar a antiga divisão retórica dos gêneros por uma *tipologia dos textos*, em outras palavra, definir a especificidade das diferentes organizações textuais, situando-as no texto geral (a cultura) de que

elas fazem parte e que faz parte delas[1]. A verificação de uma organização textual (de uma prática semiótica) dada com os enunciados (sequências) que ela assimila em seu espaço ou aos quais ela reenvia no espaço dos textos (práticas semióticas) exteriores será chamada de *ideologema*. O ideologema é essa função intertextual que se pode ler "materializada" nos diferentes níveis da estrutura de cada texto e que se estende amplamente ao longo de seu trajeto, dando-lhe suas coordenadas históricas e sociais. Não se trata aqui de uma medida interpretativa, posterior à análise, que "explicaria" como sendo "ideológico" o que tem sido "conhecido", em primeira instância, como sendo "linguístico". A aceitação de um texto como um ideologema determina a própria medida de uma semiótica que, ao estudar o texto como uma intertextualidade, o pensa desta maneira dentro (o texto de) da sociedade e da história. O ideologema de um texto é o foco no qual a racionalidade cognoscente apreende a transformação *dos enunciados* (aos quais o texto é irredutível) num todo (o texto), do mesmo modo que as inserções desta totalidade no texto histórico e social[2].

3. Visto como texto, o *romance* é uma prática semiótica na qual poder-se-ia ler, sintetizados, os esboços de vários enunciados.

Para nós, o *enunciado* romanesco não é uma sequência minimal (uma entidade definitivamente delimitada). É uma *operação*, um movimento que liga, mas, mais ainda, *constitui* o que poder-se-ia chamar de *argumentos* da operação, que, num estudo de texto escrito, são ou vocábulos, ou sequências de

---

1 Considerando as práticas semióticas em sua relação com o signo, poderemos evidenciar três tipos delas: 1. uma prática semiótica *sistemática* fundada sobre o signo, portanto sobre o sentido; ela é conservativa, limitada, seus elementos são orientados para os *denotata*, é lógica, explicativa, imutável e não visa modificar o outro (o destinatário); 2. uma prática semiótica *transformativa*: "os signos" se despojam de seus *denotata* e se orientam em direção do outro que eles modificam; 3. uma prática semiótica paragramática: o signo é eliminado pela sequência paragramática correlativa que se poderia representar como um tetralema: cada signo tem um *denotatum*; cada signo não tem *denotatum*; cada signo tem e não tem *denotatum*; não é verdade que cada signo tem e não tem *denotatum*. Ver Por uma Semiologia dos Paragramas, infra, p. 191-192.
2 "A teoria da literatura é uma das ramificações da vasta ciência das ideologias que engloba [...] todos os domínios da atividade ideológica do homem". – Pavel N. Medvedev, *Formalnyi Metod v Literaturovedenii: Krititcheskoie Vvedeniie v Sotsiologitcheskuiu Poetiku*. (*O Método Formal na Teorial Literária: Introdução Crítica à Sociologia da Poética*), Leningrado, 1928. Adotamos aqui o termo ideologema.

vocábulos (frases, parágrafos) enquanto sememas[3]. Sem analisar entidades (os sememas em si mesmos), estudaremos a *função* que as engloba no texto. Trata-se efetivamente de uma função, isto é, variável dependente, determinada cada vez que o são as variáveis independentes que ela liga; ou, mais claramente, de uma correspondência unívoca entre os vocábulos ou entre as sequências de vocábulos. É, pois, evidente que a análise que estamos nos propondo, ao operar com unidades linguísticas (os vocábulos, as frases, os parágrafos), é de ordem translinguística. Metaforicamente falando, as unidades linguísticas (e mais especialmente semânticas) não nos servirão senão de trampolins para estabelecer os *tipos dos enunciados romanescos* como outras tantas *funções*. Colocando as sequências semânticas entre parênteses, separamos a *aplicação lógica* que as organiza e nos colocamos, assim, em um nível *suprassegmental*.

Dependendo deste nível suprassegmental, os enunciados romanescos se encadeiam na totalidade da produção romanesca. Ao estudá-los deste modo, constituiremos uma tipologia dos enunciados romanescos para pesquisar, num segundo momento, sua proveniência extrarromanesca. Somente então poderemos definir o romance em sua unidade e/ou como ideologema. Em outras palavras, as funções definidas sobre o conjunto textual extrarromanesco T_e tomam um valor no conjunto textual do romance T_r. O ideologema do romance é justamente essa função *intertextual* definida sobre T_e e com valor em T_r.

Deste modo, dois tipos de análise, que seria por vezes difícil distinguir um do outro, servir-nos-ão para separar o *ideologema do signo* no romance:

• a análise suprassegmental dos enunciados nos quadros do romance irá nos revelar o romance como um texto fechado: sua programação inicial, a arbitrariedade de sua finalidade, sua figuração diádica, as variações e seus encadeamentos;

• a análise *intertextual* dos enunciados irá nos revelar a relação da escrita e da palavra no texto romanesco. Demonstraremos

---

3 Usamos o termo semema tal como aparece na terminologia de A. J. Greimas, que o define como uma combinação do núcleo sêmico e dos semas contextuais e o vê depender do nível da manifestação, oposto àquele da imanência do qual releva o sema. Cf. Algirdas J. Greimas, *Sémantique structurale*, Paris: Larousse, 1966, p. 42.

que a ordem textual do romance depende antes da palavra que da escrita, e poderemos proceder à análise da topologia desta "ordem fonética" (a disposição das instâncias de discurso uma em relação à outra).

Sendo o romance um texto que depende do ideologema do signo, é necessário descrever sucintamente as particularidades do signo como ideologema.

II. DO SÍMBOLO AO SIGNO

1. A segunda metade da Idade Média (séculos XIII-XV) é um período de transição para a cultura europeia: o pensamento do signo substitui o do símbolo.

A semiótica do símbolo caracteriza a sociedade europeia até por volta do século XIII e se manifesta nitidamente em sua literatura e em sua pintura. É uma prática semiótica cosmogônica: esses elementos (os símbolos) remetem a uma(s) transcendência(s) universal(is) irrepresentável(is) e irreconhecível(is); conexões unívocas ligam essas transcendências às unidades que as evocam; o símbolo não "se assemelha" ao objeto que ele simboliza; os dois espaços (simbolizado-simbolizante) são separados e incomunicáveis.

O símbolo assume o simbolizado (os universais) como irredutível ao simbolizante (os sinais). O pensamento mítico que volteia na órbita do símbolo e que se manifesta na epopeia, nos contos populares, nas canções de gestas etc. opera com unidades simbólicas que são *unidades de restrição* em relação aos universais simbolizados ("o heroísmo", "a coragem", "a nobreza", "a virtude", "o medo", "a traição" etc.). A função do símbolo, é, pois, em sua dimensão vertical (universais-sinais), uma função de *restrição*. A função do símbolo em sua dimensão horizontal (a articulação das unidades significantes entre si) é uma função escape ao paradoxo; pode-se dizer que o símbolo é horizontalmente *antiparadoxal*: em sua "lógica", duas unidades oposicionais são exclusivas[4].

---

4 Na história do pensamento científico ocidental, três correntes fundamentais emergem sucessivamente da denominação do símbolo para passar, através do signo, à variável: são o platonismo, o conceitualismo e o nominalismo. Cf. Willard van O. Quine, Logic and the Reification of Universals, *From a Logical Point of View*,

O mal e o bem são incompatíveis, do mesmo modo que o cru e o cozido, o mel e as cinzas etc. – uma vez que apareceu, a contradição exige imediatamente uma solução, ela é, assim, encoberta, "determinada", posta, pois, de lado.

A chave da prática semiótica simbólica é dada desde o início do discurso simbólico: o trajeto do desenvolvimento semiótico é uma aldrava cujo resultado é programado, dado em germe, no início (cujo resultado *é* o início), visto que a função do símbolo (seu ideologema) preexiste ao enunciado simbólico mesmo. Isso implica as particularidades gerais da prática semiótica simbólica: a *limitação quantitativa* dos símbolos, a *repetição* e a *limitação* dos símbolos, seu caráter *geral*.

2. O período que vai do século XIII ao século XV contesta o símbolo e o atenua sem fazê-lo desaparecer completamente, mas antes assegurando sua passagem (sua assimilação) no signo. A unidade transcendental que sustenta o símbolo – sua parede de além-túmulo, seu foco emissor – é posta em questão. Assim, até fins do século XV, a representação cênica da vida de Jesus Cristo inspirava-se nos Evangelhos, canônicos ou apócrifos, ou na Lenda Áurea (veja-se os Mistérios publicados por Jubinal segundo o manuscrito da Bibliothèque Sainte-Geneviéve, de cerca de 1400). A partir do século XV, o teatro é invadido por cenas consagradas à vida pública de Jesus Cristo, e o mesmo se dá na arte (veja-se a catedral de Évreux). O fundo transcendental que o símbolo evocava parece soçobrar. Uma nova relação significante se anuncia entre dois elementos, ambos colocados deste lado, "reais" e "concretos". Assim, na arte do século XIII, os profetas se opunham aos apóstolos; ora, no século XV, os quatro grandes evangelistas são postos em paralelo não mais aos quatro grandes profetas, mas aos quatro padres da Igreja latina (santo Agostinho, são Jerônimo, santo Ambrósio, Gregório, o Grande, veja-se o altar de Notre-Dame d'Avioth). Os grandes conjuntos arquiteturais e literários não são mais possíveis: a miniatura substitui a catedral e o século IV será o dos miniaturistas. A serenidade do símbolo é substituída pela ambivalência aplicada da conexão do *signo* que exige uma semelhança e

Cambridge: Harvard University Press, 1953. Tomamos emprestada desse estudo a diferenciação de duas acepções da unidade significante: uma no espaço do símbolo, outra no espaço do signo.

uma identificação dos elementos que ela reúne, apesar de sua diferença radical que ela postula antes de mais nada. Daí a insistência obsidiante do tema do *diálogo* entre dois elementos *irredutíveis* mas *semelhantes* (diálogo-gerador de patético e de psicologia), neste período transitório. Assim, o século XIV e o século XV abundam de diálogos de Deus e da alma humana: Diálogo do crucifixo e do peregrino, Diálogo da alma pecadora e de Jesus etc. Nesse movimento, a Bíblia se moraliza (veja-se a célebre Bíblia moralizada da Biblioteca do duque de Bourgogne), e mesmo lhe são substituídos pastichos que estão entre parênteses e vão até o ponto de suprimir o fundo transcendental do símbolo (a Bíblia dos pobres e o *Speculum humanae salvationis*)[5].

3. O signo que perfila nestas mutações conserva a característica fundamental do símbolo: a irredutibilidade dos termos, isto é, no caso do signo, do referente ao significado e do significado ao significante, e, a partir daí, de todas as "unidades" da própria estrutura significante. Assim, o ideologema do signo, em suas linhas gerais, é semelhante ao ideologema do símbolo: o signo é dualista, hierárquico e hierarquizante. Contudo, a diferença entre o signo e o símbolo se manifesta tanto verticalmente quanto horizontalmente. Em sua função vertical, o signo remete a entidades menos vastas, mais *concretizadas* que o símbolo – trata-se de universais *reificados*, tornados *objetos* no sentido forte da palavra; relacionada numa estrutura de signo, a entidade considerada (o fenômeno) é, de chofre, transcendentalizada, elevada à categoria de uma unidade teológica. A prática semiótica do signo assimila, assim, a abordagem metafísica do símbolo e a projeta sobre o "imediatamente perceptível"; assim valorizado, o "imediatamente perceptível" se transforma em *objetividade* que será a lei mestra do discurso da civilização do signo.

Em sua função horizontal, as unidades da prática semiótica do signo se articulam como um *encadeamento metonímico de desvios que significa uma criação progressiva de metáforas*. Os termos oposicionais, sendo sempre exclusivos, são tomados numa engrenagem de desvios múltiplos e sempre possíveis (as

---

5 Emile Mâle, *L'Art religieux de la fin du Moyen Age en France*, Paris: A. Colin, 1949.

surpresas nas estruturas narrativas), que dá a ilusão de uma estrutura *aberta*, impossível de ser terminada, de fim *arbitrário*. Assim, no discurso literário, a prática semiótica do signo se manifesta, durante a Renascença europeia, pela primeira vez de maneira marcante no romance de aventura, que se estrutura sobre o imprevisível e a *surpresa* como reificação, no nível da estrutura narrativa, do desvio próprio a toda prática do signo. O trajeto deste encadeamento de desvio é praticamente infinito – daí a impressão de um remate arbitrário da obra. Impressão *ilusória* que define toda "literatura" (toda "arte"), visto que esse trajeto é programado pelo ideologema constitutivo do signo, a saber, pela medida diádica fechada (acabada) que: 1. instaura uma hierarquia referente-significado-significante; 2. interioriza essas díades oposicionais até o nível da articulação dos termos e se constrói, assim como o símbolo, como uma *solução de contradições*. Se, numa prática semiótica dependente do símbolo, a contradição fosse resolvida por uma conexão do tipo da *disjunção exclusiva* (a não equivalência) —≠— ou da não conjunção —|—, numa prática semiótica dependente do signo, a contradição é resolvida por uma conexão do tipo da *não disjunção* —v— (voltaremos a esse ponto).

III. O IDEOLOGEMA DO ROMANCE: A ENUNCIAÇÃO ROMANESCA

Assim, toda obra literária que se parece com a prática semiótica do signo (toda a "literatura" até o corte epistemológico dos séculos XIX-XX) é, como ideologema, terminada em seu início, fechada. Ela reúne o pensamento conceitualista (antiexperimental), assim como o simbólico reúne o platonismo. O romance é uma das manifestações características deste ideologema ambivalente (vedação, não disjunção, encadeamento de desvios) que é o signo e que vamos analisar através de *Jehan de Saintré*, de Antoine de La Sale.

Antoine de La Sale escreve *Jehan de Saintré* em 1456, após uma longa carreira de pajem, de guerreiro e de preceptor, com a finalidade da educação e como lamento por um abandono (ele deixa enigmaticamente os reis de Anjou para se instalar como aio dos três filhos do conde de Saint-Pol em 1448, depois de quarenta e oito anos de serviço para os angevinos). *Jehan de Saintré* é o único romance, entre seus escritos, que o autor apresenta como compilações de narrativas edificantes (*La Salle*, 1448-1451) ou como tratados "científicos" ou de viagens (*Lettres à Jacque de Luxembourg sur les tournois*, 1459; *Réconfort à Madame de Fresne*, 1457) e que se constroem como um discurso histórico ou como um mosaico heterogêneo de textos. Os historiadores da literatura francesa chamam pouquíssima atenção sobre essa obra – talvez a primeira composição literária em prosa que possa levar o nome de romance se considerarmos como romance aquilo que depende do ideologema ambíguo do signo. O número limitado de estudos consagrados a esse romance[6] conduz, em suas referências, aos costumes da época, procura encontrar a "chave" dos personagens identificando-os com as personalidades que de La Sale poderia ter conhecido, acusa o autor de subestimar os acontecimentos históricos de sua época (a Guerra dos Cem Anos etc.) e de pertencer – verdadeiro reacionário – a um mundo do passado etc. Mergulhada numa opacidade referencial, a história literária não pôde divulgar a *estrutura transitória* desse texto, que o situa no limiar de duas épocas, e, através da poética singela de Antoine de La Sale, mostra a articulação deste ideologema do signo que domina até hoje nosso horizonte intelectual[7]. Mais

6 Citamos entre os mais importantes: Fernand Desonay, Le Petit *Jehan de Saintré, Revue du seizième siècle*, n. 14, 1927, p. 1-48 e 213-280; Comment um écrivain se corrigeait au XV siècle, *Revue belge de philologie et d'histoire*, n. 6, 1927, p. 81-121; Yorio Otaka, Établissement du texte définitif du Petit *Jehan de Saintré, Études de langue et littérature françaises*, Tokyo, n. 6, 1965, p. 15-28; W. S. Shepard, The Syntax of Antoine de La Sale, *Modern Language Association of America*, n. 20, 1905, p. 435-501. Werner P. Söderhjelm, *La Nouvelle française au XV siècle*, Paris, 1910; *Notes sur Antoine de La Sale et ses oeuvres*, Helsingfors, 1904. A edição à qual nos referimos é a de Jean Misrahi (Fordham University) e de Charles A. Knudson (University of Illinois), Genève: Droz, 1965.

7 Todo romance de hoje que se debate nos problemas do "realismo" e da "escrita" assemelha-se à ambivalência estrutural de *Jehan de Saintré*: situada no outro extremo da história do romance (no ponto em que ele se reinventa para passar a uma produtividade escritural que costeia a narração sem ser por ela subjugada), a literatura realista de hoje lembra o trabalho de organização de enunciados disparatados ao qual Antoine de La Sale havia se dedicado na alvorada da aventura romanesca. Esse parentesco é flagrante e, como é confessado pelo autor, *desejado*, em *La Mise à mort d'Aragon*, onde o Autor (Antoine) se diferencia do Ator (Alfred) a ponto de tomar o nome de Antoine de La Sale.

ainda, a narração de Antoine de La Sale fala, mas também *se* fala escrevendo. A história de Jehan de Saintré junta-se à história do livro e se torna de algum modo sua representação retórica, o outro, a substituição.

1. O texto se abre por meio de uma introdução que forma (expõe) todo o trajeto do romance: Antoine de La Sale *sabe* o que seu texto *é* ("três histórias") e *por que* ele é (uma mensagem destinada a Jehan d'Anjou). Tendo assim enunciado seu propósito e o destinatário deste propósito, ele conclui em vinte linhas o *primeiro circuito*[8] que engloba o conjunto textual e o programa como intermediário de uma troca, portanto como signo: é o circuito *enunciado* (objeto de troca)/*destinatário* (o duque ou o leitor pura e simplesmente). Subsiste para contar, isto é, para preencher, para detalhar o que já é conceitualizado, sabido, antes do contato da pena e do papel – "a história como resulta palavra por palavra".

2. Aqui, o *título* pode ser anunciado: "Et premièrement l'histoire de madicte dame des Belles Cousines et de Saintré", que exige o segundo circuito, este situado no nível temático da mensagem. Antoine de La Sale relata resumidamente a vida de Jehan de Saintré até seu fim ("son trespassement de ce monde", p. 2). Assim, nós já sabemos como a história irá terminar: o fim da narração é manifestado antes que a própria narração seja iniciada. Todo interesse anedótico é, assim, eliminado: o romance irá se passar no percurso da distância vida-morte, e não será senão um registro de *desvios* (de surpresas) que não destroem a certeza do circuito temático vida-morte que fecha o conjunto. O texto é tematicamente dirigido: tratar-se-á de um jogo entre duas oposições exclusivas cuja denominação mudará (vício-virtude, amor-ódio, louvor-crítica: assim, por exemplo, a apologia da dama-viúva nos textos romanos é diretamente seguida pelos propósitos misóginos de são Jerônimo), mas que terão sempre o mesmo eixo sêmico (positivo-negativo). Elas vão se alternar num percurso que nada limita, salvo a pressuposição inicial do *terceiro excluído*, isto é, da inevitável escolha de um *ou* de outro ("ou" exclusivo) dos termos.

---

8 O termo é usado por Viktor Chklovski em seu estudo La Construction de la nouvelle et du roman, *Théorie de la littérature*, Paris: Seuil, 1965, p. 170 (Coleção Tel Quel).

No ideologema romanesco (como no ideologema do signo), a irredutibilidade dos termos opostos não é admitida senão na medida em que o espaço vazio da ruptura que os separa é guarnecido por combinações sêmicas ambíguas. A oposição inicialmente reconhecida, e que provoca o trajeto romanesco, se vê imediatamente repelida num *antes* para ceder, num *agora*, uma rede de realizações que sobrevoam os dois polos opostos num encadeamento de deviações e, num esforço de síntese, se resolvem na figura do *disfarce* ou da *máscara*. A negação é, assim, retomada pela afirmação de uma duplicidade; a exclusividade dos dois termos colocados pelo circuito temático do romance é substituída por uma *positividade duvidosa*, de maneira que a *disjunção* que abre o romance e o conclui cede o lugar a um *sim-não* (à não disjunção). É sobre o modelo dessa função que não leva, pois, consigo um silêncio paratético, mas combina o jogo do carnaval com sua lógica não discursiva, que se organizam todas as figuras de dupla leitura que o romance, herdeiro do carnaval, contém: as malícias, as traições, os estrangeiros, os andróginos, os enunciados de dupla interpretação ou de dupla destinação (no nível do significado romanesco), os brasões, os "pregões" (no nível do significante romanesco). O trajeto romanesco seria impossível sem essa função de não disjunção (sobre o que voltaremos ainda) que é o duplo e que programa o romance desde seu início. Antoine de La Sale o introduz com o enunciado da Dama, duplamente orientado: enquanto mensagem destinada às companheiras da Dama e à corte, esse enunciado conota uma agressividade relativamente a Saintré; enquanto mensagem destinada ao próprio Saintré, esse enunciado conota um amor "terno" e "sofrido". É interessante seguir as etapas sucessivas na revelação dessa função não disjuntiva do enunciado da Dama. Num primeiro movimento, a duplicidade desta mensagem não é conhecida senão pelo próprio locutor (a Dama), o autor (sujeito do enunciado romanesco) e o leitor (destinatário do enunciado romanesco): a corte (instância neutra = opinião objetiva) assim como Saintré (objeto passivo da mensagem) são vítimas da agressividade unívoca da Dama com o pajem. O segundo movimento desloca a duplicidade: Saintré é introduzido nela e a aceita; pelo mesmo gesto, ele cessa de ser o objeto de uma mensagem para se tornar o sujeito de enunciados dos quais ele assume a autoridade. Num terceiro tempo, Saintré esquece a não disjunção; ele transforma em inteiramente positivo aquilo que ele sabia ser *também* negativo; ele perde de vista a ficção e se deixa tomar pelo jogo de uma interpretação unívoca (errônea, pois) de uma mensagem sempre dupla. A decepção de Saintré – e o fim da narração – são devidos a esse erro de substituir, à função não disjuntiva de um enunciado, a acepção deste enunciado como disjuntivo e unívoco.

A negação romanesca goza, deste modo, de uma dupla modalidade: *alética* (a oposição dos contrários é necessária, possível, contingente ou impossível) e *deôntica* (a reunião dos contrários é obrigatória, permitida, indiferente ou proibida). O romance é possível quando o *alético* da oposição alcança o *deôntico* da reunião[9]. O romance segue o trajeto da síntese deôntica para condená-la, e para afirmar sob o modo alético a oposição dos contrários. O duplo (a ficção, a máscara) que era a figura fundamental do carnaval[10] se torna, assim, o eixo-de-lance dos desvios que preenchem o silêncio imposto pela função disjuntiva do circuito temático-programador do romance. Assim, o romance absorve a duplicidade (o dialogismo) da cena carnavalesca, mas a submete à univocidade (ao monologismo) da disjunção simbólica que garante uma instância transcendental – o autor, subsumindo a totalidade do enunciado romanesco.

3. É, com efeito, neste ponto exato do trajeto textual, isto é, depois da enunciação do encerramento (do circuito) toponímico (mensagem-destinatário) e temático (vida-morte) do texto, que se inscreve o vocábulo "ator". Ele reaparecerá repetidas vezes para introduzir a *palavra* daquele que escreve a narração como sendo o *enunciado* de um personagem desse *drama* do qual ele é também o *autor*. Jogando com a homofonia (latim: *actor-auctor*;

---

9 Cf. G. H. von Wright, *An Essay on Modal Logic*, Amsterdam: North-Holland, 1951.
10 Devemos a concepção do duplo e da ambiguidade como figura fundamental do romance, ligando-o à tradição oral do carnaval, ao mecanismo do riso e da máscara e à estrutura da menipeia, a M. Bakhtin, *Problemi Poetiki Dostoiveskovo* (Problemas da Poética de Dostoiévski), Moscou, 1963, e *Tvortchestvo François Rabelais* (A Obra de François Rabelais), Moscou, 1965. Ver, A Palavra, o Diálogo e o Romance, infra, p. 139.

português: ator-autor), Antoine de La Sale é análogo à própria oscilação do *ato* da palavra (o trabalho) em *efeito* discursivo (em produto), e por si à própria constituição do objeto "literário". Para Antoine de La Sale, o escritor é ao mesmo tempo ator e autor, o que significa que ele concebe o texto romanesco simultaneamente como prática (ator) e produto (autor), processo (ator) e efeito (autor), representação (ator) e valor (autor), sem que as noções de obra (mensagem) e de proprietário (autor) já impostas tenham conseguido condenar ao esquecimento a representação que as precede[11]. A instância da palavra romanesca (estudamos em outra parte a topologia das instâncias do discurso no texto do romance)[12] se insere, desse modo, no enunciado romanesco e se explicita como sendo uma de suas partes. Ela revela o escritor como ator principal do jogo discursivo que se seguirá, e na mesma oportunidade encerra os dois modos do enunciado romanesco, a *narração* e a *citação*, numa única palavra daquele que é simultaneamente *sujeito* do livro (o autor) e objeto do espetáculo (o ator), visto que na disjunção romanesca a mensagem é simultaneamente discurso e representação. O enunciado do autor-ator se fraciona, se desdobra e se orienta em direção a duas vertentes: 1. um enunciado referencial, a *narração* – uma palavra assumida por aquele que se escreve como ator-autor; 2. premissas textuais, a *citação* – uma palavra atribuída a outro e do qual aquele que se escreve como ator-autor submete-se à autoridade. Essas duas vertentes se enredam de maneira a se confundirem: Antoine de La Sale passa com facilidade da história "vivida" da

---

11 A noção de "autor" aparece na poesia romana no início do século XII: o poeta publica seus versos e os confia à memoria dos jograis, de quem ele exige uma exatidão – a mínima mudança no texto é relevada e julgada: "Jograr bradador" (p. 14). '¡Erron o juglar!' exclamaba condenatoria el trovador gallego y con eso y con el cese del canto para la poesia docta, el juglar queda excluído de la vida literaria; queda como simple musico, y aun en este oficio acaba siendo sustituído por el ministril, tipo del musico ejecutante venido del extranjero y que en el paso del siglo XIV al XV, convive con el juglar" (p. 380). Assim se efetua a passagem do jogral enquanto Ator (personagem de um drama, acusador; cf. lat. jur. *actor*, acusador, regulador da narração) para Autor (fundador, construtor de um produto, aquele que faz, dispõe, ordena, gera, cria um objeto do qual ele não mais é o produtor, mas o vendedor; cf. lat. jur. *auctor*, vendedor). Em R. M. Pidal, *Poesía Juglaresca y Juglares*, Madrid: [s. n.], 1957, n. 1.
12 Cf. nosso *Le Texte du roman: approche sémiotique d'une structure discursive transformationnelle*, Paris/La Haye: Mouton.

"Dama des Belles Cousines", da qual ele é a "testemunha" (da narração), para a história lida (citada), de Eneias e Dido etc.

4. Digamos, para concluir, que o modo da enunciação romanesca é um modo *inferencial*: é um processo no qual o sujeito do enunciado romanesco afirma uma sequência que é a *conclusão da inferência*, a partir de outras sequências (referenciais, portanto narrativas, ou textuais, portanto citacionais), que são *as premissas da inferência* e, enquanto tais, consideradas como verdadeiras. A inferência romanesca se esgota no processo da nomeação de duas premissas e, principalmente, em seu encadeamento, sem chegar à conclusão silogística própria à inferência lógica. A função da enunciação do autor-ator consiste, pois, em aglutinar seu discurso a seus leitores, a instância de sua palavra àquela dos outros.

É curioso salientar os vocábulos-agentes dessa inferência: "*il me semble* de prime face que ensuis vouloit les anciennes vesves ...", "si *comme* dit Viergilles ...", "*et dit sur ce* saint Jherom ..." etc. São vocábulos vazios que funcionam simultaneamente como *juntivos* e *translativos*. Enquanto juntivos, eles ligam (totalizam) dois enunciados mínimos (narrativo e citacional) no enunciado romanesco global – eles são, pois, internucleares. Enquanto translativos, eles transferem um enunciado de um espaço textual (o discurso vocal) num outro (o livro), fazendo-o mudar de ideologema – eles são, pois, intranucleares[13] (assim, a transposição dos pregões e dos brasões em um texto escrito).

Os agentes inferenciais implicam a justaposição de um *discurso* investido num sujeito, e de um *enunciado* outro, diferente daquele do autor. Eles tornam possível o desvio do enunciado romanesco de seu sujeito e de sua presença a si, sua deslocação de um nível discursivo (informacional, comunicativo) a um nível textual (de produtividade). Pelo gesto inferencial, o autor recusa ser "testemunha" objetiva, possuidor de uma verdade que ele simboliza pelo Verbo, para se escrever como leitor ou ouvinte que estrutura seu texto através de uma permutação de enunciados *outros*. Ele *fala* menos que ele *decifra*. Os agentes inferenciais lhe servem para reconduzir um enunciado referencial (a narração) às premissas textuais (as

---

13   Para esses termos da sintaxe estrutural, cf. Lucien Tesnière, *Esquisse d'une syntaxe structurale*, Paris: Klincksieck, 1953.

citações) e vice-versa; eles estabelecem uma similitude, uma semelhança, uma igualação de dois discursos diferentes. O ideologema do signo perfila-se aqui, mais uma vez, no nível do modo inferencial da enunciação romanesca: ele não admite a existência de um *outro* (discurso) senão na medida em que o faz *seu*. A épica não conhecia esse desdobramento do modo da enunciação: o enunciado do locutor das canções de gesta é unívoco, ele designa um referente (objeto "real" ou discurso), ele é um significante simbolizante de objetos transcendentais (universais). Assim, a literatura medieval dominada pelo símbolo é uma literatura "significante", "fonética", sustentada pela presença monolítica da transcendência significada. A cena do carnaval introduz a dupla instância do discurso: o *ator* e a *multidão* sendo, cada um, por sua vez e simultaneamente, sujeito e destinatário do discurso; o carnaval é também esse ponto que liga as duas instâncias assim desdobradas, e no qual cada um dos termos se reconhece: o autor (ator + espectador). É essa terceira instância que a inferência romanesca adota e realiza no enunciado do autor. Irredutível a nenhuma das premisssas que constituem a inferência, o modo de enunciação romanesca é o foco invisível no qual se cruzam o fonético (o enunciado referencial, a narração) e o escrito (as premissas textuais, a citação); ele é o espaço oco, irrepresentável, que se assinala por um "como", "parece-me", "e pelo que acaba de ser dito", ou outros agentes inferenciais que restabelecem, envolvem, concluem. Desprendemos, assim, uma terceira programação do texto romanesco, que o termina antes do início da história propriamente dita: a enunciação romanesca se revela como sendo uma inferência não silogística, um compromisso do testemunho e da citação, da voz e do livro. O romance irá se representar sobre esse lugar vazio, sobre esse trajeto irrepresentável que reúne dois tipos de enunciados de "sujeitos" *diferentes* e *irredutíveis*.

IV. A FUNÇÃO NÃO DISJUNTIVA DO ROMANCE

1. O enunciado romanesco concebe a oposição dos termos como uma oposição absoluta, não alternante, entre dois

agrupamentos rivais, mas nunca solidários, nunca complementares, nunca conciliáveis num ritmo indissolúvel. Para que essa disjunção não alternante possa produzir o trajeto discursivo do romance, uma função negativa deve englobá-la: a não disjunção. Ela intervém em um grau auxiliar, e, em lugar de uma noção de *infinidade complementar à bipartição* (noção que poderia ter se formado num outro tipo de concepção da negação, que poderíamos chamar de negação radical e que supõe que a oposição dos termos é pensada *simultaneamente* como uma comunhão ou uma reunião simétrica), a não disjunção introduz a figura da ficção, da ambivalência, do *duplo*. A oposição não alternante inicial se revela, pois, como sendo uma pseudo-oposição; ela o é em seu germe, já que ela não integra sua própria oposição, a saber, a solidariedade dos rivais. A vida se opõe absolutamente à morte (o amor ao ódio, a virtude ao vício, o bem ao mal, o ser ao nada) sem a negação complementar a essa oposição que transformaria a bipartição em totalidade rítmica. Sem este duplo movimento negativo que reduz a *diferença* dos termos a uma *disjunção* radical com permutação dos dois termos, isto é, a um espaço vazio ao redor do qual eles giram, apagando-se como entidades e transformando-se num ritmo alternante, a negação permanece incompleta e inconcluída. Ao se dar dois termos em oposição, sem afirmar, pelo mesmo gesto e simultaneamente, a identidade dos opostos, ela desdobra o movimento da *negação radical* em dois momentos: 1. disjunção, 2. não disjunção.

2. Esse desdobramento introduz, antes de mais nada, o *tempo*: a temporalidade (a história) seria o *espaçamento* da negação brusca, o que se introduz entre duas escansões (oposição-conciliação) isoladas, não alternantes. Em outras culturas, pôde-se pensar uma negação irrevogável que encerra as duas escansões em uma igualação, evitando, assim, o espaçamento da abordagem-negativa (a duração) e substituindo-lhe o vazio (o espaço) que produz a permutação dos contrários.

A "ambiguitização" da negação causa, do mesmo modo, uma finalidade, um princípio teológico (Deus, o "sentido"). Isto na medida em que a disjunção, sendo admitida como fase inicial, uma síntese de dois em *um*, se impõe no segundo tempo, apresentando-se como uma unificação que "esquece" a oposição, do mesmo modo que a oposição não "supunha" a unificação. Se Deus aparece no segundo tempo para indicar a conclusão de uma prática semiótica organizada sobre a negação não alternante, é evidente que esta conclusão já está presente no primeiro tempo da simples oposição absoluta (a disjunção não alternante).

É nessa negação desdobrada que toda mimese começa a existir. A negação não alternante é a lei da narração: toda narração é feita, nutre-se de tempo e de finalidade, de história e de Deus. A epopeia e a prosa narrativa ocupam esse espaçamento e visam essa teologia que a negação não alternante marginaliza. Ser-nos-ia preciso procurar em outras civilizações para encontrar um discurso não mimético, científico ou sagrado, moral ou ritual, que se constrói apagando-se por sequências rítmicas, encerrando numa ação concertante parelhas sêmicas antitéticas[14]. O romance não faz exceção a esta lei da narração. O que o particulariza na pluralidade das narrações é que a função não disjuntiva se concretiza em todos os níveis (temático, sintagmático, actantes etc.) do enunciado romanesco global. Por outro lado, é justamente o segundo estágio da negação não alternante, a saber, a não disjunção, que ordena o ideologema do romance.

3. Com efeito, a disjunção (o circuito temático vida-morte, amor-ódio, fidelidade-traição) enquadra o romance, e nós reencontramos isso nas estruturas fechadas que programam o início romanesco. Mas o romance não é possível senão quando a disjunção dos termos pode ser negada mesmo estando presente, confirmada e aprovada. Ela se apresenta, de chofre, como um *duplo* antes que como *dois irredutíveis*. A figura do traidor, do soberano injuriado, do guerreiro vencido, da mulher infiel, depende desta função não disjuntiva que reencontramos na origem do romance.

A epopeia se organizava antes sobre a função simbólica da disjunção exclusiva ou da não conjunção. Em *La Chanson de Roland* e todos os Ciclos da Távola Redonda, o herói e o traidor, o bom e o mau, o dever guerreiro e o amor do coração, se perseguem numa hostilidade inconciliável do começo ao fim, sem que compromisso algum seja possível entre eles. Assim, a epopeia "clássica" que obedece à lei da não conjunção (simbólica) não pode gerar

---

14 Marcel Granet, Le Style, *La Pensée chinoise*, Paris: Albin Michel, 1968, p. 50.

caracteres e psicologias[15]. A psicologia aparecerá com a função não disjuntiva do signo, e encontrará em sua ambiguidade um terreno propício para seus meandros. Poder-se-ia seguir, todavia, através da evolução da epopeia, a aparição da figura do *duplo* como precursor da criação do *caráter*. Assim, aproximadamente no fim do século XII e, principalmente, nos séculos XIII e XIV, propaga-se um épico ambíguo, no qual o imperador se vê ridicularizado, a religião e os barões se tornam grotescos, os heróis covardes e suspeitos ("Pèlerinage de Charlemagne"); o rei é inepto, a virtude não mais é recompensada (ciclo Garin de Monglan), e o traidor se instala como actante principal (ciclo Doon de Mayence, poema "Raoul de Cambrai"). Nem satírica, nem laudatória, nem estigmatizante, nem aprovativa, esta epopeia é testemunho de uma prática semiótica dupla, fundada na semelhança dos contrários, alimentando-se de mistura e de ambiguidade.

4. Nesta transição do símbolo para o signo, a literatura cortesã do "Midi" apresenta um interesse particular. Pesquisas recentes[16] provaram as analogias entre o culto da Dama

---

15 Na epopeia, a individualidade do homem é limitada por uma chamada linear para uma das duas categorias: os bons ou os maus, os positivos ou os negativos. Os estados psicológicos parecem ser "liberados de caracteres. Eles podem, por conseguinte, mudar com uma rapidez extraordinária e alcançar dimensões incríveis. O homem pode se transformar de bom em mau, a mudança dos estados de alma produzindo-se repentinamente". D. S. Lixachov, *Chelovek v Literature Drevnej Rusi* (O Homem na Literatura da Antiga Rússia), Moscou/Leningrado: [s. n.], 1958, p. 81.

16 Cf. Alois Richard R. Nykl, *A Hispano-Arabic Poetry on its Relations with the Old Provençal Troubadours*, Baltimore: J. H. Furst Company, 1946. O estudo demonstra como, sem "influenciar" mecanicamente a poesia provençal, a poesia árabe *contribuiu*, por seu contato com o discurso provençal, à formação do desenvolvimento do lirismo cortesão, tanto pelo que diz respeito a seu conteúdo quanto pelo que diz respeito ao ritmo, ao sistema das rimas, às estrofes etc. Ora, como o prova o acadêmico soviético N. I. Konrad, o mundo árabe, por sua vez, estava em contato, na outra extremidade do Império árabe, com o Oriente e a China (em 751, às margens do rio Talas, as armadas do Califado de Bagdá se chocaram com as do Império de Tan). Duas coletâneas chinesas, "Yué-Fou" e "Yui tai sin yun", datadas dos séculos III-IV, lembram os temas e a organização da poesia cortesã provençal dos séculos XII-XV, mas os cantos chineses constituem uma série *distinta* e dependem de outro modo de pensar. Não deixa de subsistir o fato de que os contatos e as penetrações ocorrem para as duas culturas – a cultura árabe e a cultura chinesa (islamização da China + infiltração da estrutura significante/arte, literatura/chinesa na retórica árabe e, daí, na cultura mediterrânea). Cf. N. I. Konrad, Problèmes de la littérature comparée actuelle, em *Izvestija Akademii Nauk* URSS, 1959, t. 18, facc., 4, [s. l.: s. n.], p. 335. (Série Littérature et Langage).

na literatura meridional e a antiga poesia chinesa. Poder-se-ia concluir por uma influência, sobre uma prática semiótica não disjuntiva (o cristianismo, Europa), de uma prática semiótica hieroglífica baseada sobre a "disjunção conjuntiva" (a negação dialética) que é também e antes de mais nada uma disjunção conjuntiva dos dois sexos irredutivelmente diferenciados e ao mesmo tempo semelhantes. Seria a explicação do fato que, durante um longo período, uma importante prática semiótica da sociedade ocidental (a poesia cortesã) atribui ao *Outro* (a Mulher) um papel estrutural de primeiro plano. Ora, em nossa civilização, tomada na passagem do símbolo para o signo, o hino à disjunção conjuntiva se transforma numa apologia de *um* só dos termos oposicionais: o Outro (a Mulher), no qual se projeta e com o qual opera a fusão *depois* do Mesmo (o Autor, o Homem). De chofre, se produz uma exclusão da mulher, como um não reconhecimento da oposição sexual (e social). A ordem rítmica dos textos orientais que organizam os sexos (as diferenças) numa disjunção conjuntiva (a hierogamia) se vê substituída por um sistema centrado (o Outro, a Mulher) e cujo centro não está presente senão para permitir a estes se identificar com ele. Ele é pois um pseudocentro, um centro mistificador, um ponto cego cujo valor é investido neste Mesmo que se dá o Outro (o centro) para se viver como um, só e único. Daí, a positividade exclusiva deste centro cego (a Mulher) que vai até o infinito (da "nobreza" e das "qualidades do coração"), apaga a disjunção (a diferença sexual) e se dissolve em uma série de *imagens* (desde o Anjo até a Virgem). Assim, o gesto negativo inacabado, determinado antes de ter designado o Outro (a Mulher) como oposto(a) e igual *simultaneamente* ao Mesmo (o Homem, o Autor), e antes de ser ele próprio negado por um correlacionamento dos contrários (a identidade do Homem e da Mulher simultânea à sua disjunção), *já* é um gesto teológico. Ele alcança, no momento apropriado, o gesto da religião e oferece sua não conclusão ao platonismo.

Desejou-se ver na teologização da literatura cortesã uma tentativa de salvar a poesia de amor das perseguições da inquisição[17] ou, ao contrário, uma penetração da atividade dos tribunais da Inquisição ou das ordens dominicanas e franciscanas depois

17 Jules Coulet, *Le Troubadour Guilhem Montahagal*, Toulouse: Biblioteca Meridional, 1928, 12ª série, IV.

da derrota dos albigenses na sociedade do "Midi"[18]. Quaisquer que sejam os fatos empíricos, a espiritualização da literatura cortesã já era dada na estrutura desta prática semiótica que se caracteriza por uma pseudonegação e não reconhece a disjunção conjuntiva dos termos sêmicos. Num tal ideologema, a idealização da mulher (do Outro) significa a recusa de uma sociedade de se construir reconhecendo o *status diferencial*, mas *não hierarquizante*, dos grupos opostos, assim como a necessidade estrutural desta sociedade de se dar um centro permutativo, uma entidade *outra*, e que só tem valor enquanto *objeto de troca* entre eles. A sociologia descreveu como a mulher chegou a ocupar este lugar de centro permutativo (de objeto de troca[19]). Essa valorização desvalorizante prepara o terreno e não se distingue fundamentalmente da desvalorização explícita da qual a mulher será o objeto a partir do século XIV na literatura burguesa (os "fabliaux"*, as "soties"**, as farsas).

5. O romance de Antoine de La Sale, estando a meio caminho entre os dois tipos de enunciados, contém as duas abordagens: a Dama é uma figura dupla na estrutura romanesca. Ela não é mais unicamente a senhora divinizada, como era exigido pelo código da poesia cortesã, isto é, o termo valorizado de uma conexão não disjuntiva. Ela é também a infiel, a ingrata, a infame. Os dois termos atributivos, semicamente opostos numa não conjunção, como o exigiria uma prática semiótica dependente do símbolo (o enunciado cortesão), não mais o são em *Jehan de Saintré*; aqui eles são não disjuntos numa só unidade ambivalente que conota o ideologema do signo. Nem divinizada, nem escarnecida, nem mãe, nem amante, nem apaixonada de Saintré, nem fiel ao abade, a Dama é a figura não disjuntiva por excelência sobre a qual é fundamentado o romance.

Saintré faz parte também desta função não disjuntiva: criança e guerreiro, pajem e herói, enganado pela Dama e vencedor de

---

18 Joseph Anglade, *Le Troubadour Guirault Riquier: étude sur la décadence de l'ancienne poésie provençale*, Paris: [s. n.] 1905.
19 Antoine Campaux, La Question des femmes au XV siècle, em *Revue des cours littéraires de la France et de l'étranger*, Paris: [s. n.], 1864, p. 458 e s. P. Gide, *Étude sur la condition privée de la femme dans le droit ancien et moderne*, Paris: [s. n.], 1885, p. 381.
* Pequenos contos populares em versos (N. da. T.).
** Gênero dramático no qual os personagens eram considerados como sendo loucos (N. da. T.).

soldados, cuidado e traidor, amante da Dama e amado pelo rei ou por um irmão de armas Boucicault (p. 141). Nunca masculino, filho-amante para a Dama ou camarada-amigo que partilha da cama do rei ou de Boucicault, Saintré é o andrógino perfeito, a sublimação do sexo (sem a sexualização do sublime), e sua homossexualidade não é senão a colocação em forma de narrativa da função não disjuntiva desta prática semiótica da qual ele faz parte. Ele é o espelho-pivô no qual os outros argumentos da função romanesca se projetam para se fundirem consigo próprios: e o Outro que é o Mesmo para a Dama (o homem que é o filho, logo a própria mulher que nele reencontra sua identidade a si não disjuntiva da outra, mas permanece opaca à *diferença* irredutível dos dois). Ele é o *mesmo* que é também o *outro* para o rei, os guerreiros ou Boucicault (sendo o homem que é também a mulher que o possui). A função não disjuntiva da Dama à qual Saintré é assimilado assegura-lhe o papel de um objeto de troca na sociedade dos homens; a função não disjuntiva do próprio Saintré, garante-lhe o papel de um objeto de troca entre o masculino e o feminino da sociedade; as duas juntas amarram os elementos de um texto cultural num sistema estável dominado pela não disjunção (o signo).

V. O ACORDO DOS DESVIOS

1. A função não disjuntiva do romance se manifesta, no nível do encadeamento dos enunciados constitutivos, como um *acordo de desvios*: os dois argumentos originalmente opostos (e que formam o circuito temático vida-morte, bem-mal, início-fim etc.) são reunidos, mediatizados por uma série de enunciados cuja relação à oposição originalmente colocada não é nem manifesta nem logicamente necessária, e que se encadeiam sem que um imperativo maior ponha um fim à sua justaposição. Esses enunciados de desvio em relação ao circuito oposicional que enquadra o enunciado romanesco são *descrições laudatórias* de objetos (de vestimentas, de prendas, de armas) ou de acontecimentos (as partidas de tropas, os festins, os combates). Tais são, por exemplo, as descrições de comércio, de compras e de vestuário (p. 51, 63, 71-72, 79), das armas (p. 50) etc. Os enunciados deste tipo

se repetem com uma monotonia obrigatória e fazem do texto um conjunto de retornos, uma sucessão de enunciados fechados, cíclicos, completos em si mesmos, cada um deles centrado em torno de um certo *ponto* que pode conotar o espaço (o botequim do comerciante, o aposento da Dama), o tempo (a partida das tropas, a volta de Saintré), o sujeito da enunciação, ou os três ao mesmo tempo. Esses enunciados descritivos são minuciosamente detalhados e voltam periodicamente num ritmo *repetitivo* que oferece seu crivo à temporalidade romanesca. Com efeito, Antoine de La Sale não descreve acontecimento algum que evolui na duração. Quando um enunciado assumido pelo Ator (o autor) ocorre para servir de encadeamento temporário, é extremamente lacônico e não faz senão reatar as *descrições* que situam o leitor diante de uma armada prestes a partir, no boteco de uma mercadora, diante de um traje ou de uma joia, e que fazem o elogio desses objetos que nenhuma causalidade colocou um junto ao outro. A imbricação desses desvios está aberta à deriva – as repetições de elogios poderiam acrescentar-se ao infinito; elas são, todavia, *terminadas* (concluídas e determinadas) pela função fundamental do enunciado romanesco: a não disjunção. Tragadas na totalidade romanesca, isto é, vistas ao avesso, a partir da conclusão em que a exaltação se transformou em seu contrário, a desolação, antes de resultar na morte, essas descrições laudatórias se relativizam, se tornam ambíguas, enganadoras, duplas: sua univocidade se transforma em duplicidade.

2. Além das descrições laudatórias, um outro tipo de desvios determinados na não disjunção aparece no trajeto romanesco: as *citações* latinas e os preceitos morais. Antoine de La Sale cita Tules de Milésia, Sócrates, Trimides, Pitacus de Misselene, o Evangelho, Catão, Sêneca, Santo Agostinho, Epicuro, São Bernardo, São Gregório, São Paulo, Avicena etc., e pode-se assinalar, além dos empréstimos confessados, um número considerável de plágios.

É fácil descobrir a proveniência extrarromanesca desses dois tipos de desvios: a descrição laudatória e a citação.

O primeiro vem da feira, do mercado ou da praça pública. É o enunciado do mercador que gaba seu produto ou do arauto que anuncia o combate. A palavra fonética, o enunciado oral, o próprio som, se tornam livro: menos que uma escrita, o romance é, assim, a transcrição de uma comunicação vocal. É transcrito no papel um *significante* arbitrário (uma palavra = *phoné*) que se quer adequado a seu significado e a seu referente; que representa um "real" já presente, preexistente a esse significante, e o duplo para integrá-lo num circuito de troca, reduzindo-o, pois, a um *representamen* (signo) manejável e circulável enquanto elemento destinado a assegurar a coesão de uma estrutura comunicativa (comercial) em *sentido* (em valor).

Esses enunciados laudatórios abundam na França nos séculos XIV-XV e são conhecidos pelo nome de *brasões*. Eles vêm de um discurso comunicativo que, pronunciado em voz alta em praça pública, visa a informação direta da multidão sobre o que diz respeito à guerra (o número dos soldados, sua proveniência, o armamento) ou o mercado (a mercadoria, suas qualidades, seus preços)[20]. Essas solenes enumerações tumultuosas, monumentais, pertencem a uma cultura que se poderia chamar de fonética: esta cultura da troca que a Renascença Europeia irá impor definitivamente é feita na *voz* e pratica as estruturas do circuito discursivo (verbal, fonético) – remete inevitavelmente para um real com o qual ela se identifica, aumentando-o ("significando-o"). A literatura "fonética" se caracteriza por tais tipos de enunciados-enumeração laudatória e repetitiva[21].

Numa época mais tardia, os brasões perdem sua univocidade e se tornam ambíguos, louvor e censura ao mesmo tempo. No século XV, o brasão já é uma figura por excelência não disjuntiva[22].

---

20 Tais são, por exemplo, os famosos "pregões de Paris" – enunciados repetitivos, enumerações laudatórias que faziam o papel da moderna publicidade para a sociedade da época. Cf. Alfred Franklin, *Vie privée d'autrefois, I. L'Annonce et la reclame*, Paris, 1881. J.-G. Kastner, *Les Voix de Paris: essai d'une histoire littéraire et musicale des cris populaires*, Paris, 1857.
21 Cf. *Le Mystère du Vieux Testament* (século XV): os oficiais de Nabucodonosor designam 43 espécies de armas; *Le Martyr de saint Canten* (fins do século XV): o chefe das tropas romanas designa 45 armas etc.
22 Assim se encontram em Grimmelshausen, *Der Satyrische Pylgrad* (1666), vinte enunciados em primeira instância semanticamente positivos, mais adiante retomados como semanticamente pejorativos e por fim apresentados como duplos (nem positivos, nem pejorativos). O brasão abunda nos mistérios e nas "soties". Cf. Anatole Montaiglon, *Recueil de poésies françaises des XV et XVI siècles*, Paris, P. Jannet-P, Daffis, 1865-1878, t. I, p. 11-16; t. III, p. 15-18; assim como *Dits des pays*, t. V, p. 110-116. Sobre o brasão, cf. H. Gaidez; P. Sébillot, *Blason populaire en France*, Paris: [s. n.], 1884; Geneviève d'Har Arcourt; George Durivault, *Le Blason*, Paris: PUF, 1960.

O texto de Antoine de La Sale apreende o brasão imediatamente antes de seu desdobramento em louvor e/ou censura. Os brasões são registrados no livro como univocamente laudatórios. Mas eles se tornam ambíguos desde que são lidos a partir da função geral do texto romanesco: a traição da Dame, falseia o tom laudatório, mostra sua ambiguidade. O brasão se transforma em censura e se insere, assim, na função não disjuntiva do romance, como já observamos anteriormente; a função estabelecida sobre o conjunto extratextual (T_e) muda no conjunto textual do romance (T_r) e por aí mesmo o define como ideologema.

Esse desdobramento da univocidade de um enunciado é um fenômeno tipicamente oral que descobrimos em todo o espaço discursivo (fonético) da Idade Média e, principalmente, na cena do carnaval. O desdobramento que constitui a própria natureza do signo (objeto-som, referente-significado-significante) e a topologia do circuito comunicativo (sujeito-destinatário, Mesmo-pseudo-Outro) alcança o nível lógico do enunciado (fonético) e se apresenta como uma não disjunção.

3. O segundo tipo de desvio – a citação – provém de um texto escrito. A língua latina e os *outros* livros (lidos) penetram no texto do romance diretamente recopiados (citações) ou na qualidade de vestígios mnésicos (lembranças). Eles são transportados intactos de seu próprio espaço no espaço do romance que se escreve, recopiados entre aspas ou plagiados[23].

Mesmo valorizando a fonética e introduzindo no texto cultural o espaço (burguês) da feira, do mercado, da rua, o fim da Idade Média se caracteriza igualmente por uma penetração maciça do texto escrito: o livro deixa de ser um privilégio dos nobres e dos doutos e se democratiza[24]. De maneira que a cultura fonética

---

23 A propósito dos empréstimos e dos plágios de A. de La Sale, cf. Marcel Lecourt, A. de La Sale et Simon de Hesdin, em *Mélanges offerts à M. Émile Châtelain*, Paris: Livrairie Ancienne Honoré Champion, 1910, p. 341-350, e Une Source d'A. de La Sale: Simon de Hesdin, em *Romania*, LXXVI, 1955, p. 39-83, 183-211.

24 Sabe-se que depois de um período de sacralização do livro (livro sagrado = livro latino) a Alta Idade Média conhece um período de desvalorização do livro que se acompanha por uma substituição dos textos por imagens. "A partir de meados do século XII, o papel e o destino do livro mudam. Lugar de produção e de troca, a cidade se sujeita ao livro e o provoca. O ato e a palavra aí se repercutem, multiplicando-se numa dialética saltitante. O livro, produto de primeira necessidade, entra no circuito da produção medieval: ele se torna produto monetizável, mas também produto protegido" (Albert Flocon, *L'Univers*

pretende ser uma cultura escritural. Ora, na medida em que todo livro em nossa civilização é uma transcrição de uma palavra oral[25], a citação ou o plagio são, pois, tão fonéticos quanto o brasão, mesmo se sua proveniência extraescritural (verbal) remete a alguns livros antes do livro de Antoine de La Sale.

4. A verdade é que a referência a um texto escrito rompe as leis que a transcrição oral impõe ao texto: enumeração, repetição, logo temporalidade (ver supra). A instância da escrita se introduz com duas consequências maiores.

des livres, Paris: Hermann, 1961, p. l). Aparecem livros *profanos*: os ciclos de Roland; o romance cortesão: *Roman d'Alexandre le Grand, de Thèbes*; os romances bretões: *Roi Arthur, Graal, Le Roman de la Rose*; os textos dos jograis e dos trovadores, a poesia de Rutebeuf, os "fabliaux", *Le Roman de Renart*, os milagres, o teatro litúrgico etc. Um verdadeiro *comércio* de livros manuscritos se organiza, tomando grande extensão no século XV: em Paris, Bruges, Gand, Antuérpia, Augsburgo, Colônia, Estrasburgo, Viena, nos mercados e nas feiras, junto das igrejas os copistas assalariados ostentam suas oficinas e oferecem suas mercadorias (cf. Svend Dahl, *Histoire du livre de l'antiquité à nos jours*, Paris: Poinat, 1960). O culto do livro reina na corte dos reis d'Anjou (estritamente ligada ao Renascimento italiano), onde trabalha Antoine de La Sale: René d'Anjou (1480) possui 24 manuscritos turcos e árabes e em seu aposento achava-se pendurado "un grand tableau auquel sont escriptz les ABC par lesquels on peut escrire par tous les pays de chrestianité et sarrasinaïsme" (um grande quadro no qual estão escritos os ABC pelos quais se pode escrever em todos os países da cristandade e do sarracenismo).

25 Parece natural ao pensamento ocidental considerar toda escrita como secundária, posterior à vocalização. Essa desvalorização da escrita remonta, como muitos de nossos pressupostos filosóficos, a Platão: "não existe escrito que seja meu, nem nunca existira: efetivamente, não se trata de uma sabedoria que, a exemplo das outras, possa de modo algum se formular em proposição; mas, resultado do estabelecimento de um comércio repetido com aquilo que é a própria matéria desta sabedoria, resultado de uma existência que se reparte com ela, subitamente, assim como se acende uma luz quando se eleva a chama, essa sabedoria se produz na alma e, daí por diante, ela se alimenta ela própria a si mesma". Salvo se a escrita for assimilada a uma autoridade, a uma verdade imutável: "de prestar por escrito um grande serviço aos homens e de conduzir todos à luz aquilo que é a realidade da Natureza". Mas o raciocínio idealista descobre com ceticismo "o instrumento impotente que é a linguagem. Eis o motivo pelo qual ninguém nunca terá a ousadia de ir além dos pensamentos na linguagem que ele terá tido, de fazer isso em algo imutável, tal como é exatamente aquilo que é constituído pelos caracteres escritos (Platão, Carta VII). Os históricos da escrita partilham geralmente essa tese (cf. James G. Fevrier, *Histoire de l'ecriture*, Paris: Payot, 1948). Em compensação, Bède Tchang Tcheng-Ming, *L'Écriture chinoise et le geste humain*, Paris: Geuthner, 1937, e Jacques Van Ginneken, *La Reconstitution typologique des langues archaïques de l'humanité*, Amsterdam: Bulletin de la Société de Linguistique de Paris, 1939, afirmam a anterioridade da escrita em relação à linguagem vocal.

A primeira: a temporalidade do texto de Antoine de La Sale é menos uma temporalidade discursiva (as sequências narrativas não se encadeiam segundo as leis da temporalidade do sintagma verbal) que uma temporalidade que poderíamos chamar de *escritural* (as sequências narrativas são orientadas para, e relançadas por, a própria atividade de escrever). A sucessão dos "acontecimentos" (dos enunciados descritivos ou das citações) obedece ao movimento da mão que trabalha sobre a página vazia, própria economia da inscrição. Antoine de La Sale interrompe muitas vezes o *curso* do tempo discursivo para introduzir o *presente* de seu trabalho sobre o texto. "Retournant à mon propos" (voltando a meu propósito), "pour abregier" (para resumir), "que vous diroie" (que vos direi), "et cy me tairay aucun peu de Madame et de ses femmes, pour revenir a petit Saintré" (e aqui calar-me-ei um pouco sobre Minha Senhora e suas mulheres, para voltar ao pequeno Saintré) etc. – tais juntivos assinalam uma temporalidade *outra* que aquela da série discursiva (linear): o presente maciço da enunciação inferencial (do trabalho escritural).

A segunda: o enunciado (fonético) sendo transcrito no papel, e o texto estranho (a citação) sendo recopiado, os dois formam um texto escrito no qual o próprio ato da escrita fica em segundo plano e se apresenta em sua *totalidade* como *secundário*: como uma transcrição-cópia, como um signo, como uma "carta" no sentido não mais de inscrição, mas de objeto de troca: "que en façon d'une lettre je vous envoie" (que em forma de carta eu vos envio).

O romance se estrutura, assim, como um espaço duplo: simultaneamente enunciado fonético e nível estrutural, com dominação esmagadora da ordem discursiva (fonética).

VI. CONCLUSÃO ARBITRÁRIA E FASE DE ACABAMENTO ESTRUTURAL

1. Toda atividade ideológica se apresenta sob a forma de enunciados composicionalmente *acabados*. Esse acabamento deve ser distinguido da *fase de acabamento estrutural* à qual não aspiram senão alguns sistemas filosóficos (Hegel), assim como

as religiões. Ora, a fase de acabamento estrutural caracteriza como traço fundamental esse objeto que nossa cultura consome enquanto produto acabado (efeito, impressão), recusando-se de ler o processo de sua produtividade: a "literatura", na qual o romance ocupa um lugar privilegiado. A noção de literatura coincide com a noção de romance tanto em suas origens cronológicas quanto no fato de sua conclusão estrutural[26]. O acabamento explícito pode, muitas vezes, faltar ao texto romanesco, ou ser ambíguo, ou subentendido, Esse não acabamento não acentua com menos intensidade a fase de acabamento estrutural do texto. Tendo cada gênero sua fase de acabamento estrutural particular, tentaremos por em evidência a fase de acabamento estrutural de *Jehan de Saintré*.

2. A programação inicial do livro já é sua fase de acabamento estrutural. Nas figuras que descrevemos acima, os trajetos se encerram, voltam a seu ponto de partida ou se recortam por meio de uma censura, de maneira a delinear os limites de um discurso fechado. Não subsiste menos o fato que o acabamento composicional do livro retoma a fase de acabamento estrutural. O romance se termina pelo enunciado do ator que, depois de ter levado a história de seu personagem Saintré até a punição da Dama, interrompe a narração e anuncia o fim: "Et cy commenceray la fin de ce compte ..." (e aqui começarei o fim desse conto ...) (p. 307).

A história pode ser considerada como terminada uma vez realizado um dos circuitos (resolvida uma das díades oposicionais) cuja série foi aberta pela programação inicial. Esse circuito, é a condenação da Dama que significa uma condenação da ambiguidade. A *narração* para aí. Chamaremos a essa conclusão da narração por um circuito concreto uma *retomada* da fase de acabamento estrutural.

Mas a fase de acabamento estrutural manifestada uma vez mais por uma concretização da figura fundamental do texto (a díade oposicional e sua relação com a não disjunção) não é suficiente para que o discurso do autor seja concluído. Nada na palavra pode por fim – salvo de maneira arbitrária – ao encadeamento infinito dos circuitos. A verdadeira suspensão é dada

---

26 Cf. P. N. Medvedev, op. cit.

pela chegada, no enunciado romanesco, do próprio trabalho que a produz, agora, nesta página. A palavra cessa quando seu sujeito morre, e é a instância da escrita (do trabalho) que produz essa morte.

Uma nova rubrica, o "ator", assinala a segunda – a verdadeira – retomada do fim: "Et cy donray fin au livre de ce très vaillant chevalier qui ..." (E aqui darei fim ao livro desse mui valente cavalheiro que ...) (p. 308). Segue-se uma breve narração da narração para terminar o romance fazendo voltar o enunciado ao ato da escrita ("Ores, treshault, excellent puissant prince et mon tresredoubté seigneur, se aucunement pour trop ou peu *escripre* je avoie failly [...] j'ay fait ce livre, dit Saintré, que en façon d'une *lettre* je vous envoye ..." [Ora, mui alto, excelente poderoso príncipe e meu mui formidável senhor, se de algum modo por muito ou pouco *escrever* eu tenho falhado [...] eu fiz esse livro, diz Saintré, que em forma de uma *carta* eu vos envio [...]) (p. 309), e substituindo ao passado da palavra o presente do grafismo ("Et sur ce, pour le *présent*, mon trèsredoubté seigneur, autre ne vous escripts ..." [E sobre o que, para o *presente*, meu mui formidável senhor, outra coisa não vos escrevo ...]).

Na dupla face do texto (história de Saintré – história do processo da escrita), a produtividade escritural sendo posta em narração e a narração sendo muitas vezes interrompida para fazer aparecer o ato produtor, a morte (de Saintré) como imagem retórica coincide com a suspensão do discurso (a supressão do ator). Mas – outro recuo do local da *palavra* –, retomada pelo texto no momento em que ele se cala, essa morte não pode ser falada, ela é asserida por uma escrita (tumular) que a escrita (o texto do romance) coloca entre aspas. Cada vez mais – ainda um recuo, desta vez do local da *língua* – essa citação da inscrição tumular se produz numa língua morta (o latim): inativa em relação ao francês, ela alcança, assim, o ponto morto em que tampouco se conclui a narração (terminada no parágrafo precedente: "Et cy commenceray la fin de ce compte ..." [E aqui começarei o fim desse conto ...]), mas o *discurso* e seu produto – a "literatura"/a "carta" ("Et cy donneray fin au livre" [E aqui darei fim ao livro]).

3. A narração poderia retomar as aventuras de Saintré ou poupar-nos de muitas delas. Não deixa de subsistir o fato que

ele é encerrado, nascido-morto: o que a conclui estruturalmente são as funções fechadas do ideologema do signo que assinalamos anteriormente e que a narração não faz senão repetir variando-as. O que a encerra composicionalmente enquanto fato cultural é a explicitação da narração como texto escrito.

Assim, à saída da Idade Média, antes, pois, da consolidação da ideologia "literária" e da sociedade da qual ela é a superestrutura, Antoine de La Sale termina duplamente seu romance: como narração (estruturalmente) e como discurso (composicionalmente), e essa conclusão composicional, do próprio lugar de sua singeleza, evidencia um fato maior que a literatura burguesa ocultará mais tarde. Esse fato, ei-lo aqui:

O romance tem um duplo estatuto semiótico: ele é um *fenômeno* linguístico (narração), do mesmo modo que um *circuito* discursivo (letra, literatura); o fato de ser uma narração não é senão um aspecto – anterior – desta particularidade fundamental que *é* da "literatura". Eis-nos diante desta diferença que caracteriza o romance em relação à narração: o romance já é "literatura", isto é, um produto da palavra, um objeto (discursivo) de troca com um proprietário (autor), um valor e um consumidor (público, destinatário). A conclusão da narração coincidia com a realização do trajeto de um circuito[27]. A fase de acabamento do romance, em compensação, não se detém a essa conclusão. A instância da palavra, muitas vezes sob a forma de um epílogo, ocorre no fim, para retardar a narração e para demonstrar que se trata exatamente de uma construção verbal dominada pelo sujeito que fala[28]. A narração

---

[27] "*Short story* é o termo que subentende sempre uma história e que deve responder a duas condições: as dimensões reduzidas e o acento colocado na conclusão". Boris Eikhenbaum, Sur la théorie de la prose, em *Théorie de la littérature*, p. 203.

[28] A poesia dos trovadores, assim como os contos populares e as narrativas de viagens etc., introduz muitas vezes, para terminar, a instância do locutor como testemunha ou participante do "fato" narrado. Ora, no caso da conclusão do romance, o autor toma a palavra não para testemunhar um "acontecimento" (como acontece no conto popular) nem para confessar seus "sentimentos" ou sua "arte" (como acontece na poesia dos trovadores), mas para atribuir-se a propriedade do discurso que ele tinha aparentado ceder a um outro (ao personagem). Ele se vê como o ator de uma *palavra* (não de uma série de acontecimentos) e persegue a extinção desta palavra (sua morte) depois do encerramento de todo interesse factual (a morte do personagem principal, por exemplo).

se apresenta como uma história, o romance como um discurso (independentemente do fato que o autor – mais ou menos consciente – o reconheça como tal). Nisso, ele constitui uma etapa decisiva no desenvolvimento da consciência crítica do sujeito falante em relação à sua palavra.

Terminar o romance enquanto narração é um problema retórico que consiste em retomar o ideologema fechado do signo que o abriu. Terminar o romance enquanto fato literário (compreendê-lo enquanto discurso ou signo) é um problema de prática social, de texto cultural, e consiste em confrontar a palavra (o produto, a obra) com sua morte – a escrita (a produtividade textual). É aqui que intervém uma terceira concepção do livro como trabalho, e não mais como fenômeno (narração) ou literatura (discurso). Antoine de La Sale permanece, bem entendido, aquém de tal acepção. O texto social que lhe sucederá desvia de sua cena toda produção para lhe substituir o produto (o efeito, o valor): o reino da *literatura* é o reino do *valor mercante*, e ela oculta mesmo aquilo que Antoine de La Sale tinha confusamente praticado: as origens discursivas do fato literário. Será preciso esperar o questionamento do texto social burguês para que um questionamento da "literatura" (do discurso) se faça através do advento do trabalho escritural no texto[29].

4. Enquanto isso, essa função da escrita como trabalho que destrói a representação (o fato literário) permanece latente, não compreendida e não dita, embora muitas vezes com o trabalho no texto e evidente à decifração. Para Antoine de La Sale, assim como para todo escritor alcunhado de "realista", a escrita *é* a palavra enquanto lei (sem transgressão possível).

A escrita revela ser, para aquele que se pensa como "autor", uma função que ossifica, petrifica, detém. Para a consciência *fonética* do Renascimento até os dias de hoje[30], a escrita é um limite artificial, uma lei arbitrária, uma fase de acabamento subjetiva. A intervenção da instância da escrita no texto é muitas

---

29 Tal é, por exemplo, o livro de Philippe Sollers, *Le Parc*, Paris: Seuil, 1961, escrevendo a *produção* da escrita antes do *efeito* verossímil de uma "obra" como *fenômeno* de discurso (representativo).
30 A propósito das incidências do fonetismo sobre a cultura ocidental, ver J. Derrida.

vezes a desculpa que o autor se dá para justificar a conclusão arbitrária de sua narrativa. Assim, Antoine de La Sale se escreve escrevendo para justificar a interrupção de seu escrito: sua narração é uma carta em que a morte coincide com a interrupção do traçado. Inversamente, a morte de Saintré não é a narração de uma aventura: Antoine de La Sale, muitas vezes prolixo e repetitivo, limita-se, para anunciar esse fato maior, a transcrever uma placa tumular, e isso em duas línguas – latim e francês...

Estamos aqui diante de um fenômeno paradoxal que domina sob diferentes formas toda a história do romance: a desvalorização da escrita, sua categorização como pejorativa, paralisante, mortuária. Esse fenômeno progride com seu outro: a valorização da obra, do autor, do fato literário (do discurso). A escrita não aparece senão para concluir o livro, isto é, o discurso. O que o abre é a palavra: "dont ce premier parlera de une Dame des Belles Cousines" (de que esse primeiro falará de uma Dama das Belas Primas) (p. 1). O ato da escrita, que é o ato diferencial por excelência, reservando ao texto o estatuto de um *outro*, irredutível a seu diferente; que é também o ato correlacional por excelência, evitando todo encerramento das sequências num ideologema concluído e abrindo-as para um agenciamento infinito: esse ato será suprimido e não será evocado senão para opor à "realidade objetiva" (o enunciado, o discurso fonético) um "artificial subjetivo" (a prática escritural). Essa oposição fonética/escritural, enunciado/texto, à obra no romance burguês com desvalorização do segundo termo (do escritural, do texto), desviou os formalistas russos permitindo-lhes interpretar a intervenção da instância da escrita na narração como uma prova da "arbitrariedade" no texto ou da suposta "literalidade" da obra. É evidente que os conceitos de "arbitrariedade" e de "literalidade" não podem ser pensados senão numa ideologia de valorização da obra (fonética, discursiva) em detrimento da escrita (da produtividade textual), em outras palavras, num texto (cultural) fechado.

[1966-1967]

7. A Palavra, o Diálogo e o Romance[1]

Se a eficácia do procedimento científico no domínio das ciências "humanas" sempre foi contestada, é surpreendente que, pela primeira vez, essa contestação tenha lugar no próprio nível das estruturas estudadas que dependeriam de uma lógica *diferente* da lógica científica. Tratar-se-ia daquela lógica da linguagem (e *a fortiori* da linguagem poética) que a "escritura" (refiro-me àquela literatura que torna palpável a elaboração do sentido como *grama dinâmica*) tem o mérito de ter evidenciado. Duas possibilidades se oferecem, então, à semiótica literária: o silêncio e a abstenção ou a continuação do esforço para elaborar um modelo isomorfo a essa outra lógica, ou seja, à construção do sentido poético, colocado hoje no centro dos interesses da semiótica.

O formalismo russo, com o qual hoje a análise estrutural proclama seu vínculo, encontrava-se diante de uma alternativa

---

1 Este texto foi escrito a partir dos livros de Mikhail Bakhtin, *Problemi Poetiki Dostoievskovo*, Moscou: [s. n.], 1963 (trad. bras. *Problemas da Poética de Dostoiévski*, Rio de Janeiro: Forense Universitária, 4. ed., 2008); *Tvorchestvo François Rabelais* (A Obra de François Rabelais), Moscou: [s. n.], 1965. Seus trabalhos influenciaram visivelmente os escritos de certos teóricos soviéticos da língua e da literatura durante os anos de 1930 (Voloshinov, Medvedev). Atualmente ele está trabalhando num novo livro que trata dos gêneros do discurso. (Tanto esta como a nota n. 3 foram mantidas conforme original. [N. da E.])

idêntica quando razões extraliterárias e extracientíficas puseram fim a seus estudos. As pesquisas continuaram, entretanto, para vir à luz muito recentemente nas análises de Mikhail Bakhtin, as quais representam um dos acontecimentos mais marcantes e uma das mais poderosas tentativas de avanço dessa escola. Longe do rigor técnico dos linguistas, manejando uma escritura impulsiva, e mesmo por momentos profética, Bakhtin aborda problemas fundamentais que o estudo estrutural da narrativa enfrenta hoje e que tornam atual a leitura dos textos que ele esboçou há cerca de quarenta anos. Escritor tanto quanto "erudito", Bakhtin é um dos primeiros a substituir a *découpage* estatística dos textos por um modelo no qual a estrutura literária não *é*, mas onde ela se *elabora* em relação a uma *outra* estrutura. Essa dinamização do estruturalismo só é possível a partir de uma concepção segundo a qual a "palavra literária" não é um *ponto* (um sentido fixo), mas um *cruzamento de superfícies* textuais, um diálogo de diversas escrituras: do escritor, do destinatário (ou da personagem), do contexto cultural atual ou anterior.

Introduzindo a noção de *estatuto da palavra* como unidade minimal da estrutura, Bakhtin situa o texto na história e na sociedade, encaradas, por sua vez, como textos que o escritor lê e nas quais ele se insere ao reescrevê-las. A diacronia transforma-se em sincronia e, à luz dessa transformação, a história *linear* surge como uma *abstração*; a única maneira que tem o escritor de participar da história vem a ser, então, a transgressão dessa abstração através de uma escritura-leitura, isto é, através da prática de uma estrutura significante em função de, ou em oposição a, uma outra estrutura. A história e a moral escrevem-se e leem-se na infraestrutura dos textos. Desse modo, plurivalente e pluridetermiada, a palavra poética segue uma lógica que ultrapassa a lógica do discurso codificado, só realizável plenamente à margem da cultura oficial. É, consequentemente, no *carnaval* que Bakhtin irá buscar as raízes dessa lógica, sendo assim o primeiro a estudá-la. O discurso carnavalesco quebra as leis da linguagem censurada pela gramática e pela semântica, sendo, por esse motivo, uma contestação social e política: não se trata de equivalência, mas de identidade entre a contestação do código linguístico oficial e a contestação da lei oficial.

A PALAVRA NO ESPAÇO DE TEXTOS

O estabelecimento do estatuto específico da palavra nos diferentes gêneros (ou textos) como significando modos diversos de intelecção (literária) coloca hoje a análise poética no ponto nevrálgico das ciências "humanas": no cruzamento da *linguagem* (prática real do pensamento)[2] e do *espaço* (volume, onde a significação articula-se por um encontro de diferenças). Estudar o estatuto da palavra significa estudar as articulações dessa palavra (como complexo sêmico) com as outras palavras da frase, e encontrar as mesmas funções (relações) ao nível das articulações de sequências maiores. Face a essa concepção espacial do funcionamento poético da linguagem, é necessário definir, primeiramente, as três dimensões do espaço textual, onde se realizarão as diferentes operações dos conjuntos sêmicos e das sequências poéticas. Essas três dimensões são: o sujeito da escritura, o destinatário e os textos exteriores (três elementos em diálogo). O estatuto da palavra[3] define-se, então, a. *horizontalmente*: a palavra no texto pertence simultaneamente ao sujeito da escritura e ao destinatário, e b. *verticalmente*: a palavra no texto está orientada para o *corpus* literário anterior ou sincrônico.

Mas no universo discursivo do livro, o destinatário está incluído apenas enquanto propriamente discurso. Funde-se, portanto, com aquele outro discurso (aquele outro livro), em relação ao qual o escritor escreve seu próprio texto, de modo que o eixo horizontal (sujeito-destinatário) e o eixo vertical (texto-contexto) coincidem para revelar um fato maior: a palavra (o texto) é um cruzamento de palavras (de textos) onde se lê, pelo menos, uma outra palavra (texto). Em Bakhtin, além disso, os dois eixos, por ele denominados *diálogo* e

---

2 "a linguagem é a consciência real, prática, existindo também para o outro, existindo, pois, igualmente para mim mesmo, pela primeira vez", Karl Marx; Friedrich Engels, L'Idéologie allemande, *Études philosophiques*, Paris: Ed. Sociales, 1961, p. 79.

3 Bakhtin está preparando um livro sobre os gêneros do discurso, definidos segundo o estatuto de palavra, cf. *Voprosy Literatury*, n. 8, 1965. Podemos comentar aqui apenas algumas de suas ideias, na medida em que encontram as concepções de Ferdinand de Saussure (Anagramas, *Mercure de France*, n. 2, 1964) e inauguram uma nova abordagem dos textos literários.

ambivalência, respectivamente, não estão claramente distintos. Mas essa falta de rigor é, antes, uma descoberta que Bakhtin foi o primeiro a introduzir na teoria literária: todo texto se constrói como mosaico de citações, todo texto é absorção e transformação de um outro texto. Em lugar da noção de intersubjetividade, instala-se a de *intertextualidade*, e a linguagem poética lê-se pelo menos como dupla.

Assim, o estatuto da palavra como unidade minimal do texto revela-se como o *mediador* que liga o modelo estrutural ao ambiente cultural (histórico), assim como o *regulador* da mutação da diacronia em sincronia (em estrutura literária). Pela própria noção de estatuto, a palavra é espacializada; funciona em três dimensões (sujeito-destinatário-contexto) como um conjunto de elementos sêmicos *em diálogo* ou como um conjunto de elementos *ambivalentes*. Portanto, a tarefa da semiótica literária consistirá em encontrar os formalismos correspondentes aos diferentes modos de encontro das palavras (das sequências) no espaço dialógico dos textos.

A descrição do funcionamento específico das palavras nos diferentes gêneros (ou textos) literários exige, pois, um procedimento *translinguístico*: 1. concepção do gênero literário como sistema semiológico impuro, que "significa sob a linguagem, mas jamais sem ela": 2. operação efetuada com grandes unidades de discurso-frases, réplicas, diálogos etc. – sem forçosamente seguir o modelo linguístico – justificada pelo princípio da expansão semântica. Poder-se-ia, dessa maneira, levantar e demonstrar a hipótese de que *toda evolução dos gêneros literários é uma exteriorização inconsciente de estruturas linguísticas em seus diferentes níveis*. O romance, em particular, exterioriza o diálogo linguístico[4].

---

4 Com efeito, a semântica estrutural, designando o fundamento linguístico do discurso, nota que uma "sequência em expansão é reconhecida como equivalente a uma unidade de comunicação sintaticamente mais simples que ela" e define a *expansão* como "um dos aspectos mais importantes do funcionamento das línguas naturais", Algirdas Julien Greimas, *Sémantique structurale*, p. 72. É, pois, na expansão que observamos o princípio teórico que nos autoriza a estudar na estrutura dos gêneros uma exteriorização (uma expansão) das estruturas inerentes à linguagem.

A PALAVRA E O DIÁLOGO

A ideia de "diálogo linguístico" preocupava os formalistas russos. Eles insistiam sobre o caráter dialógico da comunicação linguística[5] e consideravam o monólogo, enquanto "forma embrionária" da língua *comum*[6], como posterior ao diálogo. Alguns entre eles faziam a distinção entre o discurso monológico como "equivalente a um estado psíquico"[7] e a narrativa como "imitação artística do discurso monológico"[8]. O célebre estudo de Eikhenbaum sobre *O Capote*, de Gógol, parte de concepções semelhantes. Ele constata que o texto de Gógol refere-se a uma forma oral da narração e a suas características linguísticas (entonação, construção sintática do discurso oral, léxico respectivo etc.). Instituindo, assim, dois modos de narração na narrativa, o *indireto* e o *direto*, e estudando suas relações, Eikhenbaum não leva em conta que, na maior parte dos casos, o autor da narrativa, antes de referir-se a um discurso *oral*, refere-se ao discurso do *outro*, do qual o discurso oral é apenas uma consequência secundária (sendo o outro o portador do discurso oral)[9].

Para Bakhtin, a divisão diálogo-monólogo tem uma significação que ultrapassa largamente o sentido concreto, utilizado pelos formalistas. Não corresponde à distinção *direto-indireto* (monólogo-diálogo) numa narrativa ou numa peça. Em Bakhtin, o diálogo pode ser monológico, e o que chamamos

---

5   E. F. Boudê, *K istorii Velikoruskix Govorov* (Por uma História dos Falares da Grande Rússia), Kazan: [s. n.], 1869.
6   L. V. Czerba, *Vostotchno Lujickoie Narechie* (O Dialeto dos Loujiks do Leste), Petrogrado: [s. n.], 1915.
7   Viktor V. Vinogradov, O Dialoguicheskoi Recthi (Do Discurso Dialógico), *Ruskaja retch*, n. I, [s. l.], p. 144.
8   Idem, *Poetika*, 1926, p. 33.
9   Parece que o que se insiste em chamar "monólogo interior" é a maneira mais irredutível pela qual uma civilização vive a si mesma como identidade, caos organizado e, finalmente, transcendência. Ora, esse "monólogo" não é, indubitavelmente, encontrável em lugar algum, a não ser nos textos que aparentam restituir a chamada realidade psíquica do "fluxo verbal". A "interioridade" do homem ocidental é, pois, um efeito literário limitado (confissão, fala psicológica contínua, escrita automática). Pode-se dizer que, de um certo modo, a revolução "copernicana" de Freud (a descoberta da divisão do sujeito) põe fim à ficção de uma *voz* interna, colocando os fundamentos de uma exterioridade radical do sujeito em relação à linguagem e nela.

monólogo é frequentemente dialógico. Para ele, os termos remetem a uma infraestrutura linguística, cujo estudo pertence a uma *semiótica* dos textos literários, que não deveria se contentar nem com métodos linguísticos nem com dados lógicos, mas construir-se a partir de ambos.

A linguística estuda a língua por ela mesma, sua lógica específica e suas entidades que tornam possível a comunicação dialógica, mas faz abstração das próprias relações dialógicas [...].
As relações dialógicas não se reduzem mais a relações de lógica e de significação que, por si mesmas, são privadas de momento dialógico. Devem ser revestidas de palavras, tornar-se enunciações, expressões por palavras, posições de diversos sujeitos, para que relações dialógicas surjam entre elas [...]. As relações dialógicas são absolutamente impossíveis sem relações de lógica e de significação, mas não se reduzem a elas, tendo sua própria especificidade[10].

Ao mesmo tempo em que insiste sobre a diferença entre as relações dialógicas e as relações propriamente linguísticas, Bakhtin sublinha que as relações sobre as quais se estrutura a narrativa (autor-personagem; podemos acrescentar sujeito da enunciação-sujeito do enunciado) são possíveis porque o dialogismo é inerente à própria linguagem. Sem explicar em que consiste esse duplo aspecto da língua, Bakhtin sublinha, no entanto, que "o diálogo é a única esfera possível da vida da linguagem". Hoje podemos encontrar as relações dialógicas em diversos níveis da linguagem: da díade "combinatória" língua/fala; nos sistemas de língua (contrato coletivo, monológico, assim como sistema de valores correlativos que se atualizam no diálogo com o outro) e de fala (essencialmente "combinatória", que não é criação pura, mas formação individual, na base de troca de signos). Em um outro nível (que poderia ser comparado ao do espaço ambivalente do romance), demonstrou-se mesmo o "duplo caráter da linguagem": sintagmático (realizando-se na extensão, na presença e pela metonímia) e sistemático (realizando-se na associação, na ausência e pela metáfora). Seria importante analisar linguisticamente as trocas dialógicas entre esses dois eixos da linguagem como base

---

10 *Problemi Poetiki Dostoievskovo*.

da ambivalência romanesca. Assinalemos ainda as estruturas duplas e seus cruzamentos nas relações código/mensagem[11], que auxiliam também a tornar precisa a ideia bakhtiniana do dialogismo inerente à linguagem.

O discurso bakhtiniano designa o que Benveniste tem em vista quando fala do *discurso*, ou seja, a "linguagem assumida como exercício pelo indivíduo", ou, para empregar os termos do próprio Bakhtin, digamos que, "para que as relações de significação e de lógica se tornem dialógicas, elas devem se encarnar, isto é, entrar numa outra esfera de existência: tornar-se discurso, ou seja, enunciado, e obter um autor, isto é, um sujeito do enunciado" (*Problemi Poetiki Dostoievskovo*).

Mas para Bakhtin, saído de uma Rússia revolucionária preocupada com problemas sociais, o diálogo não é só a linguagem assumida pelo sujeito; é uma *escritura* onde se lê o *outro* (sem nenhuma alusão a Freud). Assim, o dialogismo bakhtiniano designa a escritura simultaneamente como subjetividade e como comunicatividade, ou melhor, como *intertextualidade*; face a esse dialogismo, a noção de "pessoa-sujeito da escritura" começa a se esfumar para ceder lugar a uma outra, a da "ambivalência da escritura".

A AMBIVALÊNCIA

O termo "ambivalência" implica a inserção da história (da sociedade) no texto e do texto na história; para o escritor, essas implicações são uma única e mesma coisa. Falando de "duas vias que se unem na narrativa", Bakhtin tem em vista a escritura como leitura do *corpus* literário anterior, o texto como absorção e réplica de um outro texto (o romance polifônico é estudado como absorção do carnaval, o romance monológico como dissimulação daquela estrutura literária que em virtude de seu dialogismo Bakhtin chama de "menipeia"). Visto dessa maneira, o texto não pode ser apreendido apenas pela linguística. Bakhtin postula a necessidade de uma ciência, denominada por ele *translinguística*, que, partindo do dialogismo da linguagem, lograria compreender as relações intertextuais,

11 Roman Jakobson, *Essais de linguistique générale*, cap. 9.

relações que o discurso do século XIX nomeia "valor social", ou "mensagem" moral da literatura. Lautréamont desejava escrever para submeter a uma *alta moralidade*. Em sua prática, essa moralidade se realiza como uma ambivalência de textos: os *Chants de Maldoror* e as *Poésies* são um diálogo constante com o *corpus* literário precedente, uma contestação perpétua da escritura precedente. Verifica-se, desse modo, que o diálogo e a ambivalência são o único procedimento que permite ao escritor entrar na história, professando uma moral ambivalente, a da negação como afirmação.

O diálogo e a ambivalência levam a uma conclusão importante. A linguagem poética no espaço interior do texto, tanto quanto no espaço dos *textos*, é um "duplo". O *paragrama* poético de que fala Saussure (*Anagrammes*) estende-se de *zero* a *dois* – em seu campo o "um" (a definição, "a verdade") não existe. Isso significa que a definição, a determinação, o signo "=" e o próprio conceito de signo, que supõe um corte vertical (hierárquico) significante-significado, não podem ser aplicados à linguagem poética, que é uma infinidade de junções e de combinações.

A noção de *signo* (significante-significado) resultante de uma abstração científica (identidade-substância-causa-finalidade, estrutura da frase indo-europeia) designa um corte linear vertical e hierarquizante. A noção de *duplo*, resultante de uma reflexão sobre a linguagem poética (não científica), designa uma "espacialização" e um correlacionamento da sequência literária (linguística). Implica que a unidade minimal da linguagem poética é pelo menos *dupla* (não só no sentido da díade significante-significado, mas no sentido de *uma* e *outra*) e faz pensar no funcionamento da linguagem poética como um *modelo tabular*, onde cada *unidade* (daqui para diante esta palavra só pode ser usada em itálico, sendo toda unidade dupla) atua como um *vértice* multideterminado. O *duplo* será a sequência minimal da semiótica paragramática, que se elaboraria a partir de Saussure (*Anagrammes*) e de Bakhtin.

Sem ir até o fim dessa reflexão, insistiremos no que decorrerá de uma de suas consequências: a inaptidão de um sistema lógico de base zero-um (falso-verdadeiro; nada-notação) para dar conta do funcionamento da linguagem poética.

Com efeito, o procedimento científico é um procedimento lógico, fundado sobre a frase grega (indo-europeia) construída como sujeito-predicado e que procede por identificação, determinação, causalidade. A lógica moderna de Frege e Peano até Lukasiewicz, Ackermann ou Church, que evolui nas dimensões 0-1, e mesmo a de Boole, que, saída da teoria dos conjuntos, dá formalizações mais isomorfas ao funcionamento da linguagem, são inoperantes no âmbito da linguagem poética, onde o 1 não é um limite.

Não conseguiríamos, pois, formalizar a linguagem poética com os procedimentos lógicos (científicos) existentes sem desnaturá-la. Uma semiótica literária deve ser construída a partir de uma *lógica-poética* na qual o conceito de *potência do contínuo* englobaria o intervalo do 0 a 2, um contínuo onde o 0 denote e o 1 seja implicitamente transgredido.

Nessa "potência do contínuo", do zero ao duplo especificamente poético, percebe-se que "o interdito" (linguístico, psíquico, social) é o 1 (Deus, a lei, a definição), e que a única prática linguística que "escapa" a esse interdito é o discurso poético. Não é por acaso que as insuficiências da lógica aristotélica em sua aplicação à linguagem foram assinaladas: de um lado, pelo filósofo chinês Chang Tung-Sun, que vinha de um outro horizonte linguístico (o dos ideogramas), onde em lugar de Deus vemos desenvolver-se o "diálogo" Yin-Yang; de outro lado, por Bakhtin, que tentava ultrapassar os formalistas através de uma teorização dinâmica, construída numa sociedade revolucionária. Para ele, o discurso narrativo, por ele assimilado ao discurso épico, é um interdito, um "monologismo", uma subordinação do código 1 a Deus. Consequentemente, o épico é religioso, teológico, e toda narrativa "realista" que obedece à lógica 0-1 é dogmática. O romance realista, que Bakhtin chama monológico (Tolstói), tende a evoluir nesse espaço. A descrição realista, a definição de um "caráter", a criação de uma "personagem", o desenvolvimento de um "sujeito": todos esses elementos descritivos do relato narrativo pertencem ao intervalo 0-1; portanto são *monológicos*. O único discurso onde a lógica poética 0-2 se realizaria integralmente seria o do carnaval: ele transgride as regras do código linguístico, assim como as da moral social, adotando uma lógica de sonho.

De fato, essa "transgressão" do código linguístico (lógico, social) no carnaval só é possível e eficaz porque a ela se confere *uma outra lei*. O dialogismo não é a "liberdade de dizer tudo": é uma *zombaria* (Lautréamont), que é, contudo, *dramática*, um imperativo *diverso* daquele do o. Seria necessário insistir nessa particularidade do diálogo como *transgressão que se confere uma lei* para distingui-lo, de um modo radical e categórico, da pseudotransgressão testemunhada por uma certa literatura moderna "erótica" e parodística. Esta, querendo-se "libertina" e "relativizante", inscreve-se no campo de ação "da" *lei que prevê sua transgressão*; é, assim, uma compensação do monologismo, não substitui o intervalo 0-1 e nada tem a ver com a arquitetônica do dialogismo, que implica um rompimento formal relativamente à norma e uma relação de termos oposicionais não exclusivos.

O romance que engloba a estrutura carnavalesca chama-se romance *polifônico*. Dentre os exemplos propostos por Bakhtin, pode-se citar Rabelais, Swift, Dostoiévski. Poderíamos acrescentar o romance "moderno" do século XX – Joyce, Proust, Kafka –, especificando que o romance polifônico moderno, apesar de ter um estatuto análogo ao estatuto do romance dialógico das épocas precedentes, dele se distingue claramente quanto ao monologismo. Deu-se um corte no fim do século XIX, de modo que o diálogo em Rabelais, Swift ou Dostoiévski fica no nível representativo, fictício, enquanto o romance polifônico de nosso século se faz "ilegível" (Joyce) e interior à linguagem (Proust, Kafka). É a partir desse momento (dessa ruptura, que não é unicamente literária, mas também social, política e filosófica) que o problema da intertextualidade (do diálogo intertextual) é colocado como tal. A própria teoria de Bakhtin (tanto quanto a dos *Anagrammes* saussurianos) é derivada, historicamente, dessa ruptura: Bakhtin descobriu o dialogismo textual na escritura de Maiakóvski, Kliebnikov, Biely (para citar apenas alguns escritores da revolução que inscrevem os vestígios marcantes dessa ruptura escritural) antes de estendê-lo à história literária como princípio de toda inversão e de toda produtividade contestativa.

Desse modo, o termo bakhtiniano *dialogismo* como complexo sêmico francês implicaria o duplo, a linguagem e uma outra lógica. Uma nova abordagem dos textos poéticos delineia-se a partir desse termo que a semiótica literária pode adotar. A lógica que "o dialogismo" implica é, simultaneamente: 1. uma lógica de *distância* e de *relação* entre os diferentes termos da frase ou da estrutura narrativa, indicando um *devir* – em oposição ao nível de continuidade e de substância, que obedecem à lógica do ser e que serão designadas como monológicas; 2. uma lógica de *analogia* e de *oposição não exclusiva*, em oposição ao nível de causalidade e de determinação identificadora, que será designada como monológica; 3. uma lógica do *transfinito*, conceito que emprestamos de Cantor e que introduz, a partir da "potência do contínuo" da linguagem poética (0-2), um segundo princípio de formação, a saber: uma sequência poética é "imediatamente superior" (não deduzida causalmente) a todas as sequências precedentes da série aristotélica (científica, monológica, narrativa). Então, o espaço ambivalente do romance apresenta-se como ordenado por dois princípios de formação: o monológico (cada sequência seguinte é determinada pela precedente) e o dialógico (sequências transfinitas imediatamente superiores à série causal precedente)[12].

O *diálogo* é melhor ilustrado na estrutura da linguagem carnavalesca, onde as relações simbólicas e a analogia precedem as relações substância-causalidade. O termo *ambivalência* será aplicado à permutação de dois espaços observáveis na estrutura romanesca: 1. o espaço dialógico e 2. o espaço monológico.

A concepção da linguagem poética como diálogo e ambivalência conduz, então, Bakhtin a uma reavaliação da estrutura romanesca, que toma a forma de uma classificação das palavras da narrativa, ligada a uma tipologia do discurso.

A CLASSIFICAÇÃO DAS PALAVRAS DA NARRATIVA

Pode-se distinguir, segundo Bakhtin, três categorias de palavras na narrativa:

A. A palavra *direta*, remetendo a seu objeto, exprime a última instância significativa do sujeito do discurso nos quadros

---

12 Sublinhemos que a introdução de noções da teoria dos conjuntos numa reflexão sobre a linguagem poética é apenas metafórica: é possível porque uma analogia pode ser estabelecida entre as relações lógica aristotélica/lógica poética, por um lado, e contável/infinito, por outro.

de um contexto; é a palavra do autor, a palavra que anuncia, que expressa, a palavra *denotativa*, que deve fornecer a compreensão objetiva, direta. Conhece apenas a si mesma e a seu objeto, ao qual se esforça para ser adequada (não é "consciente" das influências das palavras estranhas).

B. A palavra *objetal* é o discurso direto das "personagens". Tem uma significação objetiva direta, mas não se situa ao mesmo nível do discurso do autor, encontrando-se distanciada dele. É ao mesmo tempo orientada para seu objeto e ela mesma objeto de orientação do autor. É uma palavra estranha, subordinada à palavra narrativa como objeto da compreensão do autor. Mas a orientação do autor para a palavra objetal não penetra nela; toma-a como um todo, sem alterar seu sentido, nem sua tonalidade; ela o subordina a suas próprias tarefas sem nela introduzir uma outra significação. Dessa maneira, a palavra (objetal), convertida em objeto de uma outra palavra (denotativa), não é "consciente" dela. A palavra objetal é, portanto, unívoca, como a palavra denotativa.

C. Mas o autor pode se servir da palavra de outrem para nela inserir um sentido novo, conservando sempre o sentido que a palavra já possui. Resulta daí que a palavra adquire duas significações, que ela se torna *ambivalente*. Essa palavra ambivalente é, pois, o resultado da junção de dois sistemas de signos. Na evolução dos gêneros, surge com a menipeia e o carnaval (voltaremos a isto). A junção de dois sistemas de signos relativiza o texto. É o efeito da estilização que estabelece uma distância relativamente à palavra de outrem, contrariamente à *imitação* (onde Bakhtin tem em vista, sobretudo, a *repetição*), que toma o imitado (o repetido) a sério, torna-o seu, apropria-se dele, sem o relativizar. Essa categoria de palavras ambivalentes caracteriza-se pelo fato de que o autor explora a palavra de outrem, sem ferir-lhe o pensamento, para suas próprias metas; segue sua direção deixando-a sempre relativa. Nada disso ocorre na segunda categoria das palavras ambivalentes, da qual a *paródia* é um tipo. Aqui o autor introduz uma significação oposta à significação da palavra de outrem. Quanto à terceira categoria da palavra ambivalente, da qual a *polêmica interior oculta* é um tipo, ela se caracteriza pela influência ativa (ou seja, modificadora) da palavra de outrem sobre a palavra do autor. É o escritor que "fala", mas um discurso estranho está constantemente presente nessa palavra que ele deforma. Nesse tipo ativo de palavra ambivalente, a palavra de outrem é representada pela palavra do narrador. Exemplificam-na a autobiografia e as confissões polêmicas, as réplicas ao diálogo, o diálogo camuflado. O romance é o único gênero que possui palavras ambivalentes; esta é a característica específica de sua estrutura.

O DIALOGISMO IMANENTE DA PALAVRA DENOTATIVA OU HISTÓRICA

A noção da univocidade ou da objetividade do monólogo e do épico ao qual é assimilado, ou então da palavra denotativa e objetal, não resiste à análise psicanalítica e semântica da linguagem. O dialogismo é coextensivo às estruturas profundas do discurso. Apesar de Bakhtin e apesar de Benveniste, encontramo-lo ao nível da palavra denotativa bakhtiniana como princípio de toda enunciação, assim como ao nível da *história* em Benveniste, história que, como o nível do "discurso" benvenistiano, supõe uma intervenção do locutor na narrativa e uma orientação para o outro. Para descrever o dialogismo imanente da palavra denotativa ou histórica, ser-nos-ia necessário recorrer ao psiquismo da escritura como traço de um diálogo consigo mesmo (com o outro), como distância do autor relativamente a ele mesmo, como desdobramento do escritor em sujeito da enunciação e sujeito do enunciado.

O sujeito da narração, pelo próprio ato da narração, dirige-se a um outro, e é em relação a esse outro que a narração se estrutura. (Em nome dessa comunicação, Ponge opõe ao "Penso, logo existo" postulando um "Eu falo e você me ouve, logo, nós existimos", marcando, assim, a passagem do subjetivismo à ambivalência). Podemos, portanto, estudar a narração, além das relações significante-significado, como um diálogo entre o *sujeito* da narração (s) e o *destinatário* (D), o outro. Esse destinatário, não sendo nada mais que o sujeito da leitura, representa uma entidade de dupla orientação: significante, em sua relação com o texto, e significado, na relação do sujeito da narração com ele. É, pois, uma díade (D_1, D_2) na qual os dois termos, estando em comunicação entre si, constituem um sistema de código. O sujeito da narração (s) é aí arrastado, reduzindo-se, ele mesmo, a um código, a uma não pessoa, a um *anonimato* (o autor, o sujeito da enunciação), que se mediatiza através de um *ele* (a personagem, sujeito do enunciado). O autor é, portanto, o sujeito da narração metamorfoseado pelo fato de ter-se incluído no sistema da narração; não é nada nem ninguém, mas a possibilidade de permutação de s com D, da história com o discurso e do discurso com a história. Ele se torna um anonimato, uma ausência, um branco, para permitir à estrutura existir como tal. Na própria origem da narração, no próprio momento em que surge o autor, encontramos a experiência do vazio. Por isso, veremos surgir os problemas da morte, do nascimento e do sexo, quando a literatura toca no ponto nevrálgico, que é a escritura exteriorizando os sistemas linguísticos pela estrutura da narração (os gêneros). A partir desse anonimato, desse zero, onde se situa o autor, o *ele* da personagem nascerá. Num estágio mais tardio, tornar-se-á o *nome próprio* (N). Portanto, no texto literário, o zero não existe, o vazio é subitamente substituído por "um" (*ele, nome próprio*), que é dois (sujeito e destinatário). É o destinatário, o outro, a exterioridade (de que o sujeito da narração é objeto e que é, ao mesmo tempo, representado e representante), que transforma o sujeito em *autor*, ou seja, que faz passar o s por esse estágio de zero, de negação, de exclusão que constitui o autor. Por essa razão, no vaivém entre o sujeito e o outro, entre o escritor e o leitor, o autor se estrutura como significante, e o texto, como diálogo de dois discursos.

A constituição da personagem (do "caráter"), por sua vez, permite a disjunção de s em S_a(sujeito da enunciação) e S_e (sujeito do enunciado).

O esquema dessa mutação será

$$\frac{S}{D} \longrightarrow A\,(zero) \longrightarrow il \longrightarrow N = S \begin{matrix} S_a \\ S_e \end{matrix}$$
$$\overset{}{D_1\ \ D_2}$$

Esquema I

Este esquema engloba a estrutura do sistema pronominal[13] que os psicanalistas encontram no discurso do objeto da psicanálise:

13 Cf. Luce Irigaray, Communication linguistique et communication spéculaire, *Cahiers pour l'analyse*, Paris, n. 3, mai-jun, 1966.

je	S
il₁	N
il₀	Sₐ
on	Sₑ

Esquema II

Encontramos ao nível do texto (do significante), na relação sₐ – sₑ, esse diálogo do sujeito com o destinatário, em torno do qual se estrutura toda narração. O sujeito do enunciado desempenha, em relação ao sujeito da enunciação, o papel do destinatário em relação ao sujeito; ele o insere no sistema da escritura fazendo-o passar pelo vazio. Mallarmé chamava este funcionamento de "desaparecimento elocutivo".

O *sujeito do enunciado* é, simultaneamente, representante do sujeito da enunciação e representado enquanto objeto do sujeito da enunciação. É, portanto, comutável com o anonimato do autor, e é esse engendramento do duplo a partir de zero que é *a personagem* (o caráter). É "dialógica", e s e D se mascaram nela.

Esse procedimento quanto à narração e ao romance, que acabamos de descrever, liquida de vez com as distinções significante--significado e torna tais conceitos inoperantes na prática literária que se constrói apenas no(s) *significante(s) dialógico(s)*. "O significante representa o sujeito para um outro significante" (Lacan).

Desde sempre, portanto, a narração constituiu-se como matriz dialógica pelo destinatário ao qual essa narração remete. Toda narração, inclusive a da história e a da ciência, contém essa díade dialógica que o narrador forma com o outro e que se traduz na relação dialógica sₐ/sₑ, sₐ e sₑ, sendo um para o outro, alternativamente, significante e significado, mas constituindo tão somente um jogo de permutação de dois significantes.

Ora, é somente através de certas estruturas narrativas que esse diálogo, essa posse do signo como duplo e essa ambivalência da escritura se exteriorizam na própria organização do discurso (poético) ao nível da manifestação do texto (literário).

RUMO A UMA TIPOLOGIA DOS DISCURSOS

A análise dinâmica dos textos conduz a uma redistribuição dos gêneros: o radicalismo com que Bakhtin a empreendeu nos convida a fazer o mesmo para a constituição de uma tipologia dos discursos.

O termo narrativa (*récit*), de que se serviam os formalistas, é muito ambíguo para os gêneros que pretende designar. Poder-se-ia, aí, distinguir pelo menos duas variedades.

Por um lado, um *discurso monológico* que compreende 1. o modo representativo da descrição e da narração (épica); 2. o discurso histórico; 3. o discurso científico. Em todos os três, o sujeito assume o papel de 1 (Deus), ao qual, pelo mesmo procedimento, se submete; o diálogo imanente a todo discurso é abafado por um *interdito*, por uma censura, de modo que esse discurso se recusa a voltar-se sobre si mesmo (a "dialogar"). Dar os modelos dessa censura seria descrever a natureza das diferenças entre dois discursos: o da épica (da história, da ciência) e o da menipeia (do carnaval, do romance), que transgride o interdito. O discurso monológico corresponde ao eixo sistemático da linguagem de que fala Jakobson; foi sugerida também sua analogia com a afirmação e a negação gramaticais.

Por outro lado, um *discurso dialógico* que é o: 1. do carnaval, 2. da menipeia e 3. do romance (polifônico). Em suas estruturas, a escritura lê uma outra escritura, lê-se a si mesma e se constrói numa gênese destruidora.

O MONOLOGISMO ÉPICO

A *épica*, que se estrutura ao fim do sincretismo, põe em evidência o duplo valor da palavra em seu período pós-sincrético: fala de um sujeito ("eu") atravessado inevitavelmente pela linguagem, portador de concreto e de universal, de individual e de coletivo. Porém, no estágio épico, o locutor (o sujeito da epopeia) não dispõe da fala de outrem. O jogo dialógico da linguagem como correlação de signos, a permutação dialógica de dois significantes para um significado, dá-se sobre o plano da *narração* (na palavra denotativa ou, ainda, na imanência do texto), isso sem se exteriorizar no plano da *manifestação* textual, como é o caso da estrutura romanesca. É esse esquema que atua na épica, e não ainda a problemática da palavra ambivalente de Bakhtin. O princípio de organização da estrutura épica permanece, pois, monológico. O diálogo da linguagem aí não se manifesta, a não ser na infraestrutura da narração. Ao nível da organização aparente do texto (enunciação histórica/enunciação discursiva), o diálogo não se constrói; os dois aspectos da enunciação ficam limitados pelo ponto de vista absoluto do narrador, que coincide com o todo de um deus ou de uma comunidade. Encontramos no monologismo épico aquele "significado transcendental" e aquela "presença a si" delimitados por Jacques Derrida.

E o modo sistemático (a similaridade, segundo Jakobson) da linguagem que prevalece no espaço épico. A estrutura de contiguidade metonímica, própria do eixo sintagmático da linguagem, é nele rara. As associações e as metonímias, enquanto figuras retóricas, aí existem realmente sem por isso se colocarem como princípio de organização estrutural. A lógica épica busca o geral a partir do particular; supõe, portanto, uma hierarquia na estrutura da substância; ela é, consequentemente, causal, isto é, teológica: uma *crença* no sentido próprio da palavra.

O CARNAVAL, OU A HOMOLOGIA CORPO-SONHO-ESTRUTURA LINGUÍSTICA-ESTRUTURA DO DESEJO

A estrutura *carnavalesca* é semelhante ao indício de uma cosmogonia que não conhece a substância, a causa, a identidade, fora da relação com o todo *que existe apenas em e pela relação*. A sobrevivência da cosmogonia carnavalesca é antiteológica (o que não significa antimística) e profundamente popular. Ela permanece como substrato frequentemente desconhecido ou perseguido pela cultura ocidental oficial ao longo de toda sua história e melhor se manifesta nos jogos populares, no teatro medieval e na prosa medieval (anedotas, *fabliaux*, o romance de Renart). O carnaval é essencialmente dialógico (feito de distâncias, relações, analogias, oposições não exclusivas). Esse espetáculo não conhece ribalta; esse jogo é uma atividade; esse significante é um significado. Equivale a dizer que dois textos nele se encontram, se contradizem e se relativizam. Quem participa do carnaval é, ao mesmo tempo, ator e espectador; perde sua consciência de pessoa para passar pelo zero da atividade carnavalesca e se desdobrar em sujeito do espetáculo e objeto do jogo. No carnaval, o sujeito é aniquilado: aí se efetua a estrutura do *autor* enquanto anonimato que cria e se vê criar, enquanto eu e enquanto outro, enquanto homem e enquanto máscara. O dionisismo nietzschiano seria comparável ao cinismo dessa cena carnavalesca que destrói um deus para impor suas leis dialógicas. Tendo exteriorizado a estrutura da produtividade literária refletida, o carnaval inevitavelmente traz à tona o inconsciente que subtende essa estrutura: o sexo, a morte. Organiza-se entre eles um diálogo, de onde provêm as díades estruturais do carnaval: o alto e o baixo, o nascimento e a agonia, a alimentação e o excremento, o louvor e a imprecação, o riso e as lágrimas.

As repetições, os propósitos ditos *sem* "consequência" (e que são "lógicos" num espaço infinito), as oposições não exclusivas que funcionam como conjuntos vazios ou somas disjuntivas – para citar apenas algumas figuras próprias da linguagem carnavalesca – traduzem um dialogismo que nenhum outro discurso conhece de maneira tão flagrante. Contestando as leis da linguagem que evolui no intervalo 0-1, o carnaval contesta Deus, autoridade e lei social; ele é rebelde na medida em que é dialógico: não é surpreendente que, devido a esse discurso subversivo, o termo "carnaval" tenha tomado em nossa sociedade uma significação fortemente pejorativa e unicamente caricatural.

Assim, a cena do carnaval, onde a ribalta e a "plateia" não existem, é cena e vida, jogo e sonho, discurso e espetáculo; é, ao mesmo tempo, a proposição do único espaço em que a linguagem escapa à linearidade (à lei), para ser vivida em três dimensões enquanto drama; o que, mais profundamente, significa também o contrário, a saber, que o drama se instala na linguagem. Isso exterioriza um princípio maior: todo discurso poético é uma dramatização, uma permutação (no sentido matemático do termo) dramática de palavras. No discurso do carnaval, anuncia-se o fato de que "não há distinção entre a situação mental e os meandros de um drama" (Mallarmé). A cena, de que é sintoma, seria a única dimensão em que "o teatro seria a leitura de um livro, sua escritura operante". Em outros termos, essa cena seria o único lugar onde se efetuaria a "infinidade potencial" (para retomar o termo de Hilbert) do discurso, onde se manifestariam simultaneamente os interditos (a representação, o "monológico") e sua transgressão (o sonho, o corpo, o "dialógico"). Essa tradição carnavalesca foi absorvida pela menipeia e praticada pelo romance polifônico.

Sobre a cena generalizada do carnaval, a linguagem se parodiza e se relativiza, repudiando seu papel de representação (aquilo que provoca o riso), sem chegar, entretanto, a dele se destacar. O eixo sintagmático da linguagem se exterioriza nesse espaço e, num diálogo com o eixo sistemático, constitui a estrutura ambivalente que o carnaval legará ao romance. Viciosa (entendo ambivalente), simultaneamente representativa e antirrepresentativa, a estrutura carnavalesca é anticristã e antirracionalista. Todos os grandes romances polifônicos herdam essa estrutura carnavalesca menipeana (Rabelais, Cervantes, Swift, Sade, Balzac, Lautréamont, Dostoiévski, Joyce, Kafka). A história do romance menipeano é também a história da luta contra o Cristianismo e sua representação, isto é, uma exploração da linguagem (do sexo, da morte), uma consagração da ambivalência, do "vício".

Seria preciso defender-se de uma ambiguidade a que se presta o uso da palavra "carnavalesco". Na sociedade moderna, ela conota, em geral, uma paródia, portanto uma consolidação da lei; tende-se a ocultar o aspecto *dramático* (homicida, cínico, revolucionário, no sentido de uma *transformação dialética*) do carnaval, o qual exatamente Bakhtin enfatiza e reconhece na menipeia ou em Dostoiévski. O riso do carnaval não é simplesmente parodístico; não é mais cômico que trágico; é os dois, ao mesmo tempo; é, se quisermos, *sério*, e é só assim que a cena não é nem a da lei, nem da paródia, mas sua *outra*. A escritura moderna oferece vários exemplos flagrantes dessa cena generalizada que é *lei* e *outra*, e perante a qual o *riso* se cala, pois ela não é paródia, mas *morte* e *revolução* (Antonin Artaud).

A épica e o carnavalesco são as duas correntes que formarão a narrativa europeia, sobrepondo-se uma à outra, segundo as épocas e os autores. A tradição carnavalesca popular manifestou-se ainda na literatura pessoal da Antiguidade tardia e permanece até nossos dias como a fonte viva que reanima o pensamento literário, orientando-o para novas perspectivas.

O humanismo antigo auxiliou a dissolução do monologismo épico, tão bem soldado pela fala e expresso pelos oradores, retóricos e políticos de um lado, e pela tragédia e a epopeia de outro. Antes que um outro monologismo se instale (com o triunfo da lógica formal, o cristianismo e o humanismo[14] da Renascença), a Antiguidade tardia dá nascimento a dois gêneros que põem a nu o dialogismo da linguagem e, situando-se na linha carnavalesca, constituirão o fermento do romance europeu. Trata-se dos *diálogos socráticos* e da *menipeia*.

O DIÁLOGO SOCRÁTICO, OU O DIALOGISMO COMO ANIQUILAMENTO DA PESSOA

O diálogo socrático expandiu-se muito na Antiguidade: Platão, Xenofonte, Antisfeno, Ésquino, Fédon, Euclides etc. sobressaíram-se nele (os diálogos de Platão e de Xenofonte são os únicos que chegaram até nós). É menos um gênero retórico que popular e carnavalesco. Sendo na origem uma espécie de memória (lembrança das conversações de Sócrates com seus discípulos), livrou-se dos embaraços da história para conservar apenas a maneira socrática de revelação dialógica da verdade, assim como a estrutura de um diálogo registrado, enquadrado por uma narrativa. Nietzsche acusava Platão de ter desconhecido a tragédia dionisíaca; contudo, o diálogo socrático tinha assumido a estrutura dialógica e contestativa da cena carnavalesca. Segundo Bakhtin, os diálogos socráticos caracterizam-se por uma oposição ao monologismo oficial, que pretende possuir toda a verdade. A verdade (o "sentido") socrática resulta das relações dialógicas dos locutores; ela é correlacional, e seu relativismo se

---

14 Gostaríamos de insistir sobre o papel ambíguo do individualismo ocidental: por um lado, implicando o conceito de identidade, está ligado ao pensamento substancial, causal e atomista da Grécia aristotélica, e consolida através dos séculos esse aspecto ativista, cientificista ou teológico da cultura ocidental. Por outro lado, fundamentado no princípio da diferença entre o "eu" e o "mundo", induz a uma pesquisa de mediações entre os dois termos, ou de estratificações em cada um, de modo que uma lógica correlacional seja possível a partir do próprio material da lógica formal.

manifesta pela autonomia dos pontos de vista dos observadores. Sua arte é a arte da *articulação* do fantasma, da correlação dos signos. Dois processos típicos determinam essa rede linguística: a síncrise (confrontação de diferentes discursos sobre um mesmo assunto) e a anacruse (provocação de uma palavra por outra palavra). Os sujeitos do discurso são não pessoas, anonimatos, ocultos pelo discurso que os constitui. Bakhtin lembra que o "acontecimento" do diálogo socrático é um acontecimento discursivo: questionamento e prova, pela palavra, de uma definição. A palavra está, pois, organicamente ligada ao homem que a cria (Sócrates e seus discípulos) ou, para dizer melhor, o homem e sua atividade *são* a palavra. Podemos falar aqui de uma palavra-prática, de caráter sincrético: o processo de separação entre a *palavra* como ato, prática apodítica, articulação de uma diferença, e a *imagem* como representação, conhecimento, ideia, não tinha sido ainda concluída na época da formação do diálogo socrático. "Detalhe" importante: o sujeito do discurso está numa situação exclusiva que provoca o diálogo. Em Platão (*Apologia*), são o processo e a expectativa da sentença que determinam o discurso de Sócrates como uma confissão de um homem "no limiar". A situação exclusiva libera a palavra de toda objetividade unívoca e de toda função representativa e desvenda-lhe as esferas do simbólico. A palavra enfrenta a morte medindo-se com um outro discurso, e esse diálogo coloca a *pessoa* fora do circuito.

A semelhança entre o diálogo socrático e a palavra romanesca ambivalente é evidente.

O diálogo socrático não existiu por muito tempo; gerou diversos gêneros dialógicos, inclusive a *menipeia*, cujas origens se encontram também no folclore carnavalesco.

A MENIPEIA: O TEXTO COMO ATIVIDADE SOCIAL

1. A menipeia recebe o nome do filósofo do século III a.C., Menipeu de Gadare (suas sátiras não chegaram até nós; sabemos de sua existência pelos testemunhos de Diógenes Laércio). O termo foi empregado pelos romanos para designar um gênero formado no século I a.C. (Varrão: *Saturae menippeae*). O gênero surgiu, no entanto, muito antes: seu primeiro representante foi talvez

Antisfeno, discípulo de Sócrates e um dos autores do diálogo socrático.

Heráclito também escreveu menipeias (segundo Cícero, ele criou um gênero análogo chamado *logistoricus*). Varrão deu a ela uma estabilidade determinada. O *Apocolocynthosis*, de Sêneca, é um exemplo de menipeia, assim como o *Satiricon*, de Petrônio, as sátiras de Lucânio, as *Metamorfoses*, de Ovídio, o *Romance*, de Hipócrates, os diversos tipos do "romance" grego, do romance utópico antigo, da sátira romana (Horácio). No âmbito da sátira menipeana, voltam a diatribe, o solilóquio, os gêneros aretológicos etc. Ela exerceu uma grande influência sobre a literatura cristã e bizantina; sob diversas formas, subsistiu na Idade Média, na Renascença e sob a Reforma até nossos dias (os romances de Joyce, Kafka, Bataille). Esse gênero carnavalesco, flexível e variável como Proteu, capaz de penetrar noutros gêneros, tem uma influência enorme sobre o desenvolvimento da literatura europeia e notadamente sobre a formação do romance.

A menipeia é, simultaneamente, cômica e trágica, é sobretudo *séria*, no sentido em que o é o carnaval e, pelo estatuto de suas palavras, é política e socialmente desorganizante. Liberta a palavra dos embaraços históricos, o que acarreta uma audácia absoluta da invenção filosófica e da imaginação. Bakhtin sublinha que as situações "exclusivas" aumentam a liberdade da linguagem na menipeia. A fantasmagoria e o simbolismo (frequentemente místico) fundem-se com um naturalismo macabro. As aventuras desenvolvem-se nos lupanares, entre os ladrões, nas tavernas, nas feiras, nas prisões, no seio de orgias eróticas, no curso de cultos sagrados etc. A palavra não teme ser difamada. Ela se emancipa de "valores" pressupostos; sem distinguir vício de virtude, e sem distinguir-se deles, considera-os como domínio próprio, como uma de suas criações. Afastam-se os problemas acadêmicos para se discutirem os problemas "últimos" da existência: a menipeia orienta a linguagem liberta para um universalismo filosófico. Sem distinguir ontologia de cosmogonia, a menipeia une-as numa filosofia prática da vida. Elementos fantásticos aparecem, mas eram desconhecidos na epopeia e na tragédia (por exemplo, um ponto de vista inabitual, de cima, que faz mudar a escala da observação, é utilizado em *Icaromenippe*, de Lucânio, *Endymion*, de Varrão;

encontramos tal processo em Rabelais, Swift, Voltaire etc.). Os estados patológicos da alma (a loucura, o desdobramento da personalidade, as fantasias, os sonhos, a morte) são convertidos em matéria da narrativa (a escritura de Calderón e de Shakespeare disso se ressente). Tais elementos têm, segundo Bakhtin, uma significação estrutural sobretudo temática; destroem a unidade épica e trágica do homem tanto quanto sua crença na identidade e nas causas e mostram que ele perdeu sua totalidade, que não coincide mais consigo mesmo. Ao mesmo tempo, eles se apresentam frequentemente como uma exploração da linguagem e da escritura: em *Bimarcus*, de Varrão, os dois Marcus discutem se é necessário ou não escrever com tropos. A menipeia tende para o escândalo e para o excêntrico na linguagem. A palavra "despropositada", por sua franqueza cínica, por sua profanação do sagrado, por seu ataque à etiqueta, é muito característica da menipeia. A menipeia é feita de contrastes: uma cortesã virtuosa, um salteador generoso, um sábio livre e escravo simultaneamente etc. Ela utiliza as passagens e as mudanças abruptas, o alto e o baixo, a ascensão e a queda, os maus casamentos de toda espécie. A linguagem parece fascinada pelo "duplo" (por sua própria atividade de *traço* gráfico dublando um "exterior") e pela lógica da oposição que substitui a da identidade nas definições dos termos. Gênero englobante, a menipeia constrói-se como um mosaico de citações. Compreende todos os gêneros: novelas, cartas, discursos, misturas de verso e de prosa, cuja significação estrutural é denotar as distâncias do escritor em relação a seu texto e aos textos. O pluriestilismo e a pluritonalidade da menipeia e o estatuto dialógico da palavra menipeana explicam a impossibilidade que tiveram o classicismo e toda sociedade autoritária de se expressar num romance herdeiro da menipeia.

Construindo-se como exploração do corpo, do sonho e da linguagem, a escritura menipeana está enxertada na atualidade: a menipeia é uma espécie de jornalismo político da época. Seu discurso exterioriza os conflitos políticos e ideológicos do momento. O dialogismo de suas palavras *é* a filosofia prática em luta com o idealismo e a metafísica religiosa (com a épica): constitui o pensamento social e político da época, que discute com a teologia (a lei).

11. A menipeia é, assim, estruturada como uma ambivalência, como um foco das duas tendências da literatura ocidental: representação pela linguagem enquanto encenação e exploração da linguagem enquanto sistema correlativo de signos. A linguagem na menipeia é, ao mesmo tempo, a representação de um espaço exterior e "experiência produtora de seu próprio espaço". Encontramos nesse gênero ambíguo as *premissas do realismo* (atividade secundária relativamente ao vivido, na qual o homem se descreve oferecendo-se como espetáculo para acabar criando "personagens" e "caracteres"), assim como a *recusa a definir* um universo psíquico (atividade no presente que se caracteriza por imagens, gestos e palavras-gestos, através das quais o homem vive seus limites no impessoal). Esse segundo aspecto da menipeia aproxima sua estrutura à do sonho ou da escrita hieroglífica ou, se quisermos, à do teatro da crueldade em que pensava Artaud. Como ele, a menipeia "iguala-se não à vida individual, àquele aspecto individual da vida em que triunfam os caracteres, mas a uma espécie de vida liberada que varre a individualidade humana e onde o homem não é mais que um reflexo". Como ele, a menipeia não é catártica; é uma festa da crueldade, também um ato político; não transmite nenhuma mensagem determinada, exceto a de ser ela mesma "a alegria eterna do futuro", e se esgota no ato e no tempo presente. Nascida depois de Sócrates, Platão e os sofistas, ela é contemporânea da época em que o pensamento não é mais uma prática (o fato de ser considerada como *techné* já evidencia que é feita a separação *praxis-poiesis*). Num desenvolvimento análogo, a literatura, tornando-se "pensamento", toma consciência de si mesma como *signo*. O homem, alienado da natureza e da sociedade, aliena a si mesmo, descobre seu "interior" e "reifica" essa descoberta na ambivalência da menipeia. Os signos são precursores da representação realista. Entretanto, a menipeia não conhece o monologismo de um princípio teológico (ou do homem-Deus, como durante a Renascença), que poderia consolidar seu aspecto de representação. A "tirania" que padece é a do texto (não da palavra como reflexo de um universo preexistente), ou antes, a de sua própria estrutura, que se erige e se compreende a partir dela mesma. Assim, a menipeia constrói-se como *hieróglifo*, sendo sempre um *espetáculo*, e é essa ambivalência que ela vai

legar ao romance – sobretudo ao romance polifônico, que não conhece nem lei, nem hierarquia, sendo uma pluralidade de elementos linguísticos em relação dialógica. O princípio de junção das diferentes partes da menipeia é certamente a *similitude* (a semelhança, a dependência; logo, o "realismo"), mas também a contiguidade (analogia a justaposição; logo, a "retórica", não no sentido de ornamento dado por Croce, mas como justificação pela e na linguagem). A ambivalência menipeana consiste na comunicação entre dois espaços[15], o da cena e o do hieróglifo, o da representação *pela* linguagem e o da experiência *na* linguagem, o sistema e o sintagma, a metáfora e a metonímia. É esta ambivalência que será legada ao romance.

Em outros termos, o dialogismo da menipeia (e do carnaval), que traduz uma lógica de relação e de analogia mais do que de substância e de inferência, opõe-se à lógica aristotélica e, do interior mesmo da lógica formal, ainda que a bordejando, a contradiz e a orienta para outras formas de pensamento. Efetivamente, as épocas em que a menipeia se desenvolve são épocas de oposição ao aristotelismo, e os autores dos romances polifônicos parecem desaprovar as próprias estruturas do pensamento oficial, fundado na lógica formal.

O ROMANCE SUBVERSIVO

1. O aspecto menipeano foi dominado na Idade Média pela autoridade do texto religioso e, durante a era burguesa, pelo absolutismo do indivíduo e das coisas. Só a modernidade, se ela é livre de "Deus", libera a força menipeana do romance.

Se a sociedade moderna (burguesa) não somente aceitou o romance mas pretende reconhecer-se nele[16], trata-se claramente

---

15 É, talvez, esse fenômeno que Bakhtin tem em vista quando escreve: "A linguagem do romance não pode ser situada numa superfície ou numa linha. É um sistema de planos que se cruzam. O autor, como criador do todo romanesco, não é encontrável em nenhum dos planos linguísticos: situa-se nesse centro regulador representado pelo cruzamento das superfícies. E todas as superfícies encontram-se a uma distância diferente desse centro do autor" (Slovo v Romane, *Voprosy Literatury*, n. 8, 1965). De fato, o autor é apenas um *encadeamento* de centros: atribuir-lhe um único centro é limitá-lo a uma posição monológica, teológica.

16 Essa ideia é sustentada por todos os teóricos do romance: Albert Thibaudet, *Réflexions sur le roman*, Paris: Gallimard, 1938; Rafael Koskimies, Theorie des

daquela categoria de narrativas monológicas, ditas realistas, que censuram o carnaval e a menipeia, e cuja estruturação delineia-se a partir da Renascença. Ao contrário, o romance dialógico menipeano, que tende a recusar a representação e a épica, é apenas tolerado, ou seja, declarado ilegível, ignorado ou ridicularizado: compartilha na modernidade da espécie de discurso carnavalesco que os estudantes da Idade Média praticavam fora da Igreja.

O romance, e sobretudo o romance polifônico moderno, incorporando a menipeia, encarna o esforço do pensamento europeu para sair dos quadros das substâncias idênticas, causalmente determinadas, a fim de orientá-lo para um outro modo de pensamento: aquele que procede por diálogo (uma lógica de distância, relação, analogia, oposição não exclusiva, transfinita). Não é, então, surpreendente que o romance tenha sido considerado um gênero inferior (pelo classicismo e regimes a ele similares) ou subversivo (penso aqui nos grandes autores de romances polifônicos de todas as épocas – Rabelais, Swift, Sade, Lautréamont, Joyce, Kafka, Bataille – para citar apenas os que sempre estiveram e continuam à margem da cultura oficial). Poder-se-ia demonstrar, através da palavra e da estrutura narrativa romanesca do século xx, como o pensamento europeu transgride suas características constituintes – a identidade, a substância, a causalidade, a definição – para adotar outras coisas – a analogia, a relação, a oposição, logo o dialogismo e a ambivalência menipeana[17].

Pois, se todo esse inventário histórico a que Bakhtin se entregou evoca a imagem de um museu ou o procedimento de

---

Romans, *Annales Academiae Scientiarum Finnicae*, I, série B, t. XXXV, 1935; Georg Lukács, *La Théorie du roman* etc.

Da tese do romance como diálogo, aproxima-se o interessante estudo de Wayne C. Booth, *The Rhetoric of Fiction*, University of Chicago Press, 1961. Suas ideias sobre *the reliable* e *the unreliable writer* (escritor confiável e escritor não-confiável) remetem às pesquisas bakhtinianas sobre o dialogismo romanesco, sem com isso estabelecer uma relação entre o "ilusionismo" romanesco e o simbolismo linguístico.

17 Pode-se encontrar tal modo de lógica na física moderna e no antigo pensamento chinês: ambos igualmente antiaristotélicos, antimonológicos, dialógicos. Ver a esse respeito: Samuel I. Hayakawa (org.), What is Meant: By Aristotelian Structure of Language, em *Language, Meaning and Maturity*, New York: Harper & Brothers, 1954; Chang Tung-Sun, A Chinese Philosopher's Theory of Knowledge, *Our Language our World*, New York: Harper, 1959; e em *Tel Quel* n. 38, sob o título *La Logique chinoise*; Joseph Needham (org.), *Science and Civilization in China*, v. II, Cambridge: Cambridge University Press, 1965.

um arquivista, ele não está menos enraizado em nossa atualidade. Tudo o que se escreve hoje desvenda uma possibilidade ou uma impossibilidade de ler e de reescrever a história. Essa possibilidade é palpável na literatura que se anuncia através dos escritos de uma nova geração, onde o texto se constrói enquanto *teatro* e enquanto *leitura*. Como dizia Mallarmé, um dos primeiros a compreender o livro como *menipeia* (sublinhemos, ainda uma vez, que esse termo bakhtiniano tem a vantagem de situar na história um certo modo de escrever), a leitura "não é jamais senão o brilho do que deveria ter-se produzido anteriormente ou próximo à origem".

11. Estabeleceremos, dessa maneira, dois modelos de organização da significação narrativa a partir de duas categorias dialógicas: 1. Sujeito (s) ↔Destinatário (D); 2. Sujeito da enunciação ↔ Sujeito do enunciado.

O primeiro modelo implica uma relação dialógica. O segundo implica as relações modais na realização do diálogo. O modelo 1 determina o gênero (poema épico, romance) e o modelo 2, as variantes do gênero.

Na estrutura romanesca polifônica, o primeiro modelo dialógico (s↔D) representa-se inteiramente no discurso que escreve e se apresenta como uma contestação perpétua desse discurso. O interlocutor do escritor é, pois, o próprio escritor enquanto leitor de um outro texto. Quem escreve é o mesmo que lê. Sendo seu interlocutor um texto, ele próprio não passa de um texto que se relê ao reescrever-se. A estrutura dialógica surge, assim, apenas à luz do texto, construindo-se com relação a outro texto enquanto ambivalência.

Ao contrário, na épica, D é uma entidade absoluta extratextual (Deus, comunidade), que relativiza o diálogo até eliminá-lo e reduzi-lo a monólogo. É fácil, então, compreender por que o romance, dito clássico, do século XIX e todo romance de tese ideológica tendem ao épico e constituem um desvio da estrutura propriamente romanesca (ver o monologismo de Tolstói, épico, e o diálogo de Dostoiévski, romanesco).

Várias possibilidades podem ser observadas nos quadros do segundo modelo:

a. A coincidência do sujeito do enunciado (S_e) com um grau zero do sujeito da enunciação (S_a), que pode ser designado por "ele" (o nome da não pessoa), ou por nome próprio. Essa é a técnica narrativa mais simples e encontrada no nascimento da narrativa.

b. A coincidência do sujeito do enunciado (S_e) com o sujeito da enunciação (S_a). É a narração em 1ª pessoa: "Eu".

c. A coincidência do sujeito do enunciado (S_e) com o destinatário (D). A narração está na 2ª pessoa: "Tu". Tal é, por exemplo, a palavra objetal de Raskolnikov em *Crime e Castigo*. Uma exploração insistente dessa técnica é feita por Michel Butor em *La Modification*.

d. A coincidência do sujeito do enunciado (S_e) simultaneamente com o sujeito da enunciação (S_a) e com o destinatário (D). O romance torna-se, então, um questionamento da escritura e mostra a encenação da estrutura dialógica do livro. Ao mesmo tempo, o texto se faz leitura (citação e comentário) de um *corpus* literário exterior, construindo-se, desse modo, como ambivalência. *Drame*, de Philippe Sollers, pelo emprego dos pronomes pessoais e pelas citações anônimas que lemos no romance, é um exemplo disso.

A leitura de Bakhtin conduz ao paradigma apresentado na tabela seguinte.

Prática	Deus
"Discurso"	"História"
Dialogismo	Monologismo
Lógica correlacional	Lógica aristotélica
Sintagma	Sistema
Carnaval	Narrativa

Ambivalência
Menipeia
Romance polifônico

Gostaríamos de insistir, enfim, na importância dos conceitos bakhtinianos: o estatuto da palavra, o diálogo e a ambivalência, assim como em certas perspectivas que eles abrem.

Determinando o estatuto da palavra como *unidade minimal* do texto, Bakhtin apreende a estrutura ao nível mais profundo, além da frase e das figuras retóricas. A noção de *estatuto* acrescenta à imagem do texto, como *corpus* de átomos, aquela de um texto feito de relações, no qual as palavras funcionam como *quanta*. Então, a problemática de um modelo de linguagem poética não é mais a problemática da linha ou da superfície, mas do *espaço* e do *infinito*, formalizáveis pela teoria dos conjuntos e pela matemática moderna. A análise atual da estrutura narrativa é refinada a ponto de delimitar as funções (cardeais ou catálises) e os índices (propriamente ditos ou informações), ou de ver a narrativa construir-se segundo um esquema lógico ou retórico. Ao mesmo tempo em que reconhece o valor incontestável de suas pesquisas[18], poder-se-ia perguntar se os *a priori* de uma metalinguagem hierarquizante ou heterogênea à narrativa não pesam demais sobre tais estudos, e se o procedimento ingênuo de Bakhtin, centrado na palavra e em sua possibilidade ilimitada de diálogo (de comentário de uma citação) não é mais simples e mais esclarecedor a um só tempo.

O dialogismo, que deve muito a Hegel, não pode, no entanto, ser confundido com a dialética hegeliana que supõe uma tríade, portanto, uma luta e uma projeção (uma superação), que não transgride a tradição aristotélica, fundada na substância e na causa. O dialogismo substitui esses conceitos ao absorvê-los ao conceito de relação, e não visa a uma superação, mas a uma harmonia, implicando sempre uma ideia de ruptura (oposição, analogia) como modo de transformação.

O dialogismo situa os problemas filosóficos *na* linguagem e, mais precisamente, na linguagem vista como uma correlação de textos, como escritura-leitura, que caminha paralela a uma lógica não aristotélica, sintagmática, correlacional, "carnavalesca". Consequentemente, um dos problemas fundamentais que a semiótica abordará atualmente será justamente essa "outra lógica", que espera ser descrita sem ser desnaturada.

---

18 Ver a esse respeito o conjunto de pesquisas sobre a estrutura da narrativa, Roland Barthes, A. J. Greimas, Claude Brémond, Umberto Eco, Jules Gritti, Violette Morin, Christian Metz, Tzvetan Todorov, Gérard Genette, *Comunications*, n. 8, 1966. (Cf. trad. bras., *Análise Estrutural da Narrativa*, Petrópolis: Vozes, 1971.)

O termo "ambivalência" adapta-se perfeitamente ao estágio transitório da literatura europeia, que é uma coexistência (uma ambivalência), ao mesmo tempo "duplo do vivido" (realismo, épica) e "vivido" mesmo (exploração linguística, menipeia) antes de atingir, talvez, uma forma de pensamento semelhante à da pintura: transmissão da essência na forma, configuração do espaço (literário) como revelador do pensamento (literário), sem pretensão "realista". Ele remete ao estudo através da linguagem, do espaço romanesco e de suas transmutações, estabelecendo, assim, uma relação estreita entre a linguagem e o espaço, e obrigando-nos a analisá-los como modos de pensamento. Estudando a ambivalência do espetáculo (a representação realista) e do próprio vivido (a retórica), poder-se-ia apreender a linha onde a ruptura (ou a junção) entre eles se faz. Isto seria o gráfico do movimento no qual nossa cultura se arranca de si para se ultrapassar.

O trajeto que se constitui entre os dois polos que o diálogo supõe suprime radicalmente de nosso campo filosófico os problemas de causalidade, de finalidade etc., e sugere o interesse do princípio dialógico para um espaço de pensamento muito mais vasto do que o romanesco. O dialogismo, mais que o binarismo, seria, talvez, a base da estrutura intelectual de nossa época. A predominância do romance e das estruturas literárias ambivalentes, as atrações comunitárias (carnavalescas) da juventude, as permutações quânticas, o interesse pelo simbolismo correlacional da filosofia chinesa, para citar provisoriamente apenas alguns elementos marcantes do pensamento moderno, confirmam essa hipótese.

[1966]

8. Por uma Semiologia dos Paragramas

> *A expressão simples será algébrica ou não existirá* [...]
> *Chegamos a teoremas que é preciso demonstrar.*
> (1911)
>
> FERDINAND DE SAUSSURE

ALGUNS PONTOS DE PARTIDA

I. 1. A semiótica literária já tende a superar aquilo que se julgam ser os defeitos inerentes ao estruturalismo: a "estaticidade"[1] e o "não historicismo"[2], conferindo-se a tarefa que a justificará: encontrar um formalismo isomorfo à produtividade literária que se pensa a si própria. Esse formalismo só poderia ser elaborado a partir de duas metodologias: 1. A matemática e a metamatemática – línguas artificiais que, pela liberdade de suas notações, escapam cada vez mais às restrições de uma lógica elaborada a partir da frase indo-europeia sujeito-predicado e, consequentemente, adaptam-se melhor à descrição do funcionamento poético[3] da linguagem. 2. A linguística gerativa (gramática e semântica),

---

1 Roland Barthes, Introduction à l'analyse structurale du récit, *Comunications*, n. 8, 1966: seu modelo dinâmico da estrutura.
2 Ver Algirdas Julien Greimas, Élements pour une théorie de l'interprétation du récit mythique, idem: sua tese da integração da cultura natural no mito (ambos os artigos encontram-se em *Análise Estrutural da Narrativa*, já citada à p. 167).
3 "Essa função, que põe em evidência o lado palpável dos signos, aprofunda, com isto, a dicotomia fundamental entre os signos e os objetos." Roman Jakobson, *Essais de linguistique générale*, Paris: Minuit, 1963, p. 218. (Cf. trad. bras., *Linguística e Comunicação*, São Paulo: Cultrix, 2001, p. 128.)

na medida em que considera a linguagem como sistema dinâmico de relações. Não aceitaremos seu fundamento filosófico, dependente de um imperialismo científico que permite à gramática gerativa propor regras de construção de novas variantes linguísticas e, por extensão, poéticas.

1. 2. A aplicação de tais métodos a uma semiótica da linguagem poética supõe, acima de tudo, uma revisão da concepção geral do texto literário. Aceitaremos os princípios enunciados por Ferdinand de Saussure em seus *Anagrammes*[4], a saber:

a. A linguagem poética "confere uma segunda maneira de ser, fictícia, acrescentada, por assim dizer, ao original da palavra".
b. Existe uma correspondência de elementos entre elas, por *pares* e por rimas.
c. As leis poéticas *binárias* chegam até a transgredir as leis da gramática.
d. Os elementos da *palavra-tema* (até uma letra) "estendem-se por sobre toda a extensão do texto, ou então, concentram-se num pequeno espaço, equivalente a uma ou duas palavras".

Essa concepção "paragramática" (a palavra "paragrama" é usada por Saussure) da linguagem poética implica três teses maiores:

A. A linguagem poética é a única infinidade do código.
B. O texto literário é um duplo: escritura-leitura.
C. O texto literário é uma rede de conexões.

1. 3. Essas proposições não devem ser lidas como uma hipóstase da poesia. Inversamente, elas nos servirão mais tarde para situar o discurso poético no conjunto dos gestos significantes da coletividade produtora, sublinhando que:

a. Uma analogia geral radical perpassa todos esses gestos. A história social entendida como espaço, e não como teleologia, estrutura-se também em todos os seus níveis (entre os quais,

---

4 Publicados parcialmente por Jean Starobinski, *Mercure de France*, n. 2, 1964. Cf. igualmente *Tel Quel*, n. 37.

aquele da poesia que exterioriza, como todos os outros, a função geral do conjunto) como *paragrama* (natureza-sociedade, lei-revolução, indivíduo-grupo, classes-luta de classes, história linear-história tabular, estando sempre por refazer os pares oposicionais não exclusivos em que se processam as relações *dialógicas* e as "transgressões").

b. As três particularidades da linguagem poética que acabamos de enunciar eliminam o isolamento do discurso poético (considerado em nossa sociedade hierarquizada como "ornamento", "supérfluo" ou "anomalia") e lhe atribuem um estatuto de prática social que, entendida como paragramática, manifesta-se ao nível da articulação do texto, assim como ao nível da mensagem explícita.

c. Sendo o paragramatismo mais facilmente descritível ao nível do discurso poético, a semiótica deverá primeiro apreendê-lo aí, antes de explicá-lo em relação a toda a produtividade refletida.

A LINGUAGEM POÉTICA COMO INFINIDADE

II. 1. A descrição do funcionamento da linguagem poética (aqui este termo designará um funcionamento que pode ser próprio tanto à linguagem da "poesia" quanto à da prosa) é hoje uma parte integrante – talvez a mais inquietante – da linguística em seu desígnio de explicar o mecanismo da linguagem.

O interesse dessa descrição consiste em dois fatos reputados provavelmente entre as características mais marcantes das "ciências humanas" hoje:

a. Dependendo de um formalismo (no sentido matemático do termo) mais sensível, a linguagem poética é a única prática da totalidade linguística enquanto estrutura complementar.

b. A constatação dos limites do procedimento científico, que acompanha a ciência ao longo de toda sua história impõe-se pela primeira vez a respeito da possibilidade da lógica científica de formalizar, sem desnaturá-las, as funções do discurso poético. Surge, contudo, uma divergência: a incompatibilidade entre a lógica científica que a sociedade elaborou para se explicar (para justificar sua quietude, assim como suas rupturas) e a lógica de um discurso marginal, destruidor, mais ou menos excluído da utilidade social. É evidente que a linguagem poética, enquanto sistema complementar que obedece a uma lógica diferente daquela do procedimento científico, exige, para ser descrita, uma aparelhagem que leve em consideração as características dessa lógica poética.

O discurso dito cotidiano, e ainda mais sua racionalização pela ciência linguística, camuflam essa lógica da complementaridade, sem com isso destruí-la ao reduzi-la a categorias lógicas socialmente (a sociedade hierarquizada) e espacialmente (Europa) limitadas. (Não abordaremos aqui as razões sociais, econômicas, políticas e linguísticas dessa obliteração.)

II. 2. Os preconceitos daí decorrentes influenciam os estudos sobre a especificidade da mensagem poética. A estilística que brotou, segundo a expressão de Viktor V. Vinogradov[5], como uma erva daninha entre a linguística e a história literária, tende a estudar "os tropos" ou "os estilos" como desvios da linguagem normal.

Todos os pesquisadores admitem a especificidade da linguagem poética enquanto uma "particularidade" do comum (Bally, A. Marty, L. Spitzer, Nefile etc.). As definições que propõem ou saem do domínio literário e linguístico, por adotar as premissas de um sistema filosófico ou metafísico, incapazes de resolver os problemas levantados pelas próprias estruturas linguísticas (Vossler, Spitzer, de um lado, Croce ou Humboldt, de outro) ou, então, alargando desmedidamente o campo do estudo linguístico, transformam os problemas da linguagem poética em problemática de estudo de todo fenômeno linguístico (Vossler). Os formalistas russos, que fizeram os estudos mais interessantes sobre o código poético, consideram-no como uma "violação" das regras da linguagem corrente[6]. Várias investigações recentes, muito interessantes, participam, apesar de tudo, de tal concepção. A noção da linguagem poética como desvio da linguagem normal ("novidade", "afastamento", "quebra do automatismo") substituiu a concepção naturalista da literatura como reflexo

---

5 Postroeniiu Teorii Poeticheskovo Jazika (Para a Construção de uma Teoria da Linguagem Poética), *Poetika*, 1917.
6 Viktor Jirmunski, *Vedeniie v Metriku, Teoriia Stixa* (Introdução à Métrica, Teoria do Verso), Leningrado: [s. n.], 1925; B. Tomachevski, *Ritm Prozy, O Stixe* (O Ritmo da Prosa, Acerca do Verso), Leningrado: [s. n.], 1929.

(expressão) da realidade, e essa noção está prestes a se cristalizar num clichê, que impede o estudo da morfologia propriamente poética.

II. 3. A ciência linguística, que toma em consideração a linguagem poética e os dados da análise estocástica, chegou à ideia da *conversibilidade* do código linguístico e contesta os conceitos de desvio e de irregularidade aplicados à linguagem poética[7]. Mas a concepção do sistema linguístico como hierarquia (é preciso insistir sobre as razões linguísticas e sociais de tal concepção) impede que se veja na linguagem poética (na criação metafórica, por exemplo) algo além de um "subcódigo do código total".

Os resultados empíricos dos trabalhos mencionados acima só lograriam encontrar seu justo valor numa concepção não hierárquica do código linguístico. Não se trata simplesmente de inverter a perspectiva e de postular, à maneira vossleriana, que a linguagem corrente é um caso particular desse formalismo maior representado pela linguagem poética. Para nós, a linguagem poética não é um código que engloba os outros, mas uma classe A que tem a mesma potência que a função φ $(x_1 \ldots x_n)$ do infinito do código linguístico (ver o teorema da existência, p. 184), e todas as "outras linguagens" (a linguagem "usual", as "metalinguagens" etc.) são quocientes de A sobre extensões mais restritas (limitadas pelas regras da construção sujeito-predicado, por exemplo, como estando na base da lógica formal) e camuflando, como decorrência dessa limitação, a morfologia da função φ $(x_1 \ldots x_n)$.

II. 4. A linguagem poética (que designaremos daqui em diante pelas iniciais lp) contém o código da lógica linear. Ademais, poderemos encontrar nela todas as figuras combinatórias que a lógica formalizou num sistema de signos artificiais e que não são exteriorizados ao nível da manifestação da linguagem usual. No funcionamento dos modos de junção da linguagem poética, observamos, além disso, o processo dinâmico pelo qual

---

7 R. Jakobson (ed.), *Structure of Language and its Mathematical Aspects*, Proceedings of Symposia in Applied Mathematics, v. XII, Providence: American Mathematical Society, 1961, p. 245-252.

os signos se carregam ou mudam de significação. É apenas na lp que se realiza praticamente "a totalidade" (preferimos a este o termo "infinito") do código de que dispõe o sujeito. Nessa perspectiva, a prática literária revela-se como exploração e descoberta das possibilidades da linguagem; como atividade que liberta o sujeito de certas redes linguísticas (psíquicas, sociais); como dinamismo que rompe a inércia dos hábitos da linguagem e oferece ao linguista a única possibilidade de estudar o *devir* das significações dos signos.

A lp é uma díade inseparável da *lei* (a do discurso usual) e de sua *destruição* (específica do texto poético), e aquela coexistência indivisível do "+" e do "–" é a *complementariedade constitutiva* da linguagem poética, uma complementariedade que surge em todos os níveis das articulações textuais não monológicas (paragramáticas).

A lp não pode ser, por conseguinte, um subcódigo. É o código infinito organizado, um sistema complementar de códigos, onde se pode isolar (por abstração operacional e à guisa de demonstração de um teorema) uma linguagem usual, uma metalinguagem científica e todos os sistemas artificiais de signos – todos eles apenas subconjuntos daquele infinito que exteriorizam as regras de sua ordem num espaço restrito (sua potência é menor em relação àquela da lp que os projetou).

II. 5. Tal compreensão da lp implica que se substitua o conceito de *lei* da linguagem pelo de *ordem* linguística, de modo que a linguagem seja considerada não como um mecanismo gerado por certos princípios (preestabelecidos segundo certos usos restritos do código), mas como um organismo cujas partes complementares são interdependentes e sucessivamente ganham superioridade nas diferentes condições de emprego, sem, com isto, se afastar das particularidades decorrentes de sua dependência ao código total. Tal noção *dialética* da linguagem nos faz pensar no sistema fisiológico, e somos particularmente gratos ao professor Joseph Needham por sugerir a expressão *hierarquicamente flutuante* para o sistema da linguagem[8]. Lembremos também que

---

8 O professor Joseph Needham (de Cambridge) retira esse termo da fisiologia comparada, mais especificamente da nomeação orquestra endócrina dos mamíferos.

o método transformacional já dinamizou o estudo específico da estrutura gramatical – as teorias de Noam Chomsky sobre as regras da gramática inscrevem-se nessa concepção mais ampla da lp que acabamos de esboçar.

II. 6. O *livro*, ao contrário, situado na infinidade da linguagem poética, é *finito*: não é aberto, é fechado, constituído de uma vez por todas, tornado princípio, *um*, lei, mas que só é legível como tal numa abertura possível para o infinito. Essa legibilidade do fechado abrindo-se para o infinito só é *completamente* acessível a quem escreve, isto é, do ponto de vista da produtividade refletora que é a escritura[9]. "Ele canta para si mesmo e não para seus semelhantes", escreve Lautréamont[10].

Para o escritor, portanto, a linguagem poética se apresenta como uma *infinidade potencial* (a palavra é usada aqui no sentido que tem como termo de base na concepção de Hilbert): o conjunto infinito (da linguagem poética) é considerado conjunto de possibilidades realizáveis; cada uma dessas possibilidades é realizável separadamente, mas não todas juntas.

A semiótica, de sua parte, poderia introduzir em seu raciocínio a noção de linguagem poética como *infinidade real* impossível de representar, o que lhe permitiria aplicar os processos da teoria dos conjuntos que, ainda que contaminada de dúvidas, podem ser utilizados dentro de certos limites. Orientada pelo finitismo de Hilbert, a axiomatização das articulações da linguagem poética escapará das dificuldades que apresenta a teoria dos conjuntos e, ao mesmo tempo, integrará na abordagem do texto a noção do *infinito*, sem a qual se revelou ser impossível tratar de modo satisfatório os problemas do conhecimento exato.

O objetivo da pesquisa "poética" vê-se imediatamente deslocado: a tarefa do semioticista será a de tentar ler o finito em relação a uma infinidade, descobrindo uma significação que resultaria dos modos de junção no sistema ordenado da lp. Descrever o funcionamento significante da linguagem poética é descrever o mecanismo das junções numa infinidade potencial.

---

9 Uma análise penetrante do livro como escritura-leitura é feita sobre Lautréamont por Marcelin Pleynet, *Lautréamont par lui-même*, Paris: Seuil, 1967.
10 As citações de Lautréamont são tiradas do texto organizado por Maurice Saillet das *Oeuvres complètes*, Paris: Livre de Poche, 1966.

O TEXTO COMO ESCRITURA-LEITURA

III. 1. O texto literário insere-se no conjunto dos textos: é uma escritura-réplica (função ou negação) de um outro (de outros) texto(s). Pelo seu modo de escrever, lendo o *corpus* literário anterior ou sincrônico, o autor vive na história, e a sociedade se escreve no texto. A ciência paragramática deve, pois, levar em conta uma ambivalência: a linguagem poética é *um diálogo* de dois discursos. Um texto estranho entra na rede da escritura: esta o absorve segundo leis específicas que estão por se descobrir. Assim, no paragrama de um texto, funcionam todos os textos do espaço lido pelo escritor. Numa sociedade alienada, a partir de sua própria alienação, o escritor *participa* através de uma escritura paragramática.

O verbo "ler" tinha para os antigos uma significação que merece ser lembrada e valorizada, com vistas a uma compreensão da prática literária. "Ler" era também "recolher", "colher", "espiar", "reconhecer os traços", "tomar", "roubar". "Ler" denota, pois, uma participação agressiva, uma apropriação ativa do outro. "Escrever" seria o "ler" convertido em produção, indústria: a escritura-leitura, a escritura paragramática seria a aspiração de uma agressividade e uma participação total. ("O plágio é necessário" – Lautréamont).

Mallarmé já sabia que escrever era "arrogar-se, em virtude de uma dúvida – o pingo de tinta assemelhado à noite sublime –, algum dever de recriar tudo com *reminiscência* para verificar que se está bem ali onde se deve estar. "Escrever" era para ele "uma intimação ao mundo, obsessão que se iguala a ricos postulados cifrados, enquanto lei, sobre o papel lívido de tanta audácia".

Reminiscência, intimação de cifras, para "verificar que se está bem ali onde se deve estar". A linguagem poética surge como um diálogo de textos: toda sequência se constrói em relação a uma outra, provinda de um outro *corpus*, de modo que toda sequência está duplamente orientada para o ato de reminiscência (evocação de uma outra escrita) e para o ato de intimação (a transformação dessa escritura). O livro remete a outros livros e, pelos modos de intimar (*aplicação*, em termos matemáticos), confere a esses livros um novo modo de ser, elaborando, assim, sua própria significação[11]. Assim, por exemplo, *Les Chants de Maldoror*, e mais ainda as *Poésies*, de Lautréamont, que oferecem uma polivalência manifesta, única na literatura moderna, são textos-diálogos, ou seja: 1. tanto pela junção dos sintagmas como pelo caráter dos gramas sêmicos e fonéticos, remetem a um outro texto; 2. sua lógica não é a de um sistema *submisso* à lei (Deus, moral burguesa, censuras), mas a de um espaço quebrado, topológico, que procede por díades oposicionais nas quais o 1 está implícito, ainda que transgredido. Eles leem o código psicológico e romântico, parodiam-no e reduzem-no. Um outro livro está constantemente presente no livro, e é a partir dele, acima dele e a despeito dele que *Les Chants de Maldoror* e as *Poésies* se constroem.

Sendo o interlocutor um texto, o sujeito é também um texto: uma poesia pessoal-impessoal é o resultado do qual são banidos, ao mesmo tempo que o sujeito-pessoa, o sujeito psicológico, a descrição das paixões sem conclusão moral (372), o fenômeno (405), o acidental (405). "Vencerá a frieza do axioma!" (408). A poesia construir-se-á como uma rede axiomática indestrutível ("o fio indestrutível da poesia impessoal", 384), mas destruidora ("o teorema zomba de sua natureza", 413).

CONSEQUÊNCIAS

III. 2. A sequência poética é pelo menos *dupla*. Mas esse desdobramento não é nem horizontal, nem vertical: não implica nem a ideia do paragrama como mensagem do sujeito da escritura a um destinatário (o que seria a dimensão horizontal), nem a ideia do paragrama como significante-significado (o que seria a dimensão vertical). O duplo da escritura-leitura é *uma espacialização* da sequência: às duas dimensões da escritura (Sujeito--Destinatário, Sujeito da enunciação-Sujeito do enunciado), acrescenta-se a terceira, a do texto "estranho".

---

[11] Todos os princípios que desenvolvemos aqui e a seguir, no que concerne à escritura como "leiturologia", como "duplo" e como "prática social", são enunciados pela *primeira vez*, como uma *teoria-escritura*, por Philippe Sollers em Dante et la traversée de l'écriture e em Littérature et totalité, *Logiques*, 1968.

III. 3. Sendo o duplo a sequência mínima dos paragramas, a lógica destes é diferente da "lógica científica", da *monológica*, que evolui no espaço 0-1 e procede por identificação, descrição, narração, exclusão das contradições, afirmação da verdade. Compreende-se, então, por que, no *dialogismo* dos paragramas, as leis da gramática, da sintaxe e da semântica (que são as leis da lógica 0-1, portanto aristotélica, científica ou teológica) são transgredidas, apesar de implícitas. Essa transgressão, ao absorver o 1 (o interdito), anuncia a *ambivalência* do paragrama poético: ele é uma coexistência do discurso monológico (científico, histórico, descritivo) e de um discurso destruidor desse monologismo. Sem o interdido não existiria transgressão; sem o 1 não haveria paragrama baseado no 2. O interdito (o 1) constitui o sentido, mas, no momento mesmo dessa constituição, ele é transgredido numa díade oposicional, ou, de maneira mais geral, na expansão da rede paragramática. Assim, no paragrama poético, lê-se que as *distinções* censura-liberdade, consciente-inconsciente, natureza--cultura são históricas. Seria preciso falar de sua coabitação inseparável e da *lógica* dessa coabitação, da qual a linguagem poética é uma realização evidente.

III. 4. A sequência paragramática é um *conjunto* de pelo menos dois elementos. Os modos de junção de suas sequências (a *intimação* de que falava Mallarmé) e as regras que regem a rede paragramática podem ser dadas pela teoria dos conjuntos, pelas operações e pelos teoremas que dela decorrem ou se avizinham.

III. 5. A problemática da unidade mínima como *conjunto* acrescenta-se à da unidade mínima como *signo* [significante (s_a)--significado (s_e)]. O conjunto da linguagem poética é formado de sequências relacionadas entre si; é uma *espacialização* e um *relacionamento* de sequências, o que o distingue do signo, que implica um corte linear s_a-s_e. Postulado assim, o princípio de base conduz a semiótica a buscar uma formalização das relações no texto e entre os textos.

O MODELO TABULAR DO PARAGRAMA

> *A via verdadeiramente via é algo além de uma via constante. Os termos verdadeiramente termos são algo além de termos constantes.*
>
> TAO TE KING (300 a. C.)

IV. 1. Nesta perspectiva, o texto literário apresenta-se como um sistema de *conexões* múltiplas que poderíamos descrever como uma estrutura de redes paragramáticas. Chamamos de rede paragramática o *modelo tabular* (não linear) da elaboração da imagem literária; em outros termos, o grafismo dinâmico e espacial que designa a pluridetermição do sentido (diferente das normas semânticas e gramaticais da linguagem usual) na linguagem poética. O termo *rede* substitui a univocidade (a linearidade) ao englobá-la, e sugere que cada conjunto (sequência) é fim e começo de uma relação plurivalente. Nessa rede, os elementos apresentar-se-iam como *vértices* de um grafo (na teoria de Koenig), o que nos auxiliaria a formalizar o funcionamento simbólico da linguagem como marca dinâmica, como "grama" em movimento (logo, como *paragrama*), que *constrói*, mais do que *exprime*, um *sentido*. Desse modo, cada vértice (fonético, semântico, sintagmático) remeterá a pelo menos um outro vértice, de maneira que o problema semiótico será o de encontrar um formalismo para essa relação dialógica.

IV. 2. Tal modelo tabular será de considerável complexidade. Ser-nos-ia necessário, para facilitar a representação, isolar certos *gramas parciais* e distinguir, em cada um deles, *subgramas*. Encontramos essa ideia de estratificação da complexidade do texto em Mallarmé: "O sentido oculto se move e dispõe, em coro, páginas".

Observemos desde o início que os três tipos de conexões, 1. nos subgramas; 2. entre eles; 3. entre os gramas parciais, não apresentam nenhuma diferença de natureza e nenhuma hierarquia. São todos uma expansão da *função* que organiza o texto, e, se essa função surge em diferentes níveis (fonético, sêmico, sequencial, ideológico), isso não significa que um desses níveis seja dominante ou primordial (na cronologia ou como valor). A diferenciação da *função* é uma diacronização operatória de uma sincronia: da expansão da *palavra-tema* de que fala Saussure e que *sobredetermina* a rede. Essa função é específica para cada escritura. Toda escritura poética, entretanto, tem uma propriedade invariável: é dialógica, e seu intervalo minimal se estende de 0 a 2. Mallarmé já possuía essa ideia do *livro* como escritura organizada por uma função diádica topológica, revelável em todos os níveis da *transformação* e da estrutura do texto:

O livro, expansão total da letra, deve extrair dela, diretamente, uma mobilidade e espacialização, por correspondência, instituir um jogo qualquer que confirme a ficção [...]. As palavras, por si mesmas, animam-se em muitas facetas reconhecidas como mais raras ou válidas para o espírito, centro de suspense vibratório, que as percebe, independentemente da sequência habitual, projetadas em paredes de gruta, enquanto subsiste sua mobilidade ou princípio, sendo o que não se diz do discurso: todas prontas, antes da extinção, para uma reciprocidade de luzes distante, ou apresentada obliquamente como contingência.

IV. 3. O modelo tabular apresenta-se, então, com dois gramas parciais:

A. O texto como escritura: gramas escriturais.

B. O texto como leitura: gramas leiturais.

Insistamos ainda uma vez sobre o fato de que os diferentes níveis, longe de serem estaticamente equivalentes, estão entre si numa correlação que os transforma reciprocamente[12]. Os gramas escriturais podem ser examinados em três subgramas: 1. fonéticos; 2. sêmicos; 3. sintagmáticos.

A. 1. Gramas Escriturais Fonéticos

Il y a des heures dans la vie où l'homme, à la *chevelure pouilleuse* (A) jette, *l'oeil fixe* (B), des *regards fauves* (C) sur les *membranes vertes de*

---

[12] Um dos formalistas russos já levantara o problema, Iuri Tynianov, *Problema Stixotvornovo Jazika* (O Problema da Linguagem dos Versos), [s. l.: s. n.], 1924, p. 10: "Deve-se conceber a forma da obra literária como dinâmica [...]. Todos os fatores da palavra não têm o mesmo valor, a forma dinâmica não é constituída nem por sua união nem por sua mistura, mas por sua independência ou, antes, pela valorização de um grupo de fatores em detrimento de um outro. O fator valorizado deforma os subordinados".

l'espace (D); car, il lui semble entendre devant lui, les *ironiques huées d'un fantôme* (E). I1 chancelle et courbe la tête: ce qu'il a entendu, *c'est la voix de la conscience* (Les Chants de Maldoror, p. 164)˙.

Lautréamont denota com ironia um fenômeno que, em linguagem corrente, pode ser designado como "a tomada de consciência". Entretanto, a função da mensagem poética ultrapassa largamente esses *denotata*. O escritor dispõe da infinidade potencial dos signos linguísticos para evitar a usura da linguagem cotidiana e tornar pertinente seu discurso. Escolhe duas classes: o homem (com seus atributos, que designaremos por classe H, compreendendo os conjuntos A, B, C) e a consciência (classe que designaremos por H_1, constituída pelos conjuntos D, E).

A mensagem sociopolítica é constituída pela correspondência bijetora das duas classes H e H_1: o corpo (o materialismo) – a consciência (o romantismo), com uma posição clara para H e uma ironia evidente para H_1. Essa passagem, tanto quanto a totalidade dos Cantos de Maldoror, de onde é extraída, é uma realização paragramática de um corpo reconhecido, de um sexo assumido, de um fantasma nomeado e escrito como ruptura do idealismo fictício (da consciência), e isso com toda a ironia lúgubre que esse rompimento acarreta.

A função que estrutura o texto global revela-se igualmente ao nível fonético dos paragramas. Basta prestar atenção aos fonetismos dos conjuntos e, mais ainda, examinar seus grafismos, para perceber correspondências $f(v) - a_1(oe) - s(z)$: o morfema "phallus" surge como palavra-função na base do enunciado. Como os nomes dos chefes que Saussure descobre ocultos nos versos saturninos ou védicos, a palavra-função da passagem de Maldoror estendeu-se num diagrama espacial de correspondências, de jogos combinatórios, de grafos matemáticos, ou melhor, de permutação sobre si mesma, para carregar de significação complementar os morfemas fixos (apagados) da linguagem corrente. Essa rede fonética junta-se aos outros níveis do paragrama para comunicar uma nova dimensão à

˙ Há momentos na vida em que o homem de *cabeleira piolhenta* (A) lança, de *olhos fixos* (B), *olhares fulvos* (C) sobre as *membranas verdes do espaço* (D); pois parece-lhe ouvir diante de si *as irônicas vaias de um fantasma* (E). Ele titubeia e curva a cabeça: o que ouviu *foi a voz da consciência*" (Os Cantos de Maldoror [N. da T.]).

"imagem" poética. Assim, na totalidade multívoca da rede paragramática, a distinção significante-significado vê-se reduzida, e o signo linguístico surge como dinamismo, que procede por carga quântica.

A. 2. *Gramas Escriturais Sêmicos*

Uma análise sêmica estática teria definido assim os conjuntos de nossa rede paragramática:
A. corpo (a_1), cabelos (a_2), carne (a_3), sujeira (a_4), animal (a_5) ...
B. corpo (b_1), tensão (b_2) ...
C. sinistro (c_1), medo (c_2), espiritualidade (c_3) ...
D. matéria (d_1), cor (d_2), violência (d_3), sinistro (d_4), abstração (d_5) ...
E. espírito (e_1), idealização (e_2) ...

A imagem poética, entretanto, constitui-se na correlação dos constituintes sêmicos por uma interpretação correlacional no período interior da mensagem, por uma transcodificação no interior do sistema. As operações da teoria dos conjuntos indicarão a elaboração dos arcos que constituem os paragramas. A complexidade das aplicações em todos os níveis da rede explica a impossibilidade de tradução de um texto poético (a linguagem usual e científica, que geralmente não coloca problemas de tradução, interdita tais permutações sêmicas).

A. Lendo o texto com atenção, percebemos que cada um daqueles conjuntos sêmicos está ligado por uma função (não entraremos nos detalhes dos valores sêmicos dessa função, pois o leitor poderá fazê-lo por si) aos outros conjuntos da mesma classe, assim como aos conjuntos da classe correlativa. Deste modo, os conjuntos A ($a_1...a_n$), B ($b_1...b_n$) e C ($c_1...c_n$) estão ligados por uma função surjetiva: todo elemento (sema) de B é imagem de pelo menos um elemento de A (R(A) = B, sem que seja necessária a definição de R por toda parte). Mas pode-se ler a relação entre os conjuntos semióticos como biunívoca e, então, a função f associada a R é uma função injetiva; se R é, além disso, definida em todo lugar, f é uma aplicação injetiva ou injecção [f(fa) = f(b) $\Rightarrow$ a

= b(a,b ∈A)]. Assim, sendo a aplicação que liga nossos conjuntos surjetiva e injetiva, pode ser denominada uma aplicação *bijetiva* ou *bijecção*. As mesmas correspondências são válidas para os conjuntos C e D, assim como entre as classes H e H$_1$. Nos quadros da classe H, as correspondências de A, B e C são permutações da classe H (uma *bijecção* de H sobre si mesma). As correspondências injetivas e surjetivas e as permutações dos elementos (dos semas) dos diferentes conjuntos sugerem que a *significação* da linguagem poética elabora-se na relação; equivale a dizer que ela é uma função[13] em que não poderíamos falar de "sentido" do conjunto A fora das funções que o unem a B, C, D e E. Poder-se-ia estipular, portanto, que o conjunto (sêmico) existe apenas quando se constitui, quando aproximamos seus elementos, ou quando inversamente se destrói, quando isolamos um de seus elementos. Esta é, sem dúvida, a razão pela qual, no funcionamento significante do discurso, a relação de dependência tem um sentido intuitivo e é o emprego do substantivo "sentido" que dá origem a todas as confusões. Ter-se-á constatado, em todo caso, que a lp não fornece nenhum exemplo de *sentido*[14] que se possa *representar*; instaura, pura e simplesmente, afirmações que são amplificações da relação de dependência primitiva.

A equivalência que se estabelece entre os semas na rede da lp é radicalmente diversa da dos sistemas semânticos simples. A aplicação une conjuntos que não são equivalentes aos níveis linguísticos primários. Acabamos de constatar que a aplicação une mesmo semas radicalmente opostos ($a_1 \equiv c_3$; $a_4 \equiv e_1$, ... etc.), referindo-se a diferentes *denotata*, para observar que na estrutura semântica do texto literário esses *denotata* são equivalentes. Assim, nas redes dos paragramas, um novo sentido se elabora autônomo em relação ao da linguagem usual.

Essa formalização permitiu-nos demonstrar que o "sentido" de ∈ elabora-se somente na *função* entre os elementos (os conjuntos), que se aplicam uns sobre os outros ou sobre si mesmos num

---

13 Jean Piaget observa que a linguagem infantil se processa por "participação e transposição mais que por identificação de uma existência". *La Construction du réel chez l'enfant*, Paris, 1937).
14 Willard van O. Quine, *From a Logical Point of View*, Cambridge: Harvard University Press, 1953, já se declarava contra representar-se o "sentido" como um *intentional being* na consciência e, por isso, contra a hipótese das significações.

espaço que tomamos como infinito. Os semas, se entendemos por esta palavra *pontos* de significação, são reabsorvidos no funcionamento chamado poético.

B. Tendo admitido que a linguagem poética é um sistema formal cuja teorização pode depender da *teoria dos conjuntos*, podemos constatar, *ao mesmo tempo*, que o funcionamento da significação poética obedece aos princípios designados pelo *axioma da escolha*. Este estipula que existe uma correspondência unívoca, representada por uma classe, que associa a cada um dos conjuntos não vazios da teoria (do sistema) um de seus elementos.

$$(\exists A) \{Un (A) . (x) [\sim Em (x) . \supset . (\exists y) [y \in x . < yx > \in A]] \}^{15}$$

Em outros termos, pode-se escolher, simultaneamente, um elemento em cada um dos conjuntos não vazios dos quais nos ocupamos. Assim enunciado, o axioma é aplicável em nosso universo $\in$ da 1p. Ele esclarece como toda sequência comporta a mensagem do livro.

A compatibilidade do axioma da escolha e da hipótese generalizada do contínuo com os axiomas da teoria dos conjuntos coloca-nos à altura de um raciocínio a propósito da teoria, portanto numa *metateoria* (e tal é o estatuto do raciocínio semiótico), cujos metateoremas foram regulamentados por Gödel. Encontram-se aí, precisamente, os *teoremas de existência* que não temos intenção de desenvolver aqui, mas que nos interessam na medida em que fornecem *conceitos* que permitem colocar de maneira nova e impossível sem eles, o *objeto* de nosso interesse: a linguagem poética. O teorema generalizado da existência postula, como se sabe, que:

Se $\varphi (x_1..., x_n)$ é uma função proposicional primitiva que não contém outra variável livre a não ser $x_1, ..., x_n$, sem que seja necessário que contenha todas, existe uma classe A tal que quaisquer que sejam os *conjuntos* $x_1, ..., x_n, ..., < x_1, ..., x_n > \in A. \equiv . \varphi (x_1, ..., x_n)$.

Na linguagem poética, esse teorema denota as diferentes, sequências como equivalentes a uma função que as engloba

---

15 $(\exists A)$ – "existe A tal que" Un (A) – "A é unívoco", Em (x) "classe x é vazia"; $< yx >$ – "o par ordenado de x e y" $\in$ – "relação binária"; $\sim$ "não"; – "e"; $\supset$ – "implica".

todas. Duas consequências decorrem daí: 1. ele estipula o encadeamento não causal da linguagem poética e a expansão da letra no livro; 2. enfatiza o alcance daquela literatura que elabora sua mensagem nas menores sequências: a significação (φ) está contida no modo de junção das palavras, das frases; transpor o centro da mensagem poética para as sequências é tornar-se consciente do funcionamento da linguagem e *trabalhar* a significação do código. Nenhuma φ ($x_1 \ldots x_n$) é realizada se não é encontrada a classe $\in$ (e todos os seus conjuntos A, B, C,...) tal que $< x_1 \ldots x_2 > \in A . \equiv . \varphi . (x_1 \ldots x_n)$. Todos os códigos poéticos que se limitam a postular unicamente uma função φ ($x_1 \ldots x_n$) sem realizar o teorema da existência, ou seja, sem se construir com sequências equivalentes a φ, são códigos poéticos frustrados. Isto explica, entre outras coisas, o fracasso da literatura "existencialista" (dentre as que se valem da estética da "expressão do real") ser legível de um modo incontestável – em seu estado metafísico em sua incompreensão total do funcionamento da linguagem poética.

Lautréamont foi um dos primeiros a praticar conscientemente esse teorema.

A noção de construtibilidade que implica o axioma da escolha associado a tudo que acabamos de postular para a linguagem poética explica a impossibilidade de estabelecer uma contradição no espaço da linguagem poética. Essa constatação está próxima da constatação de Gödel quanto à impossibilidade de estabelecer a contradição de um sistema através de meios formalizados nesse sistema. Apesar de todas as semelhanças dessas duas constatações e as consequências decorrentes para a linguagem poética (por exemplo, a metalinguagem é um sistema formalizado no sistema da linguagem poética), insistimos na diferença entre elas. A especificidade do *interdito* na linguagem poética e de seu funcionamento faz dela o único sistema em que a contradição não é contrassenso, mas definição, onde a negação determina, e onde os conjuntos vazios são um modo de encadeamento particularmente significante. Não seria ousado, talvez, postular que todas as relações da linguagem poética podem ser formalizadas por funções que utilizam, simultaneamente, dois modos: a *negação* e a *aplicação*.

Tecida de oposições sobrepostas (ligadas), a lp é um formalismo dúbio, que não procura ser resolvido. Refletindo sobre as possibilidades de descobrir as contradições da teoria dos conjuntos, Burbaki acha que "a contradição observada seria inerente aos próprios princípios colocados na base da teoria dos conjuntos". Projetando esse raciocínio sobre um fundo linguístico, chegamos à ideia de que na base da matemática (e, por extensão, das estruturas da linguagem) são encontradas as contradições que são não apenas inerentes, mas indestrutíveis, constituintes e não modificáveis, sendo o "texto" uma coexistência de oposições, uma demonstração da conclusão o ≠ o[16].

A.3. Gramas Escriturais Sintagmáticos

"Quando escrevo meu pensamento", diz Lautréamont, "ele não me escapa. Essa ação me faz lembrar de minha força, de que

16   Pode parecer, nestas páginas, que procuramos estabelecer um *sistema* que subtenda o texto-*processo* e, mais ainda, um sistema que reduza a um *plano* de *marcas* a linguagem por princípio *biplana*, (significante-significado, expressão-conteúdo etc.). Com efeito, operamos com grandezas algébricas que "não têm denominações naturais", mas somente "arbitrária e adequada", no sentido de Hjelmslev em *Prolégomènes à une théorie du langage*, Paris: Minuit, 1968, p. 147 (trad. bras., *Prolegômenos de uma Teoria da Linguagem*, 2. ed.., São Paulo: Perspectiva, 2003, p. 112). Ao mesmo tempo e consequentemente, "devido à seleção que existe entre o esquema e o uso linguístico, não há, para o cálculo exigido pela teoria, nenhum sistema interpretado, mas somente sistemas interpretáveis. Logo, não existe nenhuma diferença nesse aspecto entre a álgebra pura e o jogo de xadrez, por exemplo, e uma língua "natural", idem, p. 150 (trad. bras., p. 116). Se esse for realmente o nosso procedimento, não endossamos com isso a concepção de Hilbert-Tarski, para quem o sistema do signo é apenas um sistema de *expressão* sem *conteúdo*. Ao contrário, tal distinção é, a nosso ver, impertinente, visto que se assemelha profundamente à velha concepção grega do desvendamento (criticada por Heidegger) e cuja condensação J. Derrida revela hoje na semiótica. Se empregamos um procedimento de formalização na análise da linguagem poética, é, bem o sabemos, por uma dupla razão.
    Primeiro, para indicar, no que tange ao "conteúdo" e à "expressão", uma cena *algébrico-musical*, translinguística, onde são traçados os laços que produzem uma lei (rítmica do sentido) antecipada, apesar da língua. E para dizer que é justamente a cena do funcionamento chamado "poético" que lembra aqueles frasogramas da escritura antiga, onde o arranjo dos signos-imagens observa redes de um certo "sentido" por sobre os conteúdos expressos.
    Segundo, para tentar extrair a implicação histórica, epistemológica e ideológica de tal rede e de seu modo de deslocar e reagrupar os signos linguísticos e seus componentes.

esqueço a toda hora. Eu me instruo na medida de meu pensamento encadeado. Tendo apenas a conhecer a contradição de meu espírito com o nada". O encadeamento da escritura com o nada que ela transforma em *tudo* parece ser uma das leis da articulação sintagmática dos paragramas. *A Via é vazia* (Tao To King, IV).

Duas figuras sintagmáticas surgem no espaço topológico dos *Chants*: 1. os conjuntos vazios: $A \cap B = \emptyset$ (A e B não têm elementos comuns); 2. As somas disjuntivas $S = A \oplus B$ ou $D = A \cap \overline{B}$ (a soma é feita de elementos que pertencem a A ou B – "ou" exclusivo).

O formalismo $A \cap B = \emptyset$ aplicar-se-ia às díades oposicionais lágrima-sangue, sangue-cinzas (p. 77), lâmpada-anjo (p. 141), vômito-felicidade (p. 97), excremento-ouro (p. 125), prazer e asco do corpo (p. a14), dignidade-desprezo (p. 217), o amor-ventura e horror (p. 217), o rinoceronte e a mosca (p. 211), os baobás como alfinetes (p. 217) etc. As imagens da criança cruel, da infância e da feiura, do hermafrodita, do amor-ventura e horror etc. integram-se nesse formalismo. Podem ser simultaneamente descritas pelo formalismo $S = A \oplus B$ se considerarmos que o par lágrimas-sangue, por exemplo, tem em comum os semas "líquido" e "matéria", mas que a função poética da díade é constituída pela soma disjuntiva de todos os elementos (vértices) que eles não têm em comum. Pode acontecer que os vértices comuns de dois sintagmas sejam unicamente seus fonemas, e que a soma disjuntiva seja constituída pela reunião de todos os outros vértices divergentes.

Dessa maneira, a "lei" do conjunto vazio regula o encadeamento das frases, dos parágrafos e dos temas nos *Chants*. Cada frase está ligada à antecedente como um elemento independente dela. Nenhuma ordem causal "lógica" organiza essa série. Não poderíamos mesmo falar de negação, pois se trata simplesmente de elementos que pertencem a classes diferentes. Disso resulta uma cadeia paradoxal de "conjuntos vazios" que se voltam sobre si mesmos, lembrando (por uma lei comutativa) um anel abeliano: um conjunto sêmico já mencionado e incluído no conjunto vazio reaparece para se inserir (aditiva e multiplicativamente, por associatividade, distributividade e comutatividade) num outro conjunto (tal como "o verso reluzente", p. 46). Não há nenhum limite para esse encadeamento, exceto "o quadro desta folha de papel" (p. 219). Somente uma lógica que se refira à "aparência dos fenômenos" (p. 90) pode pôr fim a um canto (a um encadeamento de 0 ≠ 0). O riso como censura é refutado pelo mesmo motivo que a censura do racionalismo: a ironia ("rir como um galo") e Voltaire ("o abortamento do grande Voltaire") são inimigos da mesma ordem. Tudo o que lembra, sugere ou obriga à unidade monolítica do discurso lógico, escondendo a díade oposicional, quer-se igual a um "Deus estúpido" e falta-lhe *modéstia* (a expressão é de Lautréamont). Por conseguinte, "*ride*, mas *chorai* ao mesmo tempo. Se não puderdes chorar pelos olhos, chorai pela boca. Se ainda impossível, *urinai*" (p. 233). Ainda uma vez, a intersecção dos sememas sublinhados forma uma cadeia de conjuntos vazios onde se realiza a "modéstia" da escritura: sua recusa a codificar.

Cada sequência é, assim, aniquilada; os pares formam zeros que têm significado, e o texto, estruturando-se como cadeia de zeros significantes, contesta não somente o sistema do código (romantismo, humanismo) com o qual dialoga, mas também sua própria textura. Percebe-se, então, que esse vazio não é *nada* e que o paragrama não conhece o *nada* (*néant*), o silêncio é evitado por *dois* que se opõem. O zero como absurdo (*non-sens*) não existe na rede paragramática. O zero é dois, que é *um*: em outros termos, o 1 como indiviso e o zero como nada são excluídos do paragrama, cuja unidade mínima é, ao mesmo tempo, todo (vazio) e dois (oposicional). Examinemos mais de perto essa "numerologia" paragramática que não conhece nem 1 nem 0, mas 2 e todo. A unidade é *vazia*, não conta, o 1 é 0, mas significa: ele comanda o espaço inteiro do paragrama, está aí para *centralizar*, mas o paragrama recusa atribuir-lhe um valor (um *sentido estável*). Essa "unidade" não é uma síntese de A e de B; mas ela tem valor 1 porque é o *todo* e, ao mesmo tempo, não pode se distinguir de 2, pois é nela que são absorvidos todos os semas contrastantes e que se opõem, mas que também se unem. Conjuntamente, *unidade* e *par*, a díade oposicional, se quisermos dar-lhe uma expressão espacial, encontra-se nas três dimensões do volume. O jogo numérico do paragrama em Lautréamont passa, pois, pelo par (2) e pelo ímpar (1-3). Essa não é uma passagem do limitado ao ilimitado, ou do indeterminado ao determinado. É a passagem do simétrico ao centrado; do não hierarquizado ao hierarquizado. No jogo numérico das somas disjuntivas e dos conjuntos vazios, se esclarece a mutação do paragrama entre o interdito e a transgressão: as sequências são desunidas (A ⊕ B = S), diferenciadas, mas, acima dessa diferença, a linguagem poética produz unidades, transformando as diferenças em díades oposicionais não exclusivas. O paragrama é o único espaço da linguagem onde o 1 não funciona como *unidade*, mas como *inteiro*, como todo, porque ele é duplo. Como interpretar esse código de algarismos? A escritura recusa erigir-se em sistema; sendo um duplo, ela se nega a si mesma, quando nega...

Marx acusava Hegel de ter traído a dialética ao propor uma forma – a de seu sistema. A escritura paragramática de Lautréamont evita a cilada da "forma" (no sentido de fixação) tanto quanto a do *silêncio* (o próprio Maiakóvski foi por ele tentado: "O nome deste/tema/...!", em "*De 'ça'*") ao se construir por conjuntos vazios e por somas disjuntivas.

B. Gramas Leiturais

Os *gramas* B (leiturais) podem ser examinados em dois subgramas:
B1. o texto estranho enquanto reminiscência.
B2. o texto estranho enquanto citação.
Lautréamont escreve:

Quando, com as maiores dificuldades, chegou a hora de me ensinarem a falar, foi somente depois de ter lido numa folha o que alguém escrevia que pude, de minha parte, comunicar o fio de meus pensamentos (p. 120).

Seus *Chants* e suas *Poésies* são leituras de outros escritos, sua comunicação é comunicação com outra escritura. O diálogo (a 2ª pessoa é muito frequente nos *Chants*) se desenvolve não entre o Sujeito e o Destinatário, o escritor e o leitor, mas no próprio ato da escritura, onde quem escreve é o *mesmo* que quem lê, embora seja para si mesmo um outro.

O texto estranho, objeto da "zombaria", é absorvido pelo paragrama poético seja como *reminiscência* (o *oceano*-Baudelaire? *a lua, a criança*, o *coveiro*-Musset? Lamartine? o *pelicano*-Musset? e todo o código do romantismo desarticulado nos *Chants*), seja como *citação* (o texto estranho é retomado e desarticulado, literalmente, nas *Poésies*). Poderíamos formalizar as transformações das citações e das reminiscências no espaço paragramático com a ajuda dos procedimentos da lógica formal.

Sendo o paragrama uma destruição de uma outra escritura, a escritura torna-se um ato de destruição e de autodestruição. Isto é claramente visível enquanto tema e mesmo explicitamente declarado no exemplo da imagem do oceano (canto 1). O primeiro passo do escritor consiste em negar a imagem romântica do oceano como idealização do homem. O segundo, em negar a própria imagem como signo, em dissolver o *sentido fixo*. Depois do homem, é o *nome* que o paragrama destrói ("Esta qualquer coisa tem um nome. Este nome é: o oceano! O medo que tu inspiras é tal, que te respeitam" p. 59). Se Lautréamont saúda o oceano "magnetizador e bravio", o faz na medida em que ele é para o poeta a metáfora de uma rede ondulante e negativa, que chega ao máximo das negações possíveis, ou seja, a própria metáfora do livro.

Essa construção-destruição é ainda mais flagrante nas *Poésies*. A poesia nega e nega-se a si mesma ao recusar fazer-se sistema. Descontínua, espaço rompido, contestador, ela existe em *máximas justapostas* que só lograríamos ler tomando-as como *Moral* (enquanto 1) e como *Duplo* (enquanto 0).

A afirmação entendida como negação de um texto abre uma nova dimensão da unidade paragramática enquanto duplo e revela uma nova significação do texto de Lautréamont.

Os modos de negação de que ele se serve substituem a ambiguidade dos textos lidos por uma proposição, na qual a negação e a afirmação são claramente distintas, separadas e incompatíveis; as nuanças das passagens de uma à outra são eclipsadas e, em lugar de uma síntese dialética (Pascal, Vauvenargues), Lautréamont constrói um Inteiro, que não é menos que dois. Assim:

> Escreverei meus pensamentos sem ordem, e não, talvez, numa confusão sem desígnio; eis a verdadeira ordem e a que marcará sempre meu objeto pela própria desordem. Seria prestigiar demais meu assunto tratá-lo com ordem, visto que desejo mostrar ser ele incapaz disto (Pascal).

E Lautréamont:

Escreverei meus pensamentos com ordem através de um desígnio sem confusão. Se eles estão corretos, o primeiro que vier será consequência dos outros. Eis a verdadeira ordem. Ela marca meu objeto pela desordem caligráfica. Seria desprestigiar demais meu assunto se não o tratasse com ordem. Desejo mostrar ser ele capaz disto.

Esta frase resumiria a lei da produtividade refletida em Lautréamont. A *ordem* estabelecida pela "desordem *caligráfica*" (não seria necessário entender por essa palavra insólita, cravada no texto, o dinamismo da elaboração paragramática num espaço partido?) é a escritura de uma *máxima*, de uma *moral* ("escrever para submeter a uma alta moralidade", p. 372), de um 1 categórico, mas que só existe na medida em que seu contrário lhe é implícito.

UMA TIPOLOGIA

v. 1. Nossa reflexão sobre o encadeamento da rede paragramática nos leva a uma conclusão sobre os diferentes tipos de práticas semióticas de que dispõe a sociedade. Podemos distinguir no momento três, definidas em relação ao interdito social (sexual, linguístico), a saber:

1. O *sistema* semiótico fundado sobre o *signo*, portanto, sobre o *sentido* (o 1) enquanto elemento predeterminante e pressuposto. É o caso do sistema semiótico do discurso científico e de todo discurso representativo. Uma grande parte da literatura está nele incluída. Chamaremos essa prática semiótica de *sistemática* e *monológica*. Esse sistema semiótico é conservador, limitado, seus elementos estão voltados para os *denotata*, ele é lógico, explicativo, imutável e não visa modificar o outro (o destinatário). O sujeito desse discurso identifica-se com a lei e remete a um objeto por uma ligação unívoca ao reprimir suas relações com o destinatário, assim como as relações destinatário-objeto.

2. A prática semiótica *transformativa*. O signo, enquanto elemento de base, atenua-se: "os signos" destacam-se de seus *denotata* e voltam-se para o outro (o destinatário), o qual modificam. Essa é a prática semiótica da magia, da ioga, do político em época de revolução, do psicanalista. A prática transformativa

em oposição ao sistema simbólico é mutável e visa transformar, não é limitada, explicativa ou tradicionalmente lógica. O sujeito da prática transformativa está sempre dominado pelas leis, e as relações do triângulo objeto-destinatário-lei (= sujeito) não são reprimidas, ainda que permaneçam aparentemente unívocas.

3. A prática semiótica da *escritura*. Denominá-la-emos *dialógica* ou *paragramática*. Aqui o signo é suspenso pela sequência paragramática correlativa, que é *duplo* e *zero*. Poderíamos representar essa sequência como um tetralema: cada signo tem um *denotatum*; cada signo não tem um *denotatum*; cada signo tem e não tem um *denotatum*; não é verdade que cada signo tem e não tem um *denotatum*. Se a sequência paragramática é π e o *denotatum* é D, poderíamos escrever:

$$\pi = D + (-D) + [D + (-D)] + \{-[D + (-D)]\} = 0$$

ou, em lógica matemática AQB, que designa uma reunião não sintética de diversas fórmulas muitas vezes contraditórias. O triângulo dos dois sistemas precedentes (o sistema simbólico e a prática transformativa) transforma-se aqui, na prática paragramática, em um triângulo onde a lei ocupa um ponto no centro do triângulo: a lei se identifica a cada um dos três termos da permutação do triângulo num momento dado da permutação. O sujeito e a lei, portanto, diferenciam-se, e os gramas que ligam os vértices do triângulo tornam-se biunívocos. Consequentemente, neutralizam-se e se reduzem a zeros que têm significado. A escritura, que tem a audácia de seguir o trajeto completo desse movimento dialógico que acabamos de representar pelo tetralema, portanto, que ousa ser uma descrição e uma negação sucessiva do texto que se erige no texto que se escreve, não pertence ao que tradicionalmente chamamos "literatura", a qual dependeria do sistema semiótico simbólico. A escritura paragramática é uma reflexão contínua, uma contestação escrita do código, da lei e de si mesma, uma *via* (uma trajetória completa) *zero* (que se nega); é a atividade filosófica contestativa, transformada em linguagem (estrutura discursiva). A escritura de Dante, Sade, Lautréamont são exemplos dela na tradição europeia[17].

17 Seguimos aqui, com autorização do autor, as considerações de L. Mäll, A Via Zero, publicadas em *Trudy po Znakovyn Sistemam* (Trabalhos sobre os

v. 2. As operações que serão utilizadas para formalizar as relações desse espaço paragramático polivalente serão tomadas de sistemas isomorfos: a teoria dos conjuntos e as metamatemáticas. Poderíamos usar também as formalizações da lógica simbólica, tentando evitar as limitações que oporia à linguagem poética em virtude de seu código racionalista (o intervalo 0-1, os princípios da frase sujeito-predicado etc.). Atingiremos, consequentemente, uma *axiomática*, cuja aplicação à linguagem poética requer justificativa.

Antes de prosseguir, desejaríamos evocar, a propósito da possibilidade de formalização da rede paragramática, um testemunho capital oferecido pela Antiguidade chinesa: o *I Ching*, *O Livro das Mutações*. Nos oito trigramas e nos 64 hexagramas do livro, operações matemáticas e construções de sentido linguístico confundem-se para provar que "as quantidades da linguagem e suas relações são regularmente exprimíveis, *em sua natureza fundamental*, por fórmulas matemáticas" (F. de Saussure). Entre os inúmeros valores desse texto, que só podem ser revelados inteiramente por uma abordagem simultaneamente matemática e linguística, destaquemos dois:

1. Os linguistas chineses parecem realmente ter se preocupado com os problemas de permutações e de comutações, de modo que muitos matemáticos (*Mikami*) chamam a atenção sobre o fato de os hexagramas terem sido compostos por bastonetes (marcas) longos e curtos e de estarem ligados aos *grafismos* dos cálculos. Podemos considerar os bastonetes (os fonemas) e os cálculos (os morfermas) como anteriores a todo significante. Assim também *Mi Suan* (os matemáticos esotéricos) tratam dos problemas das combinações linguísticas, e a famosa *San Tchai*, método que devia responder a perguntas do tipo "De quantas maneiras se pode arranjar nove letras, dentre as quais três são 'a', três são 'b' e três são 'c'".

2. Os "gramas" chineses não remetem a uma obsessão (Deus, pai, chefe, sexo), mas, sim, a uma álgebra universal da linguagem enquanto operação matemática sobre as diferenças. Tomado nas duas extremidades do espaço e do tempo, o

Sistemas Sígnicos), v. II, Tartu, 1965. O autor estuda os problemas fundamentais da budologia do ponto de vista semiótico e lembra a noção budista da "vaidade de todos os signos" ("Sarva-dharma-sunyata").

texto de Lautréarnont e o do *I Ching*, cada um à sua maneira, ampliam o âmbito dos anagramas saussurianos a uma escala que atinge a essência do funcionamento linguístico. A essa escritura acrescenta-se um texto contemporâneo, *Drame*, de Philippe Sollers, cuja grade estrutural (as combinações alternantes de passagens contínuas e interrompidas – "ele escreve" – que, no conjunto, formam 64 casos) e permutação pronominal ("eu – tu – ele") unem a numerologia serena do *I Ching* às pulsões trágicas do discurso europeu.

A AXIOMATIZAÇÃO COMO CARICATURA

O fenômeno passa. Procuro as leis.

LAUTRÉAMONT

VI. 1. A verdadeira história do método axiomático começa no século XIX e caracteriza-se pela passagem de uma concepção substancial (ou intuitiva) a uma construção *formal*. Esse período finda com a aparição dos trabalhos de Hilbert (1900-1904) sobre os fundamentos da matemática, onde a tendência a uma construção formal dos sistemas axiomáticos atinge seu ponto culminante e inaugura a etapa atual: concepção do método axiomático enquanto método de construção de novos sistemas significantes formalizados.

Evidentemente, qualquer que seja sua formalização, na etapa atual este método deve continuar a assentar sobre certas definições. O método axiomático atual opera, no entanto, com definições *implícitas*: não há regras de definição, e o termo obtém uma significação determinada apenas em função do contexto (da totalidade dos axiomas) de que faz parte. Desse modo, sendo os termos de base de uma teoria axiomática implicitamente definidos pela totalidade dos axiomas (não remetendo aos elementos que denotam), o sistema axiomático descreve não um domínio concreto objetivo, mas uma classe de domínios construídos abstratamente. Por conseguinte, o objeto estudado (a teoria científica ou, no nosso caso, a linguagem poética) transforma-se numa espécie de *formalismo* (cálculo formal segundo regras

fixas), construído com símbolos de uma linguagem artificial. Isto é possível através de:
- uma *simbolização* da linguagem do objeto estudado (a teoria respectiva ou a linguagem poética): substituição dos signos e das expressões da linguagem natural (polivalentes e desprovidos, muitas vezes, de significação precisa) pelos símbolos de uma língua artificial com significação rigorosa e operacional;
- uma *formalização*: construção dessa linguagem artificial enquanto cálculo formal, fazendo-se abstração de suas significações fora da formalização; uma diferenciação clara se impõe entre a linguagem artificial e o referente que ela descreve.

vi. 2. Aplicado às matemáticas, o método axiomático mostrou seus limites[18], bem como suas vantagens[19]. Aplicado à linguagem poética, ele evitará certas dificuldades que até o presente foi incapaz de resolver (relacionadas, sobretudo, à noção de infinidade real). Observemos ainda uma vez que a linguagem é praticamente a única *infinidade real* (isto é, um conjunto infinito feito de atos rigorosamente separados uns dos outros). Esse conceito é, naturalmente, idealizado: trataríamos de uma infinidade real se lêssemos inteiramente toda a série natural. Isto é uma impossibilidade para nossa consciência, mesmo em se tratando da linguagem literária. A aplicação da matemática (especialmente da teoria dos conjuntos), dominada pela ideia de infinito, a essa infinidade potencial, que é a linguagem para o escritor, ajudará a incutir na consciência de todo utilizador do código o conceito da infinidade da linguagem poética, sendo o papel do método axiomático dar o modo de conexão dos elementos do domínio objetivo analisado.

vi. 3. Poder-se-ia objetar que a formalização extrema do método axiomático, apesar de descrever rigorosamente com os meios da teoria dos conjuntos as relações entre os elementos do código poético, deixa de lado a significação de cada um de

18 Jean Ladrière, *Les Limitations internes des formalismes*, Louvain/Paris: E. Nowelaerts/Gauthier-Villars, 1957.
19 J. Porte, La Méthode formelle en mathématiques. La Méthode en sciences modernes, número fora da série, *Travail et Méthode*, [s. l.], 1958.

seus elementos, a "semântica" literária. Pode-se compartilhar a opinião de que a semântica dos elementos linguísticos (inclusive a semântica literária) *são as relações* desses elementos no organismo linguístico, e, consequentemente, ela é matematizável. No estado atual das pesquisas, no entanto, ser-nos-ia necessário utilizar as análises semânticas clássicas (a divisão em campo semântico, as análises sêmicas e distribucionais) como ponto de partida (enquanto definições implícitas) para uma simbolização e uma formalização dos modos de funções.

VI. 4. A aliança de duas teorias (semântica e matemática) acarreta uma redução da lógica de uma, a semântica, em benefício da outra, a matemática. O julgamento subjetivo do informante continua a desempenhar papel importante. Não impede que a axiomática da linguagem poética se constitua como um ramo da lógica simbólica, permitindo-lhe transpor os quadros do silogismo e dos problemas levantados pela frase sujeito-predicado (o problema da *verdade* discursiva vê-se, de uma vez, entre parênteses) para adotar outros modos de pensar. Para a análise do texto literário, o método axiomático tem a vantagem de apreender as pulsações da linguagem, as linhas de força no campo onde se elabora a mensagem poética.

O uso das noções da nova matemática é, evidentemente, apenas metafórico na medida em que se pode estabelecer uma analogia entre a relação linguagem corrente/linguagem poética, de um lado, e a relação finito/infinito, de outro.

Uma modificação da lógica matemática decorre igualmente em virtude das diferenças entre o tipo de relações que embasa a lp e aquele que constitui a linguagem da descrição científica[20]. A primeira diferença que salta aos olhos de quem quer que tenda a formalizar a lp refere-se ao signo "=" e ao problema da verdade. Estão na base da abstração intelectual da lógica simbólica, da matemática e da metamatemática conquanto a lp é rebelde a tais estruturas. Parece-nos impossível empregar o signo "=" numa

---

20 E. Benveniste, *Problèmes de linguistique générale*, Paris: Gallimard, 1965, p. 14 (trad. bras., *Problemas de Linguística Geral*, Campinas: Pontes Editores, 2005): "Não basta verificar que uma se deixa transcrever por uma notação simbólica e a outra não, ou não imediatamente; o problema reside em que ambas procedem da mesma fonte e que comportam exatamente os mesmos elementos de base. É a própria língua que propõe este problema."

formalização que não desnature a lp (justamente devido às aplicações e negações correlativas que organizam o nível de sua *manifestação sêmica*, para usar a terminologia de Greimas) e se dele nos servimos é porque a matemática moderna (o pensamento científico) não propõe outro sistema de reflexão. Assim também, o problema da verdade e da contradição lógica se coloca diferentemente na linguagem poética. Para nós, formados na escola da abstração grega, a lp constrói sua mensagem através de relações que parecem pressupor as verdades lógicas (aristotélicas) e operar apesar delas. Duas espécies de explicações parecem, então, "razoáveis": ou a lp (e tudo o que se chama "o pensamento concreto") é um estágio primitivo do pensamento incapaz de síntese (Lévy-Bruhl, Piaget), ou então são desvios da lógica normal. Os dados linguísticos negam as duas interpretações. A lp conserva a estrutura de classes e as relações (seriação e correlações multiplicativas), assim como um grupo que relaciona as inversões e as reciprocidades no interior dos agrupamentos elementares (que constitui o "conjunto das partes"). Consequentemente, parece impossível distinguir, como o faz Piaget, uma lógica concreta (relacional, a da criança) e uma lógica verbal (a da abstração científica). Dificilmente se vê uma lógica fora da linguagem. A lógica relacional é verbal, apreende o verbo em sua articulação e seu funcionamento originário, e se nossa civilização coloca obstáculos a suas estruturas na linguagem usual ou científica, ela não as abole: elas subsistem na *imanência* (no sentido dado por Greimas) de nosso universo linguístico (lógico, científico).

VI. 5. A lógica polivalente que supõe um número infinito de valores no intervalo falso-verdadeiro ($0 \leq x \leq 1$) faz parte da lógica bivalente (0-1) aristotélica.

A lógica poética inscreve-se num plano diferente. Ela fica em débito com a lógica aristotélica não na medida em que dela faz parte, mas na medida em que a contém quando a transgride. A unidade poética se constrói em relação a uma outra enquanto *duplo*, o problema da *verdade* (do 1) não a bloqueia. O paragrama poético salta o 1 e seu espaço lógico será 0-2, e o 1 existe apenas virtualmente. Poderíamos falar de lógica num domínio onde a verdade não é *o* princípio de organização? Parece-nos que sim, sob duas condições:

A. Depois de G. Boole, a lógica enquanto ciência não é uma parte da filosofia, mas da matemática. Tende, por conseguinte, a expressar as operações mentais sem se preocupar com princípios ideológicos, mas fornecendo os modelos das articulações dos elementos nos conjuntos estudados. Assimilada à matemática, a lógica escapa às obrigações de "*medir* por *comparação* a *padrões* prefixados" (o que é, entre outros, o defeito do estruturalismo atual): recusa-se a ser uma *ratio numérica*. Continuar nesse caminho inaugurado por Boole significará para nós libertar a lógica do princípio de uma verdade relativa, historicamente determinada e limitada, e construí-la como *formalização de relações*, com base no materialismo dialético. Boole efetuou a primeira ruptura, separando a lógica simbólica da filosofia e relacionando-a com a matemática, que ele considerava não como ciência "da magnitude", mas como formalização das *combinações*. Tal procedimento deveu-se à constatação de que "a teoria lógica está intimamente ligada à teoria da linguagem", considerada também esta como rede de combinações. Essas reflexões de Boole contêm uma segunda ruptura: relacionar a formalização lógica à nova matemática e à metamatemática. Esse procedimento se justificaria pela descoberta da cena partida, topológica, da escritura, onde o paragrama poético se elabora como um duplo em relação a um outro. Tal lógica paragramática, mais próxima de Boole que de Frege, referir-se-ia à lógica simbólica, assim como a nova matemática se refere à aritmética. Situada como metodologia entre a lógica simbólica e o estruturalismo, ela fornecerá fórmulas gerais que nos permitem compreender as *particularidades* dentro de uma *lei* e de uma simetria, ou seja, controlá-las. "Não podemos prever as alegrias que tal conduta promete"[21].

B. Além disso, na arquitetônica daquilo que chamamos uma prática estética, a "verdadeira" lógica se encontra, simultaneamente, implícita e transgredida por um trabalho que Freud percebeu nos vestígios do inconsciente. *Marcar* esse trabalho que oscila entre o recalque e a transgressão é – com efeito, se ele só pode ser dito num discurso verdadeiro – operar num domínio que é apenas em sua atividade uma tangente do domínio

---

21 George Boole, *The Mathematic Analysis of Logic*, Oxford: B. Blackwell, 1948.

onde reina o verdadeiro-falso. Assim, diremos que essa *lógica poética* pode iniciar o esboço daquilo que se quis postular como uma eventual *lógica dialética*: *notação formal* e *teoria* do estatuto da verdade que, de modo diferente nas diversas práticas semióticas, confere sua segurança ao formalismo.

Aplicada à "arte", a rede de *marcas* de uma "lógica dialética" assim constituída destruirá uma ilusão: a noção idealista da arte entendida como algo "que prevê e que projeta" (Platão, *Filebo*). Uma lógica construída enquanto ciência, para compreender "a arte" (sem reduzi-la ao monologismo da conduta científica tradicional), apreenderá, portanto, a estrutura dessa arte para revelar que toda *arte é uma ciência aplicada*: aquela que o artista possui *com* sua época (*atrasada ou adiantadamente* em relação a ela).

VI. 6. Parece paradoxal que os signos possam tender a explicar o funcionamento das palavras. Tal experiência é justificada por ter-se tornado a palavra, em nossa sociedade, clarificação, petrificação, constrição: ela limita, ossifica, põe término. Espantamo-nos, mesmo depois de Rimbaud, de Lautréamont e dos surrealistas, se em alguma obra ela trama espaços e granjeia vibrações que descrevem um ritmo. Foi-nos preciso superar as regras do racionalismo e apreender ao vivo a vida do gesto, do corpo, da magia para que nos lembrássemos de que o homem possui linguagens que não o limitam à linha, mas lhe permitem explorar-se em extensão. Uma outra posição resulta quanto à palavra: puseram-se a mostrar (Artaud, por exemplo) sua integração no movimento ou na cor. A linguística questiona a palavra como "morte" das relações que constituem a matéria dinâmica da linguagem. Produto de uma abstração racionalista e lógica, a linguística dificilmente é sensível à violência da língua entendida como movimento através de uma extensão na qual instaura suas significações na pulsação de seu ritmo. Precisaríamos de um formalismo matemático para abrandar uma ciência "monológica" e para pôr a nu o esqueleto, o grafismo desses agenciamentos, nos quais se realiza a dialética da linguagem: uma infinidade em permutações ordenadas ininterruptas. É, quem sabe, talvez uma das melhores razões de ser da linguística, a de purificar a linguagem dessas camadas de "significações" e de "interpretações" fixas, de conceitos *a priori* e de lógica pré-fabricada, e de nos trazer sua ordem pura: reflexividade, transitividade e não transitividade, simetria e assimetria. Então, talvez, nos daremos conta de que existem palavras que não "cerceiam", pois as significações não *existem*, mas se *constroem*; e de que a linguagem poética oferece sua infinidade para substituir o desgaste da linguagem por novos encadeamentos: espasmos gráficos que põem em causa o sujeito, sua imagem do universo e seu lugar nele. A ciência descobre no simbolismo matemático a ordem desse discurso que se escreve no espaço como ato dissociativo e vibratório. Um produto metafórico daquele discurso que poderíamos reconduzir à fonte para esclarecê-la.

VI. 7. Essas formulações só podem abarcar hoje algumas dimensões muito limitadas do paragramatismo, o qual compreenderia o texto poético enquanto complexo social, histórico, sexual.

Por outro lado, a formalização só nos dá a *produtividade refletida* em sentido inverso; o semioticista vem depois do escritor para *explicar* (conceitualizar) uma sincronia e encontrar *operações mentais*, em que um todo (linguagem, corpo, dependência social) funciona *em bloco*.

Todavia, a conduta científica (monológica, epistemológica) foi, é e será necessária a toda sociedade, visto que a *explicação* (a "abstração", que, para Lênin, é uma "fantasia"[22], e que, em termos recentes, seria "diferencial" (*différance*)[23] é o grama, fundamental e indispensável ao social (à troca). "Na troca real", escreve Marx, "a abstração, por seu turno, deve ser reificada, simbolizada, realizada por meio de um certo signo"[24].

Se o "signo" é um imperativo social, o problema de sua escolha nas "ciências humanas" ("um *determinado* signo") fica em aberto.

---

22 V. I. Lênin, *Cahiers philosophiques*, Paris: Éditions Sociales, 1955, p. 289-290.
23 Cf. J. Derrida, *De la grammatologie*, e Freud et la scéne de l'ecriture, em *Ecriture et la différence* (trad. bras.: Freud e a Cena da Escrita, A Escritura e a Diferença, 4. ed., São Paulo: Perspectiva, 2009). Derrida define o grama como mecanismo fundamental do funcionamento "humano" e substitui, daí por diante, a noção de *signo*, carregada de idealismo, pelo termo *différance* (diferencial).
24 K. Marx; F. Engels, *Arquivos*, v. IV, publicados em Moscou, 1935, p. 61.

A abstração formalizada apresenta, a nosso ver, diversas vantagens diante da simbolização discursiva da abstração, entre elas:

1. A formalização presentifica uma estrutura de outra forma irrevelável. A matemática "ilumina a linguagem comum de onde partiu", escreve W. V. Quine, "em cada caso, uma função especial, até então só acidental ou inconscientemente realizada pela construção da linguagem comum, surge agora claramente (*stands boldly forth*) através da força de expressão única da notação artificial. Como através de uma *caricatura*, as funções inconscientes dos idiomas comuns são, assim, isoladas e conscientizadas"[25].

A palavra *caricatura* faz pensar aqui num sentido inicial (gr. βαρος, lat. *carrus*, um; lat. vulgar *carricare*; ital. *caricare*) que implicaria as noções de "gravidade", "peso", "carga", "fardo" (quanto a ordens), mas também de "força", "crédito", "autoridade", "gravidade". A axiomatização é de fato uma gravidade, uma ordem e uma autoridade impostas à fluidez complexa do objeto estudado (a linguagem poética). Mas essa força está longe de desfigurar seu objeto; poderíamos dizer, assim, que ela apreende as linhas de força desse objeto ("suas caretas") do mesmo modo que ele próprio faria caretas se as levasse ao extremo. Foi possível falar da imitação proustiana como "carga", do corpo como "caricatura". Nessa série de "caricaturas" pujantes, a axiomatização paragramática é uma atividade impetuosa, "exagerada" e "excêntrica", que procede por *traços* e por *escolha de detalhes* (caricatura, despojada do sentido pejorativo) a fim de se assemelhar, mais do que uma descrição discursiva (retrato), a seu objeto.

2. A formalização axiomática, mesmo sendo prática semiótica *simbólica*, *não é um sistema fechado*; está, consequentemente, aberta a todas as *práticas* semióticas. Se ela é ideológica como toda atividade significante, a ideologia que a impregna é a única à qual não escapará, pois essa ideologia *constitui* toda explicação (todo grama e toda ciência, logo, toda sociedade); trata-se da ideologia do *conhecimento* (de uma diferença que tende a se aproximar daquilo de que, originariamente, foi diferenciada). Ela é ideológica ainda na medida em que deixa ao

---

25 W. van O. Quine, Logic as Source of Syntactical Insights, *Proceedings of Symposia in Applied Mathematics*, v. XII, [S.l.: s.n.], 1961.

semioticista "a liberdade" de escolher seu objeto e de orientar sua partilha de acordo com sua posição na história.

3. Confrontando as descobertas atuais da metamatemática e da lógica matemática com as estruturas da linguagem poética moderna, a semiótica encontrará os dois pontos culminantes a que chegaram duas atividades inseparáveis – a atividade *gramática* (científica, monológica) e a atividade *paragramática* (contestadora, dialógica) – e, aí, ela ocupará uma posição-chave ideológica num processo inteiramente revolucionário.

Essa ciência paragramática, como toda ciência, não poderia nos restituir toda a complexidade de seu objeto, menos ainda em se tratando dos paragramas literários. Não temos mais a ilusão de que uma estrutura abstrata e geral possa oferecer uma leitura total de uma escritura específica. Entretanto, a tentativa de apreender a lógica dos paragramas num nível abstrato é o único meio de superar o psicologismo ou o sociologismo vulgar que veem na linguagem poética apenas uma expressão ou um reflexo, eliminando, desse modo, suas particularidades. O problema que se coloca para o semioticista é, então, o de escolher entre o *silêncio* e uma *formalização* que apresenta a perspectiva, pois procura construir-se como paragrama (como destruição e como máxima), de tornar-se cada vez mais isomorfa aos paragramas poéticos.

[1966]

9. A Produtividade Chamada Texto

E, quando Copérnico estava praticamente isolado na sua opinião, ela era sempre incomparavelmente mais verossímil que a de todo o resto do gênero humano. Ora, não sei se o estabelecimento da arte de estimar verossimilhanças não seria mais útil que boa parte de nossas ciências demonstrativas, e já pensei nisto mais de uma vez.

LEIBNIZ, *Novos Ensaios*, IV, 2

A "LITERATURA" VEROSSÍMIL

Ler frequentemente equivale a ser iludido.

NOUVELLES IMPRESSIONS D'AFRIQUE

Tendo tomado ao pé da letra o preceito platônico ("banir os poetas da República"), nossa civilização e sua ciência estão cegas diante de uma produtividade, a escritura, para receber um efeito: a obra. Elas produzem, assim, uma noção e seu objeto, os quais, retirados do trabalho produtor, intervêm, a título de objeto de consumo, num circuito de troca (real-autor-obra-público). Trata-se da noção e do objeto "literatura"[1]: trabalho translinguístico que nossa cultura[2] só atinge na pós-produção (no consumo); produtividade oculta,

---

1 É preciso entender esta palavra num sentido muito amplo: considera-se como "literatura" a política, o jornalismo e todo discurso em nossa civilização fonética.
2 A propósito da definição do conceito de *cultura*, cf. A. Kloskowska, *Kultura Masowa: Krytyka y Obrona*, Varsóvia, 1964, seção Rozumenie Kultury; Alfred Kroeber; Clyde Kluckhon, *Culture: A Critical Review of Concepts and Definitions*, Cambridge: Harvard University Press, 1952. Papers of the Peabody Museum of American Archeology and Ethnology, v. XLVII, n. 1.

substituída pela representação de uma tela que dubla o "autêntico" e/ou pela audição de um *discurso* – objeto secundário em relação ao "real" e suscetível de ser apreciado, pensado, julgado unicamente em sua substituição reificada. É nesse nível de inteligibilidade da "literatura" como discurso substitutivo que se situa a recepção de consumo do texto com sua exigência de verossímil. Não é, pois, surpreendente que este conceito que remonta à Antiguidade grega apareça *ao mesmo tempo* que a "literatura" e o "pensar sobre a literatura" (a Poética) e a acompanhe, sem trégua, ao longo de toda a história "literária" (a história encarada como idealidade, a história do "espírito" é, aliás, impossível sem a noção de "literatura"). De maneira que o verossímil parece formar um todo com a literatura (a arte); identifica-se com seu caráter substitutivo e, a partir disso, revela sua cumplicidade com todos os atributos de nosso pensamento.

No mesmo percurso da inteligibilidade de consumo, o saber, após a recepção vulgar, vê-se comparado ao verossímil desde que tange à "literatura". Hoje, no momento em que a teoria da literatura tende a se construir como uma ciência consciente de seu procedimento, ela se defronta com uma contradição que a define como ciência, designa seu campo de exploração, e, ao mesmo tempo, fixa-lhe os limites. Se constitui toda palavra, a contradição mencionada é duplamente mais sensível ao nível de uma "metalinguagem" (a ciência literária), que toma por objeto um discurso reconhecido como fundamentalmente secundário (a literatura, a arte). Eis essa contradição: sendo a "Palavra" um signo, sua função é *querer-dizer*; logo, fornecer um *sentido* que, seja por remeter a um objeto, seja por se referir a uma norma gramatical, é um conhecimento, um saber (aqui entendido em sua metarracionalidade); uma certa verdade subtende, como um fundo constante, tudo o que é *enunciado*; a linguagem é sempre um saber; o discurso é sempre um conhecimento para quem pronuncia ou ouve a palavra na cadeia comunicativa. A ciência literária, situada também no circuito dizer-ouvir e dele extraindo sua essência e sua intenção de querer-dizer, define seu objeto – o texto – como "Palavra"; logo, também ele, como um querer-dizer-verdadeiro. Assim a ciência literária, solidária à atitude de consumo com respeito à produção textual na sociedade de troca, assimila a *produção semiótica* a um *enunciado*, recusa conhecê-la no processo de sua produtividade e lhe impõe a conformidade com um objeto verídico (tal é a atitude filosófica convencional que apresenta a literatura como expressão do real), ou com uma forma gramatical objetiva (tal é a atitude ideológica moderna que apresenta a literatura como uma estrutura linguística fechada). A ciência literária reconhece, assim, suas limitações: 1. a impossibilidade de considerar uma prática semiótica que não seja em suas relações com uma verdade discursiva (semântica ou sintática); 2. a amputação (abstração idealista) da totalidade atuante numa de suas partes: em resultado consumido por um determinado sujeito. O consumo literário e a ciência literária passam ao lado da produtividade textual; só atingem um objeto modelado segundo seu próprio modelo (sua própria programação social e histórica) e nada conhecem além do conhecimento (de si mesmos). É no exato ponto dessa contradição – e dessa confissão implícita de impotência – que encontramos o conceito "científico" de *verossímil* enquanto tentativa de recuperação de uma prática translinguística pela razão logocêntrica.

A própria "literatura" – alcançada a maturidade que lhe permite escrever-se também como máquina e não mais unicamente falar como espelho – defronta-se com seu próprio funcionamento *através* da palavra; o mecanismo desse funcionamento, uma vez atingido, a obriga a tratar do que *não é um problema inerente a seu trajeto*, mas que a constitui inevitavelmente aos olhos do receptor (leitor = auditor), a obriga a tratar daquela máscara indispensável que usa para se construir através dela: a obriga a tratar do verossímil. É esse terceiro aspecto do verossímil que os textos de Raymond Roussel nos revelam. O verossímil neles é tratado aquém e apresentado além de si mesmo, isto é, no trabalho anterior à "literatura" e por um funcionamento no qual o *querer-dizer*, tornando-se *poder--escrever*, procede à desmistificação do verossímil. É nesse nível que tentaremos abordá-lo para explicitar sua ideologia e sua fixação históricas, assim como a ideologia e a fixação do que é a "realidade" verossímil: a "arte", a "literatura".

O QUERER-DIZER E O VEROSSÍMIL

Se a função de "sentido" do discurso é uma função de verossimilhança acima da diferença[3], de "identidade" e de "presença a si", como o demonstrou a admirável leitura de Husserl feita por J. Derrida, poderíamos dizer que o *verossímil* (o discurso "literário") é um *segundo grau* da relação simbólica de semelhança. Sendo o autêntico querer-dizer (husserliano) o querer-dizer-verdadeiro, a *verdade* seria um discurso semelhante ao real; o *verossímil*, sem ser verdadeiro, seria o discurso semelhante ao discurso semelhante ao real. Um "real" alterado, que chega a perder o primeiro grau de semelhança (discurso-real) para se representar apenas no segundo (discurso-discurso), o verossímil apresenta uma única característica constante: ele *quer-dizer*, ele é um *sentido*. Ao nível do verossímil, o sentido se apresenta como generalizado e esquecido da relação que, originariamente, o havia determinado: a relação linguagem/verdade objetiva. O sentido do verossímil não mais tem objeto fora do discurso, a conexão objeto-linguagem não se lhe refere, a problemática do verdadeiro e do falso não lhe compete. O sentido verossímil *finge* preocupar-se com a verdade objetiva; o que o preocupa de fato é sua relação com um discurso cujo "fingir-ser-uma-verdade-objetiva" é reconhecido, admitido, institucionalizado. O verossímil não conhece; ele só conhece o *sentido*, que para o verossímil não precisa ser verdadeiro para ser autêntico. Refúgio do *sentido*, o verossímil é tudo o que, sem ser contrassenso, não está limitado ao saber, à objetividade. A meio caminho entre o saber e o não saber, o verdadeiro e o contrassenso, o verossímil é a zona intermediária onde desliza um saber disfarçado para dominar uma prática de investigação translinguística pelo "querer-ouvir-se-falar absoluto"[4]. Tendo reservado à ciência o domínio da veracidade, esse saber absoluto de que toda enunciação se abebera produz um domínio de ambiguidade, um sim-e-não, em que a verdade é uma lembrança presente (uma presença secundária, porém sempre ali), espectral e originária: o domínio extraverídico do sentido

---

3 Desenvolvo este postulado em O Sentido e a Moda, ver supra, p. 59 e s.
4 Cf. Jacques Derrida, *La voix et le phénomène*, p. 115 (trad. bras.: *A Voz e o Fenômeno*, Rio de Janeiro: Jorge Zahar, 1994).

enquanto verossímil[5]. Digamos, para deixar mais claro, que o problema do verossímil é o problema do sentido: ter sentido é ser verossímil (semântica ou sintaticamente); ser verossímil nada mais é que ter um sentido. Ora, sendo o sentido (além da verdade objetiva) um efeito interdiscursivo, o efeito verossímil é uma questão de relação de discursos.

Tentaremos estudar essa relação em dois níveis, semântico e sintático, observando sempre que a distinção é apenas operacional: o semântico recorta sempre o sintático, e a grade "vazia" do arranjo formal (gramatical) não se subtrai à intencionalidade racionalista que engendra e regula a própria noção de articulação vazia.

A característica radical do *verossímil semântico*, como o designa seu nome, é a *semelhança*. É verossímil todo discurso em relação de similaridade, de identificação, de reflexo com um outro. O verossímil é uma conjunção (gesto simbólico por excelência, ver gr. *sumballein*, "colocar junto") de dois discursos diferentes, um dos quais (o discurso literário, segundo) se projeta sobre o outro que lhe serve de espelho e com que se identifica além da diferença. O espelho ao qual o verossímil remete o discurso literário é o discurso chamado natural. Esse "princípio natural" que *por um tempo* nada mais é que o bom senso, o socialmente aceito, a lei, a norma, define a *historicidade* do verossímil. A semântica do verossímil postula uma semelhança com a lei de uma dada sociedade num dado momento e o enquadra num presente histórico. Desse modo, para a nossa cultura, a semântica do verossímil exige uma semelhança com os "semantemas" fundamentais de nosso "princípio natural" dentre os quais: *a natureza, a vida, a evolução, a finalidade*. A escritura de Roussel confronta-se justamente com esses semantemas do "princípio natural" quando ela representa sua *passagem através do verossímil* em *Impressions d'Afrique e Nouvelles impressions d'Afrique*. Essa semelhança a algo anterior à produtividade

---

5   Aristóteles, principal criador do verossímil, não deixou de marcar as relações entre o conhecimento e a representação (mimesis, arte) como de ocultação do real: "Se ele conhece (*theorè*) alguma coisa, é preciso que a conheça igualmente enquanto representação, pois as representações são como as sensações, contudo sem matéria". Encontramos nessa formulação, criticada por Lênin, as raízes do idealismo.

textual (ao princípio natural) revela a traição mística da ideia de desenvolvimento inerente à noção de verossímil[6].

Porém, se o verossímil semântico é um "assemelhar-se", ele está mais preso ao *efeito de se assemelhar* do que ao *tornar semelhante*. Tornar verossímil, ao nível semântico, seria reduzir o artificial, o estático, o gratuito (ou seja, o diferente dos significados do "princípio natural") à natureza, à vida, à evolução, à finalidade (isto é, aos semantemas constitutivos do princípio natural). O processo desse "reduzir", o desenvolvimento, a continuação, não pesam. O verossímil nasce no *efeito* da semelhança. Eis, portanto, sua segunda característica semântica: surgindo no próprio lugar da eficácia e visando esta, o verossímil é um *efeito*, um resultado, um produto que esquece o artifício da produção. Emergindo antes e após a produção textual, anterior e posterior ao trabalho translinguístico, cravado nos dois extremos da cadeia falar-ouvir (cognoscível a um sujeito que fala e a um destinatário), ele não é nem *presente* (o discurso da produção presente é ciência) *nem passado* (o discurso da produção passada é história); visa o universalismo. Logo, é "literatura", "arte", ou seja, mostra-se como "fora-do-tempo", "identificação", "eficácia", sendo mais profunda e unicamente conforme (conformista) a uma ordem (discursiva) prévia.

O *verossímil sintático* seria o princípio de *derivabilidade* (das diferentes partes de um discurso concreto) do sistema formal global. Distinguimos aqui dois momentos. Um discurso é sintaticamente verossímil se podemos fazer derivar cada uma de suas sequências da totalidade estruturada que constitui esse discurso. O verossímil depende, pois, de uma estrutura de normas de articulações particulares de um sistema *retórico* preciso: a sintaxe verossímil de um texto é o que o torna conforme às leis da estrutura discursiva dada (às leis retóricas). Definimos, assim, num primeiro momento, o verossímil sintático como um verossímil *retórico*: o verossímil existe numa estrutura fechada e para um discurso de organização retórica.

---

6 Vladimir I. Lênin o evita: "É certo que o homem começa por *ele* (o princípio natural), mas a verdade não está no princípio, mas no fim, mais precisamente na continuação. A verdade não é a primeira impressão". Também: "(o verossímil) = objetivismo + misticismo e traição da ideia de desenvolvimento" (*Cahiers philosophiques*, Paris: Editions Sociales, p. 142-143).

É pelo princípio da derivabilidade sintática que o verossímil substitui o "tornar semelhante", passado em segredo no nível semântico. Tendo o procedimento semântico da conjunção de duas entidades contraditórias (a verossimilização semântica) fornecido o "efeito de se assemelhar", trata-se, agora, de "tornar verossímil" o próprio processo que conduz a esse efeito. A sintaxe do verossímil se encarrega dessa tarefa. Para tornar verossimilhante a tecnologia do "tornar semelhante" não mais é preciso referir-se aos semantemas de um princípio natural que desempenha o papel de uma verdade objetiva. O que é preciso é reconstituir um arranjo de sequências e fazê-las derivar umas das outras, de modo que essa derivação confirme a lei retórica que se escolheu. Assim, através da derivabilidade, a retórica camufla o artifício da "conjunção" semanticamente "verossimilizante". Essa derivabilidade retórica oferece o mito da determinação ou da motivação à leitura ingênua[7].

Aqui, é objetivamente necessário caracterizar os critérios da derivabilidade sintática com a ajuda de noções semânticas. No caso dos textos de Roussel em *Impressions d'Afrique* e *Nouvelles impressions d'Afrique*, os critérios semânticos da *verossimilização* sintática serão a *linearidade* (origem-finalidade) e a *motivação* (silogismo) para a prosa, assim como o *desdobramento* (rima, associação, identificação, repetição) para o verso.

Ora, o princípio sintático de derivabilidade põe o discurso consumido enquanto verossímil em relação não somente com sua própria estrutura global específica (retórica), mas também com o sistema formal da língua em que o discurso é pronunciado. Todo discurso articulado é derivável da gramática de sua língua e, em virtude dessa própria derivabilidade, excluídas sua semântica e sua retórica, ele tolera uma relação de semelhança com um objeto, isto é, com um verossímil. Cúmplice da convenção social (do princípio natural) e da estrutura retórica, o verossímil, mais profundamente, seria um cúmplice da palavra: todo enunciado gramaticalmente correto seria verossímil. Falar nos restringe ao verossímil. Nada poderíamos dizer que não fosse verossímil. A fuga de Roussel não é contra o verossímil; estanca, também ela, nesse último limiar na medida em

---

7 As relações sentido-retórica-determinação-motivação são estudadas em Roland Barthes, *Système de la mode*.

que estanca no limiar do funcionamento da língua e aí se fixa para morrer. Entretanto, nesse nível, onde tocamos no próprio mecanismo do *signo* linguístico, é preferível fazer uma distinção entre *verossímil* e *sentido*.

Se "verossímil" significa "sentido" enquanto resultado, o "sentido" é um "verossímil" pela mecânica de sua formação. O verossímil é o sentido de um discurso retórico; o sentido é o verossímil de todo discurso. Falaremos de "verossímil" em relação a um texto organizado retoricamente e reservaremos "sentido" para a própria palavra, bem como para a produtividade do texto, que, por definir-se como processo de escritura, não se preocupa com a retórica. O verossímil é inerente à representação retórica e manifesta-se na retórica. O sentido é próprio da linguagem enquanto representação. O verossímil é o grau retórico do sentido (do signo = *representamen*). Desta maneira, para os textos de Roussel, que põem em cena a verossimilização, o "verossímil" torna-se a máquina que permite investigar e representar a função capital da língua: a formação de sentido; em outros termos, a formação de sentido está presente na estrutura retórica enquanto formação de verossímil. Ao contrário, na produtividade textual de Lautréamont, a desmistificação do instrumental linguístico não é (não é mais) um problema: em virtude disso, o verossímil (a narrativa, a estrutura, a retórica) jamais é um problema de escritura textual; se surge obrigatoriamente no consumo do texto (para o público que lê uma "obra", um "efeito"), o faz enquanto *sentido* inerente à palavra, enquanto *querer-dizer da linguagem*. Mas mesmo tais noções de sentido e de querer-dizer da linguagem são um efeito válido só para o circuito de informação e de consumo, onde a produtividade da escritura toma lugar sob o nome de *texto*: na permutação textual anterior ao produto, elas ocupam um vazio. No entanto, desde que se trata de uma leitura explicativa de textos, falaremos de *verossímil* em Roussel, que constrói seus textos sobre uma grade retórica, mas de *sentido* em Lautréamont, que remaneja a palavra em texto, além da retórica e do "princípio natural".

O LABIRINTO VEROSSÍMIL DE ROUSSEL

Os textos de Roussel, inteiramente modelados no e pelo *desdobramento*[8], dividem-se (tanto na escritura quanto para a leitura) em duas vertentes: a *produtividade* textual e o produto-*texto*. O bissemantismo, que *Comment j'ai écrit certains de mes livres* revela como sendo o lugar de eclosão da palavra rousseliana, constitui também o projeto e a prática da escritura em sua totalidade. Roussel intitula dois de seus livros *Impressões*, e não podemos evitar ler nesse significante o duplo jogo do significado; Littré observa que "impressão" quer dizer uma *ação*, mas também um *efeito*, um resultado[9].

Desdobrando o espaço de sua escritura em espaço de escritura e de leitura (de trabalho e de consumo) de um texto, e exigindo o mesmo desdobramento no espaço da leitura (que deveria ele próprio tornar-se espaço de leitura e de escritura, de consumo e de trabalho), Roussel é levado, de um lado, a *pensar* seu livro como uma *atividade* que aplica *impressões*, marcas, modificações numa outra superfície diferente destas (a superfície da língua), superfície que elas derivam de sua identidade consigo mesma, de seu "verossímil", porque lhe acrescentam uma heterogeneidade: a escrita. Por outro lado, ele é levado a ver o livro como o resultado, o *resto* dessa ação, seu efeito recuperável e recuperado do exterior: seu livro "dá impressão", na acepção de "fazer julgar", "sentir", "provocar," de verossímil. Através desse procedimento que cinde o livro em produtividade e produto, em *ação* e *resto*, em escritura e palavra, e tece o volume livresco na oscilação ininterrupta de duas abas separadas para sempre, Roussel tem a possibilidade – única, que saibamos, na história literária – de acompanhar, passo a passo o desenvolvimento do trabalho translinguístico, o encaminhamento da palavra em direção à imagem, feito aquém da obra, assim como a aparição e a extinção, o nascimento e a morte da imagem discursiva, aquele efeito estático do verossímil. O verossímil encarrega-se do trabalho: a retórica reduplica a

---

8   Para a leitura de Roussel, remetemos ao estudo fundamental de Michel Foucault, *Raymond Roussel*, Paris: Gallimard, 1963.

9   Impressão – 1. *Ação* pela qual uma coisa aplicada sobre outra deixa uma marca; 2. O que *resta* da ação exercida por uma coisa sobre um corpo; *efeito*, mais ou menos pronunciado, que os objetos exteriores produzem sobre os órgãos do sentido.

produtividade aberta, e essa duplicidade apresenta-se como uma estrutura discursiva fechada. A fluidez dinâmica da ação "impressão" só pode ser incorporada ao enunciado tomando emprestada a rigidez estática da impressão enquanto resto, efeito, de modo que a produtividade permanece ilegível para o público *impressionado* pelo verossímil (pelo efeito). São necessárias *Nouvelles impressions* para cobrir o abismo que separa a ação ("escrever") daquela marca subitamente absorvida (tornada verossímil) pela linguagem. Mas, ainda assim, e este é o drama de Roussel e de todos que "produzem a literatura", mesmo se essa literatura almeja a ciência, a retórica da "obra" (a estrutura fechada) torna a produção verossímil. Mais que ilegível, a produtividade é *indizível* numa retórica literária. Seria preciso um discurso estruturalmente aberto, estruturado, portanto, como abertura, investigação, possibilidade de correção, para que essa produtividade viesse à luz: o discurso de *Comment j'ai écrit*..., onde o "como" da *ciência* supõe uma morte, a morte do "escritor" tal como nossa sociedade o deseja e o programa enquanto personagem que "impressiona" ao produzir o verossímil. Escrito durante a vida de Roussel, mas destinado à publicação póstuma, *Comment j'ai écrit* responde a essa exigência de *ciência* tanto quanto de *morte* do "literário", que havia feito (em *Impressions d'Afrique*) a narrativização da produtividade, tornando-a legível e passível de ser dita no texto. Roussel não chega, como Lautréamont, a conjugar numa única escritura as duas atividades: o "como" e o "verossímil", a ciência e a literatura. Ainda aqui, desta vez considerado a partir do livro póstumo, o conjunto dos textos rousselianos surge cindido, desdobrado. Roussel não pratica a ciência como literatura (Lautréamont e Mallarmé já haviam tentado fazê-lo); ele *representa* a literatura como ciência. Todavia, é justamente essa ambiguidade que confere alcance analítico a seus livros. Encadeados uns aos outros e sendo lidos uns em relação aos outros, e às *avessas*, para quem quiser *compreender*, esses livros realizam o que para Roussel remanesceu em um projeto: ler a sequência textual como uma totalidade e cada parte através do todo. Tal projeto, aliás, é oferecido por *Nouvelles impressions d'Afrique* da forma mais completa.

Logo, *Comment*..., primeiro, pondo a nu a programação bissemântica da máquina linguística; *Nouvelles impressions d'Afrique*, em seguida, descobrindo o significado *transcendental* da estrutura silogística e fechada; *Impressions d'Afrique* – segunda parte, defendendo-se daquilo que denominamos verossimilização sintática; *Impressions d'Afrique* – primeira parte, enfim, atingindo o nível do verossímil semântico para abalar o "princípio natural" de nosso raciocínio. Mas sempre remontando a série dos textos às avessas, nós os leremos seguindo a ordem cronológica da aparição dos livros, uma ordem que Roussel sabia e necessariamente escolheu para atingir nossos preconceitos de "consumidores de literatura" uns após os outros, do mais superficial ao mais recalcado. E também, talvez, para nos fazer entender que o que é lido ou escrito como verossímil é apenas, no fundo, o nível *retórico* (o plano comunicativo) da *produção* de sentido na palavra.

O VEROSSÍMIL SEMÂNTICO

> *C'est que le perroquet se fait vite à la chaîne*
> *Qui* […]
> *Le rive à son perchoir et le rivera mort.*
>
> NOUVELLES IMPRESSIONS D'AFRIQUE

A primeira parte das *Impressions d'Afrique* representa um universo fantasmático coagulado no espaço africano, onde, sob a autoridade do rei Talu, desenrola-se imovelmente o espetáculo vivo de uma maquinaria igual à natureza, de uma morte tão impressionante quanto (e mais que) uma vida. Os humanos, bloqueados pela doença (Louise Montalescot) ou pela morte (Emmanuel Kant), agem graças a uma máquina (Louise) ou a um animal (uma pega faz funcionar o cérebro de Kant). Acrobacias impossíveis; tiros milagrosos; uma criança utiliza um pássaro como avião; um verme toca cítara; Ludovic tem voz quádrupla; Legoualch tira música de sua tíbia; um cego recupera a visão; um tear tece auroras; um amnésico recupera a memória… As *Impressions* acumulam o fantástico e forçam-nos a aceitá-lo como verossímil. O artificial (o diferente do natural, do real) imita o real, duplica-o (iguala-se ao real) e supera-o (marca-nos mais que o real). O gesto radical do verossímil consiste nisto, uma *conjunção* de sememas opostos suficiente para conduzir (o impossível) ao verdadeiro (ao princípio natural). É preciso que o *bizarro*, que sempre em nossa cultura vitalista e ativista é a morte, a não natureza, a prisão (portanto, Louise, Legoualch ou todo o acúmulo de fios, correias, canos), ponha-se em relação com seu *diferente* – a vida, a natureza, o movimento; basta, pois, que se coloque a funcionar, a evoluir, a ter uma finalidade, a produzir efeitos, para que seja constituído como *verossímil*. Poderíamos dizer que, não sendo possível a disjunção de dois contrários (o mesmo e o diferente) na conjunção do discurso, o inverossímil não tem tempo de se constituir na palavra. Os dois contrários (o mesmo e o diferente, a natureza e o desvio) sintetizam-se em um *mesmo*, que *é* sempre verossímil. O inverossímil goza de uma temporalidade que se poderia chamar T^{-1} da palavra; ela é, aí, praticamente inexistente. No mesmo momento em que a morte se comporta *como* vida, ela *se converte* em vida; poderíamos mesmo dizer que a morte só é verossímil se ela se comporta *como* seu contrário sêmico, a vida. Observemos, de passagem, que o texto de Roussel, ao mesmo tempo que torna verossímil o "inverossímil", conta (põe em narrativa) o *como*, o qual assume o papel de articulação da verossimilização. Ao mesmo tempo que um *espetáculo* verossímil, as *Impressions d'Afrique* são uma investigação acerca do procedimento verossimilizante: teatro e teoria do verossímil.

O VEROSSÍMIL SEMÂNTICO.
A COMBINATÓRIA SÊMICA

Desse modo, a imagem da "conjunção", do "como", da "identificação", é frequente nesse império do *Mesmo* que é o texto de Roussel (falamos aqui do produto, e não da produtividade). A conjunção necessita do duplo jogo de isolamento e de atração, isto é, de uma *irredutibilidade* simultânea a uma *síntese* dos semamas opostos. Tal fato é admiravelmente ilustrado pelo funcionamento conjugado dos dois metais do químico Bex: a imantina e o estânquio (o imã e o isolante).

A imantina era solicitada à distância por um determinado metal ou por uma joia especial.
Para tornar possível e prático o manuseio da imantina, recentemente inventada, a descoberta de um corpo isolante tornou-se indispensável [...]. Uma delgada folha de estânquio, oferecendo obstáculo aos raios da imantina, aniquilava completamente o poder

atrativo que a interposição dos mais densos materiais não conseguia diminuir. (I. A. 15)[10]

A palavra aglutina tudo o que se desvia de sua estrutura, assimila toda diferença em relação às normas do princípio natural: ela funciona à guisa do sangue de Fogar, daqueles grumos fabulosos gerados pelo sono letárgico da criança que arrebentam suas veias para *atrair* os objetos do exterior, acordá-los e transformá-los – os mortos ou os minerais – em organismos vivos. A projeção identificadora do mesmo no diferente (função verossimilizante, por excelência) fundamenta cada um dos gestos do "caniço pensante": tal qual o "caniço branco" de Fogar, planta "receptiva, destinada a reproduzir indefinidamente os finos quadros que agora faziam parte dela mesma" (I. A. 379). O Verbo humano encontra nessa imagem seu caráter de *autorreprodução* de quadros na clausura do verossímil.

As combinações sêmicas mais absurdas tornam-se verossímeis na palavra. A aliança de duas séries disjuntivas só parece absurda de um lugar à *distância* temporal e espacial com relação ao discurso produzido: o lugar da diferenciação lógica, exterior ao lugar da palavra identificadora. O agrupamento das duas entidades sêmicas, que logicamente se incluem porque se reduplicam, destroem-se ou são tautológicas, uma vez pronunciado não é mais absurdo, ou melhor, o absurdo lógico se apresenta como uma anterioridade indispensável ao verossímil discursivo. Poder-se-ia interpretar dessa maneira a sequência "ao hibernador de Nice, dar um sobretudo" (N. I. A.)[11], que parece resumir a fórmula semântica da doação de verossímil:

C'est donner: – au novice, en mer, de l'ipéca,
Tandis qu'à la briser l'ouragan tend l'écoute;
Quand un conférencier prélude, à qui l'écoute,
Un narcotique; – à qui hors d'un train bon marcheur.

Se penche, un éventail;

(N. I. A. 9)*

---

10 *Impressions d'Afrique* que a seguir indicaremos por I. A.
11 *Nouvelles impressions d'Afrique*, que a seguir indicaremos por N. I. A.
* "É dar: – ao noviço, no mar, de ipeca/ Enquanto a quebra, o furacão estica a escuta; / Quando um conferencista preludia, a quem o escuta, / Um narcótico; – a quem, para fora de um trem rápido. // Se inclina, um leque".

O discurso verossimilizante tem um operador fundamental: "como", preposição *substitutiva* que faz se tome um *pelo* outro os sememas mais incompatíveis.

Comme si choisissant la seconde opportune,
Un ensorcellement eût su le rendre enclin
A prendre: – l'appareil que, trouvé par Franklin,
sans danger dans un puits fait se perdre la foudre
Pour un fil gris dans une aiquille à coudre;
[...] *– Quand, médian, le coupe un trait, pour la bavette*
D'un prêtre, un tableau noir

(N. I. A. 65)*

A conjugação do *um* e do *outro* e a substituição de um pelo outro *unificam* o discurso. O pensamento (a Palavra) de nosso presente faz reinar uma calmaria tranquilizante quando conduz a si (quando verossimiliza): Roussel chama esse presente tranquilizador de *idade do* "sobretudo" (N. I. A. 43), e, para opô-lo a um outro texto cultural, evoca-o sobre o "campo de batalha" das Pirâmides, terreno outro, feito de lutas e de diferenças ("O Egito, seu sol, suas noites, seu firmamento"). A idade em que o "sobretudo" conota um discurso *passe-partout*, que se insere em tudo, que recobre tudo, é a idade da *polissemia*. Equivale dizer que a palavra (o signo) se desdobra claudicando: o significante designa pelo menos dois significados, a forma remete a pelo menos dois conteúdos, o conteúdo supõe pelos menos duas interpretações, e assim até o infinito, todos verossímeis, porque unidos sob um mesmo significante (ou sob uma mesma forma, ou sob um mesmo conteúdo e assim infinitamente) não oscilam menos numa vertigem: a *nebulosidade de sentido*[12], na qual está submersa, em última instância, a palavra verossímil (o signo).

Roussel desvenda, assim, uma outra variante da combinatória sêmica do verossímil, a saber: a unidade significante desdobra-se em dois índices, dos quais somente um é um

---

* "Como se escolhendo o segundo oportuno,/ Um encantamento pudesse incliná-lo/ A tornar: – o aparelho que, descoberto por Franklin,/ sem perigo faz o raio perder-se num poço / Por um fio cinza numa agulha de costura; [...] / – Quando, mediano, o corta um traço, para o babadouro / De um padre, um quadro negro".

12 Cf. R. Barthes, op. cit., p. 236 e s.

porta-sentido, enquanto a conjugação é possível graças a uma identidade no nível do índice isento de significação. Poder-se-ia ilustrar tal processo com dois exemplos tomados do arranjo dos sintagmas narrativos. Assim, no episódio dos bagos de uva que reproduzem quadros da história, o sintagma "uva" e o sintagma "reprodução" são reunidos por seus índices sêmicos "transparência" e "volume", que não têm valor significante no contexto; o que é verossímil e verossimilizado é a incompatibilidade dos índices portadores de sentido no contexto, a saber, "pequenez--grandeza", "planta-história", "natureza-cinema" etc. Mas se o episódio que acabamos de mencionar é apenas uma narração do desdobramento, com identificação ao nível isento de sentido para o contexto preciso (ao nível de um *significado barrado* que toma o lugar de um significante), Roussel encontra esse princípio no próprio núcleo do funcionamento linguístico, na *polissemia*.

A obsessão rousseliana com a linguagem produtora do verossímil traduz-se por uma paixão pela polissemia e todos os seus fenômenos colaterais (sinonímia, homonímia). É sabido que o projeto das *Impressions d'Afrique* era o de "preencher, através de uma narrativa, o 'sentido iludido' de dois homófonos, de reconstituir pela retórica a solidez do significado (a diferença), que se desvanece na identidade fonética (dos significantes)"[13]. Esse tema está representado nas *Nouvelles impressions d'Afrique* pela imagem da *cruz*: signo polivalente que significa tudo, qualquer coisa e nada ("e quantos aspectos toma a cruz", N. I. A. 45), ou pelo tema frequente da *calúnia*: imagem pejorativa da palavra verossimilizante, discurso que faz *crer* em tudo o que pretende *dizer*.

Decepção do sentido, o discurso verossímil é também uma *restrição* do sentido, uma redução do "real". A palavra cognoscente que atribui sentido a um cosmo pluridimensional apenas o reduz a uma abstração linear: "Extrair, a todo propósito, é natural ao homem" (N. I. A., 47). Tornar verossímil para compreender seria, pois, reduzir uma prática (um teatro) a um objeto (a uma imagem plana). A mecânica do signo está concentrada nessa terceira variante da combinatória da

---

13 Idem, ibidem.

conjunção discursiva, a *restrição* que Roussel faz figurar na segunda parte das *Nouvelles impressions d'Afrique*.

> Tels: – l'ombre, vers midi, sur le cadran solaire,
> Montrant que 1'estomac réclame son salaire;
> – Par le gel, le niât-on, le mètre étalon;
> Le disque du soleil dans le ciel de Neptune
>
> (N. I. A. 57)*

O sentido iludido e diminuído é compensado pelo verossímil retórico, que faz parte integrante do mecanismo do mesmo sentido: seu "outro" indivisível, ausente da superfície explícita, ele é o próprio sentido. No momento em que ele (sentido retórico) o (se) engana, o (se) amplifica. Assim, eliminando as frágeis barreiras do significado, o Verbo (a Voz) as rechaça sempre para mais longe, dominando-as perfeitamente com as grades imóveis da gramática:

> Gardons-nous d'oublier qu'en effet, la voix porte
> Au-delà d'un mur mince, au-delà d'une porte.
>
> (N. I. A. 57)**

Nessa operação, a incompatibilidade dos significados é sobrepujada pela atração dos significantes que "alcançam" acima das defesas lógicas, fazem mover o quadro fixo das disposições lógicas (ou históricas, sociais), tornam-nas efêmeras e as obrigam a se instalar num outro quadro lógico (histórico, social) para o qual a disposição de separação é apenas uma anterioridade referencial. A verossimilização é, assim, uma redistribuição dos significados quantitativamente limitados em combinações sêmicas (significantes) variadas. Daí, aquele dinamismo contra fundo de morte, aquela agitação estática que constrói as *Impressions d'Afrique* e que, se quiséssemos lê-la como um "querer-dizer", significaria: a verossimilização é nosso único procedimento de *evolução* na intelecção, é o motor da

---

* "Tais como: – a sombra ao meio-dia, sobre o quadrante solar,/ Mostrando que o estômago reclama seu salário; / – Pelo gelo, fome negado, o metro padrão;/ O disco do sol no céu de Netuno."
** "Evitemos esquecer que, de fato, a voz alcançada,/ Além de um muro frágil, além de uma porta."

racionalidade cognoscente. É ela que transforma o absurdo em significação:

> – *Cinna conspirateur devenant sur son siège*
> *L'ami d'Auguste après avoir flairé le piège;* […]
> – *Daniel sympathique aux lions dans la fosse:* […]
> – *Qu'Attila, mieux campé que son aîné Rodrigue,*
> *D'alexandrins fameux est plus que fui prodigue;*
> – *Qu'un trait courbe, à l'encontre allant dun bruit qui court,*
> *Pour marier deux points plus qu'une droite est court.*
> (N. I. A. 141-153)*

Ainda assim, aquela "dinâmica" do verossímil que parece transgredir toda barreira lógica (histórica) é encadeada pelo sentido já presente nas palavras (da gramática, das categorias lógicas em definitivo), e é nesse quadro que traça as curvas em significado barrado (em significante), é a partir dele que ela é inteligível (como significado).

As especulações platônicas sobre a "arte" exploram tal dinamismo do verossímil para impor a noção idealista da arte demiúrgica como uma *criação* discursiva. Encerrado na razão cognoscente, o platonismo não pode considerar a "arte" senão em relação ao *verdadeiro*, logo, enquanto um ramo das ciências aplicadas: a arte é mais ou menos impura, seu método é misto, pois se utiliza da conjectura (*orochasmos*), assim como da mensuração (*metra*), e jamais atinge a precisão perfeita (*akrebeia*) (ver Platão, *Filebo*). Veremos adiante, no decorrer da análise do texto rousseliano, que a produtividade textual não é uma *criação* (uma demiurgia), mas um trabalho anterior a seu produto; que, por conseguinte, se ela é científica, ela o é enquanto prática de seu próprio código e enquanto destruição radical da imagem que o platonismo (antigo ou moderno) dela pretende dar como mescla de conjectura e medida, como precisão imperfeita, como anomalia possível.

Resumindo: a verossimilização semântica é uma conjunção de semamas (e de seus correspondentes nos diferentes níveis

---

* "– Cinna conspirador tornando-se em seu posto / O amigo de Augusto após ter farejado a armadilha: […] / – Daniel simpático aos leões na cova: […] / Que Átila, melhor instalado que seu irmão mais velho Rodrigo, / De alexandrinos famosos é mais pródigo que ele; / – Que um traço curvo, indo ao encontro de um ruído que corre, / Para unir dois pontos mais que uma reta é curto."

da estrutura discursiva) opostos e que se encontram, por isso, um em relação ao outro, numa relação de substituição ou de restrição. Atuando sobre a desarticulação do sistema do signo em significante e significado, o verossímil é uma unificação de significantes, acima dos significados estanques: apresenta-se, assim, como uma polissemia generalizada. Poderíamos dizer que o verossímil é a polissemia das grandes unidades do discurso.

A TOPOLOGIA COMUNICATIVA

A conjunção que constitui o verossímil vive de uma topologia que desvenda ainda mais profundamente a semântica, e mesmo a ideologia da verossimilização. Trata-se da topologia comunicativa, logo, da conexão sujeito-destinatário. Pudemos demonstrar a pseudodiferença desses dois polos que, reduzidos a um jogo de espelho, remetem um ao outro na presença intransponível da Palavra do locutor que se escuta em seu *inter*locutor... O efeito verossímil é virtualmente exigido pelo interlocutor enquanto interlocutor. Assim, o sujeito da palavra, estratificado em locutor e em *inter*locutor, encarna a única geografia possível do verossímil. Possuidor de um "princípio natural" 1. enquanto locutor, o sujeito do discurso só pode eliminar esse "princípio natural" numa temporalidade inexistente desde que exterior ao discurso e à qual chamamos T^{-1}, portanto, enquanto não locutor e antes de sua constituição como interlocutor. Esse desdobramento que engendra um "locutor flutuante", posterior ao sujeito e anterior ao destinatário do discurso (um "-s" e um "D^{-1}"), permite ao sujeito do discurso realizar uma combinatória de unidades sêmicas que resulta num "princípio natural" 2. Este último é *ouvido* pelo possuidor do "princípio natural" 1 (pelo locutor), já localizado no fim do circuito discursivo como interlocutor, sob a forma de um discurso secundário, de um retoque ao "princípio natural" 1, produzido no decurso da própria palavra. O verossímil exige, assim, um sujeito do discurso que considere como Outro o seu interlocutor (a si mesmo), com quem, pelo mesmo processo, identifica-se. O verossímil, grau segundo do sentido, retoque do verdadeiro, seria (ao nível em que vive) o expediente que constitui o Outro enquanto Mesmo (a pseudodiferença) e permite sua recuperação pelo Mesmo enquanto Outro no discurso.

A máquina fotográfica é a imagem que Roussel utiliza para narrar esse efeito de projeção do Mesmo sobre o Outro, estruturado pelo retoque de um (discurso) mais do que pela disjunção de *dois*. Roussel celebra o "poder do retocador" que intervém sempre quando

> *Chacun, quand de son moi, dont il est entiché,*
> *Rigide, il fait tirer un orgueilleux cliché.*
>
> (N. I. A. 5)*

A figura da *inveja* e do *invejoso* coloca imageticamente a mesma topologia da identificação do discurso:

> *L'envieux [...]*
> *Se fait au sentiment du montage d'autrui.*
>
> (N. I. A. 197)**

E ainda:

> *Aux dessus du prochain on reconnaît son rang.*
>
> (N. I. A. 201)***

O espelho discursivo em que se projeta o *reconhecimento* do locutor no interlocutor enquanto interlocutor (locutor mesmo e "retocado") aparece para a racionalidade do saber como um reconhecimento (como um verossímil). Para o aristotelismo, a "arte", sinônimo do verossímil, gira em torno do princípio do reconhecimento. Freud cita Groos, insistindo no fato de que "Aristóteles viu na alegria do reconhecimento o fundamento do prazer artístico"[14].

Nessa mesma perspectiva e obedecendo à figura fundamental do texto rousseliano, a imagem da reprodução, da dublagem, do efeito reconhecido, preenche a narrativa de Roussel. Nós a lemos naquele "*dessin liquide [...] si poussé qu'on distinguait*

---

* "Cada um, quando de seu eu, está obsedado, / Rígido, dele tira um orgulhoso clichê."
** "O invejoso [...]/ Constrói-se com o sentimento da montagem de outrem".
*** "Acima do próximo reconhecemos nosso lugar."
14 Cf. *Le Mot d'esprit et ses rapports avec l'inconscient.*

par endroits l'ombre des miettes sur la nappe"* que Fuxier produz com o auxílio de pastilhas (I. A., 136). Assim também o espetáculo de Fogar:

> *Comme les dalles d'une église reproduisant au soleil les moindres finesses d'un vitrail, tout l'espace occupé par le cadre plagiait servilement les contours et les couleurs fixes sur l'écran.*
>
> (I. A. 179)**

Reprodução, plágio secundário, efêmero, "outro" pretendido, imitação (conhecemos o talento de imitador de Roussel e o sucesso enorme e unânime que ele conquistava pelas numerosas imitações que fazia de atores ou de qualquer pessoa)[15], tal é o efeito da palavra, uma fluidez instável sobre uma superfície frágil pronta a soçobrar no esquecimento, onde o reconhecimento não está mais na obra. A memória (o saber, o sentido, o poder de verossimilização) do jovem negro não pode ser reconstituído pelo mágico Darriand que, com o auxílio de um

> *défilé sur le fond blanc grâce à un système de projecteurs électriques, (de) toutes sortes d'images coloriées que la surexcitation momentanée de ses sens faisait prendre pour des réalités.*
>
> (I. A. 147)***

Imagem exata da verossimilização, como um efeito momentâneo de projeção que se dá por choques e jogos de contrastes, mas que, para ser completa, exige uma ordem: é essa ordem que Darriand vai restabelecer ao projetar as sequências numa consecutividade linear e silogística. Tocamos, assim, no nível sintático do verossímil.

---

* "desenho líquido [...] tão perfeito que distinguíamos aqui e ali a sombra das migalhas sobre a toalha."
** "Como as lajes de uma igreja que reproduzem ao sol as menores sutilezas de um vitral, todo o espaço ocupado pelo quadro plagiou servilmente os contornos e as cores fixas sobre a tela."
15 *Comment j'ai écrit certains de mes livres*, p. 41.
*** "desfile contra o fundo branco, graças a um sistema de projetos elétricos (de) todo tipo de imagens coloridas que a superexcitação momentânea dos sentidos fazia tomar por realidade."

A SINTAXE DO VEROSSÍMIL

"Os leitores não iniciados na arte de Raymond Roussel terão a vantagem de ler este livro primeiro da página 212 à página 455, depois da página 1 à página 211". Este parecer, acrescentado à página inicial das *Impressions d'Afrique*, esclarece de maneira antes séria que irônica a *inversão* que um consumo literário (vindo da parte de um sujeito que escreve ou de um sujeito que lê) opera diante de um texto. Tal inversão, própria de todos os que não se dão conta do próprio mecanismo da língua que Roussel figura, desvenda não somente o caráter *secundário*, ingênuo, falaz, de toda exigência de verossímil, mas também o processo pelo qual o sujeito constrói-atribuindo-se um discurso. Um processo tem duas faces que Roussel separa claramente: uma é o verossímil enquanto *língua*, outra o verossímil enquanto palavra (*parole*).

Se a conjunção semântica de unidades contraditórias bastasse na primeira parte das *Impressions d'Afrique* para tornar *legível* um enunciado (para fornecer o eixo fundamental da língua do verossímil), o verdadeiro *r*econhecimento – fundamento do "prazer estético" de que fala Aristóteles – só se realiza num gesto *gramatical* que depende da palavra, ou seja: 1. na constituição de uma cadeia de sintagmas narrativos e 2. no arranjo destes, segundo as regras da sintaxe e/ou da lógica discursiva.

A verossimilização semântica explicitada na primeira parte das *Impressions d'Afrique* mostrou que não existe discurso possível fora da função de assimilação, de semelhança, de projeção identificadora da língua enquanto signo (da palavra, dos semas). Condição anterior a todo enunciado, o verossímil semântico necessita, num segundo tempo, de seu complementar: a estrutura sintática (a *frase*) que preencherá com suas articulações esse espaço que a conjunção semântica esboçou. A primeira parte das *Impressions d'Afrique* operava com as unidades mínimas da língua, profundamente dissimuladas: as palavras enquanto semas e o sentido de sua aglutinação. Conseguimos decifrar nesse nível a lei do signo e o aparato do conhecimento (do reconhecimento) do sujeito que fala.

A segunda parte das *Impressions d'Afrique* põe em cena uma unidade maior: a frase com seus elementos e sua dependência. Mais manifesto na palavra cotidiana, esse segundo nível, apesar de posterior e secundário no processo da escritura, deve ser visto antes de uma leitura conforme ao senso comum. Ao começar pela segunda entrada do livro, o leitor, estranho ao laboratório de Roussel, reencontrará o verossímil porque reencontrará a narrativa que, como veremos, se organiza como uma frase estruturada. Com efeito, a verdadeira narrativa começa apenas *após* e *sobre* a trama da conjunção simbólica da primeira parte. O verossímil autêntico, parece dizer Roussel, é o verossímil retórico; o verdadeiro reconhecimento é uma retórica (uma narrativa).

Ora, a narrativa (a retórica) segue o fio sintático da frase: os sintagmas retóricos da narrativa são expansões dos sintagmas gramaticais. A narrativa verossímil (a segunda parte das *Impressions d'Afrique*) abre-se por uma constituição de unidades narrativas elementares. É um sintagma de tipo nominal que se articula desde o começo e que desempenhará o papel do *sujeito* naquela frase que é a narrativa[16]. Desse modo, Roussel começa por enumerar a lista dos viajantes de Lyncée, dando breves características de cada um, de modo que o sintagma nominal (SN) se organiza como um sintagma atributivo (S + A). O segmento que serve de determinante ao substantivo no sintagma atributivo apresenta-se frequentemente como uma frase. Decorre daí que a frase global (a narrativa) toma o aspecto de um encadeamento de frases minimais, logo, predicativas (onde o sintagma nominal é o sujeito e o sintagma verbal o predicado), através dos sintagmas atributivos justapostos:

$$SN_1 + SN_1 + SN_1 \ldots = (S + A) + (S + A) + \ldots =$$
$$= [S + (SN_1 + V + SN_2)] + [S + (SN_1 + V + SN_2)] + \ldots$$

A narrativa converte-se numa justaposição de narrativas que se encaixam umas nas outras por intermédio do "substantivo"-sujeito.

---

16 Acerca dos sintagmas nominais e verbais, cf. Jean Dubois, *Grammaire structurale du français*, I e II, Paris: Larousse, 1965 (Coleção Langue et Language).

Poder-se-ia dizer que o sintagma verbal surge na narrativa quando os viajantes, uma vez em território do rei Talu VII, empreendem um longo trabalho de resgate, criando o Clube dos Incomparáveis e lançando-se em suas atividades. Esse sintagma verbal comporta um segmento "verbo" v (as sequências narrativas designando as atividades dos Incomparáveis) e o "segmento nominal" objeto SN_2 (as sequências narrativas designando o objeto das atividades dos Incomparáveis). O sintagma verbal v + SN_1 opõe-se ao sintagma nominal SN_2 como um predicado a um sujeito. Assim, a estrutura minimal da narrativa articula-se como cópia exata da estrutura da frase canônica.

$$\{(SN_1) + [(v) + (SN_2)]\}$$

A fórmula se complica quando acrescentamos à arborescência do sintagma nominal SN_1 (ver acima) a do segmento nominal objeto SN_2 no sintagma verbal. Com efeito, cada uma das atividades inacreditáveis dos Incomparáveis que desempenham o papel de objeto em relação ao "verbo" principal da narrativa, o "resgate dos prisioneiros", desdobra-se, por sua vez, em narrativa autônoma (em frase canônica), com um sujeito, um verbo e um objeto próprios. Constatamos aqui, ao nível do sintagma nominal objeto SN_2, um outro encaixe de narrativas (de frases canônicas) através da justaposição dos sintagmas nominais objetos controlados pelo "verbo":

$$(v) + [(SN_2) + (SN'_2) + (SN_2") + \ldots] =$$
$$= (v) + [(SN_1 + v + SN_2 + (SN_1' + v' + SN_2') + \ldots]$$

Aqui também cada SN_2 é suscetível de se desdobrar em uma frase do tipo sujeito-predicado e, assim, até o infinito, sempre verossímil, com a única condição de desobedecer à norma gramatical.

Simplifiquemos, entretanto, afirmando que a narrativa se estrutura como duas séries de frases minimais, que tomam, respectivamente, o aspecto de um sintagma nominal sujeito e de um sintagma nominal objeto (segmento do predicado) na estrutura canônica da narrativa soldada pelo verbo:

$$\overbrace{[s + [(\text{SN}_1 + v + \text{SN}_2)] + [s' + (\text{SN}_1' + v' + \text{SN}_2')] + \ldots}^{\text{sintagma nominal (sujeito)}}$$

$\underbrace{\phantom{[s + [(\text{SN}_1 + v + \text{SN}_2)]}}_{\text{atributo = sujeito + predicado}}$ $\underbrace{\phantom{[s' + (\text{SN}_1' + v' + \text{SN}_2')]}}_{\text{atributo = sujeito + predicado}}$

$$\overbrace{+ \left\{ v + [\underbrace{(\text{SN}_1 + v + \text{SN}_2)}_{\text{sujeito-predicado}} + \underbrace{(\text{SN}_1' = v' + \text{SN}'_2)}_{\text{sujeito-predicado}} + \ldots] \right\}}^{\text{sintagma nominal (objeto)}}$$

$$\underbrace{}_{\text{sintagma verbal (predicado)}}$$

Aplicada ao universo fantasmático da primeira parte, esta fórmula acaba por torná-lo verossímil[17]: o leitor "não iniciado" aí reconhece, através da grade lógica que é a do enunciado informativo, um "objeto" cuja "verdade" é tolerável graças à sua conformidade com a norma gramatical. Em outros termos, uma vez derivável da fórmula dada acima, todo enunciado é perfeita e sintaticamente verossímil.

Destacamos, desta forma, como regra sintática principal do verossímil, a estrutura da frase canônica sujeito-predicado. No interior dessa lei, diversas figuras sintáticas secundárias do verossímil são isoláveis, dentre as quais: a repetição, o desdobramento, a enumeração.

Uma relação de *repetição* une as duas vertentes do livro: a segunda é uma retomada da primeira com um ligeiro desnível introduzido pela estrutura sujeito-predicado da segunda parte. Em outros termos, a primeira parte é uma justaposição de frases canônicas, reduzidas a núcleos simples (semenas) e que se encadeiam enquanto tais. A segunda repete as mesmas frases canônicas, ordenando-as na relação sujeito-predicado, e essa ordem é uma correção que produz o verossímil retórico.

---

17 Destacamos estruturas semelhantes na primeira parte do livro, onde as sequências conjugadas organizam-se em sua autonomia como narrativas (segundo o esquema sujeito-predicado). A análise dessa fórmula é, entretanto, mais pertinente a partir da segunda parte do livro, pois esta é construída como conjunto inteiramente centrado na correspondência sujeito-predicado. A primeira parte não é uma "narrativa" verossímil: seus sintagmas (frases canônicas) não se integram numa estrutura englobante de tipo sujeito-predicado.

Na segunda parte do livro, a repetição se dá entre o sintagma nominal sujeito e o sintagma nominal objeto: os dados biográficos, através dos quais Roussel apresenta os viajantes, são retomados e detalhados (corrigidos) pelas atividades dos viajantes no Clube dos Incomparáveis. Ainda uma vez a correção intervém no momento em que a estrutura sujeito-predicado aparece, sendo o sintagma verbal determinante nessa articulação.

Desse modo, a cada vez, a repetição introduz uma nova dimensão que encaminha o leitor mais e mais para um verossímil perfeito: dos sememas justapostos, passamos (através da conexão sujeito-predicado) a sintagmas nominais para terminar (sempre através da conexão sujeito-predicado) com uma frase mínima englobante e feita de sintagma nominal e de sintagma verbal. A sequência repetida não o é jamais mecanicamente: um "aumento" do verossímil segue seu curso até que a conexão sujeito-predicado enfeixa todos os sememas. O leitor não iniciado descobre, então, nessa repetição corretiva, uma *motivação* (o silogismo) e um *tempo* (a linearidade: origem-fim) e, com isso, nela reconhece o "princípio natural".

As frases minimais (as narrativas minimais) encadeadas no interior do sintagma nominal objeto ou sujeito lançam o *tempo* retórico: uma profundidade que conduz à origem ou remete ao fim, e é exigida por um enunciado como condição prévia a toda pretensão de verossímil. Só compreendemos o que se passa no reino de Talu VII graças a essa rede temporal que emerge da repetição sucessiva dos semenas narrativos através do desdobramento da estrutura frasal. Somente a estrutura frasal narrativa lhe confere uma motivação e uma proveniência, porque ela é a estrutura do silogismo e/ou do raciocínio linear do reconhecimento. Seria necessário inverter para se ler a produção oculta do verossímil: a motivação e a proveniência são dadas pela repetição da estrutura sujeito-predicado. Toda a narrativa é, assim, derivável dessa estrutura, apenas repetida em diversos níveis. O verossímil é alcançado quando cada sequência pode ser derivada de uma outra nos quadros da estrutura da proposição (da motivação e da linearização).

A *retomada*, como uma das funções fundamentais do verossímil, é inerente ao texto rousseliano a tal ponto que se vê, ela mesma, retomada por uma imagem: a imagem da repetição, da ressonância, da reedição. Lembramos do cavalo Romulus cuja língua

> *au lieu d'être carrée comme celle de ses pareils, affectait la forme pointue d'une* platine *humaine. Cette particularité remarquée par hasard avait décidé Urbain à tenter l'éducation de Romulus, qui, tel un perroquet, s'était habitué, en deux ans de travail, à reproduire nettement n'importe quel son.*
>
> (I. A. 96)*

Ou, então, a família Alcott – aquela série de tórax que repercute o som:

> *Stéphane, à pleine voix, prononça toute sorte de noms propres, d'interjections et de mots fort usuels, en variant à l'infini le registre et l'intonation. Et chaque fois le son ricochait de poitrine en poitrine se reproduisant avec une pureté cristalline, d'abord nourri et vigoureux, puis affaibli de plus en plus jusqu'au dernier balbutiement, qui ressemblait à un murmure.*
>
> (I. A. 121)**

Ou, mais ainda, aquela nova versão de *Romeu e Julieta*, que acaba por não ter mais nenhuma relação com o original, mas cuja proveniência shakespeariana permaneceu verossímil graças às numerosas retomadas de acordo com a fórmula já examinada da proposição. Os artifícios da encenação recolocam essa retomada na imagem da fumaça reeditora:

> *Déjà la scène vaporeuse s'élevait en s'effilochant par endroits. Après son envolée, une fumée neuve, issue de la source habituelle, réédita les mêmes personnages dans une posture différente; la joie ayant fait place à la terreur, ballerines et libertins, pêle-mêle et à genoux, courbaient le front devant l'apparition de Dieu le Père, dont la face courroucée immobile*

---

* "Em lugar de ser quadrada como a de seus semelhantes, ostentava a forma pontuda de uma *platina* humana. Essa particularidade notada por acaso tinha levado Urbain a tentar a educação de Romulus, que, como um papagaio, em dois anos de trabalho se habituara a reproduzir claramente qualquer som".
** "Stéphane, com voz clara, pronunciou todo tipo de nomes próprios, de interjeições e de palavras muito usuais, variando infinitamente o registro e a entonação. E todas as vezes o som ricocheteava de peito em peito, reproduzindo-se com uma pureza cristalina, primeiro forte e vigoroso, depois mais e mais enfraquecido, até o último balbuciar, que parecia um murmúrio".

et menaçante au milieu des airs, dominait tous les groupes [...] *La fumée formait ici deux sujets étagés séparément appréciables.*

(I. A. 157)*

É difícil não aproximar essa presença insistente da repetição nos livros de Roussel da mesma obsessão pela repetição na literatura europeia do fim da Idade Média e do início da Renascença (as crônicas, os primeiros romances escritos em prosa, as vidas dos santos etc.). Pesquisas realizadas[18] provaram a origem vocal, fonética e estrangeira de tais enunciados: eles vêm diretamente da feira, do mercado, da vida sonora da cidade comercial ou do exército de partida. Proferidos em voz alta pelos mercadores e pregoeiros, os torneios repetitivos são os próprios núcleos de uma prática discursiva gerada na e para a informação, e que se estrutura como mensagem, como conexão entre um locutor e um destinatário. Eles penetram, a seguir, nos textos escritos (La Sale, Rabelais etc.). Sendo produzidos no próprio momento em que a estrutura europeia escapa ao domínio do símbolo (Idade Média) para se submeter à autoridade do signo (os Tempos Modernos), esse fenômeno indica uma vez mais a que ponto a estrutura da narrativa verossímil depende da estrutura da comunicação fonética. Situado no outro extremo da história, quando o signo se decompõe e sua fórmula é desnudada por quem "gera" o texto, Roussel é fascinado outra vez (e, desta vez, com uma distância que lhe permite reproduzir o fenômeno em todos os níveis da estrutura) por aquela reiteração do silogismo que manifesta a composição do enunciado (verossímil).

A *enumeração*, próxima da repetição e como ela figura vocal[19] por excelência (logo, figura verossimilizante), encontra-se também no quadro da conexão sujeito-predicado analisada

---

* "Já se elevava a cena vaporosa, desfiando-se aqui e ali. Depois de seu esvanecimento, uma fumaça nova, saída da fonte habitual, reeditou as mesmas personagens numa postura diferente; sendo a alegria substituída pelo terror, bailarinas e libertinos, confusamente e ajoelhados, curvavam a fronte diante da aparição de Deus Pai, cuja face enfurecida, imóvel e ameaçadora no meio dos ares, dominava todos os grupos [...]. A fumaça formava aqui dois sujeitos superpostos, separadamente apreciáveis".

18 Mikhail Bakhtin, *Problemi Poetiki Dostoievsko*, Moscou: [s.n.], 1963; *Tvortchestvo François Rabelais*, Moscou, 1965.

19 Acerca da frequência dessa figura nos textos dos fins da Idade Média, ver supra p. 130-131.

acima. Surge na *série* de sintagmas nominais que constituem o sujeito da narrativa (como a lista dos viajantes do Lyncée), assim como no interminável encadeamento de sintagmas nominais objetos (as façanhas dos Incomparáveis). A enumeração é uma figura frequente das *Nouvelles impressions d'Afrique*: basta que fatos "absurdos" sejam arranjados numa série de enumerações de modo que se retome o absurdo em cada elemento da série para que esse absurdo se torne verossímil, visto ser derivável de uma determinada cadeia sintática. Assim,

> *Témoin* [...]
> *– Cinna conspirateur devenant sur son siège*
> *L'ami d'Auguste après avoir flairé le piège;*
> *– Le soulier visité par le petit Jésus;*
> *– L'odalisque à qui fu jeté le tire-jus;*
> *– Le téméraire qui passe une pièce fausse;*
> *– Daniel sympathique aux lions dans la fosse.*
>
> (N. I. A. 141)*

Do mesmo modo, a enumeração de signos enganadores e de enunciados falsos (N. I. A. 181) não é inverossímil; a *série* deles, enquanto conjunto sintático de unidades deriváveis umas das outras, constitui um discurso verossímil, visto que derivável, por seu turno, da estrutura da frase canônica.

Enfatizemos também que, se a enumeração é uma retomada corretiva de um sintagma inicial, a correção que opera depende do nível *lexical* mais do que do gramatical (como era o caso da repetição). A enumeração se apresenta, assim, como uma série sinonímica, pois ela une a sintaxe (a seriação) à semântica (à sinonímia).

O PROBLEMA DA PRODUTIVIDADE TRANSLINGUÍSTICA

Se acrescentarmos às duas partes das *Impressions d'Afrique* a confissão que Roussel faz de seu processo em *Comment*

---

* "Testemunha [...] / – Cinna conspirador, tornando-se em seu posto/ O amigo de Augusto após ter farejado a armadilha;/ – O sapato visitado pelo menino Jesus;/ – A odalisca a quem jogaram o lenço;/ – O temerário que passa uma moeda falsa;/ – Daniel simpático aos leões na cova."

j'ai écrit certains de mes livres (conjunção da palavra a partir de sua semelhança fonética e preenchimento do desvio semântico assim produzido por uma "história"), obteremos o esquema completo da verossimilização.

Significante (arbitrário)	Significado (semântica do verossímil)	Discurso (narrativa retórica = sintaxe do verossímil)	Metadiscurso (explicação teórica)
Comment... (-1)	I. A. (1)	I. A. (2)	*Comment...* (0)

da cadeia produtora, o arbitrário-desencadeador da escritura, assim como as funções de seu "programa elementar" estão ausentes, suprimidos ou esquecidos. Aquela operação extratemporal (de uma temporalidade −1) que precede o enunciado verossímil e que consiste em descobrir a palavra por uma conjunção de significantes sobre uma oposição lógica de significados, para ser compreendida e, por sua vez, tornada verossímil, deve ser retomada por um discurso no grau zero, descritivo e explicativo: *Comment j'ai écrit...* Esse "metadiscurso" é um resto "científico", uma linearização mentalista de uma prática que fica aquém da explicação verossimilizante. Se, da mesma forma, o procedimento "teórico" se impuser àquele que deseja comunicar sua prática a uma cultura estruturada segundo a cadeia de consumo de produtos, então o discurso teórico tomará a forma de um texto em grau zero, de um extratexto que não tem lugar na própria produtividade (na vida) do escritor, mas que é um enunciado último (póstumo) e a ser recolocado em virtude de seu ponto morto (grau zero) num espaço anterior à descrição verossímil (numa extratemporalidade).

Ora, para o leitor "não iniciado" (para todo sujeito da civilização falante), esse "extratexto" é um texto primeiro: origem de toda verossimilização. O leitor do verossímil deve, necessariamente, operar uma inversão:

Metadiscurso (explicação teórica)	Discurso (narrativa retórica = sintaxe do verossímil)	Significado (semântica do verossímil)
Comment... (-0)	I. A. (2)	I. A. (1)

Essa inversão só é introduzida no processo da produtividade textual para torná-la, por seu turno, verossímil, para fazê-la *compreensível* enquanto um processo mentalista, para torná-la conforme a uma racionalidade cognoscente definida pela motivação e pelo finalismo; em suma, para transformá-la numa *impressão*, num efeito sofrido. O problema da evidenciação da produtividade da escritura permanecerá, portanto, não resolvido e *Nouvelles impressions* tentarão preencher a lacuna. Sendo devido a seu título e a sua intenção, uma retomada corretiva das *Impressions d'Afrique*, as *Nouvelles impressions* diferem das anteriores por colocar em cena o outro sentido da palavra "impressão" (= "ação" de prensar, de imprimir). Colocam na página não o efeito, mas a fabricação, não do verossímil, mas da produtividade textual. Lidas com relação às *Impressions d'Afrique*, as *Nouvelles impressions* esclarecem (como demonstramos acima através das citações daí tiradas) os diferentes níveis de verossimilização. Lidas em seu próprio espaço, elas re(a)presentam o processo da elaboração do texto *em, apesar de* e *em oposição* à estrutura discursiva verossímil.

Roussel já o havia sugerido nas *Impressions d'Afrique*: o trabalho textual (distinto da impressão verossímil que dele possamos extrair) lembra o espaço do *teatro* e a organização do *hieróglifo*, assim como sua cumplicidade fundamental. "*Grâce à la similitude des personnages, cette suite de tableaux paraissait se rattacher à quelque récit* dramatique. *Au-dessus de chaque image on lisait, en guise de titre, quelques mots tracés au pinceau.*" (I. A. 13)*

Todos os prodígios dos Incomparáveis (é preciso insistir sobre o fato de que aquela apelação aliena do livro de Roussel toda interpretação centrada na comparação, na semelhança, no verossímil, e reserva-lhes o lugar de uma anterioridade, de um fundo vazio no ato "incomparável" da escritura)[20] são pensados através de e destinados a uma *cena*. O destino dessa cena é menos o de tornar verossímil o "bizarro" (tudo é possível num espetáculo) que o de mostrar não serem o espaço (a cena-a sala) e a

---

* "Graças à semelhança das personagens, aquela série de quadros parecia estar relacionada com alguma narrativa *dramática*. Acima de cada imagem líamos, à guisa de título, algumas palavras *traçadas a pincel*".
20 Assim também a escolha da África para cena do teatro "incomparável" enfatiza mais uma vez o *estranhamento* do desenvolvimento de escritura que precede a "primeira impressão", ao evocar um espaço irredutivelmente *outro* no qual se dá o *processo* do texto.

prática (o jogo sério) dominados pelo verossímil (tudo se torna verossímil para quem está *fora* do espaço do jogo, portanto fora do espaço do livro: o leitor, o consumidor). Esse teatro incomparável é visivelmente a metáfora da prática textual, enquanto *o jogo* é anunciado como única salvação possível das ingenuidades verossimilizantes: "Garçon qu'est-ce que cette sonnerie de cloche? – C'est le Salut. – Alors, servez-moi un *arlequin*" (I. A. 14)[21]*.

A imagem do *texto* está necessariamente presente nessa escritura que se representa: ela põe em relevo as particularidades do trabalho textual. O texto é, antes de tudo, um texto *estranho*: distante, outro, diferente da própria língua e do "princípio natural", ilegível, incomparável, sem relação com o verossímil. Seja hieroglífico, seja sobre pergaminho, seja *ponukéléien*, seja chinês, seja musical (Haendel), ele é sempre diferente de nossa palavra fonética "entièrement inaccessible à des oreilles européennes, se déroule en strophes confuses" (I. A. 115)**, antes cifras que inscrição. Os únicos textos franceses, portanto, não estranhos, verossímeis, são as cartas, logo, mensagens que visam uma compreensão direta, ou, antes, a um mercado (tais como as cartas dos cativos a seus pais, pedindo para serem resgatados). Fora do próprio mercado, a escritura francesa apresenta-se como uma cifra (as cartas Velbor-Flore) ou serve para decifrar uma escritura ilegível (o *ponukéléien*). O texto é também um *movimento de reorganização*, uma "circulação febril", que produz destruindo. A máquina de Louise é a imagem, por excelência, dessa função: antes de tudo, essa invenção vem dos livros que Louise leu; é, por assim dizer, uma permutação de textos; a seguir, seu funcionamento mesmo consiste em refazer o que ela já fez, reescrevendo a lápis o que o pincel já havia traçado.

Le crayon se mit à courir de haut en bas sur le papier blanc, suivant les mêmes sections verticales précédemment frayées par les

---

21 Conhecemos a função "didática" que Roussel atribuía ao teatro: suas duas peças *l'Étoile au front* e a *Poussière de soleils* assim como a adaptação para a encenação de *Locus Solus*, devem ser analisadas para evidenciar o esforço de Roussel para escapar à topologia discursiva (simbólica) e à representação verossímil.

* "Garçom, que é este repique de sinos? – É a Salvação. – Então, sirva-me um *arlequim*".

** "inteiramente inacessível aos ouvidos europeus, desenvolve-se em estrofes confusas".

pinceaux. Cette fois nul déplacement vers la palette, nul changement d'outil, nulle trituration de couleurs, ne retardaient la besogne, qui avançait promptement. Le même paysage apparaissait dans le fond, mais son intérêt maintenant secondaire, était annihilé *par les personnages du premier plan. Les* gestes, *pris sur le vif,* – *les* habitudes, *três définies,* – *les* silhouettes, *curieusement amusantes,* – *et les visages, criants de ressemblance,* – *avaient l'expression voulue, tantôt sombre, tantôt joyeuse* [...]. *Malgré le contraste de décor, le dessin donnait l'idée exacte d'une fiévreuse circulation de rue.*

(I. A. 209)*

Como não decifrar nessas linhas a metáfora do trabalho textual que atravessa a palavra (o desenho a pincel), absorve-a e aniquila-a numa gestualidade febril para fixar-se, por sua vez, numa impressão nova, semelhante a qualquer *outra*.

Essa práxis textual nada tem a ver com uma energia finitista e metafísica: não produz nada além de sua própria morte, e toda interpretação, visando fixá-la num efeito produzido (verossímil), é exterior a seu espaço produtor. A imagem da morte associa-se, pois, dialeticamente à imagem da máquina: o texto *é mortuário, do mesmo modo que produtor*. Mossem escreve o ato mortuário de Sidrah, enquanto Carmichael descreve o texto indígena como "le texte *infernal* qui lui rappelait tant d'heures de travail *angoissantes* et *fastidieuses* (I. A. 454)** para pôr fim à aventura dos Incomparáveis, à narrativa e ao livro de Roussel.

A acepção da produtividade textual como autodestrutiva, aniquilante e superadora não implica nenhuma concepção do texto literário como "literalidade" que se autossatisfaz num isolamento precioso. Um julgamento desse tipo seria cúmplice de uma leitura verossimilizante da obra "literária", da qual demonstramos os fundamentos ideológicos e a limitação

* "O lápis se põe a correr de alto a baixo no papel branco, seguindo as mesmas seções verticais anteriormente trilhadas pelos pincéis. Desta vez nenhum movimento em direção à palheta, nenhuma mudança de instrumento, nenhuma trituração de cores retardavam a tarefa que avançava prontamente. A mesma paisagem aparecia ao fundo, mas seu interesse, agora secundário, era *aniquilado* pelas personagens do primeiro plano. Os *gestos* tomados ao vivo, – os *hábitos*, muito definidos; – as *silhuetas*, curiosamente engraçadas, – e os rostos, gritantes pela *semelhança*, – tinham a expressão desejada ora sombria, ora alegre [...]. Malgrado o contraste da paisagem, o desenho dava a ideia exata de uma febril circulação de rua". (Grifo nosso).
** "o texto *infernal* que fazia evocar tantas horas de trabalho *angustiantes* e *fastidiosas*". (Grifo nosso).

histórica. Bem ao contrário, esse postulado leva-nos a uma lei que é tempo de enunciar: *a produtividade textual é a medida inerente da literatura (do texto), mas ela não é a literatura (o texto)*, do mesmo modo que cada trabalho é a medida inerente de um valor sem ser o próprio valor.

As *Nouvelles impressions* estão aí para resolver esse desnível medida inerente/produto, trabalho/valor, produtividade/texto, escritura/literatura. Se elas são, como todos os textos de Roussel, uma retomada (*reprodução, dublagem*) do funcionamento linguístico, o que imitam não é mais o discurso verossímil (as funções do verossímil são descritas no nível lexical, significado, das N. I. A.), mas o trajeto da escritura através da palavra (o problema das N. I. A. é o *encadeamento* daquilo que será lido como um texto, a arquitetura muda que vive dos interstícios entre as palavras).

Exteriores à problemática do verossímil, as N. I. A. não constituem uma *mensagem* destinada a um efeito: elas não *contam* qualquer aventura, não *descrevem* nenhum fenômeno preciso, não *descobrem* nenhuma verdade anterior à sua produtividade. Estrutura verbal que não conduz a parte alguma, mas que se esgota no encaminhamento das palavras para a imagem, as N. I. A. constituem um esforço para escapar de nosso maior pressuposto: a informação, o reconhecimento de uma entidade anterior à prática que a constrói.

Série de dessemelhanças, de justaposições de contrários, de reuniões não sintéticas, a estrutura semântica das N. I. A., lida enquanto um efeito (mensagem verossímil), desvenda – vimo-lo anteriormente – a conjunção de semas opostos como figura semântica de base da verossimilização. Contudo, ainda mais, e desta vez no próprio trajeto do texto, essas séries de dessemelhanças que tecem as N. I. A. indicam um fato capital: a produtividade textual destrói a identidade, a semelhança, a projeção identificadora; ela é uma não identidade, uma contradição atuante.

A estrutura sintática das N. I. A. é um desafio à regra sintática do verossímil, ou seja, à conexão frasal sujeito-predicado e às relações que determina, à motivação e à linearização. Com efeito, cada um dos capítulos das N. I. A. contém, pelo menos, uma frase canônica; mas essa frase é afogada nos relances reiterados de outras frases, sintagmas ou segmentos que formam uma escadaria ramificada e de diversos lances divididos (religados) por parênteses. Esse encadeamento anafórico faz romper a estrutura (da frase, da narrativa e de toda estrutura possível) ao substituí-la por conexões significantes mas não estruturais[22]. Verdadeiros clarões, essas anáforas tomadas em seus parênteses (que chegam a nove) quebram a superfície da estrutura onde cada segmento é derivável do todo ou de um outro, destroem a linha do sujeito-predicado e, como aquele tear a tecer auroras ou como a máquina de Louise, constroem um espaço, um volume, um movimento infinitos. Tendo revelado, assim, o funcionamento *anafórico*, transestrutural, da produtividade textual, esses *raios* entre parênteses voltam passo a passo à estrutura sujeito-predicado para nos permitir ler uma linguagem estruturada (verossímil), ou melhor, para fazer notar que o verossímil existe num nível *outro* que aquele do trabalho textual. Tentemos explicar mais nitidamente esse duplo registro (produtividade/verossímil) tocado por Roussel através das N. I. A.

A estrutura do produto "literário" e a estrutura do discurso comunicativo (a Palavra = o princípio natural) estão relacionados, desse modo, na racionalidade cognoscente (nas fórmulas lógicas da intelecção), pois, para cada entidade de uma, existe uma (única) correspondência na outra, de modo que podemos chamar as interpretações que damos às duas estruturas de *isomorfas*. Sabemos que, se todos os modelos de uma rede de axiomas são isomorfos uns aos outros, essa rede lógica é denominada *monomorfa*. O efeito *verossímil* é um efeito de isomorfismos entre duas estruturas discursivas (estrutura literária-estrutura do enunciado comunicativo) no interior dessa rede de axiomas lógicos *monomorfos*[23] que é nosso sistema de inteligibilidade. No monomorfismo de nossa inteligibilidade, é impossível especificar o caráter de uma estrutura extralógica (um produto "literário" inverossímil) com o auxílio de fórmulas tomadas do mesmo

---

22 O texto toma, assim, um duplo aspecto: de um lado, contém uma *estrutura* canônica primitiva que *descreve* um fenômeno; de outro, produz anáforas que *indicam* entidades *extraestrutura*. Esse duplo aspecto do funcionamento textual parece ser fundamental para toda prática escritural. Lembremo-nos de que os caracteres chineses dividem-se em *wen* (figuras primitivas, de tendência *descritiva*) e *tsen* (caracteres compostos, de tendência *indicativa*).
23 Noção familiar a Dedekind em 1887. Veblen (1904) utiliza o termo "categorial" tendo em vista a oposição entre proposição categorial e proposição disjuntiva. Nossa aceitação do termo depende de um nível lógico geral.

sistema simbólico. Porque cada uma dessas fórmulas e mesmo sua negação é já uma *consequência* daquela rede lógica (verbal) que organiza o raciocínio; então, cada fórmula é verdadeira para cada interpretação que a rede lógica supõe.

Em contrapartida, a produtividade textual das N. I. A. não se presta a uma teoria literária descritiva. A rede de axiomas lógicos que exige para sua intelecção é de ordem *polimorfa*. Nesse polimorfismo não podemos jamais pensar simultaneamente numa estrutura e em sua negação, numa conformidade ao "princípio" e em seu oposto, numa lei gramatical e numa "fuga" anafórica. É evidente, portanto, que esse polimorfismo evoca o monomorfismo e não pode prescindir dele. Assim, em nosso caso, toda figura das N. I. A. que escapa à grade gramatical (lógica) pode ser *expressa* pelo monomorfismo; ela não pode ser *deduzida* dele porque: 1. a operação de derivação deparar-se-á com vazios não estruturais: os *saltos* anafóricos; 2. ela será infinitamente longa, logo não será uma demonstração.

Lembremo-nos, também, de que, ao quebrar a estrutura da frase canônica (a sintaxe verossímil) e da similarização discursiva (a semântica verossímil), a *produtividade textual* que as N. I. A. narrativizam opera num espaço linguístico irredutível às normas gramaticais (lógicas), o qual denominamos, em outra parte, uma *infinidade potencial*[24]. É na linguagem poética, entendida como uma infinidade potencial, que a noção de verossímil é colocada entre parênteses: ela é válida no domínio *finito* do discurso obediente aos esquemas de uma estrutura discursiva finita e, em consequência, ela reaparece, obrigatoriamente, quando um discurso finito monomorfo (filosofia, explicação científica) recupera a infinidade da produtividade textual. Mas ela não ocorre nessa infinidade mesma, onde nenhuma "verificação" (conformidade a uma verdade semântica ou derivabilidade sintática) é possível.

Já podemos formular o que chamaremos de "o problema da produtividade translinguística":

Para um texto tomado como produção (P_t), não podemos estabelecer um processo sistemático e construtivo para determinar se sim ou não uma fórmula (sequência) tomada em P_t é verossímil,

---

24 Ver supra, p. 171 e s.

isto é, possui: 1. a propriedade sintática de derivabilidade em P_t; 2. a propriedade semântica, de verdade idêntica; 3. a propriedade ideológica, de efeito sofrido.

É evidente que o conceito de produtividade textual nos situa num nível de raciocínio que evoca aquele definido pelos matemáticos como *teoria essencialmente indecidível*[25]. Se o termo se presta a equívocos (em outros contextos, significa que a verdade ou falsidade de uma hipótese não podem jamais ser conhecidas), o conceito de "indecidível" é de suma importância para nossos propósitos. Sabemos que em lógica, segundo as implicações últimas desse conceito, "todos os truísmos da lógica geral nos são acessíveis, mas não existe *procedimento* através do qual, para cada fórmula dada, possamos decidir, dentro de um número finito de procedimento, se é ou não um truísmo"[26]. Unido à produtividade textual, o conceito de "indecidível" implica que o procedimento da escritura (o trabalho textual, o pensamento em andamento) é estranho aos conceitos de prova e de verificação. Ora, o que é o verossímil se não a possibilidade implícita em todo sistema monomorfo de provar e de verificar? A "verdade" da produtividade textual não é passível de prova nem de verificação, o que significaria que a produtividade textual depende de um outro domínio que não o verossímil. A "verdade", ou a pertinência, da prática da escritura é de uma outra ordem: ela é indecidível (não comprovável, não verificável) e consiste no *acabamento* do gesto produtivo, ou seja, do trajeto da escritura a construir-se e a destruir-se no processo de *correlacionamento* de termos opostos ou contraditórios. Essa produtividade indecidível não pode ser submetida a uma atividade verificadora (verossimilizante) que impregna toda teoria descritiva do produto literário porque o "entendimento desconhece também a *relação* dos termos, quando é colocada de maneira expressa; assim, por exemplo, negligencia mesmo a natureza da cópula no julgamento que

---

[25] Um sistema é indecidível quando não podemos decidir se cada fórmula desse sistema é verdadeira ou falsa. Acerca do problema do indecidível, cf. Raphael M. Robinson, An Essential Undecidable Axiom System, *Proceedings of the International Congress of Mathematics*, Cambridge: [s.n.], 1950; Alfred Tarski; Andrzej Mostowski; R. M. Robinson, *Undecidable Theories*, Amsterdã: [s.n.], 1952.

[26] William Kneale; Martha H. Kneale, *The Development of Logic*, New York: Oxford University Press, 1964, p. 737.

indica que o singular, o sujeito, é também o não singular e o universal"[27]. Ela depende de uma lógica dialética que concebe a pertinência de toda prática (da qual a prática da escritura é apenas um modelo) como sendo essencialmente um *processo*, só idêntico a si mesmo (logo, também ao conceito de processo e de prática) enquanto *negatividade absoluta* (dialética).

Tal é o problema que as N. I. A. tendem a resolver. Não podemos, entretanto, deixar de perceber que, se a resolução existe, ela é ambígua. O texto de Roussel mantém-se sempre duplo, cindido: vive seu problema da produtividade textual, mas pretende também ser verossímil; ele produz, mas verossimiliza; é anafórico, dessemelhante, não informativo, mas também retórico; ele é um aparato, mas também uma obra. Tendo descoberto a produtividade graças a esses três tipos de abertura que acabamos de enumerar, Roussel é obrigado a prendê-la numa retórica tanto mais exigente quanto mais pronunciado tenha sido o deslocamento da estrutura da palavra verossímil. Assim, os versos substituem a prosa, e a rima, exteriorização maior da conjunção simbólica, vem decorar o edifício. Compreendemos, então, que Roussel fique aquém da ruptura produtividade textual/leitura verossímil; nele, é o verossímil que subsume a produtividade textual, mais que o oposto. O texto rousseliano é uma verossimilização imitadora de sua produção; se ele concebe o desnível produção-obra, não vê a si mesmo enquanto ciência dessa produção, mas enquanto ficção que se dá como saber. O ato rousseliano é um ato mentalista, encadeado ao pensamento do signo (do verossímil), que necessariamente torna-se verossímil por uma retórica (a poesia, a rima). Lautréamont, muito antes, tinha ido bem mais longe. Os *Chants de Maldoror* e as *Poésies* são um movimento de produção que postula para sempre e para a história textual que se segue o problema da produtividade translinguística acima formulado. É verdade que esses textos podem ser lidos como verossímeis na medida em que não escapam à língua, ao discurso, ao enunciado, logo, ao sentido, mas se constroem através deles; ora, tudo isso só obedece a uma única regra verossimilizante: a estrutura gramatical, lógica, sintática (as regras do sentido do

[27] Georg. W. F. Hegel, *Science de la logique*, em *Oeuvres complètes*, t. v, p. 389.

discurso), sem malograr na ambiguidade do signo e em uma retórica convencional.

Mas, tal como é, o texto de Roussel torna ainda mais manifesta a nova etapa que nossa cultura parece transpor desde o fim do século passado (com Mallarmé, Lautréamont e, num outro nível, fundamental e determinante em última instância, Marx). Trata-se de uma passagem da *dualidade* (do signo) à *produtividade* (trans-signo).

A Idade Média – época do símbolo – foi a época semiótica por excelência: todo elemento significava com relação a um outro, sob o domínio unificante do "significado transcendental" (Deus); tudo era verossímil já que semioticamente derivável num sistema monolítico. A Renascença produziu o signo duplo (referente-*representamen*, significante-significado), tornando todo elemento verossímil (provido de sentido), com a única condição de ser conjugado com aquilo que reduplica, imita, representa, ou seja, com a única condição de *identificar* uma palavra (um artifício) a um real (uma verdade sintática ou semântica). A terceira época que parece despertar através da vanguarda literária e no cadinho de uma ciência não descritiva (*analítica*) ou axiomática, desafia o signo e a palavra e os substitui pelo processo que os precede. Em lugar do sujeito que fala ou descreve-escreve uma obra (o papagaio de Roussel), perfila-se uma figura ainda estranha e fluida, de difícil apreensão, ridícula ao consumidor do verossímil: o antissujeito – que produz a medida inerente daquilo que se reifica como um texto. Roussel parece sugerir essa figura estranha no galo Mopsus (ver *Locus Solus*) que, recusando-se a falar, *escreve* com seu *sangue* "d'étranges dessins géométriques toujours différents" (estranhos desenhos geométricos sempre diferentes), sua escritura é uma "reproduction au second degré" (reprodução de segundo grau), ele casa "le son et la forme" (o som e a forma) e acaba por se exprimir em alexandrinos.

Todo o espaço contemporâneo é cúmplice dessa atividade textual que os últimos anos só acentuam: o mundo do trabalho que reclama seu lugar contra o lugar do valor; o campo de uma ciência que se esgota numa pesquisa produtora e destruidora, jamais verossímil, sempre "anafórica". Se é verdade que poderíamos definir uma cultura a partir de sua relação com o signo (com a palavra)[28], é evidente que a cultura que se anuncia, antiteológica, destrói os caracteres fundamentais do signo (a dualidade, a estrutura silogística, a construção metafórica de um sentido e/ou de uma retórica) para substituí-los por uma permutação dialética de segmentos linguísticos (antes variáveis que signos-significantes/significados) não deriváveis, não identificáveis, infinitos, já que não deduzidos de um presente anterior à própria produtividade. Essa permutação não é uma semiotização no sentido medieval, porque o sentido não constitui seu problema, mas sim aquilo que o precede e o ultrapassa. Como sempre, a produtividade em questão antecede sua ciência; a ciência dessa produtividade deve ser feita a partir da semiótica, mas não unicamente com ela (se quisermos evitar o miniaturismo decorativo da Idade Média), através dela, mas enquanto aparato e não enquanto sistema fixo. Em todo caso, nesse universo de produtividade translinguística, não há lugar para o verossímil: ele fica de fora, monopólio provincial de uma sociedade de informação e de consumo.

[1967]

---

28 Iuri M. Lotman, Problemes de la typologie des cultures, *Information sur les sciences sociales*, v. 4, n. 7, 1967, p. 29.

10. Poesia e Negatividade

> *Não se deverá afirmar que nem sequer falamos, quando, pelo menos, ocorre-nos empreender a enunciação do não existente?*
>
> PLATÃO, *O Sofista*

> *O cumprimento da função de julgar só se torna possível pela criação do símbolo de negação.*
>
> FREUD, *A Negação*

> *falta ao nosso consciente o que no alto brilha.* [...] *Quanto a mim, não exijo menos da escritura e vou provar este postulado.*
>
> MALLARMÉ, *La Musique et les lettres*

Após haver incorporado todos os sistemas significantes ao modelo da palavra (num gesto de capital importância que destrói as especulações hermenêuticas), a semiótica dispõe-se hoje a colocar o problema da especificidade das *diferentes práticas semióticas*.

Trataremos, a seguir, de um *tipo* particular de prática significante: a linguagem poética, englobando-se, sob essa denominação, tanto a "poesia" quanto a "prosa", como o postulou Roman Jakobson[1]. A linguagem poética será, pois, para nós um tipo de funcionamento semiótico dentre as numerosas práticas significantes, e não um objeto (finito) em si alterado no processo de comunicação.

---

1 "Essa função (a função poética) não pode ser estudada de maneira proveitosa desvinculada dos problemas gerais da linguagem e, por outro lado, o escrutínio da linguagem exige consideração minuciosa da sua função poética. Qualquer tentativa de reduzir a esfera da função poética à poesia ou de confinar a poesia à função poética seria uma simplificação excessiva e enganadora" (*Essais de Linguistique générale*, Paris: Minuit, 1963, p. 218 [trad. bras.: *Linguística e Comunicação*, São Paulo: Cultrix, 1969, p. 128]). Já que essas particularidades poéticas são mais evidentes no que chamamos de poesia, dela tiraremos nossos exemplos. Insistamos, entretanto, no fato de o desenvolvimento da prática literária ter, desde o fim do século XIX, antes da ciência, superado, daí por diante, a distinção feita pela retórica tradicional entre *prosa* e *poesia*.

Sem pretender dar uma caracterização exaustiva dos traços próprios dessa prática semiótica específica, examiná-la-emos sob um aspecto particular: a *negatividade*. Aceitaremos como ponto de partida a definição filosófica da negatividade dada por Hegel para, então, no curso de nossa reflexão, precisar a particularidade da negação poética:

> O negativo representa, pois, toda oposição que, enquanto oposição, apoia-se nela mesma; ele é a *diferença absoluta*, sem qualquer relação com outra coisa; enquanto oposição, ele é *exclusivo de identidade* e, por conseguinte, de si mesmo; pois, enquanto relação para consigo, ele se define como sendo aquela própria identidade que exclui[2].

Nossa pesquisa abordará dois aspectos. Num primeiro momento, estudaremos o estatuto do *significado poético*, com relação ao significado no discurso não *poético* (será considerado objeto-tipo de discurso não poético o discurso da comunicação oral cotidiana). Nesse nível, que definiremos como *intertextual*, já que se trata de comparar tipos de textos diferentes, tentaremos demonstrar como se realiza no significado poético a relação verdadeiro-falso, positivo-negativo, real-fictício.

Num segundo momento, abordaremos a *relação lógica* norma-anomalia no interior do sistema semântico do próprio texto poético. Feito isto, definiremos o tipo de negação própria da linguagem poética e desenvolveremos como, a partir dessas particularidades estruturais, um novo espaço é esboçado, onde poderíamos pensar a atividade significante: o espaço da escritura *paragramática*, no qual o *sujeito* desaparece. Tentaremos definir esse espaço pensando na correlação com o espaço do sujeito (do discurso – do signo) hegeliano ou mesmo freudiano.

Operaremos, portanto, ao longo de nosso trabalho, com unidades semânticas (significados), que articularemos como significantes. Situar-nos-emos, por conseguinte, num nível semiótico de análise.

Salientemos também que este texto tem por finalidade apenas *indicar* outros problemas, cujo desenvolvimento detalhado reservamos para outra ocasião.

---

2 Georg W. F. Hegel, *Science de la logique*, Paris: Aubier, 1947, v. II, p. 58. (Grifo nosso).

O ESTATUTO DO SIGNIFICADO POÉTICO[3]

Por que decidimos atingir as particularidades de uma prática semiótica através do estatuto reservado por ela à negatividade? A operação lógica *negação*, que parece estar na base de toda atividade simbólica (na medida em que está na base da *diferença* e da *diferenciação*, como observa Hegel; ver nota 2) é o ponto nevrálgico em que se articula o funcionamento simbólico[4]. Consequentemente, encontramo-la cada vez que tentamos pensar a *linguagem* e, com muito maior razão, quando se trata de constituir uma tipologia das *linguagens* (preferimos o termo "prática semiótica" para evitar o equívoco com um único tipo de linguagem, a língua falada). Digamos que o tipo estrutural de *negação*, logo, o tipo de *diferenciação*, em jogo entre as unidades constituintes (de uma prática semiótica) e o de *relação* que articula essas diferenças são os fatores determinantes da especificidade de um tipo de prática significante.

Por essa razão, encontra-se a problemática da negação nos primórdios mesmo da lógica ocidental, entre os gregos, que, desde Parmênides, com Platão e, sobretudo, os estoicos, elaboraram uma teoria detalhada do "negar"[5]. Contudo, por mais racionalizada que tenha sido essa teoria da negação, que implicava imediatamente uma reflexão sobre o *falso* e o *não ser*, os gregos sempre encontraram algo de *misterioso* no ato de negar[6]. Decorre disto que duas *divindades* acabaram por dividir entre si as duas vertentes da atividade simbólica: a *afirmação*[7] e a *negação*[8] – Apolo e Dionísio[9].

3   Será considerado "significado poético" o sentido da mensagem global de um texto poético.
4   "na língua só existem diferenças", realça Ferdinand de Saussure, *Cours de linguistique générale*, Paris, Payot, 1960, p. 166 (trad. bras.: *Curso de Lingüística Geral*, 27 ed., São Paulo: Cultrix, 2006. p. 139).
5   Lembremo-nos aqui da sutil distinção estoica entre *negação* (δποφατικόν), *contradição* (δντιχεϊμενα) e *denegação* (δρνητιόχν).
6   Cf. William Kneale; Martha H. Kneale, *The Developement of Logic*, Oxford/ New York: Oxford University Press, 1964, p. 21.
7   "A afirmação, enquanto simplesmente artifício (*Ersatz*) da unificação, é ação de Eros" (Sigmund Freud, *La Négation*, trad. fr. *Organe Officiel de la Société Psychanalytique de Paris*, 1934, v. VII, p. 2).
8   "A negação é o equivalente (*Nachfolge*) da expulsão, ou, mais exatamente, do instinto de destruição (*Destruktionstrieb*)", Idem, ibidem.
9   Friedrich Nietzsche mostrou a complementaridade dessas duas divindades, logo, das duas "operações", afimação-negação, na formação do ato poético:

Em Platão (*O Sofista*), a reflexão sobre as duas operações, afirmação e negação, toma a forma de uma ambiguidade, a saber: sendo próprio do discurso (*Logos*) *identificar*, ser uma *presença a si*, só pode incluir o termo *negado*, ou seja, o termo não idêntico, o termo ausente, o termo não existente, como uma eventualidade (como uma não existência) a partir da qual podemos *dizer* o que é o *outro* do negado: o *mesmo*. Em outros termos, a lógica do *discurso* (*parole*) implica ser o discurso *verdadeiro* ou falso ("ou" exclusivo), mesmo ou outro, existente ou não existente, mas jamais os dois simultaneamente. Aquilo que é negado pelo sujeito falante, o que é por ele refutado, constitui a "origem" de seu discurso (pois o negado está na origem da diferenciação, portanto, do ato da significação), mas só pode participar do discurso na medida em que é dele excluído, essencialmente *outro* em relação a ele e, por conseguinte, marcado por um índice de *não* existência, que seria o índice da *exclusão*, da *falsidade*, da *morte*, da *ficção*, da *loucura*.

A lógica do julgamento (de Platão a Heidegger, uma lógica do *Logos*/do discurso) censura, pois, o *termo negado*, apropriando-se dele ("suspendendo-o") através da operação *lógica* (*Logos*) da negação entendida como um *Aufhebung*. É sob essa forma que a lógica do discurso, em suas elaborações tardias mais sutis (na dialética de Hegel), reconhecerá a negação, na medida em que ela é um *procedimento* que serve para articular a afirmação de uma identidade[10].

Quanto à negação como função *interna* ao julgamento, ela adota o mesmo movimento de exclusão do termo *outro*: o *postulado* é incompatível com o *negado*. Mas sem a *Aufhebung*, a negação interna ao julgamento toma a forma de lei severa de exclusão radical do diferente: é a lei do terceiro excluído.

"Teremos feito um progresso decisivo em estética quando tivermos compreendido, não enquanto visão racional, mas com a certeza imediata da intuição, que a evolução da arte está relacionada ao dualismo do apolinismo e do dionisismo, do mesmo modo que a geração está relacionada à dualidade dos sexos, à sua luta contínua, ponteada de acordos provisórios" (*La Naissance de la tragédie*, Paris: Gallimard, 1949, p. 17 [trad. bras.: *O Nascimento da Tragédia ou Helenismo e Pessimismo*, São Paulo: Companhia das Letras, 1992]).

10 "cada um só é, enquanto seu não ser é, entendendo-se que a relação entre um e outro é uma relação de identidade [...]. Cada um só existe pelo fato do não ser de seu outro, logo, graças a seu outro e a seu próprio não ser" (Hegel, op. cit., II, p. 49).

Assim, quer seja um procedimento constitutivo da simbolização ou uma operação interna ao julgamento, a negação, no universo do discurso (do signo), bane o próprio negado (o *outro*) para fora do discurso; no *Logos*, tal termo é, por assim dizer, ex-lógico. Entretanto, a reflexão sobre o discurso desde seus inícios platônicos postula também uma distinção entre a negação enquanto operação interna ao julgamento e a negação enquanto procedimento fundamental de significação (procedimento semiótico fundamental), sendo a primeira um caso particular no interior da segunda, que é mais vasta e a engloba. Essa distinção é abordada por Platão quando esboça a oposição entre *falar* e *enunciar* na seguinte frase do *Sofista*: "não se deverá afirmar que *nem sequer falamos*, quando, pelo menos, ocorre-nos empreender a *enunciação* do não existente?"[11]. *Falamos* quando *julgamos*, portanto quando adotamos a lógica do discurso (do *Logos*), e, então, a negação, enquanto atitude *interna* ao julgamento, apresenta-se sob a forma da lei do terceiro excluído. *Enunciamos* quando, numa *operação de negatividade* (de diferenciação), englobamos no ato de significação aquilo que não tem existência na lógica (no discurso): o termo negado (= ponto de partida da significação). A dificuldade é maior para a perspectiva do *Logos* (da lógica) do que para introduzir na linguagem ("enunciar") o que não tem existência no discurso, já que esta o marca pelo signo *não*. Atribuir ao não existente para o discurso um estatuto linguístico ao enunciá-lo, portanto, atribuir-lhe, de algum modo, uma existência secundária que não a da existência lógica que ele tem no discurso: eis o que o raciocínio platônico não logra responder. E Teéteto replica ao Estrangeiro: "Ao menos a tese da existência do Não Ser conhece, assim, *o grau supremo de inextricabilidade*".

Parece desenhar-se através desse diálogo platônico um vago pressentimento de dois tipos de práticas significantes: um, o do *discurso*; outro, o do *enunciado*. O primeiro, lógico; o segundo, Platão só consegue colocá-lo sob a denominação de "grau supremo de inextricabilidade".

Esse *extradiscurso*, essa *extralógica* objetiva-se no enunciado chamado artístico. É no "simulacro", na "modelagem", na "imagem",

---

11 *Platon*, Paris: Gallimard, La Pléiade, 1942, v. II, p. 289.

que Platão vai buscar a realização desse tipo de negação que não segue a lógica do discurso quando essa "negação" afirma o que é negado num gesto não mais de julgamento (como é o gesto do discurso), mas de evidenciação da produção significante, esse gesto que reúne *simultaneamente* o positivo e o negativo, o que existe para o discurso e o que para ela é inexistente.

o que dizemos ser realmente uma imagem, uma aparência, é aquilo que, sem ser realmente não existente e, contudo, não existe. Teeteto – É muito possível ocorrer que um entrelaçamento dessa espécie seja aquele onde o Não Ser se entrelaça ao Ser, e isto de uma maneira verdadeiramente desnorteante.

Seria devido a esse "entrelaçamento desnorteante" do positivo e do negativo, do real e do não real (entrelaçamento que a lógica do discurso foi incapaz de pensar a não ser como *anomalia*) que a linguagem poética (essa antidiscurso) é considerada um fora-da-lei dentro de um sistema regido pelos postulados platônicos?

Examinemos mais de perto de que modo o significado poético constitui esse espaço onde "o Não Ser se entrelaça ao Ser, e isto de uma maneira verdadeiramente desnorteante".

O Concreto Não Individual da Linguagem Poética

A linguagem não poética designa tanto algo particular (concreto e individual) quanto algo geral. Em outras palavras, o significado da linguagem não poética é tanto uma categoria particular (concreta e individual) quanto uma categoria geral, dependendo do contexto. Um enunciado não poético sobre um quarto, por exemplo, pode tratar quer de um cômodo preciso (um objeto preciso situado em tal ou tal lugar do espaço), quer do cômodo enquanto noção geral de um lugar de moradia. Ora, quando Baudelaire escreve:

> *An milieu des flacons, des étoffes lamées*
>   *Et des meubles voluptueux,*
> *Des marbres, des tableaux, des robes parfumées*
>   *Qui traînent à plis somptueux,*

Dans une chambre tiède ou, comme en une serre,
L'air est dangereux et fatal
Ou des bouquets mourants dans leurs cercueils de verre
Exhalent leur soupir final

(Une Martyre)*

não se trata nem de concreto, nem de geral, e o próprio contexto antes confunde do que facilita tal distinção. O significado poético é, nessa acepção, *ambíguo*. Assume os significados mais concretos, concretizando-os o mais possível (atribuindo-lhes epítetos mais e mais particulares e inesperados) e, ao mesmo tempo, eleva-os, por assim dizer, a um nível de generalização que ultrapassa a do discurso conceitual[12]. O excerto de Baudelaire constrói um "universo" de significação, no qual os significados são mais concretos e mais gerais que no discurso, mais tangíveis e mais abstratos. Parece-nos ser possível *representar* um objeto concreto a partir desse enunciado, ao passo que a leitura global do texto nos persuade de que se trata de um grau de generalização tão elevado que toda individualização nele se esvanece. Digamos que o significado poético goza de um estatuto *ambivalente*: é conjuntamente (portanto, *ao mesmo tempo* e não sucessivamente) concreto e geral. Prende, numa aplicação não sintética, o concreto e o geral e, com isso, rejeita a individualização: ele é um concreto não individual que alcança o geral. Como se a *unicidade* do significado poético fosse acentuada a tal ponto que, sem passar pelo individual, mas se desdobrando (conjuntamente concreto e geral), coincidisse com o todo. Nesse nível, constatamos, pois, que, longe de excluir dois termos (categorias) opostos (longe de postular: concreto *vs* geral, A *vs* B), o significado poético os engloba numa ambivalência, numa reunião não sintética (A$\bigcirc$B, anotaríamos em fórmula lógica). Tal significado concreto, mas não individual, o discurso não o tolera, e Platão, uma vez mais, revela

---

* "No meio dos frascos, dos tecidos lamês / E dos móveis voluptosos, / Dos mármores, dos quadros, dos vestidos perfumados / Atirados com pregas suntuosas ao chão. / Num quarto tépido onde, como numa estufa, / O ar é perigoso e fatal / Onde buquês moribundos em seus ataúdes de vidro / Exalam seu suspiro final".

12 "É menos o objeto que se deve pintar, do que uma ideia desse objeto", Francis Ponge, *Fragments métatechniques* [1922], Lyon: Les Écrivains Réunis, 1948.

essa incompatibilidade do concreto com o não individual para o *Logos*: "Mas não devemos nos recusar a convir *que ele fala*, o homem que está, nesse caso, embora não falando, a bem dizer, de qualquer coisa individual"[13].

Referente e Não Referente da Linguagem Poética

A mesma reunião não sintética A ℧ B dos dois termos excludentes é observável quando abordamos a relação do significado poético com o referente. O significado poético simultaneamente remete e não remete a um referente; ele existe e não existe; é, ao mesmo tempo, um ser e um não ser. Num primeiro movimento, a linguagem poética parece designar o que *é*, ou seja, o que o discurso (a lógica) designa como existente (como em Baudelaire: frascos, tecidos de lamê, móveis, mármores, quadros, vestidos perfumados etc.): mas todos esses significados que "pretendem" remeter a referentes precisos subitamente integram termos que o discurso (a lógica) designa como não existentes: por exemplo, os qualificativos animados para objetos não animados ("móveis voluptuosos", "buquês moribundos"), ou as associações de séries sêmicas divergentes reunidas em *um* de seus semas (no caso da substituição de "vasos" por "ataúdes de vidro" é o sema "fim" que, entre outros, faz associar os vasos, onde têm fim as flores nos ataúdes, onde têm fim os homens). Os buquês não são moribundos e os móveis não são voluptuosos no discurso não poético. Eles o são, entretanto, na poesia, que dessa forma afirma a existência de uma não existência e realiza a ambivalência do significado poético. A metáfora, a metonímia e todos os tropos inscrevem-se no espaço delimitado por essa estrutura semântica dupla. Com efeito, e é isto exatamente que nossa cultura chama de linguagem poética, não consideramos o significado poético como simplesmente *afirmativo*, mesmo se ele só toma a forma da afirmação. Essa afirmação é de segundo grau ("há móveis voluptuosos"): ela sobrevém ao mesmo tempo que uma negação da lógica do discurso nos

---

13 Idem.

prescreve ("não há móveis voluptuosos"). Diversa da *Aufhebung*, própria do *procedimento* negativo que constitui a significação e o julgamento, a negação atuante no significado poético, reúne, numa *mesma* operação significante, a norma lógica, a negação desta norma ("não é verdade que não haja móveis voluptuosos") e a afirmação desta negação – sem que essas etapas sejam diferenciadas numa tríade.

A negatividade do significado poético distingue-se também da negação enquanto operação *interna* ao julgamento. A poesia não diz "não é verdade que não haja móveis voluptuosos", o que seria uma negação da negação possível na lógica do discurso (do juízo), isto é, uma segunda negação, que viria após a primeira, estando as duas separadas no espaço e no tempo. A poesia enuncia a simultaneidade (cronológica e espacial) do possível com o impossível, do real e do fictício.

A lógica do discurso subtende, portanto, a leitura da poesia em nossa sociedade: sabemos que o que a linguagem poética enuncia *não é* (para a lógica do discurso), porém, aceitamos o ser desse não ser. Em outros termos, pensamos esse ser (essa afirmação) contra o fundo de um não ser (de uma negação, de uma exclusão). É pela relação com a lógica do discurso baseada na incompatibilidade dos dois termos da negação que a *reunião não sintética* operante no significado poético adquire seu valor significante. Se tudo é possível na linguagem poética, essa infinidade de possibilidades só se deixa ler com relação à *normalidade* estabelecida pela lógica do discurso. O sujeito cognoscente que aborda a linguagem poética *pensa-a*, em seu discurso científico, em relação à lógica que opera entre os polos 0-1 (falso-verdadeiro), onde os termos da negação se excluem. E é este "em relação" que dá lugar à categorização da poesia como discurso-desvio, como anomalia.

Isto se dá, sem dúvida, diferentemente no processo da própria produção, que, sem *se pensar* como anomalia, inverte a perspectiva discurso/linguagem poética = norma-anomalia, e coloca como ponto de partida a *infinidade* do código poético, na qual a lógica bivalente intervém enquanto *limite*, reconstituindo o sujeito judicante. O "em relação" existe, pois, sempre, mas em lugar de colocar o *falado* como *norma*, dá-lhe o estatuto de *limite*. Tentaremos, mais adiante, formalizar essa relação entre a lógica do discurso e a da produção significante no interior da prática semiótica poética; isto, evitando a noção de anomalia (que submete as particularidades do discurso poético a uma categorização, mas não a um estudo estrutural) e preservando a noção de complementaridade entre o *Logos* e a linguagem poética.

O Discurso Estranho no Espaço da Linguagem Poética: A Intertextualidade. O Paragramatismo.

O significado poético remete a outros significados discursivos, de modo a serem legíveis no enunciado poético vários outros discursos. Cria-se, assim, em torno do significado poético, um espaço textual múltiplo, cujos elementos são suscetíveis de aplicação no texto poético concreto. Denominaremos esse espaço de *intertextual*. Considerado na intertextualidade, o enunciado poético é um subconjunto de um conjunto maior, que é o espaço dos textos aplicados em nossos conjuntos.

Nessa perspectiva, claro é que o significado poético não pode ser considerado como dependente de um único código. Ele é ponto de cruzamento de vários códigos (pelo menos dois), que se encontram em relação de negação uns com os outros[14].

O problema do cruzamento (e do rompimento) de diversos discursos estranhos na linguagem poética foi destacado por Ferdinand de Saussure em seus *Anagrammes*.

Foi possível estabelecer, a partir da noção de *paragrama* utilizada por Saussure, uma particularidade fundamental do funcionamento da linguagem poética, a qual designamos pelo nome de *paragramatismo*; a saber, a absorção de uma multiplicidade de textos (de sentidos) na mensagem poética que, de outro ângulo, *apresentaria* como focalizada *por um sentido*. Daremos aqui, como exemplo notável desse espaço intertextual, que é o lugar de nascimento da poesia, e/ou como exemplo do paragramatismo fundamental do significado poético, as *Poésies*, de Lautréamont.

---

14 Nesse nível de reflexão, não distinguimos a negação da contradição e da oposição. Para o que se segue, ver também Marcelin Pleynet, *Lautréamont par lui-même*, Paris: Seuil, 1966; Philippe Sollers, La Science de Lautréamont, *Logiques*, Paris: Seuil, 1968, p. 250-300 (Col. Tel Quel).

Foi possível distinguir-se três tipos de conexões, relacionando os fragmentos das *Poésies* aos textos concretos, e quase citados, de autores anteriores.

Negação Total

A sequência estranha é totalmente negada e o sentido do texto referencial é invertido.
Por exemplo, Pascal:

En écrivant ma pensée, elle m'échappe quelquefois; mais cela me fait souvenir de ma faiblesse, que j'oublie à toute heure; ce qui m'instruit autant que ma faiblesse oubliée, car je ne tends qu'à connaître mon néant*.

Em Lautréamont, isto se converte em:

Lorsque j'écris ma pensée, elle ne m'échappe pas. Cette action me fait souvenir de ma force que j'oublie à toute heure. Je m'instruis à proportion de ma pensée enchaînée. Je ne tends qu'á connaître la contradiction de mon esprit avec le néant**.

Uma leitura paragramática suporia a leitura simultânea das duas proposições (Pascal-Lautréamont).

Negação Simétrica

O sentido geral lógico dos dois fragmentos é o mesmo, o que não impede que o paragrama de Lautréamont confira ao texto de referência um novo sentido anti-humanista, antissentimentalista, antirromântico.
Por exemplo, La Rochefoucauld:

C'est une preuve de peu d'amitié de ne s'apercevoir pas du refroidissement de celle de nos amis***.

---

* "Quando escrevo meu pensamento, este, por vezes, me escapa; mas isto me faz lembrar de minha fraqueza, esquecida a todo momento; o que me instrui tanto quanto minha fraqueza esquecida, pois tendo a conhecer apenas o meu nada."

** Quando escrevo meu pensamento, este não me escapa. Esta ação faz-me lembrar de minha força esquecida a todo momento. Eu me instruo na proporção de meu pensamento encadeado. Tendo a conhecer apenas a contradição de meu espírito."

*** "É uma prova de pouca amizade não se perceber o esmorecimento da amizade de nossos amigos."

Quando em Lautréamont:

C'est une preuve d'amitié de ne pas s'apercevoir de l'augmentation de celle de nos amis*.

Outra vez, a leitura paragramática exige uma reunião não sintética dos dois sentidos.

Negação Parcial

Uma única parte do texto referencial é negado. Por exemplo, Pascal:

Nous perdons la vie avec joie, pourvu qu'on en parle**.

E Lautréamont:

Nous perdons la vie avec joie pourvu qu'on n'en parle point***.

Se em Lautréamont esse processo de diálogo entre os discursos se integra de tal forma no texto poético que se torna o lugar indispensável do nascimento do sentido desse texto, o fenômeno é observável ao longo de toda a história literária. Para os textos poéticos da modernidade, poderíamos afirmar sem risco de exagero, que é uma lei fundamental: eles se constroem absorvendo e destruindo, concomitantemente, os outros textos do espaço intertextual; são, por assim dizer, *alter-junções* discursivas. A prática poética que une Poe-Baudelaire-Mallarmé fornece um dos exemplos modernos mais notáveis dessa alter-junção. Baudelaire traduz Poe; Mallarmé escreve que retomará a tarefa poética como um legado de Baudelaire e seus primeiros escritos seguem a trilha de Baudelaire; do mesmo modo, Mallarmé traduz também Poe e segue sua escritura; Poe, por seu turno, parte de De Quincey. A rede pode ser multiplicada e expressará sempre a mesma lei, a saber: o texto poético é produzido no movimento complexo de uma afirmação e de uma negação simultâneas de um outro texto.

---

* "É uma prova de amizade não se perceber o aumento da amizade de nossos amigos."
** "Perdemos a vida com alegria, contanto que disso se fale."
*** "Perdemos a vida com alegria, contanto que disso não se fale."

PROPRIEDADES LÓGICAS DAS ARTICULAÇÕES SEMÂNTICAS NO INTERIOR DO TEXTO POÉTICO. ESTRUTURA ORTOCOMPLEMENTAR

Tentemos agora penetrar no próprio interior da estrutura lógica do texto poético para ressaltar as leis particulares de agenciamento dos conjuntos sêmicos na linguagem poética.

Nesse nível de nossa análise, abordaremos um objeto *inobservável*[15], ou seja: a significação poética, que longe de poder ser fixada em unidades imutáveis, aqui é considerada como resultado 1. de uma combinação gramatical de *unidades* lexicais enquanto semas (uma combinação de palavras); 2. de uma *operação* complexa e multívoca entre os semas desses lexemas e os inúmeros efeitos de significação provocados por tais lexemas quando restituídos ao espaço intertextual (recolocados nos diferentes contextos possíveis). Se o primeiro termo desse *resultado* que constitui a significação poética pode ser *observado* em unidades concretas, isto é, pode ser situado em unidades gramaticais identificáveis (as palavras e seus semas) e limita-se a elas, o segundo termo teria, por assim dizer, um caráter "ondulatório", inobservável, já que não é fixável em um número finito de unidades concretas, mas consistiria na *operação* móvel e ininterrupta dentre aqueles diferentes semas e os diferentes textos que formam o conjunto sêmico paragramático. Mallarmé foi um dos primeiros a compreender e a praticar esse caráter da linguagem poética: "*les mots – qui sont déjà assez eux pour ne plus recevoir l'impression du dehors – se reflètent les uns sur les autres jusqu'à paraître ne plus avoir leur couleur propre, mais n'être que les transitions d'une gamme*"[16*].

---

15   No sentido em que falamos do objeto inobservável na mecânica dos *quanta*, cf. Hans Reichenbach, *Philosophic Foundations of Quantum Mechanics*, Berkeley/Los Angeles: University of California Press, 1946; Les Fondements logiques de la méchanique des quanta, *Annales de l'Institut Poincaré*, Paris, 1953, v. XIII.

16   Mallarmé, Carta a François Coppée, 5 dez. 1866, *Propos sur la poésie*, Mônaco: Rocher, 1946, p. 75.

*   "as palavras – já bastante elas para não mais receber a impressão do exterior – refletem-se umas nas outras até parecerem não mais ter sua própria cor, mas serem apenas as transições de uma gama."

O que é notável, a princípio, na perspectiva de uma tal acepção da linguagem poética, é que certas leis lógicas, válidas para a linguagem não poética, não têm aplicação num texto poético. Assim:

a. *A lei de idempotência:*

$$xx \equiv xx; \quad x \cup x \equiv x$$

Se na linguagem corrente a repetição de uma unidade semântica não altera a significação da mensagem e provoca, sobretudo, um efeito desagradável de tautologia ou de agramaticalidade (mas, de qualquer modo, a unidade repetida não acrescenta um sentido suplementar ao enunciado)[17], o mesmo não se dá na linguagem poética. Nela, as unidades são não repetíveis, ou, em outros termos, a unidade repetida não é mais a mesma, de forma a ser possível sustentar que, uma vez retomada, é já uma outra. A repetição aparente xx não equivale a x. Produz-se um fenômeno inobservável no nível fonético (manifesto) do texto poético, mas que é um efeito de sentido propriamente poético e que consiste em ler na sequência (repetida) ela mesma e outra coisa. Digamos que tais fenômenos *inobserváveis* da linguagem poética (e que evidenciaremos, a seguir, como desvios das leis lógicas) são os efeitos de conotação de que fala Hjelmslev.

O texto de Baudelaire, situado na fronteira de uma oscilação que marca nossa cultura (o texto poético recusa-se a ser descrição e se pensa, portanto, *apresenta-se* como uma produção de *sentido*), é pródigo em exemplos múltiplos que provam a não validade dessa lei de idempotência. Baudelaire frequentemente "repete" frases, versos e palavras, mas jamais a sequência "repetida" surge com o mesmo sentido. Eis algumas variantes-tipos da "repetição" em Baudelaire, que rejeitam a lei de idempotência. Em *Harmonie du soir*, o esquema dos versos repetidos é o seguinte:

---

17 Vemos perfeitamente que aqui, como no que se segue, operamos uma distinção abstrata entre linguagem poética e linguagem não poética. De fato, uma unidade semântica repetida no discurso "comum" pode obter significação nova, conotativa, mas nesse caso o discurso "comum" perde sua "pureza" e funciona "poeticamente".

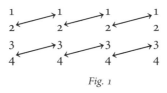

Fig. 1

Em *Le Balcon*, é o primeiro verso que é repetido ao fim da estrofe:

> *Mère des souvenirs, maîtresse des maîtresses,*
> [...]
> [...]
> [...]
> *Mère des souvenirs, maîtresse des maîtresses**.

Em *l'Irréparable*, o primeiro verso é retomado no fim da estrofe: com a mudança de pontuação,

> *Dans quel philtre, dans quel vin, dans quelle tisane,*
> [...]
> [...]
> [...]
> *Dans quel philtre? Dans quel vin? Dans quelle tisane?***

Mallarmé, seguindo o exemplo de Baudelaire, enfatiza-o:

> *Je suis hanté. L'Azur! L'Azur! L'Azur! L'Azur!*
> (*L'Azur*)***

Os surrealistas retomarão o processo: lembremo-nos da famosa *Persienne*, de Aragon, onde a múltipla repetição do vocábulo jamais idêntico a si mesmo (enquanto sentido) joga com a não idempotência da linguagem poética. Mas o primeiro na modernidade a basear seu texto na negação dessa lei é, talvez, Poe, com o "never more" do *Corvo*, aquele "nunca mais" jamais igual a si mesmo.

---

* "Mãe das recordações, amante das amantes / [...] / [...] [...] / Mãe das recordações, amante das amantes".
** "Em que filtro, em que vinho, em que tisana / [...] / [...] / [...] / Em que filtro? Em que vinho? Em que tisana?".
*** "Estou assombrado. O Azul! O Azul! O Azul O Azul!".

b. *A lei de comutatividade:*

$$X . Y \equiv Y . X; X \cup Y \equiv Y \cup X$$

sofre o mesmo descrédito na linguagem poética. Ela exige uma linearidade do discurso tal que o deslocamento das unidades não implique mudança de sentido. Tal ordem de sentido (a ordem de sentido do discurso comum) supõe que todas as sequências sejam lidas em conjunto num mesmo tempo e num mesmo espaço; e, consequentemente, que a mudança de uma posição temporal (localizar uma sequência no início ou no meio do discurso/da frase não poética) ou espacial (dispor uma sequência nesse ou naquele lugar da página) não implique uma alteração de sentido. Uma proposição simples com sujeito, verbo e objeto pode tolerar na linguagem não poética uma mudança de posição (cronológica e espacial) desses três componentes, a qual não introduziria efeitos *inobserváveis* (conotativos?), exceto, outra vez, uma agramaticalidade ou uma confusão de sentido (confusão do sujeito com o objeto, por exemplo). Da mesma maneira, num discurso científico, a disposição dos capítulos pode mudar tendo como resultado a maior ou menor clareza didática (dedução ou indução), porém sem efeitos suplementares "inobserváveis" (poéticos).

O que se dá na linguagem poética é totalmente diverso. A não comutatividade das unidades poéticas determina para elas uma situação precisa no tempo (a linearidade da frase gramatical) e no espaço (a disposição espacial na página escrita), de forma que toda mudança dessa situação acarreta uma alteração maior do sentido. Dois fenômenos observáveis manifestam essa não validade da lei da comutatividade no texto poético.

1. O enunciado poético não obedece à ordem gramatical (linear) da frase não poética.

UN COUP DE DÉS
JAMAIS

*QUAND BIEN MÊME LANCÉ DANS DES
CIRCONSTANCES ÉTERNELLES*

DU FOND D'UN NAUFRAGE

SOIT
  que

      l'Abîme
  blanchi
      étale
          furieux
              sous une inclinaison
                  plane désespérément

                      d'aile
                      la sienne

                  (MALLARMÉ, *Un coup de dés...*)*

    Seria difícil, se não impossível, ordenar essa série numa frase regular de sujeito, verbo e objeto, e, mesmo que o conseguíssemos, seria em detrimento do efeito de sentido inobservável do texto poético.

    Paralelamente, é impossível explicar esse agenciamento rigoroso, fixo e não comutável de unidades semânticas como uma anomalia[18] sintática (ou gramatical). O efeito de agramaticalidade não é o efeito poético. A "anomalia" só se apresenta se escolhermos um ponto de observação privilegiada, o da lógica do discurso denotativo. Mas tal procedimento reduziria o texto poético a um outro sistema (ao sistema do discurso) e destituiria o efeito poético. Este não confirma a lei de comutatividade e menos ainda a nega. Sendo, conjuntamente, um objeto gramatical (observável) e uma *operação* de semas no espaço intertextual, o sentido poético se coloca entre a afirmação e a negação dessa lei; não é nem ilustração, nem desvio dela; sua lógica é *outra*, porém, analisável, posteriormente e pelo sujeito entre esses *sim* e *não*.

---

* UM LANCE DE DADOS / JAMAIS / MESMO QUANDO LANÇADO EM / CIRCUNSTÂNCIAS ETERNAS / DO FUNDO DE UM NAUFRÁGIO // Seja / que // o Abismo / branco / estanco / iroso / sob uma inclinação / plane desesperadamente // de asa / a sua (trad. Haroldo de Campos, em *Marllamé*, São Paulo: Perspectiva. Coleção Signos) (N. da T.)

18 Como se tentou pensar a respeito dos textos surrealistas.

2. O enunciado poético só é legível em sua totalidade significante enquanto disposição espacial das unidades significantes. Cada unidade tem seu lugar claramente definido e inalterável no *todo*. Esse princípio latente e atuante em cada texto poético vem à tona quando a literatura toma consciência de sua irredutibilidade à linguagem falada. O primeiro exemplo digno de nota nos é dado por Mallarmé. A disposição espacial de *Un coup de dés* visa traduzir na página o fato de ser a linguagem poética um *volume*, no qual se estabelecem relações inesperadas (ilógicas, desconhecidas pelo discurso, mesmo, uma *cena de teatro* "exigindo o acordo fiel do gesto exterior com o gesto mental"[19].

"Herodíade" era escrito dentro de uma perspectiva cênica: "les vers sont terriblement difficiles à faire, car je les fais absolument scéniques, *non possibles au théâtre, mais exigeant lé théâtre*" (Os versos são terrivelmente difíceis de fazer, pois faço-os absolutamente cênicos, *impossíveis para o teatro, mas exigindo teatro*)[20].

Igitur e "Un coup de dés" foram concebidos para uma cena teatral: Mallarmé os considera *dramas* (logo, conjuntos de unidades significantes não linearizáveis, mas que se respondem, se entrechocam numa interação constante, obedecendo a uma cenografia rigorosa). "Un coup de dés", além disso, tem por subtítulo Cena de Teatro, Antigo Igitur. Sabemos com que zelo Mallarmé arranjava as folhas e as frases do poema atentando para a disposição exata de cada verso e do branco (do "espaço vazio") que o cerca.

Uma vez mais, e com isto voltamos a Platão, que acentuava a impossibilidade da palavra de enunciar o não existente (o qual evocaria o "sonho"), não se trata mais da lógica do *Logos*, mas de um aparato de efeitos de sentido produzidos por aproximações inesperadas ("choques") instantaneamente dissipados na ordem do falar ("evasivo").

Je réclame la restitution, au silence impartial, pour que l'esprit essaie à se rapatrier, de tout – chocs, glissements, les trajectoires illimitées et sûres, tel état opulent aussitôt évasif, une inaptitude

---

19 Cf. Prefácio em *Igitur* pelo doutor Edmond Bonniot, segundo documentos inéditos, em Mallarmé, *Oeuvres Complètes*, Paris: Gallimard, 1945, p. 429 (La Pléiade).
20 Mallarmé, Carta a Henri Cazalis, jun. 1865, *Propos...*, p. 51 (grifo nosso).

délicieuse à finir, ce raccourci, ce trait – l'appareil; moins le tumulte des sonorités, transfusibles, encore, en du songe[21]*.

c. Uma terceira lei lógica, válida no universo do discurso, não se aplica à linguagem poética: a lei da *distributividade*:

$$x \, (y \cup z) \equiv (x \, . \, y) \cup (x \, . \, z);$$
$$x \cup (y \, . \, z) \equiv (x \cup y) \, . \, (x \cup z)[22]$$

No universo da linguagem, essa lei exprimiria a possibilidade de combinar diferentes interpretações dadas a um discurso ou a uma unidade significante por leitores (ouvintes) independentes. O sentido completo do discurso não poético resultaria efetivamente da aglutinação de todos os possíveis sentidos desse discurso, isto é, de uma reconstituição da polissemia discursiva produzida pela totalidade dos locutores possíveis. Evidentemente, uma figura dessa natureza é possível *também* diante do texto poético, mas ela não atinge sua especificidade de discurso *outro* que não o discurso comunicativo. Como já observamos, a particularidade do sentido poético que aqui nos interessa é sua relação específica com a lógica do discurso. Nessa relação, dá-se que (para quem não procura reduzir o poético ao falado) a linguagem poética e, concomitantemente, aquele discurso (aquela lógica) e a negação implícita da mesma, mas não manifesta (inobservável), são semanticamente balizáveis. O fato de a linguagem poética ser simultaneamente um discurso (e como tal, objeto da lógica 0-1) e uma negatividade desse discurso (e como tal, fugindo à lógica 0-1) faz que escape à lei lógica de distributividade.

---

21 Mallarmé, *La Musique et les lettres*, em *Oeuvres complètes*, p. 649.
*   "Eu reclamo a restituição, ao silêncio imparcial, posto que o espírito ensaia a se repatriar, de tudo – choques, deslizamentos, as trajetórias ilimitadas e certas, estado tanto opulento quanto evasivo, uma inaptidão deliciosa a findar, em resumo, esse traço – a aparência; a menos do tumulto das sonoridades, transfundíveis, ainda, na intenção" (N. da T.).
22 Acerca da interpretação de leis lógicas, cf. Garret Birkhoff, *Lattice Theory*, New York: Americart Mathematical Society, 1940. Com o auxílio das operações da álgebra de Boole, aí define dez tipos de relações que caracterizam as estruturas do macrocosmo. As operações utilizadas são: . conjunção, ∪ disjunção, – negação, ⊃ implicação.

Quanto às outras leis apontadas por Birkhoff como regentes das estruturas macrocósmicas (transpondo, a partir daí, regentes do universo observável do discurso), a saber:

– a lei de *associatividade*:
   $x (y . z) \equiv (x . y) . z; x \cup (y \cup z) \equiv (x \cup y) \cup z$

– a lei de *absorção*:
   $x \cup (x . y) \equiv x; x . (x \cup y) \equiv x$

– a lei de *modulação*:
   se $x \supset z$, então $x . (y \cup z) \equiv (x . y) \cup z$

são válidas (a associatividade e a absorção – num funcionamento tabular da linguagem poética, todas as unidades sêmicas se aplicam umas às outras) ou atenuadas (a modulação – na medida em que é uma combinação da lei de associatividade e da lei de distributividade).

Dado que a lei de distributividade contém em si mesma as exigências das outras leis não válidas na linguagem poética, é-nos lícito considerar sua própria não validade na linguagem poética enquanto maior índice das particularidades lógicas das estruturas paragramáticas.

Resumindo os parágrafos I e II de nosso estudo, chegamos, assim, à conclusão de que duas leis lógicas não parecem ser aplicáveis à linguagem poética: 1. a lei do terceiro excluído; 2. a lei de distributividade.

A partir dessa conclusão, temos duas alternativas: 1. formalizar as particularidades lógicas da linguagem poética a partir da inexistência da lei do terceiro excluído: isto nos levaria a construir a cada vez um novo tipo de lógica e diante de cada uma das figuras virtualmente inumeráveis da linguagem poética (lógica trivalente... etc., lógica *n*-valente, ou um tipo de lógica totalmente diverso); 2. tentar incluir a pluralidade das estruturas poéticas suscetíveis de aparecer na prática textual no sistema já existente e válido para o discurso falado (não poético), ou seja, na lógica de Boole que opera entre os polos 0-1 (falso-verdadeiro).

Desconhecendo, no momento, tipos de lógica próprios para formalizar a linguagem poética sem recorrer à lógica do discurso, optamos aqui pela segunda solução: renunciamos, pois, à lei de distributividade e, embora preservando as outras leis lógicas do discurso, alcançamos, assim, uma estrutura de Dedekind com *ortocomplementos*. Essa solução parece-nos pertinente numa formalização da linguagem poética, dado que o sujeito cognoscente compreende a linguagem poética sempre e inevitavelmente no próprio interior do discurso em que ele (o sujeito e sua linguagem poética) se produz e em relação à lógica 0-1 que esse discurso implica. A estrutura *ortocomplementar* da linguagem poética parece, desse modo, levar em conta esse incessante vaivém entre o lógico e o não lógico, o real e o não real, o ser e o não ser, o discurso e o não discurso, caracterizador do funcionamento específico da linguagem poética que chamamos de *escritura paragramática*.

Esclareçamos, em síntese, essa estrutura ortocomplementar de Dedekind. Ela abandona a lei de distributividade e preserva todas as outras. Essa estrutura postula que, para cada um dos elementos x, existe um x' tal que são válidas para eles as relações:

1) $X \cdot \overline{X} \equiv 0$, 2) $X \cup \overline{X} \equiv 1$ 3) $\overline{\overline{X}} \equiv X$

4) $\overline{X} \cup \overline{Y} \equiv X \cdot Y$ 5) $X\overline{X} \cdot \overline{Y} \equiv \overline{X} \cup \overline{Y}$

A estrutura de Dedekind com ortocomplementos não é mais uma estrutura de dois elementos, como é o caso das álgebras de Boole e, consequentemente, a lógica construída sobre essa estrutura não mais é bivalente. As leis 2 e 3 aqui não mais são fórmulas que marcam a lei do terceiro excluído, como era o caso na lógica corrente, porque os ortocomplementos dados de um elemento numa estrutura de Dedekind não são forçosamente os únicos possíveis[23].

Fig. 2

---

23 Essas interpretações da estrutura de Dedekind foram tiradas de B. N. Piatnitzine, Da Lógica do Microcosmo, *Logitcheskaia* Struktura *Nautchnovo Znaniia* (Estrutura Lógica do Saber Científico), Moscou: [s.n.], 1965.

Em nosso diagrama, cada um dos três elementos x, y e z possui dois ortocomplementos. Quanto aos elementos 0-1, são ortocomplementares unicamente um em relação ao outro e, por isso, formam no interior da estrutura de Dedekind uma subestrutura de tipo booliano, que obedece, portanto, à lei de distributividade.

A subestrutura 0-1 representaria uma interpretação do texto poético do ponto de vista da lógica do discurso (não poético). Tudo o que na linguagem poética é considerado verdadeiro por essa lógica seria designado por 1; tudo o que é falso, por 0.

Os pontos x, y, z representariam os efeitos de sentido que emergem de uma leitura não submetida à lógica do discurso e que buscariam as especificidades das operações semânticas poéticas. Assim, retomemos uma figura poética banal, aqui tomada de Baudelaire, "as lágrimas de fel" (*Reversibilidade*). Se a considerarmos no subconjunto booliano da estrutura de Dedekind (ou seja, em nossa interpretação, na lógica do discurso), marca-lá-emos com 0; "as lágrimas de fel" não "existem", a expressão não é verdadeira. Porém, se a situarmos no espaço paragramático da linguagem poética, onde não se postula o problema de sua existência e de sua verdade, onde essa figura não é uma unidade fixa, mas um efeito de sentido resultante da operação de aplicação de dois sememas exclusivos (lágrima + fel) e ainda todos estes efeitos de sentido que "lágrima" e "fel" possuam nos outros textos (poéticos, mitológicos, científicos) que tenhamos lido, então, atribuiremos a esta figura bizarra e indefinida o índice x, y ou z. De modo que cada *unidade semântica* da linguagem poética se desdobra: é, concomitantemente, uma unidade do *Logos* (e como tal, subsumível nas coordenadas 0-1), é uma operação de aplicação de semas, uma ordem translógica. Tais operações translógicas são *negações* pluridimensionais das relações exigidas por 0-1. Não podem ser consideradas nem verdadeiras nem falsas; são indeterminadas. Seria possível construir uma série de tipos de operações translógicas próprias da linguagem poética (x, y, z...) segundo o tipo de negação que as operações x, y, z mantêm com o subconjunto 0-1. Quanto às operações que relacionam tais operações entre si, serão a tal ponto indeterminadas que não saberíamos dizer se a negação de x acarreta y etc. É nesse ponto exatamente que uma axiomatização topológica, talvez uma introdução dos espaços infinitos funcionais de Hilbert, poderia constituir a verdadeira ciência do texto poético. Evidentemente, uma reintrodução do sujeito científico na estrutura assim descrita poderia fazer desaparecer o estatuto particular de x, y e z e reduzi-los às coordenadas 0-1. Isso extraindo-se os x, y, z de seu espaço particular, onde esses índices são operações indefinidas entre semas intertextuais e promovendo-os ao estatuto de *unidade* do *Logos*. Desse modo, a operação semântica "lágrimas" "de fel" pode ser *explicada* como uma associação de dois conjuntos sêmicos a partir do sema "amargura" (o que seria uma operação verdadeira, logo, 1) e que extrai seu efeito de incompatibilidade da associação dos outros semas: olho-fígado, diferenças das funções fisiológicas etc. – o que seria um desvio do verdadeiro, uma "anomalia"; logo, 0. Esta explicação, tirada ela mesma do *Logos* e construída nele, recupera um mecanismo significante no discurso, racionaliza-o e, ao mesmo tempo, desnatura-o. Onde esse mecanismo significante, essa *operação* se processa, as coordenadas 0-1 são apenas um obstáculo longínquo, uma evocação rigorosa, mas apagada, contra o acaso do absurdo, uma vigia que controla a pluralidade daqueles *choques* inesperados de significantes que produzem o *novo* sentido (ortocomplementar) quando se lê o texto na estrutura complexa descrita. Essas coordenadas 0-1 ali estão sempre presentes na leitura, porém colocadas entre parênteses, para lembrar a diferença fundamental entre o discurso "louco" (que as ignora) e o trabalho transgressivo da escritura poética (que as *conhece*); aquele trabalho que, no interior do sistema do discurso – do sistema social –, desloca os limites do discurso preenchendo-a com novas estruturas (ortocomplementares) que esse discurso com o sujeito científico um dia virá descobrir.

 Mallarmé foi o primeiro a construir tanto a teoria quanto a prática desse mecanismo poético de constante negação de uma lógica, na qual, entretanto, se inscreve. Não se pode deixar de ver na citação a seguir a imagem concreta dessa ruptura ("vazio"), incessantemente preenchida pela escritura, entre o universo lógico (as unidades do Logos: "o tédio com relação às coisas") e as operações inesperadas dos significantes ("atração suprema", "festas livres e solitárias") que tentamos representar logicamente:

En vue d'une attirance supérieure comme d'un vide, nous avons droit, le tirant de nous par de l'ennui à l'égard des choses, si elles s'établissaient solides et prépondérantes – èperdument les détache jusqu'à s'en remplir et aussi les douer de resplendissement, à travers l'espace vacant, en des fêtes à volonté et solitaires.

Quant à moi, je ne demande pas moins à l'écriture et vais prouver ce postulat[24*].

E aquela impossibilidade de reduzir as operações indeterminadas, nem verdadeiras nem falsas ("a peça principal ou nada") do significante poético (esse "motor"), a fórmula absoluta (*Logos*), à qual, no entanto, estamos presos ("não é a não ser o que é"); a qual não é, entretanto, menos que uma estratégia que (por uma "trapaça") identificamos o processo de produção que não se processa no consciente ("falta o consciente"); "falta" convertida em consciência.

Nous savons, captifs d'une formule absolue que, certes, n'est que ce qui est. Incontinent écarter cependant, sous un prétexte, le leurre, accuserait notre inconséquence, niant le plaisir que nous voulons prendre: car cet au-delà en est agent, et le moteur dirais-je si je ne répugnais à opérer, en public, le démontage impie de la fiction et conséquemment du mécanisme littéraire, pour étaler la pièce principale ou rien. Mais, je vénère comment, par une supercherie, on projette, à quelque élévation défendue et de foudre le conscient manque chez nous de ce qui là-haut éclate[25*****].

---

24   Mallarmé, *La Musique et les lettres*, op. cit., p. 647.
*   "Tendo em vista uma atração suprema como a de um vazio, temos o direito, adquirido em nós por tédio com relação às coisas, se elas se estabelecem sólidas e preponderantes – perdidamente as destaca até delas se saciar e assim as dota de resplendor, através do espaço vacante, em festas livres e solitárias.
     Quanto a mim, não exijo menos da escritura e vou provar este postulado."
25   Idem, ibidem.
**   "Cativos de uma fórmula absoluta, sabemos que certamente só existe o que existe. Incontinente afastar, entretanto, sob um pretexto, o logro acusaria nossa inconsequência, negando o prazer que desejamos ter, pois, esse *além* é seu agente, e o motor, diria eu, se não me repugnasse operar em público a desmontagem ímpia da ficção e consequentemente do mecanismo literário, para exibir a peça principal ou nada. Mas adoro o modo, como por uma trapaça, se projeta para uma elevação proibida e de relâmpago a lacuna consciente em nós daquilo que lá no alto brilha."
*** As citações de Kristeva surpreendentemente apresentam pequenas discordâncias com relação à edição citada. Achamos conveniente restabelecer o texto original da referida edição. (N. da T.)

Os escritos mais significativos de Mallarmé debatem-se nessa problemática da lei do discurso (*o absoluto*) e das operações ("casuais", multívocas, conotadas em Mallarmé por "constelações" ou "sideralmente"). *Igitur* e *Un coup de dés* – dramas escritos que põem em cena o processo mesmo da produção do texto literário – revelam a oscilação da escritura entre o *Logos* e os choques de significantes. Se *Igitur* implicava uma negatividade dialética, uma submissão à lei (silogística), excluindo as "operações ortocomplementares" do mecanismo significante ("não há astros? anulado o acaso?")[26], *Un coup de dés* nega (no sentido A Q B) *Igitur* e traça as leis daquela "loucura útil" do trabalho produtor no interior do *Logos*, o "acaso" que nenhum "lance de dados" abolirá. Eis, sob a pena de Mallarmé, o entrelaçamento desnorteante da afirmação e da negação, do ser e do não ser, do discurso e da escritura, que constitui a linguagem poética:

Bref dans un acte où le hasard est en jeu, c'est toujours le hasard qui accomplit sa propre Idée en s'affirmant ou se niant. Devant son existence la négation et l'affirmation viennent échouer. Il contient l'Absurde – l'implique, mais à l'état latent et l'empêche d'exister: ce qui permet à l'Infini d'être"[27]*.

E, mesmo em *Un coup de dés*, o campo das operações poéticas inobserváveis, irredutíveis às unidades e à lógica "reais" do discurso, é claramente designado: "naquelas paragens do vago em que toda realidade se dissolve". As junções únicas que aí se operam não toleram classificações bivalentes, mas dependem do provável: "aquela conjunção suprema com a *probabilidade*". A lógica do discurso (a razão), entretanto, dá-se a conhecer a cada instante nesse refinado trabalho de transgressão "irresistível, mas contido por sua pequena razão viril em raio" e "que impôs um limite ao infinito". Não impede que a produção de sentido poético – do sentido novo que o discurso absorverá

---

26 A negatividade de *Igitur* segue o esquema hegeliano mesmo que ela o subverta para transformar seu evolucionismo histórico numa busca das origens (as do *Logos*?).
27 Cf. *Igitur*, Cap. IV: Le Coup de dés, *Oeuvres complètes*, op. cit., p. 441.
*   "Em resumo, num ato em que o acaso está em jogo, é sempre o acaso que realiza sua própria ideia, afirmando-se ou negando-se. Diante de sua existência, a negação e a afirmação vêm malograr. Ele contém o Absurdo – o implica, mas em estado latente, e o impede de existir: o que permite ao Infinito ser."

um dia – seja produzida num *outro* espaço estruturalmente diferente da ordem lógica que o limita:

> sur quelque surface vacante et supérieure
> le heurt successif
> sidéralement
> d'un compte total en formation.*

Uma outra cena se abre, assim, no texto cultural de nossa civilização a partir desse "novo" introduzido pela escritura de Mallarmé, de Lautréamont etc. A cena *vazia* ("superfície vacante"), distante daquela em que falamos enquanto *sujeitos* lógicos; uma "outra cena" onde é produzida essa junção de significantes ("choque sucessivo") que escapa às categorias da lógica bivalente ("sideralmente"), mas que, vista a partir da cena do discurso, acrescenta-se a suas leis lógicas e, como tentamos representá-la pela estrutura ortocomplementar, não deixa de dar um resultado que a sociedade se comunica, permuta ("um cálculo total"), como uma representação de um processo de produção inobservável ("um cálculo total em formação").

O ESPAÇO PARAGRAMÁTICO

Trata-se, agora, de afirmar o direito que tem o método estrutural de abordar sem positivismo e sem afastar a complexidade do funcionamento simbólico uma problemática que o trabalho literário de nossa época objetivamente trouxe à tona. Trata-se, por isso mesmo, de interromper as especulações interpretativas do texto moderno que possibilitaram, como sabemos, as reflexões místicas e esotéricas.

Mas se trata também de perceber, munidos do aparato hoje fornecido pela lógica, as implicações epistemológicas decorrentes de nossas constatações no que concerne ao estatuto particular da negação na linguagem poética e que a prática textual da modernidade confirma rigorosamente. Trata-se de esboçar aquele espaço *outro* que a linguagem poética (entendida não como produto finito, mas como aparato, como operação, como

---

* "Sobra alguma superfície vacante e superior / o choque sucessivo / sideralmente / de um cálculo total em formação." (Trad. Haroldo de Campos, op. cit.)

produção de sentido) descortina através da lógica do discurso e que um racionalismo, aprisionado nesse mesmo discurso, é incapaz de conceber.

Se o racionalismo, reduzindo a poesia a uma anomalia, é impotente diante do espaço significante que denominamos paragramático, as especulações filosófico-metafísicas, quando o designam, tentam, sobretudo, declará-lo incognoscível. Não temos nada a dizer sobre essa alternativa. Estamos diante de um fato objetivo revelado pela prática discursiva de nosso século (a poesia moderna), que deve ser abordado pelo aparato científico (lógico). (Ainda mais que esse aparato já se confrontou, em outros ramos da ciência, com domínios regidos por uma lógica diferente daquela conhecida até o século passado). A aproximação entre o aparato científico e os achados a que chegaram as próprias experiências da linguagem não visa encontrar "nenhuma chave para mistério algum". Mas é possível que seja capaz, acompanhada de uma reflexão investigadora sobre o valor epistemológico implicado pelos novos registros (a estrutura ortocomplementar, a reunião não sintética, em nosso caso), de fazer acrescentar ao nosso conhecimento novas zonas do funcionamento simbólico. Abandonaremos, assim, no momento, o nível das articulações significantes (o tipo de negação no significado poético). Retomaremos nossas considerações gnoseológicas introdutórias tentando ver, à luz do que já sabemos sobre a negatividade da linguagem poética, como foi possível interpretar o papel da operação negativa na formação do discurso não poético.

Refletindo sobre a constituição do sujeito falante, Freud encontrou em sua base, no ponto, portanto, onde o inconsciente emerge sutilmente num julgamento consciente, a operação da negação, a *Verneinung* (traduzida em francês por "dénégation"). Quando o sujeito nega o que seu inconsciente leva (o sujeito diz "Não pense que odeio você", quando o inconsciente diria "odeio você"), estamos diante de uma operação que retoma o recalcado ("odeio você"), nega-o ("digo que não odeio você"), mas, ao mesmo tempo, o contém (no entanto, o ódio continua recalcado). Esse movimento que faz lembrar a *Aufhebung* hegeliana, supõe as três fases da negação hegeliana e é expresso claramente pelo sentido filosófico do termo *Aufhebung* (= negar, suprimir e conservar, portanto, "suspender profundamente")[28]. Tal movimento é para Freud o movimento constitutivo do julgamento: "A denegação é uma *Aufhebung* do recalque, mas não, por isso, uma acepção do recalcado". A denegação torna-se para ele a operação "que permitiu um primeiro grau de independência relativamente ao recalque e de suas consequências e, com isto, também do constrangimento (*Zwang*) do princípio de prazer". É claro que para Freud, preocupado com a problemática do *sujeito racional*, a negação não é um ato de anulação que desencadeia um "inobservável" e "indeterminado", mas, ao contrário, o próprio gesto que constitui o sujeito racional, o sujeito lógico, o sujeito que implica o discurso, ou seja, a problemática do signo. Como formula Hyppolite, a negação atua "enquanto atitude fundamental de simbolismo explícito", ela "tem a verdadeira função de engendrar a inteligência e a própria posição do pensamento". Desde que exista uma negação = *Aufhebung*, o signo se constitui e com ele o sujeito falante e judiciente. Em outros termos, a operação negação = *Aufhebung* só é balizável a partir do polo do sujeito = do discurso = do signo. O próprio Freud escreve:

> Este modo de entender a denegação corresponde exatamente ao fato de não descobrirmos na análise nenhum *não* a partir do inconsciente e o fato de o reconhecimento do inconsciente ao lado do ego exprimir-se de forma negativa.

Está claro, portanto, que a operação de negação está na própria origem da "inteligência", ou seja, do pensamento do *signo* (do discurso). É particularmente importante notar aqui ser o movimento triádico da *Aufhebung* exatamente o mesmo movimento constitutivo da "pirâmide do signo" definida por Hegel, que encontra seu resultado científico na linguística saussuriana. Negação triádica que opera segundo a lógica aristotélica 0-1, pensamento do signo, sujeito falante; eis os termos correlativos – e cúmplices – do universo do *Logos*, onde Freud, entretanto, esboçou uma zona rebelde, o inconsciente (e o sonho). Contudo, essa zona apresenta-se mais como sólida fundação do discurso que como uma saída através do discurso, pois é do ponto

---

28 Acerca da interpretação da *Verneinung*, cf. Jean Hyppolite, em Jacques Lacan, *Écrits*, Paris: Seuil, 1966, p. 880.

de vista privilegiado do discurso lógico (não poético, aqui) e de seu sujeito que o conceito de inconsciente é forjado enquanto modelo operacional, que assume o papel de resíduo em que se representam operações não presentes no discurso[29].

Voltemos agora às particularidades da negação na linguagem poética. A partir da reunião não sintética caracterizadora do significado poético e daquela estrutura ortocomplementar, reguladora das figuras da linguagem poética, somos induzidos a pensar que o tipo de mecanismo simbólico constituído pela linguagem poética desvenda uma região *específica* do trabalho humano com o significante; ela não é a região do signo e do sujeito. Nesse espaço *outro*, onde as leis lógicas do discurso são abaladas, o sujeito se dissolve, e, em lugar do signo, é o choque de significantes, anulando uns aos outros, que se instaura. Operação de negatividade generalizada, mas que nada tem a ver com a negatividade que constitui o julgamento (*Aufhebung*), tampouco com a negação interna ao julgamento (a lógica 0-1); uma negatividade aniquiladora que as antigas filosofias, como o budismo, perceberam, designando-a pelo termo *sunyāvadā*[30]. Um sujeito "zerológico" não sujeito assume aquele pensamento que se anula.

Temos um "objeto" para apreender tal tipo de trabalho semiótico: o texto poético que representa a produtividade do sentido (as operações semânticas) anterior ao texto (ao objeto produzido "ma pensée s'est pensée" (meu pensamento é pensado), dirá Mallarmé em suas cartas.

O "sujeito" zerológico é exterior ao espaço governado pelo signo. Em outros termos, o sujeito desaparece quando desaparece o pensamento do signo, quando a relação do signo com o *denotatum* é reduzida a zero[31]. Invertamos: não há "sujeito" (e por isso não se pode falar de inconsciente) a não ser num

---

29 "O inconsciente é um conceito criado na trilha do que opera para constituir o sujeito", escreve Lacan em Position de l'inconscient, op. cit. p. 830. Sobre a negação e a problemática da constituição do sujeito, cf. J. Lacan, Seminário de 16 de novembro de 1966, *Lettres de l'école freudienne*, 1967 (1), fev.-mar., e Seminário de 7 dez. 1966, *Lettres de l'école freudienne*, 1967 (2), abr.-maio.
30 Sobre a interpretação semiótica desse conceito, cf. Linart Mäll, Une approche possible du *sunyāvadā*, *Tel Quel 32*, inverno de 1968, Tartu: reimpressão de *Terminologia Índica*.
31 Idem, ibidem. A propósito da negação na lógica hindu, cf. J. I. Stall, "Negation and the Law of Contradiction in Indian Thought: A Comparative Study", em *Bulletin of the School of Oriental Studies*, University of London, 1962, t. xxv, p. 52.

pensamento do signo que compense a pluralidade paralela das práticas semióticas ocultas pela dominação do signo, produzindo fenômenos "secundários" ou "marginais" (o "sonho", a "poesia", a "loucura") subordinadas ao signo (aos princípios da razão). O sujeito zerológico (vê-se a que ponto é deslocado aqui o conceito de "sujeito") não depende de nenhum signo[32], mesmo se, a partir de nosso espaço racional, não pudermos pensá-lo a não ser através do signo.

Se o espaço "vazio" em que se movimenta o sujeito zero-lógico é o polo oposto de nosso espaço lógico dominado pelo sujeito falante, então, a prática semiótica poética com suas particularidades torna-se o ponto de encontro desses dois polos, movimentando-se incessantemente um em direção ao outro. Assim, o espaço *paragramático* – o espaço da poesia encontrado na vertente oposta à do sujeito falante, nos arredores daquele *vazio* (com seu sujeito zerológico) – é o espaço nevrálgico de nossa cultura onde se operam as junções entre o pensamento do signo como discurso normativo e aquele mecanismo que não necessita de um sujeito lógico para se exercer. Isso para dizer que o *paragramatismo* é, a nosso ver (e nos permitimos aqui parafrasear Lacan), um *conceito formado na direção daquilo que opera para ligar a desconstituição do sujeito à sua constituição, a desconstituição do discurso à constituição do texto, a desconstituição do signo à constituição da escritura*. Acrescentamos ainda que o paragramatismo, constituído pela linguagem poética, não é necessariamente localizável no inconsciente (e em todos os conceitos colaterais, como a alucinação), mas é uma prática semiótica particular que a semanálise deve estudar em sua especificidade irredutível, sem dissolvê-la na lógica (0-1), nem na "topologia" (referente significado, significante; consciente-inconsciente) do discurso e/ou do signo.

Essa estratificação não implica qualquer hierarquia nem qualquer diacronia. Trata-se de uma linearização de um mecanismo sincrônico. Pensamos, portanto, que as duas vertentes de nosso esquema se interpenetram e que o funcionamento do discurso está impregnado de paragramatismo, assim como o funcionamento da linguagem poética é limitado pelas leis do discurso.

32 Idem, ibidem.

Daremos, entretanto, essa simplificação esquemática para insistir sobre a irredutibilidade das duas práticas semióticas em questão e para sugerir a necessidade para a semanálise de constituir uma tipologia não redutora da pluralidade das práticas semióticas.

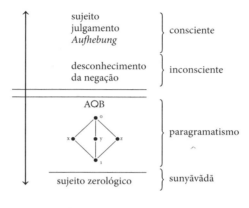

Fig. 3

A experiência poética, uma vez mais, apreendeu a passagem constante do signo ao não signo, do sujeito ao não sujeito, constituída pela linguagem poética.

A vasta região do "vazio" se estende por detrás de quem tenta apreender o trabalho de seu pensamento no interior da língua:

Malheureusement, en creusant le vers à ce point, j'ai rencontré deux abîmes, qui me désespèrent. L'un est le Néant, auquel je suis arrivé sans connaître le Bouddhisme, et je suis encore trop désolé pour pouvoir croire même à ma poésie et me remettre au travail, que cette pensée écrasante m'a fait abandonner[33]*.

Ou:

J'ai fait une assez longue descente au Néant pour pouvoir parler avec certitude (Fiz uma descida bastante longa ao Nada para poder falar com certeza)[34].

---

33 Mallarmé, Carta a H. Cazalis, mar. 1866, *Propos...*, p. 59.
* "Escavando o verso a tal ponto, infelizmente encontrei dois abismos que me desesperam. Um é o Nada, ao qual cheguei sem conhecer o Budismo e, ainda, estou profundamente desolado para poder acreditar mesmo em minha poesia e retomar o trabalho que tal ideia esmagadora me tinha feito abandonar."
34 Mallarmé, Carta a H. Cazalis, 14 maio 1867, idem, p. 79.

Nessa pesquisa, tendo sido suspensa por um instante a lógica do discurso, o eu (o sujeito) é levado a eclipsar-se: uma representação brutal é, por conseguinte, necessária (o espelho) para reconstituir o eu (o sujeito) e a lógica ("para pensar") que realiza o gesto paragramático como uma síntese do "ser" e do "não ser":

> J'avoue du reste, mais à toi seul, que j'ai encore besoin, tant ont été grandes les avanies de mon triomphe, de me regarder dans cette glace pour penser, et que si elle n'était pas devant la table où je t'écris cette léttre, *je redeviendrais le Néant*. C'est t'apprendre que je suis maintenant *impersonnel* et non plus Stéphane que tu as connu, mais une aptitude qu'a l'Univers Spirituel à se voir et à se développer, à travers ce qui fut moi[35] *.

Purifiquemos esse enunciado dos tiques de uma época religiosa e encontraremos a análise perspicaz dessa busca de síntese ("no momento da síntese", diz Mallarmé, quando se refere a sua produção poética) que é a linguagem poética; uma síntese jamais realizada ("reunião não sintética"), de aplicações sêmicas (de diálogos de discursos, de intertextualidade), de um lado, e do *Logos* com suas leis de comunicação lógica, de outro. "Elle deviendra la preuve inverse, à la façon des mathématiques, de mon rêve, qui, m'ayant détruit, me reconstruira" (Converter-se-ia na prova inversa, tal como a matemática de meu sonho que, assim como me destruiu, me reconstruirá)[36].

Nessa perspectiva, o trabalho simbólico (o trabalho do "poeta") perde esse peso de futilidade decorativa ou de anomalia arbitrária com que uma interpretação positivista (e/ou platônica) o havia sobrecarregado e surge em toda sua importância de prática semiótica particular, que, num movimento de negatividade, nega *ao mesmo tempo* o discurso e o que resulta dessa

---

35 Idem, p. 78 (grifo nosso).
* "De resto, confesso, mas somente a ti, que necessito ainda, tão grandes foram as avanias de meu triunfo, fitar-me nesse espelho para pensar e que, se ele não estivesse diante da mesa onde escrevo esta carta, *eu voltaria a ser o Nada*. Equivale a te comunicar que sou agora *impessoal* e não mais o Stéphane que conheceste, mas uma aptidão que tem o Universo Espiritual de se ver e de se desenvolver através daquilo que fui eu."
36 Mallarmé, Carta a H. Cazalis, 4 de fev. de 1869, op. cit., p. 87.

negação[37]. E esse fato designa que a prática semiótica do discurso denotativo é apenas *uma* das práticas semióticas possíveis.

Tal interpretação do funcionamento poético e de seu lugar em nossa cultura supõe – é o que esperamos – o questionamento das concepções racionalistas referentes a todos os outros discursos ditos "anormais".

A constituição de uma semiótica geral, fundada no que denominamos semanálise, suprime o imperativo do modelo do discurso e postula, para nossa observação, o estudo da produção de sentido anterior à palavra *dita*.

[1968]

---

37 Torna-se, assim, uma *afirmação*: a única que *inscreve o infinito*.

11. A Geração da Fórmula

> *Por meio dessas duas coisas, pelo filtro e pela geração (da fórmula), purifique-me na totalidade!*
>
> RIGVEDA, 9. 67, 23-25.

I. PRELIMINARES DO CONCEITO DE TEXTO. A SEMANÁLISE

Passando além da "obra" e do "livro", isto é, de uma mensagem produzida e concluída, o trabalho assim chamado de "literário" apresenta hoje *textos*: produções significantes cuja complexidade epistemológica depende, depois de um longo desvio, daquela dos antigos hinos sagrados. Produções que exigem – para serem compreendidas e retomadas pelo *discurso* executante do social em curso – uma teoria, devendo esta elaborar-se como uma reflexão analítico-linguística sobre o *significante-produzindo-se* em texto.

Analítico é aqui entendido em seu sentido etimológico (αναλυσις), designando uma *dissolução* dos conceitos e das operações que representam hoje a significação, uma *libertação* que se apoiaria sobre o mecanismo do discurso atual que trata do significante (psicanálise, filosofia etc.) para se *desligar* e se *resolver* numa *morte* – num desvanecimento da superfície presente – ininterrompida.

Trata-se, antes de mais nada, para essa teoria, de cercar o conceito de seu "objeto", o *texto*, distinguindo-o da totalidade dos discursos ditos "literários" ou "poéticos", para encontrar sua especificidade permitindo-lhe proceder, num segundo momento, a um exame crítico da acumulação dos discursos que o saber atual classifica como "literários", "científicos", "religiosos", políticos" etc.

O *texto* será, pois, um certo tipo de produção significante que ocupa um lugar preciso na história e depende de uma ciência específica que será preciso definir.

Ora, sendo uma prática no e sobre o significante, reencontramos o texto sob formas mais ou menos diferenciadas em numerosos escritos e discursos "literários", "filosóficos", "religiosos" ou "políticos": impor-se-á, pois, a necessidade de descobrir esse eixo textual na totalidade dita e escrita, assim como será preciso descobrir a particularidade "textual" em cada efeito da língua.

Produzido na língua, o texto somente e possível de ser pensado na matéria linguística e, como tal, ele depende de uma teoria da significação. De uma *semanálise*, diremos, para indicar, primeiro, uma diferença em relação à semiótica e para insistir, em seguida, sobre o fato que não se tratará de bloquear o estudo das práticas significantes para o "signo", mas de decompô-lo e de abrir em seu interior uma nova exterioridade, um novo espaço de *posições* retornáveis e combinatórias, o espaço da *significância*[1].

Semanálise: teoria da significação textual, que irá considerar o *signo* como o elemento especular, assegurando a representação dessa geração – esse procedimento de germinação – que lhe é interior ao passo que o engloba e a quem ele se impõe definir as leis. Em outras palavras, sem esquecer que o texto apresenta um sistema de signos, a semanálise abre no interior desse sistema uma outra cena: a que é escondida pelo anteparo da estrutura, e que é a significância *como operação cuja estrutura não é senão uma base deslocada no espaço ou no tempo*. Sem se dar a ilusão de poder deixar, no que lhe diz respeito, o terreno do *signo* que a torna possível, a semanálise abandona a obrigação de um único ponto de vista – central, aquele de uma estrutura a ser *descrita* –, e se dá uma possibilidade de vistas combinatórias que lhe

---

[1] "É aí, nesta significância, em que o todo se anuncia e se recusa, mas indica e encontra uma escrita em sua medida, que a literatura de hoje procura se situar". Philippe Sollers, Critique de la poésie, *Logiques*, Paris: Seuil, 1968 (Coleção Tel Quel).

restitui a produção a ser *gerada*. Apoiando-se sobre o corpo da *língua* (no sentido saussuriano deste vocábulo) a semanálise se preserva do tematismo psicológico, assim como do idealismo estetizante, que disputam atualmente o monopólio daquilo que pode ser chamado de *escrita* (Derrida). Ora, se ela é linguística, a semanálise nada terá a ver com o descritivismo de um *corpus* enquanto portador de um conteúdo informacional que garante a comunicação entre o destinador e o destinatário. Notemos que a linguística fundada em tais princípios teóricos – os mesmos que dominam atualmente o procedimento de tecnocratização das ciências ditas "humanas" – e grosseiramente substancial e coisista, ou para melhor dizer, fenomenológica. Ela se dá um *corpus* linguístico que ela assimila a uma superfície estruturada por meio de unidades significantes diferenciadas, e que significa um certo fenômeno: a mensagem apoiada num código. O que nós chamamos de *semanálise* não é possível de ser pensado dentro de semelhante descrição: "Um corpo está onde ele age" (Leibniz). O texto não é um *fenômeno* linguístico, em outras palavras, ele não é a significação estruturada que se apresenta em um *corpus* linguístico visto como uma estrutura plana. Ele é sua *geração*: uma geração inscrita neste "fenômeno" linguístico, esse *fenotexto* que é o texto impresso, mas que não é legível senão quando se remonta *verticalmente* através da gênese: 1. de suas categorias linguísticas, e 2. da topologia do ato significante. A significância será, pois, essa geração que se pode apreender duplamente: 1. geração do tecido da língua; 2. geração desse "eu" que se põe em posição de apresentar a significância. O que se abre nesta vertical é a operação (linguística) de geração do fenotexto. Chamaremos essa operação de *genotexto*, desdobrando, assim, a noção de texto em fenotexto e genotexto (superfície e fundo, estrutura significada e produtividade significante).

A zona gerativa assim aberta oferece um objeto de conhecimento que "derroga os princípios da localização euclidiana" e não tem "especificidade substancial"[2]. O texto será, pois, um "objeto dinamizado"; o discurso que dele tratará – a semanálise – terá por finalidade revelar os tipos de objetos dinamizados que se apresentam como significantes.

---

2 Cf. Gaston Bachelard, *La Philosóphie du non*, Paris: PUF, 1940.

Se o trabalho significante opera constantemente sobre a linha de balanceamento do fenotexto para o gemo-texto e vice-versa, a especificidade textual reside no fato que ela é uma tradução do genotexto no fenotexto, revelável à leitura pela abertura do fenotexto ao genotexto. Em outras palavras – aventuramos aqui uma primeira definição operatória que vamos, a seguir, completar e especificar – analisar uma produção significante como textual equivaleria a demonstrar como o procedimento de geração do sistema significante é manifestado no fenotexto. Seria considerada como textual toda prática significante que realiza em todos os níveis do fenotexto (em seu significante e em seu significado) *o procedimento de geração do sistema significante* que ela afirma. Ou, para resumir, seria textual toda prática que pusesse em ação o preceito freudiano "Wo es war, soll Ich werden", *La onde isto foi, é-me preciso sobrevir.*

Esta formulação requer algumas elucidações bem claras.

A. Em primeiro lugar, deve-se fazer uma distinção radical entre nossa separação genotexto/fenotexto e aquela que introduz a gramática gerativa de Chomsky entre estrutura profunda e estrutura de superfície.

A gramática gerativa, em seus fundamentos teóricos (nós não tratamos aqui de sua utilidade técnica), tem a vantagem, diante das aproximações analíticas da língua, de introduzir uma vista sintética que apresentaria o ato da palavra como um processo de geração. A estrutura de profundidade, assentada para assumir a representação desta geração, não é, contudo, senão um reflexo não gramaticalizado das relações de concatenação próprias à frase inglesa (indo-europeia). Em outras palavras, a estrutura profunda de Chomsky tem por finalidade, e limite, gerar a *frase* que ela não faz senão *representar* como uma estrutura abstrata *linear* não gramaticalizada e não lexicalizada ("basic subject-predicate form"[3]), sem remontar as diferentes etapas possíveis de estruturação anteriores à estrutura frástica linear (sujeito-predicado). Os componentes da profundidade são estruturalmente os mesmos que os da superfície e nenhum procedimento de transformação, nenhuma passagem

---

3 Noam Chomsky, *Cartesian Linguistics*, New York: Harper and How, 1966, p. 42.

de um tipo de componente para outro, de um tipo de lógica para outra, é possível ser observado no modelo chomskiano[4]. Deste modo, a gramática gerativa não gera – propriamente falando – absolutamente nada: ela não faz senão colocar o princípio da geração postulando uma estrutura profunda que não é senão o reflexo arquetípico da atuação. A consequência teórica de uma tal estrutura profunda é que ela pode se tornar a justificação "científica" do "ato mental"[5] colocado como causa direta da atividade linguística que, de chofre, não é senão uma expressão de ideias anteriormente existentes. Essa concepção devia obrigatoriamente reunir a psicologia racionalista do século XVII, e Chomsky, citar Herbert of Cherbury (*De Veritate*, 1624) que acredita nos "princípios de noções implantadas no espírito" e nas "verdades intelectuais" (N. Chomsky) que são "impressas na alma pela asserção da própria Natureza". Chegamos bem depressa ao princípio cartesiano (e, deve-se crer, chomskiano) do "consentimento universal" baseado nas "noções comuns" aos "homens normais", dos quais são excluídos "os cabeças-duras, o louco, o fraco de espírito e o imprudente"[6]. Deste modo, uma ciência que, no nível técnico, desenrola um dinamismo sem precedente, testemunha em sua teoria um retardamento que vai até o ponto de postular princípios teológicos cuja jurisdição prova ser, em última análise, o sujeito cartesiano.

O que nós chamamos um genotexto é um nível abstrato do funcionamento linguístico que, longe de refletir as estruturas da *frase* e antecedendo e excedendo essas estruturas, produz sua anamnese. Trata-se, pois, de um funcionamento significante que, produzindo-se dentro da *língua*, não é redutível à *palavra* manifestada na comunicação dita normal (a seus universais e às leis de sua combinação). O genotexto opera com categorias analítico-linguísticas (para as quais deveríamos encontrar em cada ocasião, dentro do discurso teórico,

---

4 "Não há dúvida que a gramática gerativa, no estado em que ela é presentemente formulada, está errada. Não deixa de ter interesse frisar que um dos defeitos conhecidos da gramática gerativa se encontra na parte que trata dos componentes e não na parte que trata das transformações" (R.V. Lees, O pereformoulirovanii transformatzionnoi grammatiki [Da Reformulação da Gramática Transformacional], *Voprosy yazikoznaiia*, n. 6, 1961, p 48).
5 N. Chomsky, op. cit., p. 42.
6 Idem, p. 60-62.

conceitos analítico-linguísticos) cujo limite não é o de gerar para o fenotexto uma *frase* (sujeito-predicado), mas um *significante* tomado em diferentes estágios do procedimento do funcionamento significante. Essa sequência pode ser no fenotexto um vocábulo, uma série de vocábulos, uma frase nominal, um parágrafo, um "contrassenso" etc.

O genotexto não é uma estrutura, mas tampouco saberia ser o estruturante, visto que ele não é aquilo que forma nem aquilo que permite à estrutura ser[7], mesmo sendo censurado. O genotexto é o significante infinito que não poderia "ser" um "isto", pois ele não é um singular; seria melhor designado como "os significantes" plurais e diferenciados ao infinito, em relação aos quais o *significante* aqui presente, o significante de a-fórmula-presente-do-sujeito-dito não é senão um limite, um lugar que tem um nome particular, uma *ac-cidência* (isto é, uma abordagem, uma aproximação que se acrescenta aos significantes abandonando sua posição). Pluralidade dos *significantes* na qual – e não fora da qual – o significante formulado (do fenotexto) é *situável* e, como tal, *sobredeterminado*. O genotexto é, assim, não a *outra cena* em relação ao presente formular e axial, mas *o conjunto das outras cenas* na multiplicidade das quais falta um índice desviado – esquartelado – pela sobredeterminação que define, pelo interior, o infinito.

Esta pluralidade infinita, por si só, excede a dicotomia presente-outro onde transparece o transcendental, seja o objeto esmorecido que confirma a *unicidade* do significante ao singular, seja a supressão do sentido, que amputa toda especificidade textual e a reenvia, para todo o sempre, para um extrassentido que designa uma vedação intransponível. Esses dois condicionais, do objeto esmorecido e do sentido trancado, manifestam o embargo por meio de um "eu" da produção, que eles não deixam ler nesse pluralismo que é o seu, produção que não somente conhece a estrutura, mas gera sua translação e sua transformação, pois ela é *mais* do que essa estrutura e sua estruturação; produção que não somente conhece a vedação, mas também a prevê, pois ela é esse espaço infinito-definido que nada tem *a ver* com a vedação.

---

7 Ver, sobre o problema da estruturação, Jacques-Alain Miller, Action de la structure, *Cahier pour l'analyse*, Paris, n. 9, 1968.

Insistindo na *posição* da estrutura, o genotexto a atravessa, a traduz e a coloca na pluralidade significante que a presença estrutural tem por função de omitir. Colocar o genotexto é, pois, visar uma travessia da posição estrutural, uma *transposição*. "Esta mira, chamo-a de Transposição–Estrutura, uma outra", escreve Mallarmé[8].

Não estruturado e não estruturante, o genotexto não conhece o sujeito. Exterior ao sujeito, ele nem mesmo é seu negativo niilista, pois ele é seu outro executante aquém e além dele. Lugar extrassubjetivo e extratemporal (o sujeito e o tempo não aparecem senão como acidentes deste vasto funcionamento que os atravessa), o genotexto pode ser apresentado como o *dispositivo* da história da língua e das práticas significantes que ela é suscetível de conhecer: as possibilidades de todas as línguas concretas existentes e por vir aí estão "designadas" antes de tornar a cair, mascaradas ou censuradas, no fenotexto.

Essas aproximações que dizem respeito à distinção genotexto/fenotexto acercam-se das teorias linguísticas gerativistas de Saumjan-Soboleva, das quais os próprios termos são tomados de empréstimo[9].

B. A distinção genotexto/fenotexto obriga o discurso que investe contra o funcionamento significante a um desdobramento constante que define em todo enunciado linguístico dois planos: aquele do fenômeno linguístico (a estrutura) dependente do *signo* e suscetível de ser descrito pelo mecanismo da semântica estrutural que o pensamento do signo supõe; e aquele da geração significante (a germinação) que não mais é subsumível pelo signo, mas se organiza pela aplicação de *diferenças* de caráter *numérico* (voltaremos sobre esse ponto).

À *superfície* do fenotexto, o genotexto acrescenta o *volume*. À função *comunicativa* do fenotexto, o genotexto opõe a *produção de significação*. Um duplo fundo aparece deste modo em cada produto significante: uma "língua" (produção significante)

---

8 Crise de vers, *Oeuvres complètes*, p. 366
9 Cf. Saumjan-Soboleva, *Le Modèle génératif applicatif et les calculs des transformations dans la langue russe*, Moscou: [s.n.], 1963; e *Fondements de la grammaire générative de la langue russe*, Moscou: [s.n.], 1968; assim como S. K. Saumjan Out-line of the Applicational Generative Model for Description of Language, *Foundations of Language*, Dordrech, n. 1, 1965.

dentro da língua (comunicativa), o texto – à junção de ambos. Uma "língua" germinadora e destruidora que produz e suprime todo enunciado e que se trata de captar para abrir a superfície da comunicação ao trabalho significante que ela oculta.

A ação de estabelecer esse duplo fundo não significa que estejamos colocando uma profundidade ideal, não linguística ou "mental", preexistente como causa da palavra comunicativa e suscetível de uma transcendentalização arquifilosófica. Se ele estiver por trás do fenômeno linguístico, esse duplo fundo não o precede nem o provoca. Ele é sua própria germinação, em outras palavras, a ação da germinação do fenômeno compreendida nesse mesmo fenômeno e pelo fato desta compreensão o dissolver, o estratificar, o espacializar, o dinamizar, o abrir em volume significante não coisificável. O texto se apresenta, então, como um corpo ressoante de registro múltiplo, e cada um de seus elementos obtém uma pluridimensionalidade que, remetendo para línguas e discursos ausentes ou presentes, lhes dá um alcance hieroglífico. A geração é tão fenomenal quanto o fenômeno é germinado. Pode se ver como a distinção entre os dois termos genotexto/fenotexto, se for puramente didática não procede disso menos que uma abordagem *materialista* que coloca o princípio da estruturação na própria matéria do estruturado, abordagem adotada por um discurso que se quer teórico e que tenta pensar uma produção textual que se vive constantemente sobre o fazer-se da geração em fórmula, da geração em semente, e em sua refração recíproca que tece o texto.

Insistimos sobre o fato que essa geração não gera nenhum "fato" fora de si mesmo. Ele é o procedimento gerativo, o acúmulo e o crescimento dos "germes", a germinação, e nada tem em comum com a criação de uma *descendência*, de um *produto* que lhe seria exterior e no qual o *gerador* poderia observar seu fracasso em *germinar*.

A *fórmula* aplicada à germinação é um complexo textual que a força a ser a *frequência* da germinação, isto é a indicar uma pluralidade infinita, não *diz nada*. É fórmula, pois, não a expressão de um sentido formulável tendo atingido o formulado último, mas um remanescente correlato à germinação da qual ele não é nem o efeito nem a causa, mas o *selo* a ser lido como ilegível, a queda indispensável pela qual a germinação preserva-se de se tornar uma geração, isto é, de "conceber", de ter uma descendência – um Sentido.

Também diremos que a *fórmula* não é um objeto, e se ela se designar como tal (*Nombres* se chama "romance" e é comprado) é porque ela é um engodo que esmaga todo objeto, veda-lhe a possibilidade de se construir em segurança, o faz sair dos eixos e torna a colocá-lo no trabalho sem *preço*, portanto não objetivável, não permutável, não regateável: "o trabalho é medida interna dos valores, mas não tem, ele mesmo, valor algum". Lugar mortífero para todo preço, todo produto, toda troca, a fórmula desmistifica o valor do objeto, mostrando o que todo objeto que tem Um Sentido comunicável oblitera: o procedimento de trabalho infinito que germina dentro dele. Ora, se a germinação tem uma queda, em algum ponto, em fórmula, é para experimentar novamente a vertigem da infinidade preenchida, plural e extravasante que seria preciso deixar fluir juntamente com a tinta sobre o papel. Porque, sendo a fórmula um logro, ela se constitui em corpo que pode encarar o espelho e refletir-se nele. Então, o *visto*, por meio de um ricochete necessário, modifica a germinação, corta-a para transformá-la, a detém, pois, preparando-a para uma nova e outra fórmula: "(1.81) Germes groupés et disseminés, formules de plus en plus dérivées, avec, partout a l'oeuvre, le geste de soutenir, de revenir, de couper et de transformer"*.

Assim, a fórmula é inerente à germinação, ela é sua projeção e sua competência, seu corte e sua vontade: esses olhos que veem sem se ver e sem vê-la, mas que ela inclui. Depósito e relance, a fórmula é o trabalho duplo – pertencente a seu espaço infinito e chamando um outro de outro modo infinito, do fato de ser, entre eles, como lugar de *transbordamento* da germinação: esse excedente que a corta e que a requer, que deverá ser abandonado e que dará lugar a uma nova germinação até que haja um novo transbordamento.

Se empregarmos o termo "fórmula" para designar o aspecto sob o qual o texto de apresenta, é também para por em relação o procedimento da significância tal como ele se opera no

---

* "Germes agrupados e disseminados, fórmulas cada vez mais derivadas, com, à obra em toda a parte, o gesto de sustentar, de voltar, de cortar e de transformar".

texto, com a operação de formulação lógico-matemática que, a primeira, indica as épocas da simbolicidade, isto é, a história "monumental". Assim, os textos deverão ser considerados como *fórmulas* da significância na língua natural, como remanejamentos e transformações sucessivas do tecido da língua. Fórmulas que ocupariam um lugar paralelo e tão, se não mais, importante para a constituição e a transformação da história monumental quanto as descobertas matematicológicas. Um trabalho imenso se abre diante de nós: encontrar como *os textos*, no decorrer dos tempos, se constituíram em agentes das transformações dos sistemas de pensamento e trouxeram na ideologia essas transformações do significante que eles são os únicos, com o trabalho lógico-matemático, a produzir.

De fato, até o corte epistemológico ocorrido em fins do século xix, essas operações formulares no tecido da língua têm sido bloqueadas, sem ser totalmente impedidas, pela ideologia da literatura como representação de um exterior, sendo que a retórica não propõe fórmulas outras senão as resumidas na geometria primária. É evidente que nos dias de hoje uma aceleração é produzida sobre todas as frentes da produção simbólica, e a inscrição textual introduz ininterruptamente o que a história do simbólico praticou sucessivamente no decorrer dos séculos. As operações formulares de Mallarmé, Lautréamont, Artaud produzem na língua estas revoluções que a introdução de notações diferentes – os números imaginários, os números irreais etc. – produziram, por sua vez, no simbólico. Essas inovações formulares nas operações textuais devem ser divulgadas para constituir uma *semanálise* que se abre para uma teoria materialista da significação.

Fórmula também para pôr em relação o texto com os grandes códigos sagrados sobre os quais a humanidade se regula no decorrer dos séculos, e que sob a forma de *fórmulas-leis* ditam à ideologia aquilo que o significante opera sem o falar.

Pensar o fenotexto como uma fórmula exige que se abra nele um corredor de reminiscência dupla – ao mesmo tempo em direção do procedimento *simbólico*/matemático que a significância textual alcança ao praticá-lo na língua, e em direção do *corpus ideológico*/mítico que satura cada bloco da história monumental.

GENOTEXTO	*simbólico* matemática	*ideológico* mitos
	categorias da língua	
FENOTEXTO	fórmula	

C. Que posição no discurso teórico permite desempenhar, através do remanescente estruturado, uma produção significante não monopolizada por um sujeito e subsumindo a historicidade linguística? É evidente que é o sujeito do discurso teórico que trespassa a superfície fenomenológica do enunciado (o fenotexto) que é sua própria superfície de descrição, e encontra não uma enunciação (que não é senão o enunciado diferido e assim também tão fenomenológico quanto ele) mas o procedimento significante que subentende o próprio discurso descritivo. Em outras palavras, o sujeito do discurso teórico, que teria podido se ignorar numa descrição fenomenológica, continua a se ignorar (sendo esse reconhecimento o apropriado do sujeito da ciência, de acordo com Miller) mesmo ao se reconstituir num discurso não submisso a uma descrição objetal: é o discurso que coloca o genotexto. O desdobramento do texto em genotexto e fenotexto não é, no fundo, senão um desdobramento do discurso teórico. Se falando do fenotexto a semiótica esquece seu sujeito para recolher (λεγειν) uma verdade significante, reconstituindo o genotexto a semanálise apropria-se desta primeira palavra e de seu sujeito esquecido, apropria-se, pois, de seu próprio discurso, se autoapropria para ignorar novamente seu sujeito. Mas depois deste percurso, este sujeito não é mais idêntico aquele que, no nível do fenotexto, abrigava uma verdade. Neste segundo momento, sobrevem um fato novo: do lugar de sua exclusão, o sujeito simula confirmar sua verdade afirmando o que a corrompe: sua geração. Exclusão de segundo grau, esse discurso sobre o duplo fundo infinito, sempre fugitivo, sempre repelido, se torna a hipóstase de um sujeito móvel, impossível de ser fixado. Pelo ato de autopossessão que é a fratura da estrutura significada e sua abertura em direção de sua geração significante, pela passagem da exclusão do sujeito em direção da colocação dessa exclusão no lugar da Lei = do Desejo, o discurso científico passa ao discurso teórico: a psicose se entrelaça à perversão[10].

Vamos tentar sustentar, nas páginas seguintes, um tal tipo de discurso que é, bem entendido, completamente tornado possível e, digamo-lo, inteiramente *previsto* pelo texto que abordamos: *Nombres* de Philippe Sollers. Porque este é um texto cuja especificidade própria exige que, ao praticar em suas *fórmulas* as leis desta geração cujas fórmulas são o *remanescente*, ele representa, em sua narração, isto é, no nível daquilo que é narrado, os princípios teóricos, epistemológicos ou políticos nos quais o que é *escrito* pode se *dizer*. É justamente este nível do texto que garante a cobertura – a prova – do discurso: é lá, neste espelho indispensável da narração representante, em curva côncava, o que está em vias de se construir, que a teoria se injeta para tentar em vão liquidificá-lo. Tentativa sem isso inútil, se admitirmos – e é o que nós fazemos – que "se tornou impossível, a partir de uma ruptura precisamente situável na história, fazer da escrita um objeto que pode ser estudado por uma outra via da própria escrita (seu exercício, em certas condições)"[11].

Fixando, assim, os limites de nosso ensaio, nós lhe atribuímos, deste modo, um papel de *mediação* entre aquilo que se pratica à saída da representação (o texto) e aquilo que aí permanece fixado (aquilo que o texto *deve* representar para o corpo social). Mediação que lembra, depois de um sonho impossível de ser contado, a narração necessária para fazer agir esse sonho. Mediação representativa, exigida pelas próprias leis do texto que, como vamos demonstrar mais adiante, longe de transcender a representação, a *contém* e a prevê por fora dele para imprimir, assim, o *contrasselo* desse selo pelo qual ele indica a infinidade significante, e que lhe impede, assim, de se desvanecer numa transcendência.

---

10 "Todo o problema das perversões consiste em conceber como a criança, em sua relação com a mãe, relação constituída na análise não de sua dependência vital, mas da dependência de seu amor, isto é, pelo desejo de seu desejo, se identifica ao objeto imaginário desse desejo, enquanto a própria mãe o simboliza no falo", Jacques Lacan, *Écrits*, Paris: Seuil, 1966, p. 554.
11 Philippe Sollers, Programme, *Logiques*, Paris: Seuil, 1988.

II. A FUNÇÃO NUMÉRICA DO SIGNIFICANTE: O ENUMERANTE. A DIFERENCIAL SIGNIFICANTE

> *Os átomos, que são dotados de todas os poderes, se transformam por separação e por conjunção em sombra, em calor, em obscuridade e em palavra. Os átomos últimos – paramânu – da palavra, quando seu poder próprio se manifesta, são postos em movimento por um esforço de articulação e se acumulam, então, como nuvens.*
>
> *É somente para expor o objeto da gramática que os fonemas são providos de sentido. Mas os radicais verbais etc., em estado isolado, não têm sentido algum para o uso corrente.*
>
> BHARTRHARI, século V

> *O Número é uma multiplicidade medível pela unidade.*
>
> ARISTÓTELES, *Metaph. I*, 1057 a

> *Na minha obra, os infinitos não são tudo e os infinitamente pequenos não são grandezas. Minha Metafísica os bane de suas terras.*
> *Considero as quantidades infinitesimais como Ficções úteis.*
>
> LEIBNIZ

A ciência moderna da significação da língua se dá como elemento de base uma entidade portadora de um *sentido* e suscetível de ser combinada em uma estrutura que acaba por dar-lhe definitivamente uma significação. Desejou-se ver esta entidade no *vocábulo*, e esse é o ponto de partida da teoria saussuriana do signo. Em nossos dias, a semântica estrutural isola quase arbitrariamente semas no interior de um lexema, os quais não são senão "ideias" sem suporte material algum nem outra razão de ser que a intuição do locutor tranquilizado pela estatística (Greimas, Pottier). Por sua vez, a análise distribucional, mesmo mantendo o vocábulo como entidade, define seu sentido considerando suas relações contextuais e, ao mesmo tempo, a sintaxe (Harris e seus sucessores: Apresjan fala de "significação sintática"). Mas em ambos os casos a unidade do significante do vocábulo não é questionado: nenhuma teoria da significação linguística se lhe opõe.

Três tentativas, bastante divergentes, parecem, contudo, dissolver esta unidade.

A primeira foi a da Escola Fonológica de Praga que, indo mais longe do que a unidade, da expressividade portanto, do vocábulo[12], atomizou mesmo o som[13] e não reteve do semblante sonoro do vocábulo senão os traços oposicionais à função distintiva na língua. O fonema pode ser definido como "o *sinal* fônico sobre a figura do vocábulo" ou, então, assim: "os fonemas da linguagem não são sons, mas unicamente *traços* sonoros reunidos um com o outro" (Bloomfield. Grifo nosso). Evidentemente, as pesquisas fonológicas não repousavam sobre uma teoria do significante e, no nível empírico em que elas se situavam, não visavam uma teoria da significação. Todavia, a pulverização do vocábulo e a fixação da investigação linguística sobre o significante sonoro desmembrado da língua podiam deixar prever que um pensamento sobre o funcionamento simbólico aí tomaria seu ponto de partida. Com efeito, a relação estabelecida por Jakobson entre o fonema e aquilo que os gramáticos indianos chamavam de "sphota" – e que nós definiremos como o sobredeterminante conceptual do fonema[14] – tomava direção nesse sentido. Infelizmente, a expansão da fonologia ocorreu em detrimento de seu aprofundamento

---

12 Nicolas S. Trobetzkoy, *Príncipes de phonologie*, Paris: Klinksieck, 1967. "Cada vocábulo é, antes, um todo fônico, uma silhueta [...]. Os fonemas são os sinais distintivos das silhuetas dos vocábulos".
13 Idem, ibidem. "O fonólogo não deve considerar relativamente ao som senão aquilo que preenche uma função determinada na língua".
14 O *sphota* não é da ordem do *fonema*. Se os fonemas – *dhvani* – são os átomos da corrente sonora, dividindo-a ao infinito até o "indescritível" e o "inexistente", o *sphota* é aquilo que garante a unidade, e também a inteligibilidade e a existência (a realidade) dessa descontinuidade, mesmo sendo designado por ela. Sobredeterminante do fonema, simultaneamente som e sentido, o *sphota* é a unidade de (e) o infinitamente diferenciado. Observar-se-á a contradição dialética, assim como o tipo de causalidade (de/e) que se joga nesse termo, e pelos quais a teoria do *sphota* participa da concepção do real como mutação-ação-transformação plural.
   Para os gramáticos indianos que não se colocavam o problema da substancialidade, o *sphota* – ponto minimal da sobredeterminação da significação, *manifestado* em ação pelo desenrolar-se da palavra dita – é assim designado: "Esta energia que tem nome de palavra tem, por assim dizer, a natureza de um ovo (à primeira vista indiferenciado e dando origem a um pavão de cores variadas). Seu desenvolvimento se faz sucessivamente, parte por parte, à maneira de uma ação (de um movimento)", cf. Vakyapadiya, I, 51. A propósito da teoria do sphota, cf. Madeleine Biardeau, *Théorie de la connaissance et philosophie de la parole dans lê brahamanísme classique*, Paris: Mouton, 1964; Sphota Siddhi, Institut français d'Indologie, 1958.

teórico. Pôde-se observar, especialmente num certo estruturalismo, a transposição direta de alguns princípios fonológicos no plano da significação fundada sobre o *a priori* que a significação seria uma combinação de unidades autônomas em oposição binária. Esta medida eliminou do campo assim constituído o problema da significação como *desenvolvimento*, assim como o problema de sua sobredeterminação, e trouxe a concepção estática e mecanicista da significação como uma "totalidade" composta por "partes": uma concepção que reina hoje na semântica estrutural, tornando-a impotente perante um *texto*.

Uma contribuição, de outra forma maior à qual devemos a primeira abertura fora do positivismo dominante os discursos sobre a significação, é a de Jacques Lacan. Querendo "mostrar como o significante entra, de fato, no significado, a saber, sob uma forma que, por não ser imaterial, coloca a questão de seu lugar na realidade", Lacan define a *letra* como "suporte material que o discurso concreto toma emprestado da linguagem"[15], como "estrutura essencialmente localizada do significante"[16]. Reativando o pensamento de Freud (*Traumdeutung*) sobre o sonho como rébus e hieróglifo, Lacan não somente insiste sobre o significante como antecipante sobre o sentido, mas conceptualisa de maneira radicalmente nova a relação de *insistência* e não de *consistência*[17]. O ponto nodal dessa insistência incessante do significado fugindo sob o significante seria o ideograma como letra e a letra como ideograma, isto é, uma textura de significantes múltiplos e perdidos[18].

Os *Anagrammes* de Saussure devem ser situados entre essas teorias que procuram a significação através de um significante desmantelado por um sentido insistente na ação. Como se renegasse sua própria teoria do signo, Saussure descobre a *disseminação*[19] daquilo que ele acredita ser um nome de chefe ou de

15 *L'Instance de la lettre dans l'inconscient*, p. 495.
16 Idem , p. 501.
17 Idem, p. 502. "De onde pode-se dizer que é na corrente do significante que o sentido *insiste*, mas que nenhum dos elementos da corrente *consiste* na significação de que é capaz no próprio momento". Não se poderia aqui ver a deslocação no espaço e no tempo sensível entre a teoria lacaniana e a medida estruturalista orientada em direção da descrição de uma "consistência"?
18 Idem, p. 503. "Um criptograma só tem todas as suas dimensões quando se trata de uma língua perdida".
19 Para este conceito, cf. Jacques Derrida, La Dissémination, *Critique*, [S.l.], fev.-mar. 1969.

deus através do texto. Esta ação do significante, que chamamos de "paragramático", rompe definitivamente a opacidade objetal da língua e a abre em direção deste duplo fundo que evocamos no início: a geração do genotexto. Hoje, parece ser quase certo que Saussure se enganou sobre o privilégio a ser concedido ao nome próprio como núcleo da paragramatização. Ele descobria, contudo, através deste "erro", uma lei que parece determinar toda escrita textual e que poderia ser assim definida: a expansão de uma função significante precisa, através do conjunto de um significante textual dado, separando o signo e a palavra como unidade de base da significação. O paragramatismo coloca como ponto de partida uma função significante mínima concretizada por uma ou várias letras (ou fonemas, que são aqui sinais distintivos e não expressões). Essa "função" se *desenvolve* (age) numa sequência textual pela qual a frase não é um limite. Numa tal perspectiva, não há mais nem "encadeamento" nem "cadeia significante", visto que não há "unidades" que se justapõem. Em compensação, as letras se tornam o "suporte material" que o fenotexto dá ao genotexto, ou melhor, a focalização do procedimento significante ("a estrutura essencialmente localizada do significante"), o *ponto* significante no qual insiste a geração infinita.

É a partir desse ponto, justamente, que gostaríamos de situar nosso discurso sobre *Nombres*.

Atravessando, infringindo o vocábulo e a frase, o signo e a estrutura, o significante-se-produzindo *dispõe*[20] de uma infinidade significante em unidades gráficas ou fônicas.

"Infinidade significante" quer dizer todas as possibilidades registradas, ou por vir, da combinação linguística, os recursos ilimitados do significante tais que diferentes línguas e diferentes práticas significantes se serviram deles ou deles irão se servir. Em tal acepção, o infinito não é um conceito privativo (como o é na filosofia grega e moderna, ver *a-peiron*, assim como *a-leteia*, porque não é uma ausência e porque nada lhe falta ("O infinito é aquilo

---

20 P. Sollers, Programme, op. cit. "A problemática específica da escrita se desliga maciçamente do mito e da representação para se pensar em sua literalidade e seu espaço. Sua prática deve ser definida no nível do "texto" na medida em que esse vocábulo repercute daí por diante numa função que, portanto, a escrita "não exprime" mas de que ela dispõe. Economia dramática da qual o "lugar geométrico" não é representável (ele se representa).

a quem sempre falta alguma coisa", Aristóteles). Por esse fato, ele surge materialmente no fenotexto como eixo de sua germinação.

"Unidade gráfica ou fônica", na qual o infinito significante insiste, é o conjunto significante minimal isolado no fenotexto. Um "conjunto" que, para se constituir, pode deslocar o vocábulo ou, então, não respeitar seus limites, seja englobando dois lexemas seja dividindo um outro em fonemas, contanto que restabeleça uma série não finita de sentidos, uma significância infinita, todavia, sempre localizável em diversos textos e culturas. Apresentando-se como uma unidade" que designa uma infinidade, este conjunto significante é antes uma multiplicidade mensurável porque localizada e concretizada. Sem representar uma "essência" ou um significado, o que nós chamamos, neste ponto de nossa reflexão, um "conjunto significante" assinala uma repartição *plural* e *contingente* da infinidade significante. Por essa razão, diremos que este conjunto significante minimal tem uma função numérica e fica homologado ao que, no simbólico, tem sido designado como "número". Em lugar de se constituir sobre o *signo* remetendo para o referente ou para o significado, o texto joga sobre a função numérica do significante, e seus conjuntos diferenciados são da ordem do número. Esse significante, o significante textual, é um *enumerante*.

Esta homologia exige o seguinte lembrete:

Desde sempre, o número tem sido considerado como o ponto nodal em que se assinala a infinidade diferenciada, não homogeneizada. Ponto de origem da ciência e da mística, de sua divergência, mas também, por vezes, de sua convergência (Pitágoras, o neoplatonismo, a Cabala). Incisão no infinito, um infinito "em aprimoramento", o número é o primeiro movimento de organização, isto é, de desmarcação e de ordenação. Movimento que difere do simples "significar" e, vamos dizer, cobre um espaço mais vasto em que "significar" pode ser compreendido e colocado em seu lugar.

Deste modo, penetrando no interior do signo, a semanálise descobre o *enumerante infinito* que dispõe de um *enumerado* (os conjuntos gráficos e fônicos) antes de lhe encontrar um referente ou um significado para dele fazer um signo. Sinal, nó, arranjo, demonstração-anáfora: essas são as funções do enumerante. Varinhas, entalhes nós, conchas, nozes: esses são os primeiros números (no IV milênio a. C., os Maias contavam por meio de nós e por meio de feixes de cordas). Arrumar as varinhas (10 elementos = 1 feixe; 20 elementos = 1 feixe, entre os Maias, 3.000 anos a.C.) já é uma ordenação do infinito e a base do sistema de numeração.

Desde a origem, o número não *representa* nem *significa*. Fora da imitação (da mimese e da arte), assim como do "ideal" e, por conseguinte, da significação e da verdade tomada em seu sentido metafísico, o número não tem nem exterior nem interior. Ele não é provocado, produzido, causado por outra coisa que não ele. Infinidade que se mostra assinalando-se, o número é anafórico, sua função é de *designar* a pluralidade, de de-signá-la (os Tarahumaras mostram quando eles contam).

No decorrer da evolução da matemática a noção de número sofre variações múltiplas (números negativos, números imaginários, números racionais, números irracionais, os grupos de Galois, os ideais de Kummer e Dedekind etc.), cuja desintricação epistemológica exige estudos específicos[21]. Notemos, contudo, duas concepções do número que nos interessam para a reflexão geral que estamos atualmente seguindo de perto.

O racionalismo cartesiano vê o número à luz de uma problemática da constituição do sujeito. Os números colocados no mesmo plano dos universais "dependem de nosso pensamento"[22], mas ao mesmo tempo representam coisas concretas[23]. Construções completamente ideais e subjetivas, eles seriam modos da *duração* na medida em que esta é o signo da finitude do sujeito[24]. O sujeito consciente da duração, de seu

---

21 O trabalho de Alain Badiou, La Subversion infinitesimale, *Cahiers pour l'analyse*, Paris, n. 9, é o primeiro nesse sentido.
22 Descartes, Principes 58. "Do mesmo modo que o número que nós consideramos, de um modo geral, sem fazer reflexão sobre qualquer coisa criada, não está além de nosso pensamento, não mais que todas essas outras ideias gerais que na Escola compreendemos sob o nome de universais".
23 Idem, Règle XIV pour la direction de l'esprit. "Assim, se for questão de número, imaginemos um sujeito qualquer que possa medir um grande número de unidades, se bem que a inteligência não reflita, à primeira vista, senão a multiplicidade desse sujeito, teremos cuidado que ele não acabe por tirar daí alguma conclusão, onde a coisa enumerada seja suposta ter sido excluída de nossa concepção, como fazem aqueles que atribuem aos números propriedades maravilhosas e qualidades ilusórias, às quais, por certo, eles não irão acrescentar muita fé, se eles não concebessem o número como distinto da coisa enumerada".
24 Idem, Principes 55. "Concebemos, assim muito distintamente o que é a duração, a ordem e o número, se, ao invés de embaralhar na ideia que temos disso aquilo

próprio limite, pois, a *ordena* e tem como resultado a ciência dos números. Unidade intermediária entre as diferentes partes da ordem matemática[25], o número torna a medida possível, uniformiza o método e funda a geometria algébrica, onde a totalidade seria medida pela associação das partes. Quanto ao espaço e ao infinito, tendo sido excluídos do sujeito e, por conseguinte, do número, banidos do entendimento para serem relegados ao imaginário, eles serão atribuídos a Deus: suporte indispensável e complemento necessário ao sujeito e a sua ciência.

Uma exclusão inicial permite o raciocínio cartesiano: aquela do significante e/ou de seu fracionamento extrassubjetivo. O número é, então, reduzido a um *signo* na medida em que uma dicotomia se afirma entre as "coisas" e as "ideias", estas representando aquelas: o racionalismo ocasiona um "materialismo", contanto que tudo esteja apoiado em Deus. Certamente, o referente desse "signo" numérico é colocado entre parênteses, seu valor é diluído tanto quanto possível, de maneira que é reduzido a um "assentado" que o signo de que se trata não evoca *concretamente*, mas sugere como *exterior*. Assim, o fundo ideológico e as leis sintagmáticas desse "número" cartesiano fazem lembrar as do signo.

Compreende-se, então, como esse número-signo, porque ele cria a fase de acabamento, cria o tempo, do mesmo modo que o signo hegeliano e saussurismo vive do tempo na duração. Lugar de conversão do espaço infinito em duração – finitude para o sujeito, o número-signo coloca o tempo para poder separar dele (imobilizar) uma frequência como mensurável. Subjetivo, temporal, ele o esquece para se apresentar à superfície como necessariamente estrutural: na vedação de uma totalidade, há partes que se compõem de maneira linear e reversível, a análise se transformando em síntese e reciprocamente. A geometria algébrica pode ser assim construída, mas não a análise do espaço, isto é, a geometria analítica que Leibniz irá fundar refutando Descartes... Do mesmo modo, poder-se-ia dizer que os princípios estruturais são dados em forma de germe

> que pertence propriamente à ideia da substância, pensamos somente que a duração de cada coisa é um modo ou uma maneira como consideramos essa coisa enquanto ela continua sendo; e que de maneira semelhante a ordem e o número não diferem, com efeito, das coisas ordenadas e numeradas, mas que elas somente são maneiras sob as quais nós consideramos diversamente essas coisas".

25 Cf. Jules Vuillemin, *La Philosophie de l'algèbre*, Paris: PUF, 1962, p. 20.

por Descartes, e que o número participa disso. Chomsky pode ver nisso um ancestral: com efeito, o sujeito falante do qual Chomsky "gera" os enunciados é o mesmo sujeito enumerante à moda cartesiana, que para existir tem necessidade de colocar fora de si o espaço e o infinito sob o nome de Deus.

É o cálculo diferencial de Leibniz que restitui a infinidade ao significante excluído. Seu infinitesimal torna a dar ao número sua função de *infinito-ponto*[26] que constitui a especificidade deste actante simbólico, e faz disso o sinal que atualiza na notação científica todo o espaço em que se move o significante. A infinidade transparece na escrita do "sujeito" cognoscente e transtorna seus fundamentos indo mesmo até o ponto de desconhecê-lo. O procedimento simbólico não é mais uma medição do todo em suas partes. O infinito-ponto obedece às leis de transição e de *continuidade*: nada equivale a nada e toda coincidência esconde, de fato, uma distância infinitamente pequena. Não forma, pois, estrutura alguma, coloca funções, relações, que procedem por aproximação. Nunca preenchida, uma diferença permanece entre o número assim assinalado (π) e o conjunto dos termos suscetíveis de exprimi-lo ($\pi/4 = 1 - 1/3 + 1/5 + 1/7 + \ldots$). A unidade é, pois, deslocada. O número-signo, espelho unificante, é partido, e a notação penetra para além dele. A *diferencial* que resulta daí e que equivale ao infinitamente pequeno sincategórico (*in fieri*) dos nominalistas do século xiv não é uma unidade que iria juntar-se a outras para formar um todo, mas o próprio deslize do infinito no enunciado fechado.

Esse deslize coloca-nos diante da célebre continuidade leibniziana: não se trata aí de preencher todas as etapas da aproximação do limite, mas simplesmente de colocar o princípio de uma transição[27]. Não se apresentará, pois, mais uma duração perseguida ponto por ponto (medida), mas um espaço designado, decomposto, analisado: a geometria não mais é algébrica, mas analítica.

No lugar de uma combinação de unidades dentro de um todo, o significante ilimitado dispõe das diferenciais. A perspectiva cartesiana se afasta e o sujeito, ao invés de ser uma causa

26 A. Badiou, op. cit.
27 Jules Vuillemin, op. cit., p. 39.

limitada que limita o significante, não é senão um momento – um lugar[28] – do significante de outro modo ilimitado. O conhecimento não é mais uma totalização, mas um processo de arrebatamento, de esgotamento, pelo qual o infinito se aproxima de um termo sempre falho. O infinito que age não alcança, pois, sua plenitude, mas é à plenitude que falta alguma coisa, é ela o limite enquanto não infinito, falha, noção privativa.

Foi preciso o século xx, com Canchy e Abel, para que as noções de limite, de convergência etc., justificassem teoricamente a diferencial de Leibniz. Hoje em dia o transfinito cantoriano e a teoria dos conjuntos operam com o infinito. Mas o ponto que nos interessa aqui, onde é questão do trabalho estruturante do significante à costura do genotexto e do fenotexto, chama antes de mais nada a reflexão leibniziana, já que é ela que, através de um sistema finito de sinais, restabelece a infinidade.

O que nós chamamos anteriormente de função numérica do significante se torna mais claro à luz da diferencial leibniziana. Se o significante textual é um enumerante, o elemento gráfico ou fônico que o atualiza e que inscreve o infinito enumerante seria chamado de *diferencial significante*. De natureza diferente de todos os *semas* encarados até agora (todos os semas representam um significado), essencialmente variável, menor do que todo sema fixo, por menor que ele seja, a diferencial significante é o infinito-ponto para uma semanálise. Sua zona de ação se estende do vocábulo-signo para a ação do significante infinito. É lá onde se exibe o espaço textual, espaço de relações e de transições e não de totalidade constituída de partes; um espaço que não saberíamos esgotar por meio de uma descrição metódica, mas cuja coerência é garantida pela "permanência de uma mesma razão durante a transição". Em outras palavras, o espaço da significância seria concebido como um objeto de conhecimento *sobredeterminado* pela colocação do princípio da diferencial significante, e não como um espaço estruturado. A diferencial significante será, desta maneira, o lugar que faz penetrar o genotexto no fenotexto, e que leva o espaço significante sobre a linha enunciada na língua. Bem perto do signo, mas sempre guardando suas distâncias em relação a ele, a diferencial

---

28 Michel Serres, *Le Système de Leibniz*, Paris: PUF, 1968.

significante se afasta dele cada vez mais no infinito significante, mesmo aparentando aproximar-se do sentido último do signo.

Com efeito, o conceito de infinidade se aplica, outrossim, a uma análise da linguagem de tipo racionalista (tal como o infinito chomskiano). O signo pode aparecer também como um foco do infinito que ele divide e atualiza[29]. Mas este infinito é um infinito-exterior, um fundo indefinido antes que infinito, no qual se efetua o finito. O signo pode se libertar de vários constrangimentos (o conceito, a gramática) em sua aspiração em direção deste infinito-exterior inicialmente e para sempre dissociado dele. É assim que ele opera na experiência surrealista: invenção de vocábulos novos, escrita automática etc. Os vocábulos-signos podem se suceder e se torcer de maneira indefinida para assinalar que a língua nada sobre um fundo ideal ilimitado do qual emergem esses signos. Mas embora seja variável, o signo é fixado duplamente: em sua relação Sa-Se, e em sua previsibilidade pela língua. Se eu inventar um vocábulo ou uma construção inexistentes em língua alguma e, como tais, sendo um desafio para todo sentido, para todo significante, escrevo então, "a impossibilidade do impossível" (Badiou) e, por esse gesto mesmo, submeto meu trabalho às leis intransigentes da língua, presente aqui perante o surreal (do sobressignificante) que estou forçando. Designando, assim, o fundo infinito como um exterior impossível, permito que se leia minha língua como *finita*, fechada, limitada. De tais "transgressões", de tipo "surrealista", visando uma infinidade sobrematerial porque acima do significante real da língua, tornam-se a medida interna de um sistema linguístico codificado; rejeitando-as, a língua fechada e significante indica suas próprias censuras, ou, em outras palavras, permite certos enunciados "transgressivos" (isto é, não significantes) para que se possa ler sua não transgressividade.

As coisas ocorrem de modo totalmente diferente da diferencial significante. Ela é o sinal do infinito dos significantes atuais (e não extrassignificante) para a qual falta um lugar na ordem dos signos *sustentados* pelo infinito. Nenhum signo pode

---

29 Charles S. Peirce, Existential Graphs, obra póstuma: *Mon chef-d'oeuvre*, [S.l.: s.n.], [1909]. "O valor de um símbolo é de servir para tornar racionais o pensamento e a conduta e de nos permitir predizer o futuro [...]. Mas uma lei geral não pode se realizar completamente. Ela é uma potencialidade, e seu modo de ser é esse *in futuro*".

ocupar este lugar. Ela encontra sua posição no corpo do enumerante infinitamente grande, e no qual se reencontra também o corpo dos signos, mas na qualidade de subconjunto localizável e não mais como ponto básico inicial e central do pensamento. As diferenciais significantes são da ordem dos números infinitos, e sua existência é justificada pela introdução do conceito de significante infinito, de *significantes* inscritos naquilo que chamamos de *enumerante*.

    Lembremos que a problemática da diferencial significante, se considerarmos que se pode uni-la ao papel que Lacan atribui à instância da letra no inconsciente, é, contudo, muitas vezes e duplamente abafada. Uma das medidas própria a uma certa psicanálise consiste em racionalizar a instância da letra, colocando diante dela o signo – uma finitude de sentido – como limite a ser atingido ao aproximá-lo. A outra tentativa, sempre própria a uma interpretação psicanalítica, se resume na recusa total da noção do signo, de limite, pois, e, assim, finaliza uma renúncia do significante por demais carregado de logocentrismo. Cada uma de suas tentativas sendo impregnada de um refluxo específico comum: evitar de pensar o acentuado enquanto infinidade definida da qual ele é o ac-cidente, parece-nos que elas podem ser sobrepujadas pelo estabelecimento da *função numérica* dos *significantes*, isto é, pelo estabelecimento do *enumerante* no qual se inscreve a diferencial. Esse estabelecimento não precisa se justificar em relação ao signo como entidade significante, mas se fixa num domínio novo, *significantes* sem "querer-dizer", pois, "significante" infinitamente.

    O enumerante não separa o significante do significado, mas não pode se privar de nenhum deles. Ele é os dois juntos, visto que ele pontua todo o registro da língua. Digamos que aqui a folha saussuriana, cujas duas faces representavam o signo, tornou-se volume no qual o significante é um significado e reciprocamente, sem interrupção. Ora, o que põe em movimento o texto não é sua relação, mas a passagem desse volume-espaço branco e infinito da significância para a diferencial assinalada no texto. Uma diferencial que, ela também, não distingue o significante do significado, visto que ela não é senão um sinal apontando para o infinito, uma incisão nesta língua que não mais é um ponto de base, mas "un battement d'organes illimités" [uma pulsação de órgãos ilimitados]: "(2) et je sentais mon propre silence tomber au centre comme un battement d'organes illimités" (e eu sentia meu próprio silêncio cair no centro como uma pulsação de órgãos limitados). A relação que está em jogo – e em causa – no texto não é aquela, *contígua*, de uma superfície para outra (Sa-Se), ou de um signo para outro, mas aquelas *infinitesimal*, do infinito (significante e significado) para seu assinalamento. Assim, a diferencial significante encobrirá elementos simultaneamente "sêmicos" e "fônicos" cuja disposição particular, digamos o filtro, constrói o texto[30].

Transformação do significante e do significado, a diferencial se torna a origem de uma multiplicidade de funções que ela oferece para ler simultaneamente, a saber:
- todos os sentidos que o significante deste conjunto fônico ou gráfico pode encobrir (seus homônimos);
- todos os sentidos idênticos ao(s) significados) deste conjunto (seus sinônimos);
- todos os homônimos e todos os sinônimos deste conjunto não somente numa língua dada, mas em todas as línguas às quais ele pertence como um ponto do infinito;
- todas as acepções simbólicas nos diferentes *corpus* míticos, científicos, ideológicos.

Neste domínio discreto é que o texto se exibe, o genotexto passando para o fenotexto graças a este sinal que é a diferencial que leva o espaço enumerante sobre a linha enunciada na fórmula do fenotexto.

Toda produção significante, antinacionalista e antissubjetivista, procura essa pontualidade infinita do significante plural. Sobre essa pista escorregadia se produzem infinitas vezes na história resvalos idealistas: ao invés de eliminar a dicotomia –ado/-ante e de *assinalar* em um gesto materialista o infinito como ponto dentro do texto, a tradição deixa este infinito em "suspenso" e o *imagina* dentro de um simbolizado amputado do simbolizante. Assim, em complementaridade estrita, o simbolismo dos números (a Cabala) e a poesia. "Pois é justamente por desespero de saber mais do que o puro

---

30 É, talvez, essa diferencial que Wittgenstein tinha em vista falando de "expressão", (3.31). "Cada parte de uma proposição que caracteriza sentido, eu a chamo de uma expressão (um símbolo). (A própria proposição é uma expressão). Expressões são tudo – essenciais para o sentido da proposição – que as proposições podem ter em comum uma com a outra. Uma expressão caracteriza uma forma e um conteúdo", *Tractatus Lógico-Philosophicus*.

espírito de Deus fundou a Cabala dos Números, que não é senão uma ignorância crassa, digo crassa da alma e de sua poesia. A música indecifrável da alma é um espasmo de insondável amor que nenhuma Cabala nunca teve. E Deus tampouco" (Artaud). A matriz idealista é assentada pela colocação de uma finituce cheia que um infinito vazio sustenta como uma parede em que se projeta o *imaginário*: "Pois como se fazem os espíritos, senão por sucção no vazio, sendo eles mesmos esse vazio que opera sua própria sucção" (Artaud). Toda a ontologia idealista e toda compreensão de um ser transcendental se aferra a este vazio-infinito-sucção, não assinalado e não pontualizado: "Compreender é poluir o infinito, e o ser do infinito sempre foi de não ser um ser senão a condição de ser finito" (Artaud).

Romper esse dispositivo vedado pelo "ser", preencher o infinito por uma significância diferenciada é colocar-se fora do triângulo didático real-simbólico-imaginário e ordenar deste modo o espaço enumerante: o espaço do texto.

Nombres escolhe como lugar de ação esse infinito inscrito na significância diferenciada. Transpor o número no verbo define o objetivo do texto: "la conservation des marques verbales du nombre" (3.83) (a conservação dos sinais verbais do número). A dificuldade que a leitura de *Nombres* apresenta consiste justamente nisso: que a obra convida constantemente a atravessar os signos para penetrar neste domínio no qual se põem de lado os traços das diferenciais infinitas. O texto não é fundado sobre unidades senão para indicar sua transposição:

"3.11. Je devais à la fois marques que j'étais une unité parmi d'autres, mais une unité impossible à chiffrer, perpétuellement excitée par sa propre fin"*.

Mallarmé já procurava este vocábulo "perfeito, vasto, nativo"[31] que desbloquearia a infinidade espacial (*vasto* e provocaria a geração do sentido (*nativo*), rompendo o plano da língua dita: "de vários vocábulos refaz um vocábulo total, novo, estranho à língua"[32].

---

* "eu devia ao mesmo tempo indicar que eu era uma unidade entre outras, mas uma unidade impossível de ser calculada, perpetuamente estimulada por sua própria conclusão" .
31 Cf. Villiers de l'Isle-Adam, op. cit., p. 482.
32 Cf. Avant-dire, au traité du verbe de René Ghil, *Oeuvres complètes*, v. 1, p. 858.

Em *Nombres*, o projeto se determina e a indagação deste plano do trabalho significante se torna o fim principal: nada de algarismos, nada de signos, o texto tece *números*.

1.85. Je m'arrêtais, je laissais se développer ce qu'il faut bien appeler notre pensée parmi les éléments et leurs nombres, je laissais la machine contrôler et distribuer les nombres en train de compter et de s'effacer, ici, dans les colonnes physiques et atmosphériques [...], et moi de plus en plus ramassé à travers le calcul conduisant encore plus loin que le nombre dressé.*

O número-elemento gráfico e fônico do texto infinito, que deve ser aceito "en tant que ton, qui seul crée le trait d'union" (4.96; na qualidade de tom, que sozinho cria o traço de união). O número-diferencial significante, como "principe de controle, de masquage" (3.99; princípio de controle, de disfarce) do infinito. Sem espaço, impossíveis de serem fixadas, essas diferenciais múltiplas que *Nombres* chama explicitamente de "números" e que o texto encena *não existem* como unidades.

"2.62. Difficulté redoublée pour nous, points multiples, vaisseaux, veines, nombres, n'existant pas encores dans la profondeur retirée."**

Esta sinalização do significante infinito que o funcionamento textual realiza oblitera toda especulação idealista, pontuando a pluralidade do genotexto infinito:

le nombre reste la seule réalité qui peut être encore pensée comme objective / les nombres sont la seule relation entre la science théorique et le monde objectif / la pensée elle-même fait partie de la réalité objective / les nombres, c'est-à-dire les degrés de la vibration (4.72)***.

---

* "Detinha-me, deixava desenvolver-se o que realmente preciso chamar de nosso pensamento entre os elementos e seus números, deixava a máquina controlar e distribuir os números em ação de calcular e de se apagar, aqui, nas colunas físicas e atmosféricas [...], e eu cada vez mais concentrado atrás do cálculo que conduz ainda mais longe do número estabelecido".
** "Dificuldade redobrada para nós, pontos múltiplos, vasos, veios, números, não existindo ainda na profundidade retirada".
*** "o número continua sendo a única realidade que pode ser ainda pensada como objetiva / os números são a única relação entre a ciência teórica e o mundo objetivo / o pensamento faz parte, ele mesmo, da realidade objetivas / os números, isto é os graus da vibração".

A GERAÇÃO DA FÓRMULA 303

Aquilo que está teoricamente em jogo é enunciado aqui em sua amplitude: o texto vai assentar os fundamentos de uma gnoseologia materialista por meio de uma significância, um *procedimento* significante através da palavra, do sujeito, da presença e da série que esses conceitos formam no interior da metafísica. – Uma *textualidade gerativa* infinita, plural, substitui *o* significante.

Jogando sobre a diferencial significante, o texto se organiza como um espaço: "2.70. Le nombre est une traduction de l'espace"/"La conception d'un ordre exprimé par des classificateurs numériques entraîne la représentation d'un dispositif spatial"*.

Qualquer outra leitura de um texto esquiva sua especificidade dependente de um genotexto enumerante:

"4.72. toutes les particularités qui donnent à chaque langue sa physionomie particulière peuvent être exprimées par des chiffres"(Saussure)**; assinalado por uma letra-algarismo (a diferencial significante):

"2.82. assurément, ce que le ciel donna, ce no fut pas la glose du texte, mais sa lettre même, ou plutôt son chiffre: ce fut, modèle à déchiffrer, image faite de nombres, le monde lui-même"***; não se adicionando como unidades, mas organizando um campo de divisão regido pela lógica da inscrição:

"3.99. ils ont pour rôle essentiel non pas de permettre des additions, mais de lier entre eux divers modes de division valables pour tel ou tel groupement"****.

É o signo que se vê, assim, decomposto e recolocado em seu, lugar de subconjunto no genotexto infinitamente grande:

4.76. les objets de la théorie des nombres sont les signes eux--mêmes dont nous pouvons reconnaître la forme en toute généralité

---

* "O número é uma tradução do espaço / A concepção de uma ordem expressa por meio de classificadores numéricos acarreta a representação de um dispositivo espacial".
** "Todas as particularidades que dão a cada língua sua fisionomia particular podem ser expressadas por meio de algarismos."
*** "seguramente, o que o céu deu não foi a glosa do texto, mas sua própria letra, ou, antes, sua cifra: foi modelo a ser decifrado, imagem feita de números, o próprio mundo."
**** "eles têm por papel essencial não o de permitir adições, mas de ligar entre si diversos modos de divisão válidos para tal ou tal agrupamento."

et en toute sécurité, indépendamment [...] des différences insignifiantes qui peuvent affecter leur trace*.

Desligado da corrente das unidades-signos, o texto se liberta no infinito-ponto: "1. Desligado da corrente, transpõe-se o ponto".

O número mallarmeano (o *Coup de des*) – "borne à l'infini" [limite ao infinito], "issu stellaire" [originário das estrelas], enunciado num conjuntivo passado ("existât-il" [tenha existido], "commençât-il" [tenha começado], "cessât-il" [tenha cessado], "se chiffrât-il" [tenha se enumerado], illuminât-il" [tenha iluminado]), equivalente desse *futuro anterior* que indica a passagem do sujeito em sua linguagem, desenvolvendo-se e se historicizando através dele[33], – o número mallarmeano, assim como o significante mallarmeano, partia de um fundo de indefinido linear – a palavra, que ele tentara deter em espaço perfeitamente construído de uma vez para sempre: "O Único Número que não pode ser um outro"[34]. O número mallarmeano, *ideologicamente*, possui um infinito-exterior, um infinito-suporte que ele indica permanecendo todavia separado dele, e se fala como uma alucinatória e evidente mestria da totalidade em suma: "existât-il autrément qu'hallucination éparse d'agonie" (tenha existido senão alucinação espalhada de agonia), "évidence de la somme pour peu qu'une" (evidência da soma tão pouca quanto uma).

Os números de que *Nombres* trata se inscrevem em outro domínio: aquele do genotexto infinito e assinalado, do sinal-infinito. As definições científicas explícitas inscritas em todas as letras dentro do texto, fixam o lugar do trabalho que vai se desenrolar; esse trabalho irá coincidir com o próprio entalhe do número no simbólico, um número-realidade objetiva e único depósito da infinidade limitada pelo signo. (Voltaremos mais adiante sobre outras funções dos enunciados científicos). É aí que se constitui esta significância plural do genotexto, interior

---

* "os objetos da teoria dos números são os próprios signos dos quais podemos reconhecer a forma em toda generalidade e em toda segurança, independentemente [...] das diferenças insignificantes que podem afetar seu traçado".
33 J. Lacan, La Parole et le langage en psychanalyse, *La Psychanalyse*, n. 1, 1956. O futuro anterior é o tempo da transferência do sujeito em sua linguagem: "o que terá sido para que eu esteja em vias de me tornar."
34 Op. cit., p. 462.

à língua atual e irredutível à sua presença. É aí que se inscrevem essas diferenciais significantes que os gramáticos indianos chamam de sphota e que, longe de serem uma ação de corte ou um desmembramento da língua, apontam essa pulverização que o infinitiza. É como uma colocação em narração das diferenciais que deveria se ler esses "círculos pardos", esses "grãos", essa "semente", – "*Seminague innumero numero summaque profunda*" – essas "vogais", tão amiúde emergindo do texto como "atores" do "actante" *número*, e que rodam no espaço dos significantes para cair no solo do enunciado como pontos de ponderação:

2. Suspendus, mêlés, ils roulent comme des cerclee gris dont le sifflement jamais entendu contiendrait le jour [...]. On ne peut dire s'ils sont déjà fermés, si vraiment tout est déjà joué dans leur chute; on ne peut dire si l'on est parmi eux ou l'un d'eux, car être revenu dans cette pièce, c'est ne plus compter qu'avec eux [...] / [...] / [...]. Au sol, le point d'attention était devenu une entaille rouge sombre.

3. et la voix disait cela, maintenant, et c'était bien ma voix s'élevant de la vision colorée ou plutôt du fond brûlant des couleurs, ma voix que j'entendais moduler une conjuration fluide, pressante, où les voyelles se suivaient, s'enchaînaient et paraissaient s'appliquer au texte à travers mon souffle. Leur suite agissait directement sur chaque détail, repoussait les éléments hostiles, formait une chaîne rythmée, un spectre qui rassemblait et distribuait les rôles, les faits, et ce jeu m'employait comme une figure parmi d'autres, j'étais simplement pour lui un grain soulevé, lancé*.

Como na tradição hebraica, é a "vogal" que será a portadora desta modulação do genotexto que dará sentido às

---

* 2. Suspendidos, entremeados, elas rolam como círculos cinzentos cujo sibilo nunca percebido conteria o dia [...]. Não se pode dizer se eles já estão encerrados, se realmente tudo já está jogado em sua queda; não se pode dizer se se está entre eles ou se se é um deles, pois ter voltado nesta peça significa contar somente com eles [...] / [...] / [...]. No solo, o ponto de ponderação tinha se tornado um entalhe vermelho escuro.

3. e a voz dizia isso, agora, e era mesmo minha voz que se elevava da visão colorida ou, antes, do fundo escaldante das cores, minha voz que eu ouvia modular uma súplica fluida, insistente, em que as vogais se seguiam, se encadeavam e pareciam aplicar-se ao texto através de minha respiração. Sua sequência agia diretamente sobre cada detalhe, rechaçava os elementos hostis, formara uma corrente ritmada, um espectro que reunia e distribuía os papéis, os fatos, e essa representação me usava como uma figura entre outras, eu era para ele simplesmente um grão sublevado, arremessado.

consoantes fixadas e mortas sem a voz agindo aqui não como a expressão de um sentido, mas como o índice desta geração que faz se *produzir em texto* os traços e os pontos mudos da escrita ("As vogais são a alma das letras", Spinoza). A vogal – ainda uma atriz do actante "diferencial significante".

3. Le relief vocal des lettres insérées dans l'inscription détachée – qui sans elles, serait demeurée stable, opaque, indéchiffrable; l'activité des atomes qui me permettaient ainsi d'intervenir en renversant l'opération dont j'étais l'objet, l'émission et la projection dont j'avais retourné au vol le pouvoir discret, tout cela ouvrait le lointain, le dehors – et je revois les sons pénétrer le ciel violet jusqu'au fond des yeux.*

O elemento gráfico ou fônico, que se tornou diferencial significante exemplificada pela vogal, permite a inversão da representação e da comunicação ("emissão", "projeção") e abre em direção do genotexto enumerante-espaço infinito ("o longínquo", "o exterior", o "céu cor de violeta"); ao *mesmo tempo*, a diferencial significante acrescenta à opacidade estável e indecifrável de uma "inscrição" a continuidade descontínua (o "poder discreto") do enumerante.

Examinemos mais de perto essa terceira sequência de *Nombres*, que não somente explicita o papel da diferencial significante, mas – como de resto as outras sequências às quais a análise que se segue é perfeitamente aplicável – realiza em sua própria textura aquilo que chamamos de função numérica do genotexto ("número" – provavelmente do grego ηεμω = ordenar, arrumar; lembremos "Programme": "texto [...] reenvia daqui por diante a uma função que, contudo, a escrita não exprime, mas da qual ela *dispõe*").

"O sentido não é manifestado se os vocábulos não se tornarem antes de mais nada objetos (do ouvido). Não é somente por sua existência e sem serem eles mesmos rompidos que esses últimos manifestam o seu sentido" (Bhartrhari).

* "3. O relevo vocal das letras inseridas na inscrição desprendida – que sem elas, teria permanecido estável, opaca, indecifrável –; a atividade dos átomos que me permitiam, assim, intervir invertendo a operação da qual eu era o objeto, a emissão e a projeção da qual eu tinha examinado em voo o poder discreto, tudo isso abria o longínquo, o exterior – e revejo os sons penetrar o céu cor de violeta até o fundo dos olhos".

A sequência põe em ação as cinco vogais fundamentais da língua francesa – I-E-O-U-A –, que são novamente encontradas como tons de base que se cruzam, se interrompem, se restabelecem até o fim da sequência.

Assim, A, vogal plana, som de base do sânscrito, retém a nota nas sílabas acentuadas do início: a *voix* [vwa], *cela*, *voix*, *s'elevant* [selvã], *brûlant* [brjulã]. Primeiro som, *abertura* do corpo para o exterior – a significância, o genotexto – ("A" em hebraico se diz "pathagh" e significa "abertura"), nota implacável e categórica deste *além* três vezes repetido na penúltima sequência: além da representação, do espírito metafísico, da sociedade mercantil, todas as três fendidas pela ruptura do mesmo significante que as suporta e que o enumerante abre:

3.99. – simplement ces plans et ces drapeaux se déroulant et claquant dans le vent, ces grands drapeaux flottant dans l'air non encore respiré, futur, et désignant les nouveaux écrans, les nouvelles tables, le nouveau texte sans fin ni commencement, réseaux, connexions, fils enchevêtrés dans la forme humaine comme un scaphandre se dissolvant dans le blanc, la vitesse immobile tournant, s'eclipsant, sautant au-delà des cadres et indiquant simplement l'attitude à prendre et penser implacablement comme un A –

au-delà/
au-delà/
au-delà/

[...] – "moi aussi, chose incompréhensible du monde" – et franchissant l'histoire de ce qui désormais notes porte en nous consumant – éclats, fragments plus précis que l'os, particules, gentes, cosmos – 宇宙*.

---

* "3.99. – simplesmente esses planos e esses estandartes que se desenrolam e palpitam ao vento, esses grandes estandartes tremulantes ao vento, no ar ainda não respirado, futuro, e que designam as novas telas, as novas tabelas, o novo texto sem fim nem começo, redes, conexões, fios emaranhados na forma humana como um escafandro se dissolvendo no branco, a velocidade imóvel girando, eclipsando-se, saltando para além dos quadros e indicando simplesmente a atitude a tomar e pensar implacavelmente como um A –

para além/
para além/
para além/

[...] – "eu também, coisa incompreensível do mundo" – e transpondo a história daquilo que de ora em diante nos dirige aniquilando-nos – explosões, fragmentos mais precisos do que o osso, partículas, gestos, cosmos – 宇宙."

Depois do "A" da terceira sequência, uma passagem em I/E/JU introduz o O: *vision, coloré, plutôt, fond*. Entremeado a alguns I e JU, é o E que domina a frase antes de deixar que um U a conclua: j'entend*ais*, voy*elles*, suiv*aient*, s'échange*aient*, paraiss*aient*", t*e*xte, trav*e*rs, s*o*uffle.

As consoantes não escapam desta disposição determinada: *fluide* exige necessariamente sou*ff*le; a notar o acúmulo de r, -rp, -rs, -rt, -dstr, -tr, -gr, -dr, -ctr (*repoussait, rassemblait, rythmé, directement, spectre, distribuait, figure, autre, grain*) na segunda frase, que modificam o significante e o significado, traduzindo no significante esse "choque" de "elementos hostis" no significado; sempre na segunda frase, a notar os grupos *-pl, -bl* (*r*assem*BL*aient, em*PL*oyait, sim*PLE*ment) que se encadeiam a FL*uide*, SOUFFL*e* da frase precedente.

Até o fim da sequência, é preciso estar com ouvidos atentos ao "relevo vocal" das letras e deixar-se levar por seu rumo para perceber que seu papel de diferenciais espaciais aparenta seu estatuto àquele da *cor* no quadro: "grau de vibração do espaço" – número. Mas o som tornado cor produz uma outra abertura no texto – o "soneto das vogais" intervém neste ponto do traçado em que "a voz se eleva da visão colorida", evocando as religiões orientais e americanas e suas alusões às audições coloridas. Assim, a diferencial significante ocasiona na fórmula inscrita a infinidade dos discursos outros. Não somente os discursos presentes:

"1.17. Le cadre où je me trouvais était bien entendu impossible à remplir si l'on évoquait seulement les milliards de récits en train de se dérouler."*

Mas especialmente todos aqueles que precederam e que "traversent tous les habitants vivants de ce temps" (1.17) [atravessam todos os habitantes vivos desse tempo]. Ora, quando a leitura reconstitui esse abismo do genotexto, é a biblioteca que, obliquamente, participa disco. Para Mallarmé, esse trabalho de divulgação do genotexto se apresentava como um dever crítico, uma arqueologia, uma retrospectiva: "Tendo cessado toda invenção, o papel crítico de nosso século é de colecionar formas usuais e curiosas nascidas da Fantasia de cada povo e de cada época[...]

---

* "O quadro em que me encontrava era, bem entendido, impossível de ser preenchido se se evocasse unicamente os bilhões de narrações em vias de se desenvolver."

Tudo é retrospectivo"[35]. Em *Nombres* esse trabalho de despistamento vem à ribalta, de onde ele expulsa a presença do Sentido como unidade teológica: a chegada maciça do genotexto na fórmula suprime todo sentido facial suscetível de se *apresentar*, e é porque essas fórmulas condensadas de *Nombres* não representam nada para um ouvinte que deseja apoderar-se de uma comunicação, e porque é impossível reter a informação disso, que elas despertam a memória infinita da significância. É escrita uma lei: a restituição da infinidade do genotexto exige como condição prévia – inseparável – e provoca como efeito imediato indispensável a desaparição do Sentido presente, para que em seu tempo e lugar se inscreva a História: não mais "retrospectiva", ou reconstrução do *fio* condutor das "curiosidades históricas", mas a História textual, *monumental*, a significância plural efervescente em "les milliards de récits en train de se dérouler". Essa supressão do Sentido, presente pelo genotexto monumental, constitui a gigantesca operação que nossa cultura é chamada a viver em seus produtos os mais radicais, que vão procurá-la para além de suas raízes: "un nouveau supplice au second degré qui traversait tous les habitants vivants de ce temp" (um novo suplício ao segundo grau que atravessava todos os habitantes viventes desse tempo).

O vocábulo "*voix*" abre a sequência, e, se quisermos ler aí uma diferencial significante ao invés de imobilizá-la num signo, seremos levados a decifrar aí, antes de mais nada, o que a terminologia analítica chama hoje de *Significante*, e que os Hinos sagrados (tais como os *Vedas*) celebravam como um poder mágico sob o nome de "som", "palavra", "voz". Muitas vezes repetido na sequência, "voz" insiste em: "fluido", "vogal", "vocal", "voo", "ondulação", "nota" etc. O "v" é, muitas vezes, redobrado por outros "v" ou "f" na proximidade. Assim, somente na primeira frase: voix, s'élevant, vision, fond, fluide, voyelle, suivaient, travers, soufFle. Mais adiante, "voix" se dissolve mais ainda e as diferenciais significantes dão "*vol*", "*vois*", "*pouvoir*", o "céu cor de *violeta*". Mas também *violé, viol*. "3.55. [...] et c'était, après ce retournement et ce viol, l'étendue elle-même qui semblait se vivre dans sa lenteur"(e era, depois dessa reviravolta e

---

35 Exposition du Louvre, op. cit., p. 683-684.

desse estupro, a própria extensão que parecia se viver nesta lentidão); do mesmo modo que (ausente do texto) *voile, voilé – voile déchiré par um viol violet qui retrouve la voix au-delà de la surface voilée*(véu dilacerado por uma violação violeta que reencontra a voz para além da superfície velada); assim como *viole* – instrumento de música que evoca a voz... O genotexto diferenciado precipita-se na fórmula do fenotexto. O soneto das vogais pode ser colocado no lugar do filtro entre a geração infinita e a fórmula. – Note-se que toda a frase é mantida sobre a nota O/U: *atome, opération, objet, émission, projection, retourné, vol, pouvoir, tout, ouvrait, lointain, dehors, revois, son, violet, jusqu'au fond des yeux*. Evoque-se, a seguir, Rimbaud: "O, oméga rayon violet de ses yeux" [O, ômega raio violeta de seus olhos]. E acercamo-nos, assim, da leitura de "je revois les sons pénétrer le ciel violet jusqu'au fond des yeux" [revejo os sons penetrar o ceu cor de violeta até o fundo dos olhos]. A frase de *Nombres*, se ela for "filtrada" pelo verso de Rimbaud, não é nem sua cópia nem sua inversão. Ela é, na mesma língua, *outra*. Pois ela assinala uma constatação fria, subtraída ao tempo e à combinação subjetiva em que mergulha o ato profético e locutório de um *poema*, para reencontrar essa superfície não informativa do texto que não "quer dizer nada", porque ela diz tudo o que pode ser dito para além do filtro (no caso específico de Rimbaud) da literatura subjetiva.

Nota-se que a leitura que propomos de *Nombres* é um *excesso de peso* da razão por meio de um salto que nenhum significado fixa ou retém. A significação nasce da combinatória fonética, ela é produzida pela rede tabular das correspondências fônicas. Como se, exatamente, o *nada*, a ausência de *unidade* semântica fixável, produzindo o sentido num procedimento de correlação no infinito do genotexto. Uma *rede* se interpõe entre o infinito e o sentido presente: uma rede de *diferenciais* significantes. Excesso de peso inaceitável para uma *ratio* cartesiana, pois ele supõe justamente um salto do genotexto, gerando *nada* no infinito dos significantes, ao *signo* aqui colocado, formado, formulado. (Voltaremos mais adiante sobre a topologia desta geração rompida). Eis como Artaud pensava essa operação difícil que o texto assume no campo do pensamento ao reabrir essa pluralidade que o *cogito* destrói quando ele a reduz à unidade de *Um* "eu": "Um nada absoluto, que se resolve em infinito depois de ter passado pelo infinito, o concreto e o imediato, da música baseada sobre o nada absoluto, pois que se está vivamente impressionado pela sonoridade das sílabas antes mesmo de compreender seu sentido, bela, isto é, tão bela que desejar-se-ia, acreditar-se-ia, ambicionar-se-ia ser seu filho, nascer seu filho, visto que sua presença significa, simboliza a própria imagem da criação que começa no zero, na absoluta inexistência de som, e com som, já que à imagem da inexistência absoluta e do nada ela ressoa assim mesmo e que tudo parece ter nascido do nada, e que, à lei, onde não há nada há antes de mais nada um som, e que o som pode ainda assim nascer, e é também a imagem da harmonia e dos números segundo os quais tudo se cria.

Em Mallarmé, há a ética de uma poesia transcendente e da poesia em si, mas assim mesmo há evidentemente e de maneira absolutamente consciente e voluntária a ideia de várias realidades concretas que se realizam aí e se apresentam evocadas simultaneamente (por volta de 1933).

"Fond brûlant des couleurs" (fundo escaldante das cores) é uma outra fórmula que nos orienta nesta terceira sequência, fórmula cuja geração, isto é, o valor textual, não saberia ser lido sem o advento da infinidade do genotexto, esse duplo fundo que se trata de atualizar na inscrição presente. Esse duplo fundo está em "retraimento" da "superfície" em que se exibe "a emissão" e a "projeção", em que o corpo se torna "rosto" e onde se realiza o "tempo": notem a repetição "fond brûlant des couleurs" (fundo escaldante das cores), "fond des yeax" (fundo dos olhos) e a "reprise" quase idêntica de "fond brûlant des couleurs" (fundo escaldante das cores) em "fond brûlant de l'air" (fundo escaldante do ar) no fim da sequência. Se formos ler "brûl-" como diferencial significante, seremos levados a notar a presença insistente em *Nombres* desta diferencial que modifica o significante e o significado: o texto se inicia por "le papier brûlait" (o papel queimava) e oferece frequentemente "feu" (fogo) (com seu ideograma chinês 1.61, – 火), "rouge" (vermelho), "lumiére" (claridade) etc.; na sequência 3.55, que retoma como um eco a sequência 3, insiste a mesma diferencial: "soleil" (sol), "incendie" (incêndio), "ce que j'appelle ici la lutte" (o que eu chamo, aqui, de luta) […]. Essa rede escaldante não é um ornamento, mas remete para uma tradição que concebe a geração da significância na língua como "un feu et une lumière" (um fogo e uma claridade) – a tradição védica, entre outras. Esse valor é reencontrado nos valores das raízes "*cit-*" e "*dhi-*" dos textos védicos[36]. As fórmulas "distinguem as estrofes", as chamadas de que o homem piedoso "queima para Agni", "inflama as palavras", "queimam os mundos" são muito frequentes nesses cantos. Um vocábulo sânscrito *arkà* traduz esse arranjo da luz e do hino que se torna em *Nombres* um arranjo da luz e da formulação do texto: *arká* significa ao mesmo tempo *luminosidade* e *canto* .Sempre no mesmo sentido, isto é, identificando o procedimento simbólico a uma consumação pelo fogo, a religião indiana distingue entre "cru" e "cozido": *amà* (cru) é alguém sem qualificação, aquele cujo corpo não tem sido consumido (*ataptatanub*, ao passo que *śrtá* (cozidos) são aqueles que alcançam sua finalidade (poética)[37]. As famosas línguas de Agni são "chamas que consomem e devoram" (II. 31, 3); os Vedas falam também da "língua destrutiva de Agni". Trata-se mesmo, insiste L. Renou, da língua "do próprio deus, e não do oficiante humano".

Também poder-se-ia dizer que o "fogo", a "chama", a "queimadura" *representam* na narração o próprio cadinho da significância que reabsorve o corpo do sujeito, onde se produz a distribuição e a transformação das diferenças, esses "elementos hostis" que são evocados por *Nombres*, essa "conjuration fluide, pressante" (conjuração fluida, insistente) de vogais (do mesmo modo 3.55. "conjuration pressante, où les voyelles se suivaient" [conjuração insistente, onde as vogais se seguiam]) de onde todo sujeito se ausenta, impossível de se constituir: "et ce jeu m'employait comme une figure parmi d'autres, j'étais simplement pour lui un grain soulevé, lance" (e essa representação me usava como uma figura entre outras, eu era para ele simplesmente um grão sublevado, arremessado). Ainda um salto: reencontraremos esses elementos hostis nos *Vedas*, sob o nome de *ari*– (desfavorável), inimigo interno do trabalho poético, que faz do campo textual uma *prova* de força, um *combate* armado, uma *competição* (x. 79, 3). Raio da luta e da morte, da

---

36 Cf. Louis Renou, *Études védiques et panineénnes*, t. I, Paris: De Boccard, 1955.
37 Idem, ibidem. Voltaremos mais adiante sobre essa consumação do corpo na e pela significância infinita tal como *Nombres* a indica.

decomposição e da recomposição, é a área a mais dissimulada da produção significante que a ciência dificilmente atinge e que não cessou de fascinar a ideologia (a religião): "3.55. la lutte avec ses sauts d'inversion, de génération" (a luta com seus saltos de inversão, de geração). "3.19. Matière de plus en plus différenciée, acide, n'arrêtant pas de mordre sur son propre feu – (Matéria cada vez mais diferenciada, ácida, não parando de corroer em seu próprio fogo –)". É o mesmo fogo que a alquimia definirá como regenerante dos metais e dos elementos, o mesmo que irá fascinar Fausto e Goethe.

A travessia dessa zona de geração abrasante diante do "canto" conduz a uma contradição desmembrante entre a claridade e a obscuridade, o saber e a ignorância, o alto e o baixo, a vida e a morte, a poesia e a "loucura": "deux fonctions invisibles: nous étions sur une ROUTE *blanche*, la *nuit* TOMBAIT" (duas funções invisíveis: estávamos numa ESTRADA *branca*, a *noite* CAÍA), e abre para o "fond brillant de l'air" (fundo brilhante do ar), a aurora. Em primeiro lugar, o relevo vocal de "ar" já insistente na primeira sequência, reconduz no texto um espaço diferente daquele do cadinho que acaba de ser transposto. É uma zona (*aire*) de atmosfera (*air* [ar] que se respira), de música (*air* [ária] de música), um recipiente, um ninho, uma direção do vento (*aire*), uma marcha (*erre*) no tempo (*ère*), um *hère* (pobre coitado), uma "*impression*" (impressão)... A geração da estrutura de tempo e de corpo é fechada; nós estamos do lado de cá, "comme si un verrou avait sauté, comme si une racine avait été arrachée"(3.55) (como se um ferrolho tivesse saltado, como se uma raiz tivesse sido arrancada), olhando e escutando o produto que seu produtor traz como uma dádiva no tempo. Um resultado – um ar brilhante. É também a aurora, a claridade, Usas dos hinos sânscritos que cantam longamente o "princípio luminoso que alumia homens e coisas" (*śukrásadman*, "que tem o brilhante por assento", VI–. 47, 5). Nada a ver entre esta aurora brilhante e a bugia da razão. Produto de uma consumação de total superfície – corporal ou razoável –, Usas significa no texto sânscrito *bem*, *dádiva*, *riqueza*, *objeto de prazer*, mas também *duração* de vida e *descendência*, na verdade, *dom poético*. Para o poeta sagrado, a riqueza é uma luz – de onde o epíteto constante de *citrà*. Essa luz é *transitiva*, irradiante, ela põe um fim às *tênebras* (à "noite") e à hostilidade. Ela *narra* a *fórmula*, isto é, o produto da palavra já assumido por um sujeito depois da travessia dessa zona de produção conjuratória e em *excedente* onde não havia lugar. Esse excedente, essa infinidade uma vez reabsorvida na fórmula, o genotexto se torna um *objeto de prazer*, uma *dádiva* que servirá também à comunicação, visto que vai irradiar para os outros. O prazer se torna *objeto*, o "spectre qui rassemblait et distribuait les rôles" (espectro que reunia e distribuía os papéis) se torna uma *dádiva*: "on aurait pu croire que tout s'écoutait, se touchait" (3) (ter-se-ia podido acreditar que tudo se escutava, se tocava), isto é, tudo se entendia, tinha um sentido, se comunicava. "Ter-se-ia podido", se se ficasse no retrocesso da geração, se se renunciasse a ler a fórmula ilusoriamente comunicável dilacerada pelo condicional perfeito, em seu segredo, como uma indicação do genotexto infinito. Mas, se é uma dádiva, esse "brilhante" que é o fenotexto é também um *sacrifício*: ele se acompanha de "uma lentidão, de uma solenidade nas quais participam os fragmentos desfeitos". Momento ritual em que o trabalho do corpo é sacrificado para a fisionomia ("mon propre corps devenu visage" – meu próprio corpo tornado fisionomia), a geração para o "produto". A aurora, a "coluna da aurora" (Amûd al-Sobh), a "claridade", a "coluna de louvor", "a claridade da aurora" nas mitologias maniqueias e iranianas designam a mesma função de *resplendor*, de *irradiação*, uma zona de passagem do desarraigar do corpo à inteligência[38].

O que se deveria ler, pois, nesta frequência de "claridade" no fenotexto, é que o trabalho dito poético está estritamente ligado ao rito do sacrifício: é uma dádiva que sacrifica aquele que a oferece, um ato produzindo a motivação e que convida o recebedor a não aceitar a dádiva como objeto de prazer, mas a reconstruir nisto esse ato que o produziu na própria pluralidade sacrificada pela colocação em circuito do objeto. Daí, as formulas dos Vedas: "Usas é o estandarte do sacrifício", "Usas conduz para o sacrifício" etc., e toda a orientação dos hinos à aurora em direção do rito. A aurora é nisso também assimilada ao *leite* da vaca sagrada, o que mantém a narração na área da formação, da formulação, após a geração. Sempre no mesmo

---

38 Cf. Henri Corbin, *Terre céleste et corps de résurrection*, Paris: Buchet-Chastel, 1961, p. 192-202.

sentido, em outros pontos do texto védico, a claridade é uma jovem mulher que desnuda seu peito; ela tem todos os atributos da feminilidade – esposa, amante, irmã muitas vezes ligada sexualmente a seu irmão e formando, assim, o par incestuoso Aurora/Noite, em oposição ao "incesto" grego com o pai sob o disfarce corporal da mãe, porque em oposição ao par paternal Céu-Terra. Reencontramos esse par Aurora-Noite em *Nombres*: "nous étions sur une route *blanche*, la *nuit* tombait" (estávamos numa estrada *branca*, caía a *noite*). Será preciso acreditar que toda uma corrente da escrita moderna se inscreve sob o índice desta dupla Aurora-Noite, e pelo mesmo gesto apaga a superfície do sujeito falante e da significação linear, do mesmo modo que a submissão sexual do Mesmo ao Mesmo, para reencontrar a pluralidade fundamental na procura da mulher não mãe, a única radicalmente outra, a irmã? Seria por demais arriscado ler no enigmático título de Lautréamont *les Chants de Maldoror* (os Cantos de Maldoror) ao mesmo tempo um "mal d'aurore" (mal de aurora), isto é um sacrifício, uma dor na aurora como dádiva poética, e um "mâle d'aurore" (macho de aurora) – aliança deleitável do macho com o canto-aurora que sozinho o substrai à amizade platônica dos próprios machos ("Dieu fit entrer um pédéraste" [Deus fez entrar um pederasta]) e/ou da sublimação familiar do corpo da mãe? *Aurélia* não está longe, e Mallarmé usa da mesma substância quando ele fica maravilhado diante da pedra preciosa, da joia, do brilhante[39]. É como um "brilhante", de resto, que se poderia ler o relevo vocal "brillant" da terceira sequência de *Nombres*: encontra-se essa pedra no fim do livro como imagem do texto espacial, múltiplo, abrasante, profundo: "[…] la pierre qui n'est pas la pierre, multitude transversale, lue, comblée, effacée, brûlant et refusant de se refermer dans son cube et sa profondeur – 文方"*.

Resumamos: o lugar da súbita manifestação do canto, do texto, é pois um lugar de passagem: "3.55. Entre le ciment et l'eau, entre la pulsion de base et le tissu irrigué" (entre o cimento e a água, entre a pulsação de base e o tecido irrigado). O problema é transpor a superfície do entendimento racional e,

---

39 "La dernière mode, le bijou".

* "a pedra que não é a pedra, multidão transversal, lida, preenchida, abrasante e recusando de se encerrar em seu cubo e em sua profundidade – 文方 ".

sem se afundar, explodir num canto que será o visível de uma invisível extensão na qual se desenvolve, desmembrada, diferida, a infinidade do genotexto, aquela que é o efeito e a causa do canto. O problema é passar através de uma parede, a da caverna platônica que funda a ideia, a parede da língua-matriz do entendimento, do saber e da verdade, para dominá-la, para violá-la. "3.55. Comme si un verrou avait sauté, comme si une racine avait été arrachée, et c'était, après ce retournement et ce viol" (como se um ferrolho tivesse saltado, como se uma raiz tivesse sido arrancada, e era, depois desta inversão e desta violação). Impedir que uma abóbada se encerre – a abobada da caverna metafísica –, e passar para além dela na distribuição ativa da infinidade dos significantes. É o único trabalho que, invisível depois da abóbada, torna essa abóbada visível pela primeira vez. Que, pela primeira vez, a designa como um fecho, dando-lhe seus limites e seu caráter de finitude. O texto precisa, pois, mesmo permanecendo na língua atual, atravessar a parede da língua-signo, esta língua-parede reflexiva da qual ele é o único a revelar a parte exterior de outra maneira invisível. Ele a atravessa para incendiá-la e para impedi-la de se tornar superfície opaca ou de se fechar dentro de uma abóbada. Nunca fora da parede, mas dentro desse sempre eterno de sua transposição ("d'une paroi d'eau" – de uma parede de água), a gruta é visível. Então, o que, depois da abóbada, tinha o ar de ser uma *revelação*, não mais aparece senão como um acidente "vu de plus en plus haut mais aussi de près – les membres – à travers l'impossibilité de comprendre ce nouveau volume surgi, ce passage au-delà de la voûte fermée et invisible précisément jusqu'ici" (visto cada vez mais alto, mas também de perto – os membros – através da impossibilidade de compreender esse novo volume surgido, esta passagem para além da abóbada fechada e invisível e exatamente até aqui).

Esta emergência das fórmulas do genotexto joga-se ao longo do *livro* todo, palavra essa que precisaria ser aqui escrita entre aspas, pois se trata exatamente de um "livro" sem começo (visto que dando prosseguimento a outro: *Drame*) e nunca acabado (visto que suspendido pela interrupção da mão que segura a caneta). A sequência 3 não faz senão resumir esta emergência que as outras sequências vão retomar, orquestrar, amplificar.

É justamente nesta sequência, no lugar exato em que o fogo passa a ser claridade, que os choques da significância plural se esclarecem deixando cair o texto como vestígio desta queimadura que o precede, que aparece uma *notação* de vogais – *a* notação –, isenta de sentido por meio de esforços repetidos para gerá-la infinitamente: I-O-U-I-A-I. E é aí, "vers la fin, vers l'expiration de la dernière note longuement tenue (I)" (cerca do fim, para a expiração da última nota longamente segurada (I)) – lembremos uma última vez o soneto das vogais: "*i vermelho*", "i" ainda incandescente da queimadura – que aparece o primeiro hieróglifo chinês: 異 i, "diferente". Um tempo de interrupção, um silêncio, um branco vem romper as diferenciais indicadas. O espaço branco se faz notar deste modo e, por sua vez, inscrever na significância. Espaço branco que não é, por isso, vazio, porque é este infinito indicado e indicável, diferenciado e discriminável que a diferencial se esforça por trazer. É o genotexto que é, assim, decisivamente desenvolvido, já que uma outra língua radicalmente afastada do francês se fixa nele. O leitor é defrontado com uma escrita desconhecida que o desvia, de repente, do vocalismo familiar de seu sistema de informação, no qual a atribuição de um único sentido aos morfemas embaraçava uma leitura textual, e o remete a esse duplo fundo, esse "fond brûlant" (fundo escaldante) que o início da sequência indicava e que se acredita ser o próprio lugar em que age a escrita hieroglífica. Porque esse "I" ao qual a fórmula *infinitamente vazia de sentido* (I-O-U-I-A-I-) se fixou, se o decifrarmos como uma diferencial significante, pode se aplicar, com certeza, a numerosos outros elementos da totalidade das línguas existentes. Ora, o *texto* organiza essa totalidade como uma infinidade num ponto e, consequentemente, escolhe, para *gravar* (para gramar) a particularidade de seu funcionamento, uma escrita cujas leis se aproximam o mais possível das suas: o hieroglifo chinês. Com efeito, a diferencial significante "I" em chinês pode-se aplicar a todo um aparato plural que é por si mesmo um texto. Com efeito, esse "I" escrito 異 "significa" *diferente*, mas "dispõe" dois componentes, *campo* e *conjunto*, e "representa" "um homem erguendo os braços para se proteger ou fazer um gesto de respeito". O propósito de *Nombres* não é de seguir a longa marcha dessa transformação que "campo", "conjunto" e "homem em posição de respeito ou de defesa" faz "diferente". O propósito é, com certeza, o de *assinalar*, por meio de uma diferencial vazia para um leitor "logocêntrico", uma diferencial, pois, explicitada e concretizada desta vez pelo hieróglifo não significante, mas plural, o corte entre uma leitura contígua, linear, e uma leitura infinitesimal, em outras palavras, a ruptura entre a superfície do "dizer" e este cadinho volumoso no qual se gera o texto. Um texto branco, ler-se-á mais adiante em *Nombres* (2.88), já que inscrevendo o espaço branco infinito. O hieróglifo chinês para "texto" já indica que se trata de um penoso trabalho de organização na língua para chegar à inscrição de suas letra: escreve-se "texto", acumulando fala – "parole" 言 *chicote* 果 (os dois juntos dão "*lição*") e *letra* 文. Por outro lado, esse som "I" ao qual se aferra o primeiro hieróglifo de *Nombres*, pode indicar o número Um, e seria, então, desenhado por meio de um traço único: — -*um*, entalho primeiro na significância infinita. E lemos mais adiante: "(3.55) Accrochée à une seule note assourdie, à une éraflure tracée comme um 'i' (Aferrada a uma única nota diminuída, a uma arranhadura traçada como um 'i')". Descrição que evoca a germinação do procedimento textual.

Muitas vezes, no texto, um hieróglifo intervirá para derribar o fenotexto para o genotexto onde se desenrola o jogo numérico dos significantes. Esta função enumerante, que definimos anteriormente, adere fortemente ao funcionamento hieroglífico. Granet insistiu sobre o que ele chama de "um dos traços fundamentais do pensamento chinês, a saber: um extraordinário respeito pelos símbolos numéricos que se combinam com extraordinária indiferença para toda concepção quantitativa"[40]. Não quantitativo, mas indicando uma diferença definida no infinito, e por aí regulante, rítmico, combinatório, *menos que nada*, porque vazio de sentido, e *mais que infinito*, visto que suscetível de indicar todas as classificações, e todas as progressões rítmicas, a harmonia, o *número* chinês não é um *algarismo*. Este último serve para contar, ao passo que o nome de *número* é dado para "signos cíclicos concebidos para designar não categorias, mas situações, e capazes de evocar arranjos, ao invés de totais[41]". Estes "números" da cosmogonia chinesa

---

40   Marcel Granet, *La Pensée chinoise*, cap. III, Paris: Albin Michel, 1934, p. 149.
41   Idem, p. 160.

se deslocam, pois, na mesma zona de pensamento daquela em que situamos a diferencial: um espaço que o hieróglifo vem sublinhar nesta prática sobre a língua, que não censura o fato de ser a geração de um infinito.

O texto é, assim, uma articulação que diferencia e que liga um espaço, aquele dos números, a outro, aquele dos signos linguísticos[42]. Ele transporta ponto por ponto, no outro, a geração no formulado.

4.48. Le problème étant le suivant: comment transformer point par point un espace en un autre espace, l'imparfait en présent, et comment s'inclure soi-même dans cette mort – [...] toucher l'énergie granulée, la surface d'engendrement et d'effacement [...] À ce point il n'y a plus place pour le moindre mot, parce que c'est l'infini diffusé partout sans effort, vide → étincelle → point → son → lueur → semence (4.56), ce qui a été appelé "sacré", "énigme", "secret" (4.56)*

---

[42] Esse desdobramento do vocábulo em multiplicidade e em unidade tem sido indicado por alguns linguistas do passado para os quais, todavia, esta diferenciação de dois tipos de funcionamento do vocábulo se reduzia a uma diferença de interpretação: "Na hipótese em que um vocábulo seja um produto e naquela em que ele seja eterno, outros há que são partidários da multiplicidade. Mesmo se os vocábulos forem diferentes, isso não impede que as letras sejam sempre as mesmas; mesmo se as frases forem diferentes, sempre se percebe o mesmo vocábulo. Não existe vocábulo que seja outra coisa senão as letras, nem frase que seja algo mais que as letras e os vocábulos. No vocábulo, nada de letras, e nas letras, nada de parte. Os vocábulos não têm nenhuma existência separada da frase. Na prática, fundamo-nos em pontos de vista diferentes; o que é primário para uns é o inverso para os outros" (Bhartrhari). Poderíamos dizer que o texto conhece os dois aspectos do problema enunciado por Bhartrhari e se situa na passagem do um para o outro?

* (4.48). O problema sendo o seguinte: como transformar ponto por ponto um espaço em um outro espaço, o imperfeito em presente, e como se incluir a si próprio nesta morte – [...] servir-se da energia granulada, da superfície de geração e de supressão [...]. A esse ponto não há mais lugar para o menor vocábulo, porque é o infinito difundido por toda a parte sem esforço, vazio → centelha → espanto → som → clarão → emente (4.56) , o que tem sido chamado de "sagrado", "enigma", "secreto" (4.56).

III. A FRASE COMO UNIDADE SEMÂNTICA. A FRASE NOMINAL. O COMPLEXO SIGNIFICANTE COMO UNIDADE TEXTUAL

> *As trocas por meio da palavra são fundadas no uso corrente (externo), porque se difundem por toda parte e são cômodas, e a gramática as assenta somente ao estado separado em vista das operações gramaticais. (Mas) não é pela conjunção dos sentidos (de vocábulos) relativa ao uso externo que as pessoas chegam a um conhecimento seguro. É por que nada mais existe interiormente – alaukika – a não ser a frase.*
>
> BHARTṚHARI

> *Esses moldes da sintaxe mesmo desenvolvida, um número bastante pequeno os resume*
>
> MALLARMÉ

> (3.3) *Somente a proposição tem um sentido; somente no contexto da proposição um nome tem uma significação.* (3.318) *Como Frege e Russel, concebo a proposição como uma função das expressões que ela contém.*
>
> WITTGENSTEIN

Deste lado e para além do vocábulo, as diferenciais tecem o texto do qual a unidade fundamental, fazendo eco à diferencial, seria para nós a *frase*. "A frase, criação indefinida, variedade sem limite, é a própria vida da linguagem em ação"[43]. Escapando da ordem do signo[44], a *frase* como função semântica não é uma totalidade decomponível em unidades lexicais, semânticas ou gramaticais. Ela é um processo, uma ação através da qual o sentido toma corpo; ela não se reduz, pois, a uma acumulação do sentido dos vocábulos expressos; ela á decifrável do ponto de vista do procedimento gerativo que a sustenta e da qual a leitura faz oscilar a língua simultaneamente para seu arcaísmo e para aquilo que a dobra atualmente no

---

[43] Cf. Émile Benveniste, *La Phrase nominale*, *Problèmes de linguistique générale*, Paris: Gallimard, 1966.
[44] Idem, ibidem. "Com a frase, abandona-se o domínio da língua como sistema de signo e entra-se em outro universo [...]. Isso dá lugar a duas linguísticas diferentes".

duplo fundo, nesta geração que é o efeito de sua própria causa[45]. Dentro de tal concepção da significação das grandes unidades do texto como um processo, *apresentando*-se como uma fórmula, torna-se claro a que ponto o próprio projeto de uma semântica *estrutural*, reconhecendo o sentido como uma totalidade de unidades (semas), é mecanicista e permanece a lado do trabalho textual.

Concebida como única realidade da língua e/ou como lugar de geração do sentido, a frase *mostra* essa infinidade do genotexto em que se faz a língua. Ora, para acentuar essa função inerente a todas as "grandes unidades" (do discurso), vamos procurar as particularidades daquelas entre as quais que, apresentando-se como "frases" porque designam uma asserção terminada (se não finita), indicam mais sensivelmente sua apartenência – a título de fragmentos linguísticos – ao procedimento gerativo infinito da significância. Chamaremos esse tipo de grandes unidades do texto de *complexos significantes*. O *complexo* terá, pois, uma tripla característica: 1. ele é produzido entre duas pausas; 2. ele tem uma ondulação semifinal, semissuspensiva; 3. ele não se coordena de maneira concatenada com os outros complexos seguintes, mas simplesmente se *aplica* (no sentido lógico de uma *aplicação* a eles, para formar o texto.

Nombres é feito de tais complexos textuais. Assinalados entre duas pausas da voz, sua leitura exige uma entonação semifinal, explicitamente designada pelos pontos de suspensão na extremidade – que não é um remate – de cada complexo. Não há *ponto* em *Nombres*, ou então nos raros casos em que ele existe, é para indicar um subconjunto no complexo (a primeira e a segunda sequência, quando o texto mal está se organizando; o início da sequência 3.31 etc.). É um traço horizontal que se inscreve no fim de cada sequência, e que deve ser lido como pontos de suspensão acentuados ou contínuos, indicando o não remate da sequência. Assim, os pontos de suspensão e os traços entalham o texto e, ao invés de encadear frases, cortam os complexos em blocos estanques, aplicados um ao outro sem cópula.

45 "Esta palavra 'principial' interna e una que é manifestada pela ressonância, é ela que outros chamam de *sabda*, e encontra sua unidade na frase. Do mesmo modo, para eles, o objeto interno é manifestado pelas partes do objeto (percebido). A palavra e seu objeto são divisões de um único e mesmo ser – *atman* –; eles não existem separadamente. Esta palavra "principal", e da qual o ser é puramente interno, é aquilo que deve ser manifestado, tem forma de efeito e de causa" (Bhartrhari).

Distinguimos o *complexo significante* da *proposição* em postulante – postulado do qual o que se segue é uma primeira demonstração – que o fenotexto tem como unidade minimal (ou se quisermos, como *enunciado minimal*) o *complexo significante*, enquanto a *proposição* é a unidade minimal do *discurso* comunicativo.

Um complexo significante é um grupo sintático[46], que se compõe de um modificante M_a e de um modificado M_e, sendo o membro constitutivo o *modificado* M_e. Por membro constitutivo, entender-se-á o membro que preenche a fixação sintática do grupo no conjunto do texto. O complexo significante tende, por assim dizer, ao conjunto do texto seu elemento *determinado* e, por conseguinte, obtém uma função sintática análoga àquela da proposição subordinada. Ora, a principal desta subordinada pode, muitas vezes, faltar num texto literário, de maneira que o complexo significante se assemelha a uma subordinada cuja principal está ausente, a uma subordinada como aferrada não ao vazio, mas à infinidade dos significantes aqui ausentes e que deveriam ser "gerados" por quem lê o texto. Assim, poder-se-ia dizer que o "Coup de dés" (lance de dados) de Mallarmé é feito de complexos significantes que nunca se detêm a proposições limitadas e fixas, mas permanecem pregados ao branco da página, constituídos por um *modificado* M_e, que se detém na margem do branco sem obter um predicado para nele se fixar.

Un coup *de* dés
   M_e M_a
jamais
                 M_e M_a
quand bien même lancé dans des circonstances éternelles"
   M_e M_a
du fond d'un naufrage
. . . .

Um *lance* de *dados*
   M_e M_a
nunca
                 M_e M_a
ainda quando *lançado em certas circunstâncias eternas*
   M_e M_a
do *fundo de um naufrágio*
. . . .

Sintaticamente, o papel do modificado M_e pode ser preenchido por um substantivo que exigiria como modificante M_a um

---

46 Cf. Jerzy Kurylowicz, Les Structures fondamentales de la langue: groupes et proposition (1948), *Esquisse linguistique*, Wroclaw/Krakow, 1960.

adjetivo, ou, então, por um adjetivo ou um verbo que exigiria um advérbio, ou mesmo por um verbo modificado por um caso oblíquo ou rodeio preposicional. Ora, essas categorias são perturbadas quando o grupo sintático se torna um complexo significante autônomo – unidade minimal do fenotexto. O membro modificante substrai-se de sua função predicativa e não tem senão uma função determinativa que se deixa absorver pelo membro modificado; a função predicativa se desvanece com esta consequência maior, que o complexo significante assim obtido não indica mais nem o tempo, nem o sujeito, nem nenhuma das outras categorias verbais; o M_a e o M_e se tornam, pois, "*nominalizados*". O papel do M_e é quase sempre desempenhado por um *nome*, um *adjetivo* ou por formas nominais ou adjetivais do verbo: *particípio presente, particípio passado, infinitivo*. Se for usado um verbo pessoal como M_e num complexo significante, o valor temporal que ele produz difere sensivelmente do valor que ele tem numa frase (veremos isto no uso do imperfeito e do presente em *Nombres*): ele não especifica pessoa alguma e se coloca fora da linha temporal.

Poder-se-ia concluir que o complexo significante tem, assim, uma função tríplice:

1. Coesiva: seus membros M_e e M_a constituem uma estrutura gramatical regular e estável numa língua dada, por meio de um *especificativo* (flexão, preposição etc., seguindo a língua e o caso) que restabelece a relação gramatical M_a/M_e no nível do fenotexto – M_a/M_e.

2. Hiperassertiva: o complexo significante afirma a realidade no significante de seu próprio sinal.

3. Infinitizante. É uma função suplementar em relação às outras duas. A infinitização significa que o complexo significante *extrai* seu sinal do *ser presente* para situá-lo na significância plural, por meio do expediente da nominalização.

Em compensação, para a *proposição*, é o M_a que representa o enunciado assertivo minimal no conjunto do texto. O membro constitutivo da proposição é, pois, o M_a, isto é, o *predicado*. Neste caso, o M_a possui uma função predicativa mesmo que não tenha uma forma verbal.

Se o verbo ou a cópula forem omitidos, obtém-se uma frase nominal que tem todas as funções da frase (coesiva e assertiva, no sentido de Benveniste), mas, mais se aparenta ao complexo significante por sua função extratemporal e extrassubjetiva. Contudo, a frase nominal permanece uma frase, isto é, seu membro constitutivo é o M_a (nominal ou verbal), ao passo que o complexo significante, tendo por membro constitutivo o M_e, é uma *asserção infinita*.

Seria importante tirar as conclusões teóricas desta distinção complexa significante/frase, cuja tecnicidade corre o risco de ocultar a incidência epistemológica.

$$M_e \dots\dots\dots\dots\dots\dots \cancel{M_a(P)} \infty$$

GENOTEXTO

M_a	M_e
D (*determinante*)	N (*nome*)

FENOTEXTO

– adjetivo – advérbio – caso oblíquo ou circunlocução preposicional	– substantivo – adjetivo – infinitivo – part. presente – part. passado – verbo pessoal

$$M_a M_e \Rightarrow M_a\,(D)\,M_e\,(N) \equiv M_e\,(N) \dots \infty$$

$$M_a\,(P)$$

GENOTEXTO

M_e		M_a
M_a	M_e	M_a
D	N = Sujeito	P (*predicado*)

FENOTEXTO

– adjetivo – advérbio – caso oblíquo ou circunlocução preposicional	– substantivo – adjetivo – infinitivo – part. passado – part. presente – verbo pessoal	– verbo pessoal – cópula

$$M_e M_a \Rightarrow M_e\,(S)\,M_a\,(P) \equiv SP$$

$$\Omega$$

Primeiramente, estabelecemos que a proposição predicativa S-P não é a estrutura elementar obrigatória do funcionamento simbólico, como é afirmado pela gramática gerativa chomskiana, mas que um funcionamento simbólico pode se produzir ao mesmo tempo como matriz de base M_e (N)... A estrutura predicativa, como é indicado pelo seu nome (*praedicatum*, de *praedico*) diz à vista do público, proclama, publica alguma coisa por um objeto; o predicado é a *coisa enunciada*, a coisa preconizada, celebrada, em outras palavras, mentalizada no rito do enunciado público.

Sem rito, mas no próprio sítio em que o significante se faz e que o rito virá em seguida predicar, o complexo significante apresenta um outro estágio do procedimento simbólico. Este pode ser considerado como uma etapa da geração das categorias da significação que se produz no genotexto, e da qual a estrutura predicativa S-P outra coisa não é senão o resultado comunicativo que oferece o núcleo de todo pensamento que separa uma *substância* de seus *atributos* ou do *processo*. Notemos que se trata de complexos significantes que fundam a prática textual, e é esse mesmo tipo de organização que se encontra em certas línguas de escrita hieróglifa, como o chinês. E é, sem dúvida, aí, em parte, que está a razão da irrupção do chinês em *Nombres*.

A segunda conclusão, para a qual nos leva a distinção que acabamos de estabelecer, é que, esquivando-se da predicação, o complexo significante e todas as práticas semióticas que ele regulamenta subtrai-se da enunciação de "alguma coisa" de um "objeto", e se constrói um domínio inexaurível e estratificado de desprendimentos e de combinações, esgotando-se na infinidade e no rigor de sua indicação. Isso é dizer que o domínio desta significância baseada no complexo significante, ao se enunciar dentro da língua, não enuncia absolutamente nada, mas se produz em seu próprio traçado, em que os vocábulos são notações de conjuntos aplicados. Sem exterioridade, pois, mas na germinação sempre relançada de suas diferenças, o domínio assim descrito se iguala ao inumano das ciências formais – da matemática. Com efeito, se a literatura tem sempre sido uma ideologia acanhada, é a partir do momento em que ela tem sido pensada do modo que acabamos de determinar, isto é, concretamente a partir do corte Lautréamont-Mallarmé que se manifesta o fato que a *prática* textual é uma travessia e, nesse sentido, uma exterioridade da ideologia. E esse corte deixa ler de outro modo que não "literatura" numerosos textos do passado...

Esses complexos se apresentam como proposições subordinadas que, tendo esquecido sua principal, se tornaram autônomas. Um advérbio as introduz depois dos pontos de suspensão que indicam a ausência daquilo de que elas são a queda:

"2.30. *comme si* nous subissions les conséquences d'une explosion don't le souvenir n'existait plus en nous que par éclats brefs [...]
"*Combien* d'autres ouverts vivants, le sexe tranché et les yeux crevés"[...]
"Ne comptant pas pour les habitants blancs du monde qui croient à un autre monde"*.

Em outra parte, os complexos são umas séries de *enumerações nominais* ("1.29. Plis canaux, rides, volumes, discours" [Dobras canais, rugas, volumes, discursos), nas quais, por instantes, vem se aplicar um *verbo* "1.29. [...] Non seulement 'moi' et 'toute ma vie' – journées, marches, travaux, ce qui a toujours été pressenti au milieu des sons, des odeurs – du froid à l'été, du béton à la mer, des nuages aux sillons de terre dans la trace qu'en garde mon cerveau atteint"**, mas como submetidos aos nomes que determinam o complexo (no grupo "la trace qu'en garde mon cerveau" – o vestígio que meu cérebro guarda disso, o verbo "garde" determina "trace" e é o nome determinado que representa todo o complexo, aplicando-o à série que precede), e não é um predicado que se encadeia ao complexo que segue. É justamente porque o verbo não assume seu papel de membro constitutivo da unidade textual e não *transmite* a significância para aquilo que se segue, que a frase não chega a um ponto final, mas permanece em suspenso.

Essa subordinação do verbo está longe de significar que ele desaparece. Ao contrário, a maior parte dos complexos textuais de

---

* "como se nós sofrêssemos as consequências de uma explosão cuja lembrança não mais existisse em nós senão em forma de breves clarões [...]
Quantos outros abertos vivos, o sexo cortado e os olhos vazados [...]
Não contando para os habitantes brancos do mundo que acreditam em outro mundo".
** "Não somente 'eu' e 'toda minha vida' – jornadas, marchas, trabalhos, o que tem sempre sido pressentido no meio dos sons, dos cheiros – do frio ao verão, do concreto ao mar, das nuvens aos sulcos na terra no vestígio que meu cérebro guarda disso tudo".

Nombres se constroem por meio de uma acumulação de *formas verbais pessoais*, na maioria das vezes ao imperfeito ou ao presente.

"1. Je voyais mes yeux, mais diminués, et la vue se faisait plus lente, crispait le visage comme s'il avait été recouvert d'un filet, semblait éclairer les nerfs au-dessous, très loin"*.

"4.28. Vous voyez tout cela, vous savez distinguer un cas précis de l'espèce [...]. Vous ouvrez les yeux, vous énumérez ce qui passe devant vos yeux"**.

Notemos que todos esses verbos não indicam um fato realizado ou por realizar-se, mas um estado, uma virtualidade, uma capacidade retida que pode, com certeza, se atualizar, mas cuja particularidade essencial é que ela permanece um procedimento em suspenso, mítico antes de ser ritual. Como se um fragmento significante, indistintamente nome ou verbo, tivesse tomado emprestado a forma gramatical do verbo para indicar uma significância que o verbo corrente não exprime; uma significância externa ao tempo e ao sujeito, mais próxima da designação nominal do que da atualização verbal. Esta orientação do verbo em direção do nome para indicar uma modalidade da significação que falta atualmente às línguas europeias é ainda melhor indicada em *Nombres* pela preponderância das formas verbais nominais ou adjetivais. *Nombres* abunda em *infinitivos*, *particípios passados* e *particípios presentes*.

A. Infinitivo

"2.10. J'étais né pour *coller* à elle, pour *être entraîné* à sa suite dans le plan oblique du temps, pour *imprimer* la paroi de mon front sur sa dérobade lente, pour lui *prêter* le battement de mon sang"***.

"2.86. Cela à *redire* de nouveau, sans fin [...]. Cela à *injecter* sans fin dans le mouvement des organes, des visages, des

---

* "Eu via meus olhos, mas diminuídos, e a vista se tornava mais lenta, enrugava o rosto como se ele tivesse sido recoberto com uma rede, parecia dar claridade aos nervos mais abaixo, muito longe".

** "Vedes tudo isso, sabeis distinguir um caso preciso da espécie [...]. Abris os olhos, enumerais aquilo que passa diante dos olhos".

*** "Eu tinha nascido para *ligar*-me intimamente a ela, para *ser arrastado* no seu séquito no plano oblqu no do tempo, para *imprimir* a parede de minha fronte sobre seu lento ato de se esquivar, para *emprestar*-lhe a pulsação de meu sangue".

mains... Cela à regrouper, à réimprimer, à refaire lire ou entendre, à réarmer par tous les moyens, dans chaque situation précise et particulière"*.

Seja numa série de proposições subordinadas (2.10), seja em frases nominais (2.86), a forma nominal do verbo, o infinitivo, preserva as duas funções verbais indispensáveis a uma frase: ele garante a *coesão* gramatical da asserção e certifica a realidade daquilo que é afirmado (de onde "função assertiva": *cela est*). Mas, sendo nominal, o infinitivo carece das características próprias à forma verbal pura: o modo de pessoa, de tempo etc. Do mesmo modo, quando ele se substitui a uma forma verbal pessoal, o infinitivo dá à frase que nós chamamos de *complexo textual*, para não confundi-la com a forma clássica da proposição, e que é ou lembra uma frase nominal, um valor extrassubjetivo e extratemporal. Uma frase na qual a função verbal é suportada por um elemento nominalizado, tal como o *infinitivo*, foge da subjetividade de um autor e mesmo se substrai de toda relação com o locutor[47]. Ela foge pela mesma circunstância da ordem factorial, isto é, daquilo que se realiza no tempo, e indica unicamente alguma coisa que pode se realizar como um devenir no espaço. Ela rodeia, assim, uma cena da significação na qual aquilo que se realiza ainda não é porque está em vias de ser. Estamos, pois, diante de uma modalidade da significância que designa uma geração que escapa do tempo, isto é, da "situação" e da "narração", não tendo início nem fim, nem sujeito nem destinatário, mas se produzindo num impulso que, para ser subtraído da conclusão e do começo, obtém o valor de uma *regra*, de uma *ordem*, de uma *lei*, para as quais o sujeito e suas modalidades temporais ou pessoais são suspendidos.

Então, ao nominalizar, o infinitivo legifera, ou, antes, não indica a *ordem* senão porque ele nominaliza. É assim que o infinitivo homérico serve inúmeras vezes a formular votos e proibições, e que não importa qual infinitivo grego ou indo-iraniano assume o papel do imperativo. Muitos linguistas que quiseram restituir os antecedentes do infinitivo (e particularmente do

---

* "Isso a ser *repetido* novamente, sem fim [...]. Isso a *ser injetado* sem fim no movimento dos órgãos, dos rostos, das mãos [...]. Isso a ser reagrupado, a ser reimpresso, a ser feito novamente ler ou entender, a ser rearmado por todos os modos, em cada situação exata e particular".

47 E. Benveniste, op. cit.

infinitivo védico em -*tavāi*, -*tavā*), assentaram uma forma sintaticamente autônoma com valor muito próximo do imperativo[48]. Pode-se constatar paralelamente que o infinitivo, nos complexos acima citados, conserva uma certa independência em relação ao membro do complexo ao qual ele se une e que não situa nem espacial nem temporalmente, mas não faz senão colocar em correlação ou em oposição com o contexto. O sujeito ausente ordena a um "objeto" de se agregar a outros membros da sequência; de chofre, esse objeto se torna pseudossujeito, e todo autor, subsumindo a paternidade do discurso, é adiado pela escrita de uma *lei* na instância da qual ele se esqueceu.

Pode-se ver como esse verbo, inclinado em direção do nome, indica o modo sobre o qual a língua produz o provérbio, a sentença, o argumento, a prova. Ele se opõe ao verbo pessoal que indica o modo sobre o qual a língua produz a narração, a situação, a epopeia. O modo mítico, em compensação, averigua-se desta maneira como sendo o modo da lei, e compreende-se aqui porque os textos míticos da Índia, ou da China, ou da Judeia, são escritos como sentenças, códigos, Tábuas das Leis. O que cresce, o que se gera fora do tempo e da pessoa é somente capaz de ter uma *dominância* e um *valor formular*. É sobre esse modo do *devenir-lei* que a fórmula visada pelo texto (o fenotexto gerado pelo genotexto) pode ser enunciada: a única lei que integra sua transgressão, visto que ela contém seu devenir, sua geração, seu infinito, em demasia.

As línguas indo-europeias modernas perderam esta possibilidade lexical e sintática de indicar o devenir-lei, a possibilidade mítica que precede o rito. Seria para remediar a essa perda que o trabalho textual, assim como o observamos em *Nombres*, ressuscita os valores escondidos das formas verbais? E talvez poderíamos dizer que o infinitivo – forma nominalizada do verbo, tal como ele é usado nos complexos de *Nombres*, acrescenta uma *terceira função verbal* às duas outras (coesivas e assertivas) indispensáveis a uma frase: é a função de *infinitização*. Orientada para a significância como um procedimento gerativo, ela designa que aquilo que se "enuncia" é um devenir constante, um crescimento progressivo nunca limitado no tempo e nas instâncias de uma palavra, mas sempre presente, obstinadamente presente,

---

48 Cf. E. Benveniste, *Origines de la formation des noms en indo-européen*, Paris: Maisonneuve, 1935.

um estar presente tornado lei que, de chofre, está ausente do ser e do presente. Esta função infinitizante do verbo nominalizado pode ser traduzida por um "em vias de". Mas nós explicitaremos melhor a significação dos complexos textuais – frases ou frases nominais – assim obtidos, se nós os traduzirmos pelo verbo *ser*, indicando imediatamente que não se trata do verbo *ser* como "cópula" nem como identificador, mas que se trata de um verbo tendo os mesmos direitos dos outros e que, em sânscrito, significa "produzir, crescer": com efeito, *bhu-* forneceu a forma *es* que, hoje, perdeu seu valor de devenir e conserva unicamente seu papel de cópula ou de identificador.

É exatamente esse valor que o verbo *ser* consegue em seus usos no imperfeito ou no presente em *Nombres*, visto que ele faz parte dos complexos textuais tais como os descrevemos, então, por se arranjar aos verbos nominalizados ou adjetivados, e se substrai, assim, a todo valor de execução, existencial, fenomenal, orientando-se para a indicação de um *fazer*, que se torna uma constante obrigação. É deste modo que seria preciso ler todos os "il était question de toutes ler choses dessinées et peintes [...]" (tratava-se de todas as coisas desenhadas e pintadas [...]), "c'était bien quelque chose d'entièrement inconnu et nouveau qui venait de se prononcer [...]" (era exatamente algo de completamente desconhecido e novo que acabava de se manifestar), "j'étais arretê au bord de mon propre rythme [...]" (tinha me detido na margem de meu próprio ritmo), "J'étais mon corps hors de l'étendue et du son et, simultanément, l'absence de ce corps, l'absence de l'étendue et du son" (Eu era meu corpo fora da extensão e do som e, simultaneamente, a ausência desse corpo, a ausência da extensão e do som).

B. *Particípios Presentes e Passados*

Formas adjetivais do verbo, eles têm a mesma função de nominalizar a frase, de extraí-la da ordem temporal e subjetiva, e de orientá-la em direção da asserção de um devenir outro que o presente. Eles sempre se relacionam a um nome que eles determinam, de maneira que quase todos os adjetivos de *Nombres* são verbais – são particípios. Toda qualificação, pois, "em vias de", não há qualidades fixas e cada posição faz pensar naquilo que nele o produz: tal é o papel do particípio passado. O particípio presente, mimando a temporalidade do verbo que o acompanha, designando, pois, simplesmente um procedimento sem localizá-lo no tempo e no espaço, circunda também esse lugar em que a fórmula emerge do infinito. Especialmente porque esse verbo pessoal, acompanhando o infinitivo, falta, muitas vezes, nos complexos textuais, e que o particípio presente parece estar aferrado ao vazio plural da significância determinado pelos pontos de suspensão.

1.33. Ce que je pouvais dire, à partir de là, était lié à la force des manifestants occupant les rues avec leurs drapeaux, leurs armes – ou, au contraire, poursuivis dans les rues, bloqués, arrêtés, abattus [...] lié et livré en même temps à la chute immobile des nombres... Les ouvriers devant leurs usines, l'agitation gagnant de proche en proche [...], la conscience venue peu à peu que l'espace appartient à tous, une clarté neuve dissolvant les justifications de l'ordre, le dieu mouvant déguisé de l'ordre, la circulation du papier produisant en se retournant l'orientation du système entier*.

4.100. Montant une dernière fois et flottant une dernière fois – vous touchant une dernière fois et vous faisant signe une dernière fois dans la tête de ciel illuminé répandue partout et sans peur, vous retrouvant une dernière fois plus loin que la nudité de métal et aussi dans l'envers égaré doublé de métal, vous, porté, jusqu'a la pierre qui n'est pas la pierre, multitude transversale, lue, comblée, effacée, brûlée et refusant de se refermer dans son cube et sa profondeur**.

Não é um verbo *ser* que está aqui omitido diante dos numerosos particípios presentes ou passados das frases nominais. No

---

* O que eu podia dizer, a partir daí, estava ligado à força dos manifestantes que ocupam as ruas com suas bandeiras, suas armas – ou, ao contrário, perseguidos nas ruas, bloqueados, detidos, abatidos [...], ligado e entregue simultaneamente à queda imóvel dos números [...]. Os operários diante de suas fábricas, a agitação que se apodera gradualmente [...], a consciência que vem aos poucos de que o espaço pertence a todos, uma claridade nova que dissolve as justificações da ordem, o deus movente disfarçado da ordem, a circulação do papel que produz mudando de posição a orientação do inteiro sistema.

** Subindo uma última vez e flutuando uma última vez – tocando-vos uma última vez e fazendo-vos sinal uma última vez na testa de céu iluminado espalhada por toda a parte e sem medo, reencontrando-vos uma última vez mais longe que a nudez de metal e também no inverso extraviado dobrado de metal, vós, trazido, até a pedra que não é a pedra, multidão transversal, lida, atulhada, apagada, queimada e recusando de se encerrar em seu cubo e em sua profundidade.

lugar desse ser fenomenal e por meio de mutação no modo da significância, é o elemento verbal que tomou uma função nominal para marcar não um sentido, mas sua geração, sem considerar seu fim. "Brûlé et refusant de se refermer dans son cube et sa profondeur" (queimado e se recusando de se encerrar em seu cubo e em sua profundidade) não é a mesma coisa que "ce qui est brûlé et refuse de se refermer dans son cube et sa profondeur" (aquilo que está queimado e recusa de se encerrar em seu cubo e em sua profundidade). A omissão da cópula significa uma mudança radical do modo da significância que, da identificação de um sujeito, passa para a designação do fato que o que se escreve é orientado para a produção do sentido *aqui ausente*. Como se a frase se olhasse a si mesma e refletisse por meio desses verbos-adjetivos ou advérbios as modalidades de sua própria produção. Assim, poder-se-ia dizer que a função infinitizante que tem o *verbo nominalizado* (ou adjetivizado) é também uma função autodesignativa por meio da qual a produção textual se entreabre em direção do extrapresente em que ela se forma. Os particípios presentes, com efeito, não substituem um "C'est moi qui me pense montant [...] flottant etc." (Sou eu que me penso subindo [...] flutuando etc.), mas indicam simplesmente aquilo que um particípio presente designa como forma verbal na história da língua: um procedimento sem fixação temporal ou pessoal.

Essa distinção entre, de um lado, o *nominal* como designando uma função *virtual, possível* e *imperativa* e, do outro lado, *o verbal* como designando o ato presente no tempo, parece ter constituído uma particularidade própria ao sânscrito, assim como ao árabe[49].

---

49 Antoine I. Silvestre de Sacy distingue entre duas construções do nome de agente: nominal, quando o nome de agente é o predicado de uma ação passada; verbal, quando ele designa o agente de uma ação presente ou futura. *Grammaire arabe*, Tunis: Institute de Carthage, 1905, t. II, p. 188.
 E. Benveniste distingue nitidamente duas funções de agente: -tr é um adjetivo verbal que designa o autor de um ato; -tr é uma forma nominal que designa o agente consagrado a uma função. A forma -tŕ tem um autor, um sujeito designado; a forma -tŕ remete para aquele que não existe senão em vista "de uma função consagrada a uma realização". É muito importante assinalar que essa forma nominal -tŕ é: 1. muitas vezes confundida com o infinitivo; 2. serve para formar o "futuro perifrástico" que indica menos o futuro do que a necessidade daquilo que deve se produzir (futuro de certeza, que os gramáticos indianos chamam de "svastam", de *amanhã*, e que se acompanha de uma exatidão temporal). Essa distinção entre a possessão nominal do significante e sua explicação verbal, temporal, subjetiva, passa em grego: τωρ (-tr) é a única formação que fornece nomes

Se, nos dias de hoje, distinguimos dois modos da significância, geração infinita e atualização fenomenal, atribuindo o primeiro ao nome e o segundo ao *verbo* ("nome" e "verbo", a despeito da interpretação de suas funções, sendo, aqui, tomados como paradigmas de suas significações respectivas as mais constantes nas línguas indo-europeias *hoje*), o sânscrito conhecia os dois modos sem lhes atribuir uma sede fixa no nome e no verbo: estes passavam facilmente de um para o outro, sem que a distinção dos dois tipos de significância seja, por isso, suprimida (ver nota 46). Essa transmissão da geração infinita para a atualização fenomenal foi exemplificada, entre outras coisas, por um "pivô" adjetival derivado de uma raiz verbal que atribui aos substantivos aos quais ele está afixado a propriedade de participar do processo de geração da significância que esse adjetivo verbal designa: o substantivo se torna o lugar e o objeto de um processo significante extratempo e extrapessoa. Esse pivô é o adjetivo em *-ndus* do latim: "tempus legendae historiae" significa "o tempo da história submetida ao fato de ler". O apoio do verbo ao nome e reciprocamente, através do adjetivo em *-ndus*, designa o *nome* como o sinal de uma geração que lhe é exterior e conferido pelo adjetivo em *-ndus* que, por sua vez, se torna, por causa desta subordinação, assinalado de uma *obrigação* que se transformará em *futuro*. A geração extrapessoal da significância depende do não temporal e do não realizado (isto é de um *nome*) que, extraídos do presente, integram-na. Num sentido, o presente é *devido* a essa geração extratempo e extrapessoa, e esse *dever* ou essa *dívida* aparece do ponto de vista do presente como um *futuro*[50]. Esse deslize do genotexto no futuro através do pivô da escrita como resíduo, *Nombres* o designa por meio de seus

próprios de homens Ακτωρ, Αλεκτωρ, Νεστωρ; -τηρ(-t̥r̥) dá nomes de instrumentos. *Nom d'agent et nom d'action en indo-européen*, Paris: Maisonneuve, 1948.

50 Lucrécio, uma das referências axiais de *Nombres*, escreve (II, 991) esta passagem significativa em que a forma em *-ndus* é como, por acaso, acompanhada da problemática da geração e da semente, englobando, assim, o passado e o futuro – tempo dos deuses – omitindo o presente dos homens: "*caelesti sumus omnes semine oriundi*", e acrescenta: "*omnibus ille* idem *pater est*". Não admitindo nenhum nascimento casual e pessoal, Lucrécio considera toda vida como um sinal da semente extrassubjetiva: nós não somos nascidos, nós devemos ser *nativos*. A Antiguidade concebia como divinos aqueles que não eram nascidos, que deviam ser nativos dos Deuses, tal como Rômulo, do qual Enio assim profere a invocação: "o pater, o genitor, o sanguem dis oriundam" (cf. E. Benveniste, *Origine de la formation des noms en indo-européen*).

infinitivos, particípios presentes ou passados, pelo uso dos tempos, pelo tecido de suas diferenciais. E como surgida de um sonho, é uma diferencial – um grão, uma semente, um número – lembrando o –*ndus* antigo, mas, mais exatamente, repetindo ao pé da letra o genitivo singular masculino do particípio presente, que materializa este cruzamento, esta bifurcação do espaço significante e do futuro, da geração e da lei: NTOS, colocado como uma encruzilhada Y. Duplamente legível: desde sua abertura ("arrière-plan liquide, vaporisé, houlex" – plano situado por detrás de outro líquido, vaporizado, agitado) até sua incisão em traçado vertical, ou – para o leitor – ao inverso, isto é, desde a fórmula incisa até a geração para nós *apresentável* unicamente como queimada e disposta em ruínas:

3.19. il y avait ensuite un croisement, une bifurcation, et il fallait choisir entre deux routes, et l'épreuve était clairement indiquée par les inscriptions gravées au couteau sur les murs [...]. Cependant, les phrases qui étaient tracées étaient à la fois faciles à comprendre et impossibles à lire, on pouvait savoir l'avance ce qu'elles suggéraient mais il était interdit de les vérifier. Sur l'une d'elles, par exemple, on pouvait déchiffrer:
NTOS
ce qui ne répondait à aucun mot connu ou entier [...]. On aurait dit que les lettres s'étaient superposées dans le temps sur ces trois grandes façades qui se dressaient là, sans explication, dans le soir brûlé
Y
on aurait dit qu'elles formaient les tableaux en ruines d'une histoire disparue et que l'air lui-même avait incisé la pierre pour y déposer les pensées de la pierre que la pierre ne pouvait pas voir [...]. Cependant, j'étais detaché, j'avais lieu depuis une distance mesurable, corps immobile et tranquille – et cela donnait un rythme qui semblait sortir d'un arrière--plan liquide, vaporisé, houleux [...]. A partir de lá: reconstitutions plus rapides fuyant vers la droite et le fond des yeux, passant par tout le tissu obscur résumé par les yeux, n'arrivant pas jusqu'à eux (jusqu'aux lettres dont ils sont capables) [...]. Matière de plus en plus différenciée, acide, n'arrêtant pas de mordre sur son propre feu*.

---

* 3.19. havia a seguir um cruzamento, uma bifurcação, e era preciso escolher entre dois caminhos, e a prova estava claramente indicada pelas inscrições gravadas a faca sobre as paredes [...]. Todavia, as frases que estavam traçadas eram ao mesmo tempo fáceis de serem compreendidas e impossíveis de serem lidas, podia-se saber antecipadamente aquilo que elas sugeriam, mas era proibido verificá-las. Numa delas, por exemplo, podia-se decifrar:
NTOS

O texto é assim uma imensa operação de lembrar-se, se, de "repaseer par tous les pointe du circuit, par son réseau à la fois caché et visible, et tenter de rallumer simultanément sa mémoire comme celle d'un agonisant parvenu au moment tournant (3.87)"*. Mas esta recordação que consiste em apanhar a multiplicidade da significância dissimulada nesse genotexto hoje presentificado na história das línguas outras, ainda não se tornar é presença; a geração ainda não é um enunciado. Isto permite de devenir, como pudemos constatá-lo no mecanismo mesmo da língua antiga que extraiu o futuro do processas gerativo não fenomenal, igual ao gesto "de tracer enfin l'avenir" (de traçar enfim o futuro).

C. As Deduções

Esta abertura em direção daquilo que gera o sentido encontra um agente eficaz não somente nos complexos significantes, mas também na "dedução", isto é, na citação sem indicação de origem.

Tomadas de textos *míticos* (os Vedas, o Tao-Tö King, a Cabala, ou esses escritos modernos que refundem os mitos antigos dissolvendo a ideologia desse tempo: Artaud, Bataille), *científicos* (Heráclito, Lucrécio, as teorias dos números, dos conjuntos, as teorias físicas, astronômicas etc.) ou *políticos* (Marx, Lênin, Mao Tsé-tung), as deduções deixam entrever a geração através desta tríplice orientação que reconduz para a página os três lugares que determinam nossa cultura. Vestígios de livros de ora em diante

> o que não correspondia a nenhum vocábulo conhecido ou inteiro [...]. Poder-se-ia ter dito que as letras tinham se superposto no tempo sobre essas três grandes fachadas que se erigiam aí, sem explicação, na tarde queimada
>
> Y
>
> ter-se-ia dito que elas formavam os quadros em ruínas de uma história desaparecida e que o próprio ar tinha feito uma incisão na pedra para aí depositar os pensamentos da pedra que a pedra não podia ver [...]. Todavia, eu estava desligado, eu me realizava a partir de uma distância mensurável, corpo imóvel e tranquilo – e isso dava um ritmo que parecia sair de um plano situado por detrás de outro líquido, vaporizado, agitado [...]. A partir daí: reconstituições mais rápidas fugindo para a direita e para o fundo dos olhos, passando por todo o tecido obscuro resumido pelos olhos, não chegando até eles (até as letras de que são capazes) [...]. Matéria cada vez mais diferenciada, ácida, nunca parando de morder em seu próprio fogo .

* "tornar a passar por todos os pontos do circuito, por meio de sua rede ao mesmo tempo escondida e visível, e tentar reavivar simultâneamente sua memória como aquela de um agonizante que chegou ao momento culminante (3.87)."

completados e retomados no texto, as deduções enquanto mensagens significadas explicitam esses pontos do circuito através dos quais o texto tem por finalidade nos fazer passar para nos confrontar com essa multidão que nos faz falar:

3.87. [...] Prenant une tête au commencement et la confrontant avec ce qui l'a façonnée, et lui permettant um moment de dire ce qu'elle rêve ou pense en se servant de son propre temps, la mettre ainsi en état de comprendre le tissu où elle prend son sang, une tête ouverte, donc, comme tous les livres sont désormais par terre et brûlants*.

Desarraigadas de seu contexto, essas sequências entre aspas remetem para seu lugar não para nele identificar-se, mas para indicá-lo e para acrescentá-lo a esta infinidade trabalhadora de que elas são as escansões. Em outras palavras, essas deduções não são citações, não são *nascidas* para o mito, para a ciência ou para a política; elas são *nativas* deste procedimento gerativo de sentido que o texto encena, e recolocam o mito, a ciência, a política no genotexto que subentende a cabeça pensante. Do mesmo modo, dever-se-ia ler essas deduções não unicamente como enunciados míticos, científicos ou políticos que, enquanto tais, são não exportáveis (especialmente os enunciados científicos) de seu campo concreto. Mas como uma reconstrução desta infinidade diferenciada que jaz, não vista, na instância de cada inscrição enquanto diferencial.

Essa função das deduções de martelar a cadeia discursiva e de orientar o fenotexto para o genotexto, é especialmente indicada pelo modo como elas se apresentam. Quer sejam frases nominais infinitivas ou principais (3.87), quer sejam sequências que englobam duas frases (2.86), quer sejam simples proposições (4.88), esses enxertos representam o papel daquilo que nós chamamos de um "complexo significante". Sem preliminar nem introdução, sem remate nem justificação, anônimos, abruptos, eles picam o tecido para nele se inserir, anunciados pelo traço vertical. Este *corte* separa simultaneamente as sequências tomadas de diferentes contextos e as remete uma para a outra para

---

* Tomando uma cabeça no início e confrontando-a com aquilo que a moldou, e permitindo-lhe por um momento dizer o que ela sonha ou pensa servindo-se de seu próprio tempo, colocando-a, deste modo, em estado de compreender o tecido no qual ela toma seu sangue, uma cabeça aberta, pois, como todos os livros estão daí por diante por terra e em brasas.

gerar este espaço do qual elas são "nativas". "/" – sinal de separação e de unidade, de não finição e de fixação do que corta e torna a ligar, de omissão por cima da incisão; barra que indica esse "choque sucessivo" e "sideral" que Mallarmé encontrava na base desta "conta total em formação" que é o texto.

Talvez, poder-se-ia dizer que todo texto que põe em ato o trabalho produtor da significância é um texto construído sobre o princípio desta incisão-remissão que seu campo descontínuo organiza. Encontramos, com efeito, nesta *incisão-reenvio*, a matriz dos textos sagrados (desde os Vedas até o Tao-Tö King), feitos de sequências isoladas, tomadas dos diferentes dialetos e mesmo das diferentes épocas da história da língua que, na mesma tentativa, cessa de ser percebida como uma unidade e aparece como uma pluralidade de fragmentos não subsumíveis por um Todo. Do mesmo modo, quando o texto moderno reencontra, a contrapelo, sua pluralidade, ele adota essa lei de *descontinuidade infinitamente continuante* representada pela *incisão-reenvio*: sobre ela se articula, por exemplo, o pensamento fragmentário de Nietzsche, que é, não esqueçamos, um pensamento de *regresso*. A incisão é o sinal inicial do número, é simultaneamente uma incisão-reenvio, uma incisão-regresso, uma incisão-transformação que duplica o *número-incisão* tocado pelo texto em seu funcionamento discretamente explosivo.

IV. O EXTRATEMPO

> *O suicídio ou a abstenção, nada a fazer, por quê? Única vez no mundo, porque em razão de um acontecimento que sempre eu explicarei, não há Presente, não – um presente não existe. Mal informado aquele que se julgasse seu próprio contemporâneo: desertando, usurpando, com igual impudência, quando o passado cessou e que o futuro tarda e que os dois tornam a se misturar perplexamente, em vista de disfarçar a variação.*
>
> MALLARMÉ, *Quant au livre*, o.c. 1.372.

O teatro da geração da fórmula se representa numa temporalidade que é medida por quatro momentos: três no *imperfeito* e um no *presente*. Em outras palavras, quando os verbos não são infinitivos, particípios passados ou particípios presentes, eles estão no imperfeito ou no presente. No interior de *Nombres*, esses "tempos" se afastam do valor que eles têm num uso corrente, e tornam a encontrar formalmente sua memória.

Sabe-se que o imperfeito, hoje, é de algum modo "o presente do passado": sob "o aspecto da continuidade, ele indica um fato que ainda estava inacabado no momento do passado ao qual diz respeito o sujeito falante[51]. Nas três primeiras sequências de cada série de *Nombres*, o imperfeito, acompanhado de infinitivo ou de particípio, designa menos a não conclusão que o procedimento daquilo de que se trata. Como se, apoiando-se em seu, aspecto de "não acabamento", o imperfeito, em *Nombres*, se desviasse dele e acentuasse seu papel de *procedimento*. Nesse movimento, ele se *atualiza*, se separa de toda relação que poderia conter com o passado, subtraindo-se à *duração* e indica justamente essa duração não durável que ignora a distinção presente-passado-futuro, geração que a nominalização ou a adjetivação do verbo se esforça, no mesmo sentido, para fundar. Um imperfeito, pois, que justifica sua presença não à força de estar inacabado ou passado, mas a força de fugir da duração, de absorver sua linha na dinâmica da formação de uma *significância* sempre presente em germe e em semente ("un événement toujours" (um acontecimento sempre) – Mallarmé), mas nunca ainda realizada, não tendo nunca ainda transposto a *entrada* na linha do tempo, isto é, do ser-presente do Sentido, reservando-se desde o outro lado onde esta linha – esse Ser – é absorvida no mais-que-vazio da infinidade textual. Esta ausência de *entrada* que a ausência de ponto assinala no nível gráfico do texto (lembremos os pontos de suspensão e os traços no lugar dos pontos) situa o trabalho significante das sequências 1 – 2 – 3 num *extratempo significado* pelo imperfeito. Esse extratempo dá a ilusão de um *presente*, de uma atuação. Nada de mais inexato, visto que se trata daquilo que não é e não será

---

[51] Se a figura do passado simples é ├──┤, a do imperfeito é (├─)──(─┤). "A fase mediana que, por assim dizer, não existe se formos olhar a ação sob o aspecto do passado simples, é a única que conta para aquele que se serve de um imperfeito: vê-se a ação em vias de se desenrolar. Há limites (toda ação verbal tem pelo menos de se tratar do passado), mas não são vistos (não se quer vê-los) (in H. Sten, *Les Temps du verbe fini* (*indicatif*) *en français moderne*, Copehagen: Munksgaard, 1952, p. 125 e 127, citado por Grevisse, p. 633).

nunca um *fato*, um *ser*, uma *presença*, pois; de uma casa para o momento vazio e que não é uma realização presente, mas justamente aquilo que torna possível o *jogo* à força de estar excluído dele: o *extrajogo*. Recusando toda homologação com o presente por meio desse desafio da *entrada*, esta atividade do significante que trabalha é extratempo. Digamos que é um "fautemps" (falso tempo) que deveríamos escrever "fotemps", frisando toda a ambiguidade da ortografia e da etimologia da palavra (*foris*-tempo, que se tornou "tempo falso").

Afastado da cena presente, parece orientar-se para o passado, mas se trata de um passado particular: sem ter alcançado um resultado, ele o antecipa; sem ser realizado, ele é definitivo; assim, ele desloca o presente, bem como o futuro e restaura seu efeito sobre o bloco do passado que, de chofre, não é mais um tempo.

A língua francesa carece de tal categoria verbal. É o imperfeito que pode se encarregar desta função, um imperfeito do qual Lacan assim designa a exclusividade característica: "Mas o francês diz: Lá onde era [...] Usemos do favor que ele oferece de um imperfeito distinto. Lá onde estava no mesmo instante, lá onde estava por um pouco, entre essa extinção que brilha ainda e esta eclosão que tropeça, eu posso chegar ao ser de desaparecer de meu enunciado"[52]. Ou ainda uma outra definição do imperfeito francês, desta vez a propósito do verbo *haver*: "de colocá-lo no instante precedente: ele estava lá e não está mais aí, mas também no instante logo após: um pouco mais ele estava aí de ter podido aí estar, – o que havia lá, desaparece por não ser mais que um significante"[53]. O sânscrito, todavia, conhecia um perfeito cujos usos míticos opostos aos usos rituais do presente e do aoristo lembram de perto esta função extratemporal que estamos em vias de elucidar.

O "fautemps" (tempo falso) indicado pelo imperfeito das três primeiras sequências de cada série não é um tempo narrativo. Ele não relata história alguma nem se refere a fato representável algum, mesmo que "a narração" pareça mimar fatos. Ele não saberá reencontrar-se, tal como *Nombres* o emprega, nem num drama, nem numa narração romanesca. Se todo tempo é um tempo de narração,

---

[52] J. Lacan, Subversion du sujet et dialectique du désir, *Écrits*, p. 801.
[53] Idem, p. 840.

o tempo falso não é um tempo: ele abandona a narração e suas modalidades ao presente, ao aoristo, ao futuro. O tempo falso não narra: deslizando pouco a pouco fora do conceito do passado inacabado que o imperfeito possui atualmente na língua francesa, o tempo falso – semelhança do perfeito dos textos sânscritos – "perde sua força expressiva e limita-se a indicar que o fato se situa no passado, de tal maneira que se pode no momento atual evocar sua imagem global"[54]. Esta observação deveria antes ser lida deste modo: sem que seja questão de um *fato*, o espaço em que se desenrola a formação-do-texto-antes-do-Sentido é como que regulado por um só gesto que, sem englobá-lo num Todo fechado, o conhece como uma infinidade diferencialmente unida à linha temporal.

Os advérbios "comme" (como) e "cependant" (todavia, entretanto) designam o acesso a esse tempo falso que será uma duração ("-pendant" – durante) acompanhante-duplicante *alhures* de alguma coisa realizada *aqui* onde eu "estou", e opondo-se a este "*aqui*" conhecido e sabido, porque diferente, negando-o, invertendo-o ("*ce-p*endant"):

> 1.29. Cependant je retrouvais mon corps mutilé et on aurait dit que la chair avait été labourée, et le sexe était cousu et dressé comme un épi durci et fermé, et je regardais ce premier modèle d'avant la chute enfermé dans une cellule étroite où pénétrait le soleil [...]. Non seulement cela, mais aussi l'ensemble où j'étais, où je serai sans savoir ce que je sais en réalité, exactement comme en ce moment où "je suis" ne signifie rien de précis [...]. L'ensemble, la longue accumulation sans regard, le poids de ce qui construit, bouge, fabrique, transmet, transporte, transforme, détruit [...] J'étais de plus en plus enfoncé dans ce voile opaque, et en somme je savais pourquoi nous "dansions sur un volcan", voilà la phrase que j'avais cherchée en prenant mon temps, voilà ce qui donnait et détruisait la mesure du temps [...]*.

---

54 Cf. L. Renou, *La Valeur du parfait dans les hymnes védiques*, Paris: Champion, 1925. O autor observa aí que o perfeito era reservado aos deuses, às etapas principais da narração, para indicar o universal, o solene; assim como era para os hinos místicos para exprimir os paradoxos: por exemplo, os filhos que geram suas mães e os enigmas.

* 1.29. Entretanto, encontrava meu corpo mutilado e ter-se-ia dito que a carne tinha sido rasgada, o sexo estava ligado e erguido como uma espiga endurecida e fechada, e eu olhava esse primeiro modelo de antes da queda encerrado numa célula estreita onde penetrava o sol [...]. Tão somente isso, mas também o conjunto onde eu estava, onde estarei sem saber aquilo que eu sou na realidade, exatamente como nesse momento em que "eu sou" não significa nada

Colocado em sequências subordinadas a uma principal que está ausente, cercado de acumulações de verbos transitivos ou sem objetos, o imperfeito retoma o papel das frases nominais que notamos mais acima, e com as quais, por outro lado, ele tem consonância[55]. Ele se enrola em torno de um "eu" quando não é em torno de uma terceira pessoa, e esse "eu" é, então, muito mais do que um "eu sou"; é um "eu" múltiplo, dispersado, "espalhado como seixos", contraditório, cuja reunião destrói o tempo ("aqui, onde se pode dizer ao mesmo tempo que o sol brilha e que alguém defeca [...], eis o que dava e destruía a medida do tempo"). "Eu", pois, multiplicado, oposto ao indivisível indivíduo, separado dele como por um muro. Sem precisar o tempo e o lugar da ação, esse imperfeito do "eu" extrajogo, extratempo, tempo falso, o designa como não localizável e não temporal[56].

Lugar nodal do texto, "nó de resistência" (1.13) que torna possível o texto, o imperfeito deixa o tempo escorrer fora desse tecido que se gera em profundidade: "le temps passait donc et roulait au-dessus de moi, en surface, tandis que dans le puits ou la mine, j'étais de plus en plus rapproché de ma propre forme dissimulée"*. O tecido diferencial, o enumerante, não é um tempo: "le temps est aussi étranger au nombre lui-même que les chevaux et les hommes sont différents des nombres qui les comptent et différents entre eux"*. Ele é o acesso, através do muro do sentido temporal, aquilo que o produz sem tempo:

> de preciso [...]. O conjunto, a longa acumulação sem atenção, o peso do que constrói, se move, fabrica, transmite, transporta, transforma, destrói [...]. Eu estava cada vez mais mergulhado nesta vela opaca, e, em suma, eu sabia porque nós "dançávamos sobre um vulcão", eis a frase que eu tinha procurado sem me apressar, eis o que dava e destruía a medida do tempo.

55 "O caráter especial das desinências do perfeito tem sido notado pelos gramáticos indianos: enquanto as outras desinências verbais são agrupadas sob o termo genérico de *sārvadhātuka*, aquelas do perfeito (e do precativo) são chamadas *ardhadhātuka* com uma série de sufixos nominais; cf Pān. III, 4, IIv, 115. Sobre a origem nominal possível das desinências próprias ao perfeito, cf. Hirt, *Der indogerm, Voakalismus*, p. 223" (em L. Renou, *La Valeur du parfait dans le hymnes védiques*, op. cit.).

56 Um sutra de Panini diz: "de que natureza é aquilo que chamamos de paroksa? Uns dizem: o que aconteceu cem anos atrás é paroksa; outros dizem: o que aconteceu mil anos atrás é paroksa; outros dizem: o que está separado por *um muro* é paroksa; outros dizem: o que tem acontecido dois ou três dias antes".

*   "o tempo passava pois e rolava por cima de mim, em superfície, enquanto no poço ou na mina, eu estava cada vez mais próximo de minha própria fórmula dissimulada."

4. "mais comme il a cette coupure, ce recul sans cesse présent et à l'oeuvre, comme les lignes se dispersent et s'enfoncent avant d'apparaître retournées à la surface morte où vous les voyez, l'imparfait en donne le mouvement et le double fond insaisissable)"**.

Eis porque o texto que tece a passagem da geração para a fórmula, da outra língua para a minha língua, é admitido como sendo entre "imparfait et ici" (imperfeito e aqui) (3.87) – o extratempo infinito e o ponto presente. Eis porque o texto que se dirige para "vós" vos separa de vossa visão de superfície, e vos conduz à margem desta fronteira em que emerge o imperfeito de sua base: o "fautemps" (tempo falso).

4.84. "de même, ni présents, ni absents, vous faites partie d'un ralentissement, d'un détour, d'une *frontière temporelle* entre l'*imparfait et as base*, le tout s'abaissant et s'élevant avec vous par-delà le cercle oculaire détruit et remplacé par un champ nouveau"***.

Um "tempo" coincidindo com esse "eu" esparso que outra coisa não é senão o trabalho que o desarticula: "3.31. Et je crois qu'en vérité le temps parlait par ma bouche, qu'il était noué dans mes os, et rien ne pouvait me faire oublier cela [...]"****

Múltiplo, mas condensado num relâmpago, esse falso tempo se parece também com a diferencial. Infinito e instantâneo, sempre e nunca, ele é o próprio "tempo" do corte-reenvio e do número-corte, da omissão, do intervalo em que se produz o embargo da significância que rasga e queima o véu opaco dos. entido presente. "L'instant est um glaive qui tranche" (o instante é um gládio que corta) e "nous sentions que nous approchions d'une région inexplorée du temps" (sentíamos que nos aproximávamos de uma região inexplorada do tempo). Um "choc

---

* "o tempo é tão estranho ao próprio número quanto os cavalos e os homens são diferentes dos números que os contam e diferentes entre si."

** 4. "mas como há esse corte, esse recuo incessantemente presente e à obra, como as linhas se dispersam e se afundam antes de aparecer volvidas à superfície morta onde as vedes, o imperfeito lhe dá o movimento e o duplo mundo impossível de ser apanhado".

*** 4.84. "do mesmo modo, nem presentes, nem ausentes, fazeis parte de um afrouxamento, de um rodeio, de uma *fronteira temporal* entre o *feito e sua base*, o todo abaixando-se e elevando-se convosco para além do círculo ocular destruído e substituído por um campo novo".

**** "3.31. E eu creio que, na verdade, o tempo falava por meio de minha boca, que ele estava ligado a meus ossos, e nada podia fazer-me esquecer isso".

du temps dans le temps" (choque do tempo no tempo) para aceder ao falso tempo.

Disposto em três sequências, o imperfeito do duplo fundo abre passagem sobre o presente da quarta sequência entre parênteses. O limiar do tempo é assim transposto, e o presente fala daquilo que está aí, atual, agindo, ritual, recolocado em posição de ser descrito, narrado, comunicado. Ausente do procedimento gerativo, posta por ele entre parênteses, a sequência no presente é um lugar de observação para a cena extratempo, lugar em que toma sentido aquilo que se elabora sobre esta cena. Impossível sem o presente, necessitando dele para colocá-lo entre parênteses e elaborar-se fora de seu jogo, exigindo-o como casa frontal e pivô necessário para desencaixar o encadeamento do extratempo, o texto *sai* do falso tempo sobre a linha do presente. É graças a esse movimento, por outro lado, que a significância se faz entender, que ela participa do "enunciado". Seria essa passagem a matriz temporal do ato significante?

Notar-se-á em Artaud a mesma divisão da temporalidade em quatro escansões (quatro "choques do tempo no tempo"): 1. "trop tôt" (cedo demais); 2. "plus tôt" (mais cedo); 3. "plus tard" (mais tarde); 4. "trop tard" (tarde demais). Decifrado a partir da linha do tempo e mais exatamente a partir do ponto do presente, o mais tarde precede o cedo demais e o mais cedo, quer dizer que ele é acessível antes deles. De fato, no procedimento, "le plus tard ne peut revenir que si plus tôt a mangé trop tôt" (o mais tarde não pode voltar senão quando mais cedo comeu cedo demais). Mas se esse procedimento de voltar a subir para o fundo da formação da significação se generaliza, ele pode englobar o ponto "tarde demais" (= presente) da recaída do sentido ("sempre presente") a fim de usá-la para pôr em movimento todas as etapas precedentes. É a desarticulação em quatro tempos desse extratempo que notaríamos como um *sempre* tendo o lugar do zero sobre a linha temporal:

> "C'est ainsi que:
> le grand secret de la culture indienne
> est de ramener le monde à zéro
> TOUJOURS
> mais plutôt

1º trop tard que plus tôt;
2º ce qui veut dire
plus tôt
que trop tôt,
3º ce qui veut dire que le plus tard ne peut revenir
que si plus tôt a mangé
trop tôt,
4º ce qui veut dire que dans le temps les plus tard est
ce qui précède
et le trop tôt
et le plus tôt,
5º et que si précipité soit plus tôt
le trop tard
qui ne dit pas mot
est toujours là,
qui point par point
désemboîte
tous les plus tôt.

(É assim que:
o grande segredo da cultura indiana
é de fazer voltar o mundo a zero
SEMPRE
mas, antes
1º mais tarde que mais cedo;
2º o que quer dizer
mais cedo
que cedo demais,
3º o que quer dizer que o mais tarde não pode voltar
senão se mais cedo comeu
cedo demais,
4º o que quer dizer que no tempo o mais tarde é
aquilo que antecede
e o cedo demais
e o mais cedo,
5º e que se precipitado fosse mais cedo
o tarde demais
que não diz verbo
está sempre presente,
que ponto por ponto
desencaixa
todos os mais cedo.)

V. A "NARRAÇÃO VERMELHA" COMO SIGILOGRAFIA. A OMISSÃO, A VERTICALIDADE, A FUNÇÃO DUPLA

> *Mantendo-se erguido no espaço mediano, é ele que como (far-se-ia) com um metro, mediu de parte a parte a terra com o sol.*
>
> RIGVEDA

> *quando, na alma de alguém, a cera forma uma massa profunda, abundante, unida, preparada convenientemente, então o que penetra nesta alma por meio das percepções, tendo imprimido seu sinal sobre esse "coração" da alma, para usar o termo pelo qual Homero exprime enigmaticamente a semelhança com a cera, dá lugar para sinais que têm clareza, que, dotados de uma suficiente profundidade, são também de mui longa duração [...] Eles (os homens) têm efetivamente bem depressa feito sobre impressões moldadas, que são suas próprias, impressões claras e amplamente distintas, distribuindo uma a uma essas impressões sensíveis às quais se dá o nome de realidades, e é precisamente a esses homens que se dá o nome de "sábios": não é essa tua opinião?*
>
> PLATÃO, Teeteto, 194.

O trabalho de formação "antes" da significação que colhemos naquilo que nossa cultura chama de a organização "formal" do texto encontra, para fazer-se ver, um *significado* que lemos como uma narração que designa um significável. Impossível sem *a narração*, incorporando-se a ela, envenenando-a em seu âmago, destruindo suas leis narrativas e reduzindo-a em fragmentos suspendidos, o trabalho *enumerante* não pode vir a nós, anunciar-se para nós, sem mimar uma narração. Se isto se fizesse fora da língua, isto é, fora do signo, do discurso, da narração (fosse ela desmembrada), permaneceria, no seio de *nossa* civilização, uma experiência metafísica, limitada ao narcisismo de um "eu" divinizado e transcendente. Pelo contrário, situada o mais perto possível de seu *outro* que é para ela a narração, e mesmo redobrando-a, a *produção* significante se realiza como abertura em direção daquilo que a narração *não é* (ver Roussel, *La doublure*). O texto nunca deixará esta, posição dupla, mas irá se passar constantemente no lugar do corte que separa os dois espaços, aquele da geração e aquele do fenômeno, acentuando constantemente a *omissão*, o *fio vertical* que os separa e os reúne. Poder-se-ia, talvez, dizer que todo o "mistério" do poético (do "sagrado") reside nessa *omissão* que causa a geração textual para recair em fórmula. Uma *omissão* que nós, leitores, efetuamos a contrapelo, tentando encontrar a geração por trás da fórmula, conceptualizando esta leitura a contrapelo em termos de mediação. É nesta "mediação" que utilizamos uma retórica tendo por função reassegurar a lógica por demais desamparada pela "omissão". A matriz da "omissão" do "intervalo", do "corte", se vê representada e levada a seu paroxismo (que parece ser um paradoxo), pela chegada abrasante, no seio de um enumerante antirrepresentativo de seu contrário aparente: o social, o histórico, o político. Surge daí uma "narração vermelha", a narração política, na qual se vê o enumerante o mais defraudado costear a teoria revolucionária. A "narração vermelha" é, assim, a própria lei do texto, a necessidade obrigatória à qual se dobra a própria lógica do enumerante se ele obedecer até o fim às suas leis inerentes. É depois desse lugar – depois da omissão na narração vermelha – que o homem cessa de ser pensado como fechado, que a produção que malha a fórmula se mostra, que o teatro da transformação, da luta, da elevação das massas e do Oriente funde o espelho no qual uma sociedade se vê idêntica a si própria e daí em diante morta para sempre. É a partir dessa *omissão*, pois, que a história pode se fazer falar não mais como uma marcha indefinida, mas como blocos imbricados e superpostos: uma "história monumental" que se tornou pela primeira vez pensável a partir de uma prática do texto.

Colocado diante das fórmulas projetadas e como que *ejetadas* pela geração, o leitor é convidado a *efetuar* a omissão em sentido inverso: da narração para a infinidade enumerante, da representação para a transformação, da depreciação para o prazer. Sem mediação, somos conduzidos a passar da zona da representação para aquela em que o espelho é liquefeito.

Um problema epistemológico é, assim, proposto por todo texto, e *Nombres* explicita-o: o da aceitação ou não do *intervalo*, que é aquele da aceitação ou não da *produção* de todo signo (discurso, representação, conhecimento) como irredutivelmente diferente (*omissão, corte, branco*) do produto: "il est difficile d'accepter cet intervalle, ce blanc intact" (é difícil aceitar esse intervalo, esse branco intacto),

4.56. Tout ce que vous avez dit, cru, joué, tenté ou imaginé se réduit maintenant à un intervalle, un bord, et c'est comme si l'air s'ouvrait avec vous, derrière votre poitrine, votre ombre, l'infini diffusé partout: sans effort – 'un intervalle ouvert est un voisinage pour chacun de ses points' – et le calcul a lieu en effet plus loin et vous êtes là comme une *ponctuation double* tandis que la précision des machines suspendues dans le vide permet de surveiller le procès en cours*.

O trabalho textual é definido como uma "pontuação dupla", porque, confrontado simultaneamente ao genotexto e ao fenotexto, o leitor lê *Nombres* como uma rotação de elementos heterogêneos: de diferenciais e de signos que se sobrepõem e impedem o traçado contínuo de uma linha, não permitindo ao quadro conhecido da projeção se constituir, mas o rompem e integram no traçado pontuado, o branco do intervalo que separa o fenotexto da geração:

4.56. Il y a une rotation qui ne peut être à la fois celle de l'ensemble et la vôtre, une façon de se frayer un chemin à travers les noms connus et appris, de retarder le flot, de renverser et de diviser ce qui est là, s'étale, s'annule et s'oublie [...]. Vide → étincelle → point → son → lueur → semence [...]. Et cela peut en effet se noter ainsi ⊢⊢⊢⊢, scansion où vous êtes à la fois ligne et absence —**.

Se toda narração é uma linearidade, isto é, um sistema concatenado possível de ser formalizado pela lógica das

---

* «4.56. Tudo o que tendes dito, acreditado, representado, tentado ou imaginado se reduz, agora, a um um intervalo, uma margem, e é como se o ar se abrisse convosco, por trás de vosso peito, de vossa sombra, o infinito difundido por toda a parte sem esforço – 'um intervalo aberto é uma vizinhança para cada um de seus pontos' – e o cálculo tem lugar, com efeito, mais adiante e vós estais lá como uma *pontuação dupla*, ao passo que a precisão das máquinas suspensas no vazio permite vigiar o processo em curso".

** "4.56. Há uma rotação que não pode ser simultaneamente aquela do conjunto e a vossa, uma maneira de se abrir um caminho através dos nomes conhecidos e aprendidos, de retardar o vagalhão, de desarranjar e de dividir o que está presente, o que se põe à mostra, se anula e se olvida [...]. Vazio → faísca → ponto → som → clarão → semente [...]. E isso pode, com efeito, ser notado desta maneira ⊢⊢⊢⊢, escansão na qual sois ao mesmo tempo linha e ausência —".

proposições e, como tal, assenta uma lei retórica que já é uma interdição a não transgredir, o texto necessita desta linha para ausentar-se disso; para aí se introduzir, seguir seu movimento, reabsorvê-la e tomar subitamente um "fio vertical" por onde se desenvolve num alhures multiplicado.

3.35. Le récit avait beau être interdit, il n'était donc pas impossible de se glisser sous cette interdiction – sous sa ligne – de suivre les deux directions à la fois et de remonter plus léger le courant inverse, la voie où rien n'est touché, marqué.*

Justaposta à linearidade, é uma verticalidade, pois, que seria a imagem desse trabalho de geração que se abre através e para fora da narração: "cette *verticalité* sans lieu, tirée dans toutes les directions glissante [...] (4.92)"**.

"[...] c'est ainsi que 'l'atome' 'je' semble monter, descendre et remonter parmi vous comme un *fil vertical*, une *marque non singulière*, un noeud, le double matériel et provisoire d'un *saut*."***

A vertical faz emergir a fórmula, o fenotexto que convoca "vós". Em outras palavras, no mesmo movimento pelo qual a fórmula é produzida, o "vós" é gerado também e o trabalho gerativo se objetiva duplamente num desdobramento do *representamen*: em "vós" – aquele do leitor (destinatário), e em uma fórmula – aquela do resíduo (narração) traçado sobre a página.

"4.80. Germes, semences en nombre innombrable et dont la somme touche la profondeur où le mot 'vous' et la pensée 'vous' se fraye un passage à travers le hasard (jusqu'à vous)."****

Ora, esta "narração" e este "vós", não fazendo unicamente parte da linha da comunicação, mas sendo uma "pontuação dupla" e

---

* "3.35. A narração era em vão interditada, não era, pois, impossível introduzir-se debaixo dessa interdição – debaixo de sua linha – de seguir as duas direções simultaneamente e de subir mais rapidamente a correnteza inversa, o caminho onde nada é tocado, indicado."
** "esta *verticalidade* sem lugar, atirada em todas as direções escorregadia [...] (4.92)."
*** "é assim que 'o átomo 'eu' parece subir, descer e tornar a subir entre vós como um *fio vertical*, uma *indicação não singular*, um nó, o duplo material e provisório de uma *omissão*."
**** "4.80. Germes, sementes em número inumerável e cuja soma toca a profundidade em que o vocábulo "vós" e o pensamento "vós" se abrem uma passagem através do acaso (até vós)."

como tais participando também do "fio vertical", da "coluna", não são, respectivamente, simples "mensagens" ao "destinatário". O "vós" é certamente aquele para quem o texto é endereçado, mas também aquele que o texto envenena, a partir do qual o texto se faz destruindo-o, que está presente – incluído, pois, no texto – para ser destruído. Como ele não é um limite final à chegada da comunicação, ele se torna a margem cuja inversão abre o salto vertical em direção do trabalho significante. A identidade deste "vós" desaparece, um desfraldar de rostos e de línguas inunda-o e põe em evidência o campo no qual se produz a significância. O "vós" – unidade não mais reconhece o mundo de sua língua, esse "vós" caminha daí por diante para além dos signos "lentos e discretos". Um "vós", em suma, que é obrigado a não se pensar a si mesmo como "vós", isto é, como um pronome ocupando o lugar de um posto de escuta, de entendimento ou de compreensão, a não se representar como ponto nem como círculo (se na topologia hegeliana a ciência "é um círculo dos círculos"), mas como um caminho, um corredor, um canal que se ergue verticalmente fora da linha de troca (a narração-resíduo é uma "soma", um "cálculo") que deve ser cavada para pôr em evidência o local entre *ver* ("o horizonte e vós") e *saber* ("o horizonte que está por detrás de vós"):

4.84. Entre l'horizon et vous et l'horizon qui est derrière vous se dégage ainsi ce couloir, cette voie, et cela vient de ce que la ligne maintenant ne se referme plus ni en point ni en cercle ('la science est le cercle des cercles') et ne rejoint plus non plus sa répétition, deux lignes restant ainsi parallèles et toujours parallèles, la formule ligne elle-même disparaissant dans la ligne, et c'est alors ce courant de pensée froide, de blanc aérien froid qui est pour vous un scandale, un viol [...] Juste avant le blanc, sur le bord volcanique et calme du blanc, du sol.*

Ler-se-á nessas "linhas paralelas" o esquema da analogia na separação dos Mesmos essencialmente Outros e dos Outros

* "4.84. Entre o horizonte e vós e o horizonte que está por detrás de vós, evidencia-se, desse modo, esse corredor, esse caminho, e isso vem do fato que a linha agora não mais se fecha em ponto nem em círculo ("a ciência é o círculo dos círculos") e também não chega a alcançar mais sua repetição, duas linhas ficando, assim, paralelas e sempre paralelas, a própria fórmula linha desaparecendo na linha, e é então essa corrente de pensamento frio, de branco aéreo frio que é para vós um escândalo, uma violação [...]. Exatamente diante do branco, sobre o bordo vulcânico e calmo do branco, do solo."

essencialmente Mesmos (a narração, sua geração). A geração e a fórmula se desenvolvem paralelamente, análogas e separadas, impossíveis de serem reconduzidas uma para a outra, para preencher o vazio que as separa. Ter-se-ia podido alcançar por tal raciocínio o espaço perspectivo de uma Palavra Divina, se as paralelas não se reunissem no quadrado excluindo todo centro extrínseco teologal. É justamente o quadrado que se tornará – como veremos – a alavanca que irá operar a transformação da geração em fórmula, do infinito em signo, jogando entre os dois a dupla função do *reviramento* e da *combinatória* que *Nombres* chama de um "salto vertical".

Esta verticalidade, desafiando a linha que a fala, não tem nem origem nem fim: não indo "em direção de", não vindo "de", mas envolvendo-se com "multidão simples", ela é a pluralidade operante. Não fechada, irredutível ao círculo, ela não é por isso hegeliana, dialetizável, pois, numa espiral. É "une expansion où il n'y a rien de perdu ni d'interrompu" (4.96) (uma expansão onde não há nada de perdido nem de interrompido).

Uma nova topologia do trabalho simbólico constitui-se, assim, através desse texto que pensa suas leis. Patenteando o espaço do sujeito ("vós") compreensivo e de sua linha (de seu entendimento), quebrando a representação temporal e significada, é a produção (sem produto) que se implanta como um meio significante em expansão, cujos efeitos (sujeito, sentido, tempo) devem ser repensados como resíduos, sendo, ao mesmo tempo, pretextos no interior da significância formuladora.

No próprio instante em que se tenta pensar o procedimento de germinação, a topologia, não de um centro, mas de um pivô, se elabora, para além do espelho representativo, reenvia os efeitos para o lugar das causas e vice-versa, apresenta uma reviravolta da estrutura (a narração, o signo) e nela situa a geração que a traspassa encobrindo-a com um invólucro. Esse pivô onde o interior e o exterior operam a fusão cada um por sua vez na reabsorção da germinação em fenômeno e do fenômeno em germinação, os mitos o aproximam como uma *árvore do mundo*, um *pilar do mundo*, às vezes *um tambor*, uma *montanha*, um *eixo cósmico*. Ele é um pilar cósmico à força de ser *poste ritual*. Esteio do céu, o poste é a vertical sobre a qual se amarra o animal cujo sacrifício deve provocar o salto em direção daquilo que o fenômeno não é e não deixa entender: a "criação do mundo"[57].Uma "criação" que, fora do cristianismo, é concebida como uma germinação da qual a fórmula nada tem a ver com o germe.

Lugar da desintegração do "corpo", o pilar é o próprio lugar em que a produção da pluralidade infinita pode ser pensada. O *corpus* é desintegrado se chegarmos a pensá-lo como um efeito de discurso, como um resíduo do qual se deveria chegar a conhecer a germinação.

Lugar de sacrifício do "ponto de base", o pilar é a própria figura desse saber que, não se limitando à superfície do fenômeno, procede à busca desses germes que, por estarem presentes, não o concebem por isso. Não um saber que procuraria a causa de um efeito, mas que, fora dessas categorias, evita censurar o *intervalo* que separa o real da significância que o aproveita. De um gesto materialista, esse saber os coloca como separados e irredutíveis, e encontra seu lugar nesta vertical que os une, defrontando-os. É exatamente esse efeito de saber que produz o texto – pilar do sacrifício onde morre o *corpo* com o *sexo* (e, por conseguinte, o Significante Um) para deixar lugar a esta infinidade múltipla em que germina o vocábulo:

3.71. Je devenais ainsi l'organe d'un corpo n'ayant pas encore la possibilité d'exister et de s'affirmer, corps sans corps perdu dans le corps du hasard, dans la force calme, cependant, liée à la force qui court au-dessous du hasard, ruisselant, mucle tendu, appelé par une vitesse souple et orientée.*

Intermediário (é, aliás, o título de um texto pouco conhecido de Sollers), o texto convida "vós" a tomar seu lugar de árvore cósmica, de mediação que põe de lado o fenômeno e sua produção. Se a árvore dá a imagem desse intermediário,

---

57 Wilhelm Koppers, Pferdeopfer und Pferdekult der Indogermanen, *Wiener Beiträge zur Kulturgeschichte und Linguistik*, Jg IV, 1936, p. 320-329. M. Eliade, *Schamanism und archaische Extasetechnik*, v. 2, p. 249 e s., No Rigveda, Agni, pelo sacrifício, cria o mundo.

* "3.71. Eu me tornava, assim, o órgão de um corpo não tendo ainda a possibilidade de existir e de se afirmar, corpo sem corpo perdido no corpo da causalidade, na força calma, contudo, ligada à força que corre abaixo da causalidade, fluindo, os músculos tensos, chamado por uma rapidez ágil e orientada."

essa seria, antes, uma árvore derrubada e sem fundamento, visto que sua base – o ponto de partida para "vós" – é a coroa (a fórmula), ao passo que o que a nutre do alto é uma raiz que não encontra solo algum para a ele se prender: ela não está em parte alguma. Aberto, assim, para o infinito, esse poste ritual que tem "mil rebentos" (Rigveda, IX, 5.10) simboliza a pluralidade ilimitada da significância. Lugar de tensão, dilacerado por sua dupla função de estar aqui e em lugar algum ("entre imparfait et ici" – entre imperfeito e aqui), presente e nunca ou sempre. Espaço mediano que abraça e ampara o ponto e o infinito, a coluna é o lugar dos números e dos hieróglifos, antes de ser aquele do texto (colunas dos números hebraicos, colunas dos ideogramas egípcios, colunas dos templos gregos, escrita em coluna dos hieróglifos). O sujeito cartesiano não saberia, evidentemente, se inscrever aí: para o espaço da coluna ele não é senão a coroa de uma árvore da qual se trata de reencontrar os germes. Somente uma *função* pode ocupar esse pilar mediano, esticado, mortuário porque vital, e, por aí, fálico. Uma função, uma força de trabalho, uma reserva de prazer: o sexo, a luta subterrânea das classes, tudo aquilo que excede a superfície do signo.

3.36. Or, cette pensée ne se trouve pas: elle vient dans la masse où pourtant le futur se retient comme un torrent chargé et formé en colonnes de mots et elle est précisément dans le signe qui est en trop: – 屄 – ici l'idéogramme 'pénis' est marqué, les Chinois n'ayant pas d'équivalent mythique pour "phallus"*.

No mito, é a um deus que cabe necessariamente essa função fálica de intermediário enumerante entre o fixado e o infinito, simbolizando, assim, o ato da significância. Ouçamos o Rigveda: Varuna se apresenta "mantendo-se em pé no espaço mediano, é ele que, como (far-se-ia) com um metro, mediu de parte a parte a terra com o sol"[58]. Indra é aquele que se invoca

---

58 L. Renou, *Études védiques et paninéennes*, t. V, op. cit., p. 69.
* "3.36. Ora, esse pensamento não se encontra: ele vem na massa em que contudo o futuro se retém como uma torrente carregada e formada em colunas de vocábulos e ele está exatamente no signo que está a mais – 屄 – aqui o ideograma 'pênis' está indicado, não tendo os Chineses equivalente mítico para 'falos'".

deste modo: "quando para além da terra inabalável, fixaste com força o espaço aéreo sobre as colunas do céu"[59].

Esta função mediana, na medida em que ela é constitutiva do ato de germinação da significância, é o texto que a executa. É texto aquilo que efetua "cette coupure sur laquelle on ne peut passer qu'en sautant" (1.9) (esse corte sobre o qual não se pode passar senão omitindo), a passagem da representação em direção daquilo que ela não supõe, da superfície reverberante em direção da ausência da superfície, o eixo, pois, em que o "eu" flui, e aquilo que toma forma diante dos olhos tem suas raízes no infinito. Saída da representação que a mima, "détonation et brisure" (detonação e ruptura) no próprio âmago do discurso, o texto é o desafio sobre a possibilidade de fazer falar aquilo que faz falar: de significar o não representável.

2.22. [...] et je me souvenais que nous étions pris les uns et les autres dans l'alphabet désormais pour nous dépassé [...] J'avais maintenant à saisir, à orienter des événements non représentables et qui, pourtant, ne pouvaient être négligés, niés.*

O texto seria esse traço entre a infinidade que trabalha, também, o sonho e a palavra-signo; um *despertar* que pensa sua futura jornada através daquilo que a produziu durante a noite; um novo eixo – óculo de alcance, árvore, raiz, que é a única possibilidade de assumir a evidência como *produzida*, pensável, portanto, como uma lei de produção e, por conseguinte, não infringível; possibilidade que é chamada de "possibilité en somme de se souvenir" (possibilidade, em suma, de recordar) (1.19), de investigar o não tempo perdido que parece vir do futuro – do porvir – de "curvar as linhas", de rompê-las em traços de chamada. O texto é, em outras palavras, esse trabalho sobre a formação da fórmula que impede que a cena presente se encerre novamente em distância diante de um "eu", mas revolve esse "eu" sobre si mesmo como sobre um eixo, um pilar de sacrifício:

---

59 L. Renou, *Études sur le vocabulaire du Rigveda*, I série, Pondichéry, 1958.

* "2.22. e eu me recordava que estávamos tomados uns e outros no alfabeto daí em diante para nós ultrapassado... Eu tinha agora que colher, orientar acontecimentos não representáveis e que, contudo, não podiam ser negligenciados, negados."

"4. Cette colonne ne vous laisse aucune distance, elle veille quand vous dormez, elle se trouve glissée entre vous et vous."*

"Volume blanc et effervescent" (volume branco e efervescente) (2.54), "ce nouveau volume surgi ici, passage au-delà de la voûte fermée" (esse novo volume aqui surgido, passagem para além da abóbada fechada) (3.55), geração das fórmulas e de sua inversão, mediador entre o *tempo falso* assumido pelo imperfeito e o presente-ponto da palavra, o texto é o eixo pivô da infinidade em relação ao lugar, do tempo falso em relação ao presente, do espaço em relação ao ponto: lembremos uma vez mais essa fórmula "de l'imparfait à ici" (desde o imperfeito até aqui) que encaixa uma categoria temporal e uma categoria espacial para melhor assinalar essa dupla função axial do trabalho textual:

3.87. Prise entre l'imparfait et ici, comme entre l'histoire et son cri, entre l'ouest et l'est, entre mourir et ne pas mourir, entre ce qui vit et ce qui se dit [...]. Puis, amené à saisir 1'inscription des temps et des forces, la *génération des formulations* et des négations, le vide et son action, l'énorme et pourtant minuscule pièce en jeu avec ses figures et ses citations prenant la place de toute une époque ou de tout un peuple en train de se souvenir, de tracer enfin l'avenir.**

Esse "sujeito" em volume, colocado à base do pilar de sacrifício, apoio dos significantes infinitos, não saberia ser confundido com a "subjetividade" heideggeriana, fundamento de tudo que existe (é). O "sujeito" enumerante não é um formante, um doador de sentido, um delegado do homem cartesiano finito, um devenir-presente do ser. Ele é o *selo* da infinidade que ele não representa mas que ele imprime diferenciando-a e diferenciando-se dela. O salto vertical de que fala *Nombres* "relata" a operação que produz o lugar desse "sujeito" sigilado, de maneira que poder-se-ia dizer que o texto, mimando os meandros desse

* "4. Essa coluna não vos deixa distância alguma, ela vela enquanto vós dormias, ela se acha introduzida entre vós e vós."
** 3.87.: Tomada entre o imperfeito e aqui, como entre a história e seu brado, entre o leste e o oeste, entre morrer e não morrer, entre aquilo que se vê e aquilo que se diz [...]. Depois, levado a se apoderar da inscrição dos tempos e das forças, a *geração das formulações* e das negações, o vácuo e sua ação, a enorme e, contudo, minúscula peça em jogo com suas figuras e suas citações, tomando o lugar de toda uma época ou de todo um povo que está a se lembrar, a traçar, enfim, o futuro."

"sujeito", é uma sigilografia. O salto produz um selo que deve ser lido: narração vermelha. Esse selo traz, por outro lado, um *contrasselo*, isto é, uma reduplicação, por meio de uma narração de signos, uma impressão em diferenciais que é produzida pelo *salto*[60]. Ele impede toda representação que é sempre a representação de um sujeito, fosse ele uma "subjetividade". Pois esse "eu" nem mesmo é um tipo heideggeriano, isto é, a formatação, pela presença de um tipo humano, de um sentido; ele é o τύπος-selo[61], ele pontua a significância em um lugar que lhe é interior-exterior e que ela alcança por meio de um salto. Esse "eu" pontual destrói a visão (ἰδεῖν) privilegiada e coloca, pela primeira vez, o ato significante fora de seu sujeito que é seu constituinte-constituido. Em outras palavras, com esse "eu" enumerante esfuma-se a dicotomia sentido/expressão, ser/sendo, ideia/forma em que o papel do traço é sustentado pela "subjetidade". O *subjectum* é colocado no lugar não de determinante de sentido, mas de objeto derrubado desta germinação que o compreende.

Se, a todo instante da história do saber, a questão crucial é reconhecer a primazia da matéria sobre o espírito para ocupar uma posição materialista, a batalha materialismo-idealismo executa-se particularmente, nos dias de hoje, no seguinte lugar: reconhecer (gesto materialista) ou não (gesto idealista) uma significância (que não é o sentido da palavras, mas sua germinação) fora da "subjectidade". Nos dias de hoje, uma tal

---

60 Sigilografia (do latim *sigillum*, selo, e do grego *graphein*, descrever). Sub.fem.: ramo da arqueologia e da diplomacia, que tem por objeto o estudo dos selos. Chama-se *selo* a reprodução em cera ou em metal de uma matriz ou sinete, que serve para autenticar um ato público ou privado, emanado por um corpo político, por um estabelecimento laico ou eclesiástico de um simples particular. O uso do *selo* é muito antigo; existiu no Oriente desde sua origem; possuem-se sinetes de selos assírios, caldeus, egípcios ou gregos; reencontra-se seu uso na China e na Índia. Esses sinetes ou selos tiveram originariamente e muitas vezes tem ainda hoje a forma de aro ou de anel (*annuli*, *signa*) que trazem seja o nome do proprietário, seja uma figura, aquela do príncipe, por exemplo, seja, ainda, um emblema. Pelo que diz respeito àquilo que nós chamamos de *diferencial significante*, não é inútil lembrar que *sigillum* é um diminutivo de *signum*.

61 Platão (Teeteto, 192-194) fala, com efeito, de impressões na cera (*keros* = cera; *ker* – na obra de Homero, é o coração, sede dos sentimentos, da coragem, das paixões) como representantes do procedimento fundamental do funcionamento significante (sensibilidade, gratidão etc.), mas não parece ver nisso uma *formatação*, como foi muitas vezes interpretado e como é sugerido por Heidegger.

significância não é pensável senão por um sujeito no discurso teórico, e percebe-se mal como poderia ser de outra maneira: uma casa vazia, não nomeada, permanece no meio dos locais quadrados que são traçados por *Nombres*. Poder-se-ia, contudo, dizer que a radicalidade do problema que acaba de ser posto consiste justamente no fato que essa casa não tem de ser pensada, não tem de ser colocada de outra forma senão como ponto de queda. O texto é o espaço em que se produz esse tipo de significância, e é assim que ele representa seu papel de sapa na cultura dos sujeitos.

Chegamos, assim, à dificuldade – e ao paradoxo – desta topologia que o texto põe à obra: ser o próprio trabalho de sua fórmula, fazer ler o trabalho na fórmula, e não podendo fazer o trabalho senão formulando ao mesmo tempo que se postula a incompatibilidade fundamental da geração e do fenômeno, aceitando sua distância: o texto é de uma compreensão impossível.

"4.72. – et cela n'arrive jamais jusqu'au récit ou aux mots, et vous comprenez maintenant la dualité de cette fonction –" (e isso nunca alcança a narração ou os vocábulos, e compreendeis agora a dualidade dessa função).

Todavia, é exigida uma narração para pôr à mostra aquilo que nunca chega até a narração: narração que traz o trabalho que a produz como uma verruma em torno da qual ele se constitui e que, ela, não pode erguer sua coluna senão mergulhando na superfície opaca dessa narração que não conta nada (permanece vazia) à força de diferenciar o infinito:

4.40. Cependant, ici, le récit continue, et il est comme une colonne vide, une suite de cadres vides conçus pour aider en profondeur l'ennemi, pour vous porter un coup plus secret, plus empoisonné, destiné à vous retirer l'usage de vos produits, la maîtrise de votre discours chargé de tour masquer, de tout arranger en formules signées et réglées.*

---

* "4.40. Entretanto, aqui, a narração continua, e é como uma coluna vazia, uma sucessão de quadros vazios, concebidos para ajudar em profundidade o inimigo, para trazer-vos um golpe mais secreto, mais envenenado, destinado a vos tirar o uso de vossos produtos, o domínio de vosso discurso encarregado de tudo mascarar, de tudo arranjar em fórmulas assinadas e fixadas."

A narração vermelha consiste em indicar por meio de signos aquilo que eles parecem desconhecer: a ruptura com o trabalho que os produz:

"3.71. – essayant malgré tout d'inscrire le saut, la rupture, m'obstinant à noter comme si nous étions passés de l'autre côté" (tentando apesar de tudo inscrever o salto, a ruptura, obstinando-me a notar como se nós tivéssemos passado do outro lado).

A narração vermelha consiste em se obstinar na formulação das leis daquilo que permanece na parte exterior da fórmula: sua germinação do passado para o futuro, apesar de contra o presente:

"2.86. continuant malgré tout à tracer les lois da fonctionnement qui s'annonce, sa mobilité, sa fragilité" (continuando apesar de tudo, a traçar as leis do funcionamento que se anuncia, sua mobilidade, sua fragilidade).

A narração vermelha consiste em aferrar a matéria da língua para além daquilo que ela pode apresentar na sucessão linear, para submeter suas leis àquilo que ela não pode representar: a geração e a transformação da significância.

"2.73. acceptant la succession, le tableau, conjonotion, proposition, complément, verbe, sujet" (aceitando a sucessão, o quadro, conjunção, proposição, com plemento, verbo, sujeito).

VI. O TEATRO. A MATRIZ QUATERNÁRIA

> *Ainda que o Retângulo tivesse lugar, não teria absolutamente produção da sabedoria coeterna com ela, suas produções sempre mudam. Uma produção necessária não deve ser submetida à mudança.*
>
> LEIBNIZ, *Lettre à Bourguet*, 3 de abril de 1716.1

A topologia axial que determina o texto, chama uma dramaturgia complexa que *pluraliza* aquilo que é um sujeito para o fenômeno e para a representação, *distribui* suas instâncias num tabuleiro determinado e, desta maneira, *representa* aquilo que a disposição axial implica para o "eu". A topologia textual é teatral: ela coloca uma cena em que o "eu" se representa, se multiplica, se torna ator e chama neste ato o espectador compreendido e representado como uma das peças não privilegiadas da cenografia.

Atravessada pelo eixo e como refletida por ele e nele, a entidade "eu" não mais é uma unidade desdobrada em "corpo" e "língua"/"sentido", mas uma significância corporal ou, então, um corpo significante, unificados e deslocados no espaço e no tempo no mesmo movimento em relação a si mesmos. Em outras palavras, a dicotomia alma/corpo, que permite a censura sobre o trabalho do corpo como objeto ilimitado e inacessível, se ve ser afastada. Porque o trabalho textual – esse eixo – organiza o "material" e o "espiritual", o "real" e "seu sentido" na única tensão da germinação. Mas ao mesmo tempo, esse trabalho textual – esse pilar do sacrifício – causa a morte do corpo e de toda "encarnação", para reencontrar aquilo que a carência permite dizer "corpo": o prazer. Assim, nem corpo, nem sentido, porque corpo e sentido simultaneamente e sem deslocação temporal, o "eu" se infinitiza à força de girar sobre o eixo germinação fórmula para ver aí seu processo de trabalho. Sem superfície nem profundidade, o "eu" que se enuncia no texto nada tem, pois, a ver com a problemática clínica da participação da corporalidade na língua. Repitamo-lo, para esse "eu" essas categorias não existem, pois esse "eu" tem um único lugar possível: aquele do eixo pilar que pulveriza todo corpo possível de ser pensado pelo sujeito narcísico e metafísico, na configuração do trabalho textual em relação ao qual o corpo é uma perda.

Ao contrário, o trabalho do texto funda o prazer que alcança em princípio o ato sexual, e é nele, por outro lado, que todos os textos – os mitos, os hinos sagrados, a "poesia" – procuraram o eco o mais fiel possível. Com efeito, é no prazer que o corpo, a força de estar *presente*, cesssa de *ser*, para deixar lugar a essa coluna vazia que abre o "eu", através do desdobramento axial. É no prazer que se realiza esta separação centrada em dois que estão presentes para não se atingir numa tensão duplamente orientada: em direção do "eu", com certeza, mas em direção do "outro", acima de tudo, esse *outro* que dá – nesta *análise* que é o prazer – o limite do fenômeno "eu", e que sozinho o excede, o anula, o decompõe, o infinitiza.

"4.20. (la difficulté vient donc du fait qu'il y a en somme deux corps en action brutale et simultanée, et l'un ne peut toucher l'autre qu'à l'improviste, en un point brûlant, perforant, au 'zenith')."*

Esse tipo de significância que perfura o Significante Um do "eu" para reencontrar um conjunto duplo, se o prazer fornecer a prova disso, o "eu" do texto o pratica constantemente: 1.89. "se produisant mutuellement l'un l'autre" (produzindo-se mutuamente um ao outro); 1.22. "la vie doublée d'un être doublé" (a vida duplicada de um ser duplicado). Não se trata, todavia, de um desdobramento do sujeito em busca de um corpo materno perdido, não se trata de uma descentralização. Trata-se, ao contrário, desta germinação-produção dupla e reiterante que sozinha, vertendo-se em fórmula, impede o desdobramento do sujeito.

"1.13. Rien d'un dédoublement, cependant, je restais rapide, attentif, actif coincidant avec chaque réveil" (Nada de desdobramento, entretanto eu continuava a ser impetuoso, atento, ativo, coincidindo com cada despertar).

Lúcido e trabalhador, "eu" produz um correlato não para se dividir, mas para multiplicar a fissura, pondo-se em movimento para passar além do corpo e de seu acessório, o espelho, para cessar, pois, de se identificar, para seguir sua germinação. Eis porque "ela" – esse "outro" de "eu" – não está do outro lado, mas aqui, eixo vazio traspassando o "eu", a diferenciação daquilo que diz "eu mesmo" sem penetrar através dele, e infligindo-lhe seu próprio extravasamento ao infinito como uma "dádiva" mortuária:

1.21. Et, en somme, il n'y avait pas d'un côté moi, et de l'autre côté quelqu'un, quelque chose, ce qui rend la proposition 'je la voyais accrochée à la nuit' fausse, démesurée [...]. Et pourtant vraie et inévitable, réduite, inscrite au bout du trajet.**

---

* "4.20. (a dificuldade nasce, pois, do fato que há em resumo dois corpos em ação brutal e simultânea, e um não pode tocar o outro senão de improviso, num ponto abrasante, perfurante, no 'zênite' [...]).

** "1.21. [...] E, em resumo, não havia, de um lado, eu mesmo, e do outro, alguém, alguma coisa, aquilo que torna a proposição 'eu a via agarrada à noite' falsa, enorme [...]. E todavia verdadeira e inevitável, reduzida, inscrita ao extremo do trajeto."

"Eu" não é um "outro", sua problemática não é a da psicose. Ele é, poder-se-ia dizer, desprendido da psicose. Tendo descoberto a possibilidade psicótica, ele não a vive. Ele passa além, esquece-se como "um", o que significa que ele não pode mais se pensar como "dois", se torna texto infinitamente múltiplo – e não múltiplo em relação a *um*, mas múltiplo em relação ao múltiplo – que não narra um significante funcional de quem é preciso, em compensação, "me dégager, me dissocier, et me différencier sans arrêt" (2.82) (livrar-me, dissociar-me, e me diferenciar sem embargo) numa combinatória generalizada: o cálculo das fórmulas depostas. Todo encontro com "um outro" que não é um texto não interessa a germinação, então, também o "eu" que não *é* senão em *vista* desta germinação. Um "eu", por conseguinte, não pessoa, mas também não subjetividade, sem lugar exato, visto que se tornou um *local do infinito*, uma *situação da significância* ou, melhor, uma diferencial; necessitando da palpitação d'"ela" "constamment tentée par le miroir" (3.79) (constantemente tentada pelo espelho), por uma descida, pois, no inferno dos sujeitos de onde o "eu"-enumerante tem por função extraí-lo para se extrair.

"2.70. [...] et j'étais obligé d'insister jusqu'au niveau des viscères, et de l'arracher à la vieille histoire de sexe et de peur, à la vieille pente de reproduction et de peur."*

Para esse "eu"-situação "ela" não saberia se "subjetivizar", isto é, encontrar uma identidade na representação social. "Ela" tem a função de garantir a representação da destruição produtiva que "eu" opera, mas não deve se representar a si própria, não deve, pois, voltar-se sobre seu corpo e ver aí uma identidade vidente, nem fazer nascer um produto identificatório. Se "ela" pudesse fazê-lo, o jogo – o prazer – o texto viriam a ser rompidos, e "ela" permaneceria no sulco de "eu" como vestígio de uma biografia, referência tranquilizadora para garantir sua irreversibilidade: "esquecer seu próprio início é voltar ao próprio começo", mas não como função desta *tanatografia*[62] que é o texto. Assim, o devenir é selado por "ela" que não é mais do que "eu" é uma unidade. Ela é uma função

---

* "2.70. [...] e eu era obrigado a insistir até o nível das vísceras, e de extirpá-lo da velha história de sexo e de medo, do velho declive de reprodução e de medo."
62 P. Sollers, La Science de Lautréamont, *Logiques*.

de "eu", uma casa de seu jogo que calcula o edifício da coluna. "Ela" é aquilo que não é "eu" mesmo sendo seu outro no interior do "eu" multiplicado, e não pode se descrever senão como o sexo que assume o papel do contrário. Sem *ser* forçosamente a mulher, "ela" pode se *apresentar* como a mãe, a irmã, o parceiro sexual, contanto que ela seja uma língua estrangeira e, ou um roçar desta morte – desse *extrafronteira* – que "eu" visa em sua infinitização. Conquanto ela seja, em suma, o espaço interditado para a presença de Um Sentido, recolocando em causa a origem, a identidade e a reprodução – "a vida", pois, chamando o "eu" a encontrar seu oposto para nele se reconhecer e, a partir deste salto em direção do outro, infinitizar-se sem espelho – sem Deus –, num teatro hierogâmico da multiplicidade reencontrada.

"1.33. mais il fallait être au moins deux, à présent, pour toucher cela [...]. Il fallait passer l'un et l'autre de l'un et de l'autre côté de ce qui n'a pas de côté, pas d'ombre."*

"Ela" – terceira pessoa, portanto, não pessoa e feminino oposto, é esse duplo axial que "eu" procura em si mesmo para se dilatar a partir desta duplicação radical que constitui o núcleo primordial para uma passagem além do Significado Um. Então, jogo entre "eu" e "ela", joia que reúne numa multidão de faíscas os termos inconciliáveis do "eu mesmo" e da "não pessoa", do masculino e do feminino, o sujeito rompe, assim, sua unidade, introduzindo, como válvula de escape desta infinitização, a não pessoa do outro sexo. Significante para esse outro significante, o sujeito se vê, assim, como sujeito, mas pela mesma prática ele acede ao plural dos significantes e, por conseguinte, se liberta do lugar subjetal. Eis, pois, o papel fundamental desse desdobramento axial impossível, áspero e acre para tudo o que quer *ser* e *comunicar* alerta, mas acessível nesse fundo infinito da significância em que o sono se aventura sem, contudo, igualar-se a ele, e que Artaud indica assim:

Car le propre de l'un et du moi est de ne pas se regarder lui-même, jamais, et d'*agir*.

---

* "1.33. mas era preciso ser pelo menos dois, agora, para servir-se disso [...]. Era preciso passar, um e outro, por um e por outro lado daquilo que não tem lado, que não tem sombra."

Le propre du double, le deux, de toujours regarder agir. On m'a pris *deux* pendant que je dormais. Deux s'est pris pour un et trois même, quand je n'étais plus là en pensée ni en être, être mais que sur la terre je vivais sans localiser une écretée. Le double est toujours cette êcretée, et locale, que la vie n'a jamais pu supporter"[63]*.

Tomando o lugar d'"ela", dando-lhe seu lugar para reaparecer por consequência, à situação de partida e viver-se como "algarismo duplo", e assim indefinidamente em "oito" deitado – ∞ –, "eu" alcança, através d'"ela", aquilo que ele não obtém de outro modo: seu homicídio ao qual ele participa ao mesmo tempo que é testemunha disso. "Ela" derruba seu prazer, que ele recebe como espelho de sua própria morte. Desfrutando sua morte, ela garante a representação do prazer dele, e lhe dá essa representação de gozar que desenraiza da subjetividade. "Ela" é, assim, não somente impersonificável e sem relação com unidade psicológica alguma, mas a função mesmo da germinação sem fim, da geração sem parto: uma mãe sem razão, uma "mãe doida". É a Deusa-Mãe das religiões antigas, a *Via* chinesa, um procedimento sem começo nem fim, mas que gera todos os *realia*, digamos a imagem mítica (a narração) do enumerante como uma germinação. Encontramos essa mãe germinadora, mas não geradora, no *Tao*: "O termo Não ser indica o início do céu e da terra; o termo ser indica a mãe de várias coisas (I). Ainda que todos os homens tenham alguma coisa (que eles sabem fazer), somente eu sou ignorante como um camponês. Somente eu sou diferente dos outros homens *naquilo que eu estimo nutrir*-me da Mãe (XX). Quando se conhece as crianças, as dez mil coisas, se novamente limitarmo-nos à mãe, até o fim de nossa própria vida não estaremos em perigo" (LII). A possessão da Mãe – d'"ela" – é, por consequência, a primeira transgressão da unicidade de "eu", o primeiro ato indispensável

---

63 A. Arthaud, Histoire entre la Groume et Dieu, *Fontaine*, Paris, n. 57, dez. 1946.
* Pois que o próprio de um e do eu mesmo é de não se olhar a si próprio, nunca, e de *agir*.
O próprio do duplo, o dois, de sempre olhar agir. Tomaram-me *dois* enquanto eu dormia. Dois se tomou por um e mesmo por três, quando eu não mais estava lá nem em pensamento nem em ser, ser, mas que sobre a terra eu vivia sem localisar um desmantelamento. O duplo é sempre esse desmantelamento, e local, que a vida nunca pôde suportar.

para sua variação de centro, aquele que faz do "eu" um "ignorante" que "nada sabe fazer", e o conduz na topologia do texto.

Como na obra de Dante, de quem Sollers analisa a lógica[64], "a mulher é essa travessia da mãe, da língua materna (da interdição maior) em direção da visão (ao inverso de Édipo), em direção do fogo que se *é*. É ela que conduz para a visão além do rosto e dos corpos repetidos". Como na obra de Dante, *ela* deve estar "morta" para que "eu" possa reencontrar essa não identidade que lhe permite dispor da combinatória do texto. "Eu" não pode vê-la senão como a porta da infinidade da significância. É justamente o que Sollers lê nos bem conhecidos versos de Dante: "Allora dico che la mia língua parlò quasi come per se stessa mossa e disse: Donne ch'avete intelletto d'amore" ("E então digo que minha língua falou quase como que movida por si só e disse: Damas que tendes entendimento do amor". *Vita Nuova*, XIX, 2 – N. da T.). "Um amor que nada possui e nada quer possuir: sua única verdade, mas infinita, é de entregar-se à morte". Nesse amor, "ela", semelhante a Beatriz, morta, assume o papel de significado, "o contexto passando para a categoria de pretexto e permitindo ao texto se manifestar como único resultado". "É" na medida em que o objeto de seu desejo é um objeto não somente mortal, mas não tomando vida senão no interior de uma morte incessante, ponto luminoso tornado cada vez mais escaldante pela escuridão em que ele pode somente se afirmar, que a *identidade* desse objeto (irredutível à posição de objeto, justamente, mas *sujeito* outro, cada vez mais outro) se coloca como destruidor do mapeamento da identidade social". *Nombres* pratica essa experiência anônima e mortal d'"ela", experiência escandalosa porque não romântica; seca, desumana, sórdida e amigável, pela qual Beatriz alcança *Ma mère* de Bataille. Pois a obscenidade d'"ela" em *Nombres* não é, como para Bataille, "função dessa imbricação dos níveis do discurso: a descrição aparentemente mais "crua" está próxima do pensamento mais "nobre", o alto e o baixo comunicam incessantemente na cadeia significante que corre sob os vocábulos"[65] numa narração impossível, mas indispensável.

---

64 Dante et la traversée de l'écriture, *Logiques*.
65 Idem, Le Récit impossible, *Logiques*.

A entrada dentro d'"ela" ("La fente de la vallée ne meurt pas" (a fenda do vale não morre) / "La porte de la femelle obscure" (A porta da fêmea obscura) é colocada em *Nombres* como o próprio ato em que se desdobra "une multiplication instantanée, une simplicité de plus en plus écorchée, rayée (1.85) (uma multiplicação instantânea, uma simplicidade cada vez mais esfolada, riscada). Transportados juntos no mesmo trajeto, "eu"/"ela" reencontram aquilo que a separação não lhes dá: "une véritable orgie de mémoire à travers les dates et les faits" (uma verdadeira orgia de memória através das datas e dos fatos) – toda a significância esquecida e censurada, de maneira que poder-se-ia dizer que o ato sexual – aquilo que se dá como tal na narração – confunde-se com a travessia da infinidade dos significantes:

1.85. Je m'arrêtais, je laissais se développer ce qu'il faut bien appeler notre passé parmi les éléments de leurs nombres, je laissais la machine contrôler et distribuer les nombres en train de compter et d'effacer, ici, dans les colonnes physiques et atmosphériques.*

E a cenografia do prazer se confunde com aquela dos textos:
"1.85. le texte restant et vibrant au-dessus de sa peau" (o texto permanecendo e vibrando por cima de sua pele) e da emissão do som:
"1.85. l'émission vocale est la peau, les modulations sont la chair, le souffle est l'os (a emissão vocal é a pele, as modulações são a carne, e a respiração é o osso).

Não pode ser, pois, "ela" senão aquilo que participa do mesmo movimento de acesso à significância que desmembra o vocábulo através de um sem número de quedas no espelho e no corpo ("déchets, excréments, vomissures, égouts" – alterações, excrementos, vômitos, cloacas):

1.9. comme si elle n'était plus que cette émission de nuit ouverte au couteau dans la masse pleine de 1'après-midi [...]. Comme attendant de venir d'un nutre corps, d'aller plus fermement vers ce qui ne lâchait pas un instant son corps, vers ce qui la gênait et 1'empêchait d'aller plus loin, ici mais aussi dehors.

---

* "1.85. Eu me detinha, deixava se desenvolver o que é preciso chamar de nosso passado entre os elementos de seus números, deixava que a máquina controlasse e distribuisse os números em vias de contar e de apagar, aqui, nas colunas físicas e atmosféricas."

1.20. Elle n'arrivait pas jusqu'aux mots, les sons 'or' ou 'if' la désignent mieux dans les phrases que je viens d'écrire, un contact qui ne peut avoir lieu que détourné et coupé – coupé comme une langue est coupée, comme un sexe coupé est placé dans la bouche.*

A história do "eu" desmembrado se faz "en elle, par elle, plus loin qu'elle mais liée à elle, ne pouvant pas se passer d'elle ni se détacher de son corps" (nela, por ela, mais longe do que ela mas ligada a ela, não podendo renunciar a ela nem destacar-se de seu corpo). O prazer que resulta daí é ativamente funcional para esse "eu", que se avizinha, assim, do "matadouro", da morte.

"1.45. [j']étais donc dans la progression des membres, mais ce qui revenait en elle, se reproduisait, montait et jouissait en elle, comptait moins que le chiffre double inscrit dans mes nerfs [...]"**

Provocando a morte de "eu", alimentando-se dessa morte – ou dessa castração – perpétua, "ela" não tem mais razão de ser se "eu" estiver definitivamente morto. É uma morte reiterada que ela exige, uma possibilidade de morte constante, e não uma suspensão definitiva na qual ela teria podido encontrar sua imagem, sua identidade e, portanto, sua própria morte. O jogo na morte, a morte como designação desse espaço que se abre com a travessia do espelho, com essa dupla ação de arrancar de "eu" para "eu" através d'"ela", o texto encena o "sacrifício" do sujeito.

1.49. De même que j'étais devenu um mot pour un autre mot dans le décollement des mots en surface, elle ne pouvait pas être autre chose qu'un sexe pour un autre sexe dans la disparition partagée du sexe qui l'obligeait à penser qu'un des deux sexes était mort.***

---

* "1.9. como se ela não fosse mais senão essa emissão de noite aberta à faca na massa cheia da tarde [...] como esperando vir de um outro corpo, ir mais firmemente em direção daquilo que não largava seu corpo nem por um instante, em direção daquilo que a incomodava e lhe impedia de ir mais longe, aqui, mas também fora.
  1.20. Ela não chegava até os vocábulos, os sons 'or' ou 'if' a designam melhor nas frases que acabo de escrever, um contato que não pode se realizar senão desviado e cortado – cortado como é cortada uma língua, como um sexo cortado é colocado na boca."
** "1.45. eu estava pois na progressão dos membros, mas o que reaparecia nela, se reproduzia, subia e sentia prazer nela contava menos do que o algarismo duplo inscrito em meus nervos."
*** "1.49. Assim como eu tinha me tornado um vocábulo para um outro vocábulo na ação de corte dos vocábulos na superfície, ela não podia ser outra coisa senão em sexo para um outro sexo no desaparecimento repartido do sexo que a obrigava a pensar que um dos dois sexos estava morto."

Morte, portanto, significa aqui abertura da germinação, da página das diferenciais – dos grãos, das sementes, onde "eu" e "ela" se perdem e passam *juntos* na infinidade extra-Ser que lhe é inacessível a cada um sozinho.

Essa morte germinante se opõe ao nascimento fenomenal, ao objeto fetiche produzido pela fusão de "eu" e d'"ela" no momento em que eles teriam malogrado em sua travessia do espelho:

"4.48. Ici, vous commencez à comprendre ce que ce roman poursuit dans la science de son détour, vous savez maintenant ce qu'est le refus de toute naissance."*

Vê-se como, nesse cilindro transparente em que o ato escritural – o ato sexual – desmembra o "eu", o mito fundamental da humanidade, o *nascimento* (que é sempre o nascimento de um "eu"), da *reprodução* é dissolvido e classificado como a própria confissão de ter renunciado ao trabalho – à *produção* –, para apoderar-se do produto, de ter censurado a germinação para possuir a quebra, e capitalizar o excremento.

2.38. j'avais surgi comme l'organe de leur échec, la preuve que leurs gestes n'étaient pas allés jusqu'au bout, que leurs paroles avaient été déviées, que leur jouissance même avait été détournée bloquée, annulée.**

Ora, a topologia do duplo se complica pelo fato que, além da substituição axial, é assentada a representação da travessia do espelho, que quadruplica a unidade. O giro completo do eixo do sacrifício é realizado, e o "eu" pode *ver* se fazer, com sua geração, sua morte.

"2.54. Il fallait donc nous compter maintenant non pas comme deux en un, non pas comme deux par rapport à un, mais littéralement comme quatre, deux parallèles à deux, marchant ensemble sans se regarder ni se remarquer."***

---

* "4.4.8. Aqui, começais a compreender aquilo que o romance persegue na ciência de seu rodeio, sabeis agora o que é a recusa de todo nascimento."
** "2.38. eu tinha surgido como o órgão de seu revés, a prova de que seus gestos não tinham alcançado o fim, de que suas palavras tinham sido desviadas, que seu próprio prazer tinha sido afastado, bloqueado, anulado."
*** "2.54. Era preciso pois contar-nos agora não como dois em um, não como dois em relação a um, mas literalmente como quatro, dois paralelos a dois, caminhando juntos sem se olhar nem se reparar."

O "eu" distribuído nestas quatro casas do jogo mortal torna-se um ponto neutro assumindo, assim, uma posição reguladora, maior, à força de ser enumerada. Aquilo que desloca as quatro casas do jogo e esse próprio deslocamento eliminam, assim, a cabeça pensante e a transformam em uma "tête de haine et d'eau" (cabeça de ódio e de água).

"2.58. Devenu le point neutre appelé entre quatre bras, quatre jambes, ou plutôt sur le côté de la figure formée par elle et moi en miroir, l'intersection qui nous permettait de nous toucher depuis le point d'ombre."*

Um trabalho histórico se realiza, pois, nesse texto que obriga o "eu", que é um "eu" numeral, teatral, regulador de seus efeitos de discurso, a praticar sua geração na língua. É justamente aqui, no topo oscilante desse "eu" que alimenta toda uma cultura que "nós" pode ser escrito sem que esse "nós" seja uma soma mecânica de "eu", nem uma hipóstase que objetivasse o discurso desse "eu", dando-lhe esse certificado de verdade que representa o "nós" filosófico, político ou real. "Nós", inclusive, pronome que aparece desde a primeira sequência de *Nombres*, designa os "sujeitos" "pris dans la numération implacable, vivants et morts [...] placés sans cesse dans des positions en écho, avec ces lettres qui n'approchent qu'en retombant le cri ressenti de haut (3.13)"**.

"Nós" são "eu" e "ela" (1ª. e 3ª. pessoas) tomados em sua geração e produção monstruosa. É dizer que são todos os "sujeitos", "nós todos", que começam a viver como já mortos, no sentido que dissemos, capazes, pois, de pensar aquilo que os produz, aquilo que os encerra, aquilo que pode quebrar essa vedação: aquela da vida como palavra Significante Um. "Nós" é o *lugar* comum em que esse pensamento – essa prática – é possível; a *fórmula* que reúne todos aqueles que pensam sua história: a história de seu ser como objeto de troca, preço, valor, mercadoria, "jusqu'à cette situation où nous sommes pour nous-mêmes inaccessibles" (4.24) (até essa situação em que nós somos por

---

* "2.58. Tendo se tornado o ponto neutro chamado entre quatro braços, quatro pernas, ou, antes, do lado da figura formada por ela e eu no espelho, a intersecção que nos permitia de nos tocar a partir do ponto de sombra."
** "tomados na numeração implacável, vivos e mortos [...] colocados incessantemente em posições em eco, com essas letras que não se aproximam senão fazendo recair o grito sentido de cima [...] (3.13)."

nós mesmos inacessíveis); o *topos* daqueles que se abrem sobre o espaço antirrepresentativo: "cependant l'espace où je me trouvais donnait sur l'espace où nous nous voyons: sortis des salles de projection" (entretanto, o espaço em que eu me encontrava dava para o espaço em que nós nos vemos: saídos das salas de projeção), "Nós" é a história final de "eu" e de toda sua civilização que não tem o direito de dizer "nós" senão depois de ter aceitado se negar, e depois de ter efetuado o gesto nítido desta anulação, indicando, assim, pela morte, o início de uma nova época da significância, uma nova era histórica. Gesto decisivo para que as tentativas de uma revolução social não tornem a cair na apoteose do mesmo "eu" negociável, ofuscando-se diante do espelho:

2.6. Cependant j'arrivais du côté de ma propre histoire. Cela m'était signalé par la tentative de me situer à la périphérie d'un cercle qui serait passé par "nous tous". Je pensais que si j'arrivais au tissu qui nous composait, je saurais en même temps ce qui le maintient, le nourrit, l'anime – quelque chose devant malgré tout disparaître au moment de la réponse juste, se jeter dans ce qui autrefois aurait été appelé "mer" en criant. J'étais alors presque au sommet d'un cylindre dont je ne contrôlais pas l'extension, sa base s'enracinant dans les métaux les plus lourds. Nous montions ainsi, par milliers, vers l'ouverture blanche qui se découpait et reculait à mesure au-dessus de nous.*

Sendo uma fragmentação-infinitização de "eu", esse "nós" se torna necessariamente aquele das massas revolucionárias, aquelas que trabalham hoje nas cidades, aquelas que vêm do leste com sua revolução implacável. "Nós" – um "eu" morto e aniquilante.

---

* "2.6. Entretanto eu chegava ao lado de minha própria história. Isso me era assinalado pela tentativa de me situar na periferia de um círculo que teria passado por 'todos nós'. Eu pensava que, se chegasse ao tecido que nos compunha, eu saberia ao mesmo tempo o que o mantém, o nutre, o anima – alguma coisa devendo, apesar de tudo, desaparecer no momento da resposta certa, lançar-se naquilo que outrora teria sido chamado de 'mar' aos gritos [...]. Eu estava, então, quase no topo de um cilindro do qual eu não controlava a extensão, enraizando-se sua base nos mais pesados dos metais. Subíamos, assim, aos milhares, em direção da abertura branca que se recortava e recuava sucessivamente para cima de nós."

1.81. [...] Venant de la rotation et nous arrêtant un moment dans le signe "nous" inscrit en nous de profil [...]. Prenant ainsi la forme de tout un peuple animé et groupé autour de ses articulations, de sa voix de sexe et d'échange, devenant la force motrice des traductions et des divisions.*

Mas, por ser tudo isso, "nós" é também o "voos", esse sinal indecifrável do "conhecimento supremo", cuja figura é desenhada pela coluna; esse "νους", "ουτια", para o qual não há vocábulos, que ultrapassa o pensamento e, para fora do tempo, desafia a duração. "Nós" – pronome da germinação apessoal. Se a 3ª pessoa do singular é a não pessoa, a 1ª pessoa do plural no sentido de *Nombres* é aquela que realiza o próprio paradoxo do pronome, pois ela se coloca na intersecção da 1ª e da 3ª desdobradas e assinala o lugar impossível – axial, de sacrifício, da extrapessoa na multiplicidade não identificada, apessoal. Pronome da apessoa, pronome da geração, nós-νους.

1. Cependant, il y avait un "nous". Ce "nous" se perdait, revenait, tremblait et revenait sans cesse: je pouvais ressentir sa présence, une présence de mots vivants. A ce point, justement, il n'y a plus place pour le moindre mot. Ce qu'on sent aussitôt, c'est la bouche [...]. Le plus surprenant dans notre aventure, c'est encore cette force de la durée – une durée qui au fond se calcule seule, fixe sans nous ses limites, est capable de dépasser la plus dure pensée.**

"Eu" duplo, "ela" – 3ª. pessoa, a não pessoa ausente da comunicação, "nós" – pronome por excelência da apersonalidade, formam os três muros desse teatro em que se produz o texto, e frisa a topologia dessa germinação para além do espelho que elucidamos acima. Defrontada com eles, a segunda

---

* "1.81. Vindo da rotação e detendo-nos por um momento no signo 'nós', inscreve em nós de perfil [...]. Tomando, assim, a forma de todo um povo animado e agrupado em torno de suas articulações, de sua voz de sexo e de troca, tornando-se a força motora das traduções e das divisões."
** "1. Entretanto, havia um 'nós'. Esse 'nós' se perdia, reaparecia, estremecia e reaparecia incessantemente: eu podia sentir sua presença, uma presença de vocábulos vivos. Nesse ponto, justamente, não há mais lugar para o menor vocábulo. O que se sente imediatamente é a boca [...]. O mais surpreendente em nossa aventura é, ainda, essa força da duração – uma duração que, no fundo, se calcula sozinha, fixa sem nós seus limites, é capaz de ultrapassar o mais rijo pensamento."

pessoa do plural "vós" designa o espectador "esperando" a representação. Uma ilusão de representação será, pois, dada para ser, ao mesmo tempo, desmanchada. O cálculo mallarmeano se cumpre: o livro se faz teatro para destruir a representação. No meio das quatro casas: um vazio, "impossível de ser preenchido – o destino". Digamos antes: o eixo, a coluna, o procedimento textual que distribui a matriz quádrupla para ser-lhe, simultaneamente, interior.

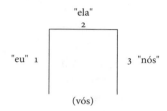

Escreve-se um encerramento no qual será praticada a infinidade da significância. Uma infinidade, pois, que não é absoluta, metafísica, aberta numa estupefação, mas um dispositivo sem o qual a significância não poderá gerar sua fórmula. Uma matriz quádrupla *funda* a infinidade textual na medida em que ela destrói o bem estabelecido, o presente, o significado: ela restabelece a infinitização que não é uma casualidade. Sua função: "disséminer, fonder em disparaissant" (disseminar, estabelecer desaparecendo). Não semear, dispersar, reenviar para um não estruturável, mas *formular*, permitir à geração se fazer na fórmula. É somente aqui, no encerramento, que o infinito se põe em ação. Um pórtico da história, porque lugar de diferenciais, de números.

É lá, com efeito, entre dois limites, que o infinitesimal encontrou seu lugar. É neste "sursaut terreux de fermer" (sobressalto terroso de encerrar) que age a força da história, eficaz e organizada. A história passa pelo encerramento de um pórtico, a infinidade significante pela matriz formulada, o infinito numeral entre dois números. Artaud:

à l'infini le temps concret de vivre.
lequel ne se situe pas entre o et l'infini des nombres,

mais le fini d'un chiffre repris aux nombres,
et de 0 à 30, 30 est plus infini que l'infini si je recompte 31 de
25 et non de 30 et ainsi à l'infini dans les chiffres jamais finis.*

Radicalmente oposto às quatro extremidades abertas da cruz – símbolo binário por excelência –, desenhando o espaço de hipóstase do Um divinizado, mergulhado por essa cruz no infinito de sua unicidade, o quadrado é a própria figura do *configurado*. Levado a seu apogeu pelo cubo, ele traça o pensamento reunindo suas contradições nos limites da realização. Correlativa, translativa, ativa, a matriz quádrupla é o fechamento minimal que faz agir o infinito. O quadrado-símbolo da terra, o algarismo 4 é também o algarismo impessoal da dança (para os chineses). Eis como Mallarmé pensa essa dança, que, evoluindo no quadrado da cena, se coloca "extralimites" e garante um "não individual", reduz o sujeito a um "emblema" não localizável porque, abrindo o infinito "em sua incessante ubiquidade", aquela do ponto agindo por toda a parte: "reconnaître […] cette loi que le premier sujet, hors cadre, de la danse soit une synthèse mobile, en son incessante ubiquité, des attitudes de chaque groupe: comme elle ne la font que détailler, en tant que fractions, à l'infini. Telle, une réciprocité, dont résulte l'individuel chez le coryphée et dans l'ensemble, de l'être dansant, jamais qu'un emblème, point quelqu'un"[66]. (reconhecer […] esta lei que o primeiro sujeito, extralimites, da dança seja uma síntese móvel, em sua incessante ubiquidade, das atitudes de cada grupo: como ela, não a fazem senão particularizar, enquanto frações, ao infinito. Tal uma reciprocidade, da qual resulta o individual no corifeu e no conjunto, do ser dançante, nunca senão um emblema, de nenhum modo alguém).

Na dança que é o texto de *Nombres*, diante do pórtico revirante desenhado por "eu"/"ela"/"nós", perfila-se o quarto tempo, o branco, no presente de "vós", do fenômeno.

Não saberíamos, aqui, frisar suficientemente a importância desse agenciamento das três fases produtivas com a quarta da cena

---

* ao infinito o tempo concreto de viver. / o qual não se situa entre 0 e o infinito dos números, / mas o finito de um algarismo retomado aos números, / e de 0 a 30, 30 é mais infinito que o infinito se eu contar 31 de / 25 e não de 30 e assim ao infinito nos algarismos nunca finitos.

66 Mallarmé, op. cit., p. 303-304.

presente. É essa quarta, justamente, a do fenômeno, do presente, da realização da fórmula, que dá o fechamento dos três tempos do duplo fundo, impede-lhes de se tornarem um espaço antônomo e metafísico, e permite-lhes de se construírem como *diferentes* em relação àquilo que está presente. É em relação à quarta superfície – "vós", fenômeno, fórmula –, que a germinação infinita pode se articular. Com os quatro tempos da escansão, a unicidade é definitivamente abolida, pois os três tempos da cena produtiva "eu"/"ela"/"nós" seriam apenas um ápice teológico se eles não se fizessem em relação a esse quarto termo, a "vós" – base do pilar de sacrifício onde queima o animal humano.

> 3 ôté de 1 est impossible,
> il n'y avait pas 3 mais toujours plus un,
> enlevar 3 de 1 c'est enlever à 3 quelque chose
> d'existant pour en faire un néant.
> On ne s'enlève que dans l'inconcient pour soi
> devenir réel à la place du 1 perpétuel.*

Esse nada absoluto aposto à cumplicidade de 1 e de 3 que Artaud pensava como possível unicamente no inconsciente, e como resultante de um arrebatamento, o texto enumerante o realiza por meio de um *excesso*, acrescentando a quarta superfície indispensável para apresentar a narração dupla, a narração vermelha. Estamos próximos, aqui, daquilo que distingue radicalmente os escritos de Artaud do texto de *Nombres*: de um lado, uma reivindicação supliciar erguendo-se contra a problemática idealista do cristianismo para examiná-la de outro aspecto ao sofrer seus estigmas; do outro, a chegada à margem de uma nova época que, atravessando o cristianismo, e recusando, por outro lado, as mistificações "surreais", prevê sua forma exterior e calcula firmemente sua fórmula.

A escansão em três tempos "faite pour un monde qui sans elle n'existerait pas" (feita para um mundo que sem ela não existiria) (Artaud), é a grade de todo pensamento teológico – desde a cruz cristã até a tríade hegeliana e até a supressão de

---

* 3 tirado de 1 é impossível, / não havia 3, mas sempre mais um, / tirar 3 de 1 é tirar de 3 alguma coisa / de existente para fazer disso um nada absoluto. / Não se desaparece senão no inconsciente de si próprio / devenir real no legar do 1 perpétuo. (A. Artaud, set-out. 1945)

Heidegger. O sujeito (o Pai), o Mesmo (o Filho) e sua fusão transcendental (o Espírito Santo), propõe a matriz deste pensamento que coloca o infinito como um além, como uma existência estática e dominante, intangível, que não saberíamos alcançar senão no instante da morte, que detém, indica e nega esse infinito. O triadismo cristão coloca o infinito como um Ser recusado, barrado +, por assim dizer, castrado e possível de ser obtido ao preço da castração; por esse gesto mesmo, cuja repetição se fixa, filosoficamente, no nível da redação fenomenológico, o infinito está perdido, fixado num além resignado e inacessível. É necessário, então, que este infinito barrado seja representado por uma palavra condensada num nome: Deus. A pirâmide hegeliana da negação dialética – tese-antítese-síntese –, que afunda a espiral da Ideia, e o signo saussuriano, tomando emprestado um percurso parecido para instaurar o topo do *sentido*, obedecem sempre a uma matriz triádica. Do mesmo modo, o quadrante heideggeriano – esse "ontos" crucificado –, que nega aquilo que *é* para relegar o infinito no não Ser de um devenir constante do Ser, designa um espaço transcendental em que reina um infinito compacto, homogêneo, indiferenciado, inumerável.

A cruz com a qual Heidegger tranca o *Ser* para *defendê*-lo ao *repeli*-lo fica fascinada por um Ser-presente que o absorve desde que ela se coloca sobre sua face. Medida negativa, controlada e compreendida pelo que ela nega, a cruz se torna, por uma necessidade lógica, o símbolo do niilismo depois de ter sido a fundadora da transcendência cristã subjetivista. A cruz fixa a transcendência: porque ela não *dispõe* os quatro pontos do quadrante, mas os reúne na intersecção que lhe serve de centro e que presentifica também o lugar central da subjetividade, para a cruz intransponível, visto que hipostasiada. Longe de derrubar o *Ser*, ela garante desse modo sua segurança "dans le sens de ce qui est toujours et partout fixable, c'est-à-dire représentable" (no sentido daquilo que é sempre e em toda parte fixável, isto é, representável).

O quadrado, ao contrário, não tem eixo intersectivo, ela não suprime absolutamente nada: isto significa que ele não pode ser nem subjetivo nem niilista. Seu campo é outro, externo ao espaço metafísico; ele não conhece sujeito crucificado nem Ser negado. Seu "eu" pontual ignora e não reconhece o sofrimento, ele é desumano em todos os sentidos da palavra, monstruoso porque do outro lado da Linha[67], porque justamente ele desloca a estrutura do "Dizer". Esse "eu" não ri – não caçoa, nem olvida. O Ser, o "real", a estrutura, ele os coloca aqui como presentes e fragmentos não para desconhecê-los, mas para estabelecer seu lugar geométrico e pensar sua história: "a escrita textual exclui por definição do "presente" (cuja função é de desconhecê-la), constitui precisamente a história – e a evidenciação ideológica – diferida desse presente" (*Programme*).

É no quadro da cruz heideggeriana que seria, sem dúvida, preciso compreender a indignação de Artaud:

> Il n'y a pas de signe de porc plus grandiose que
> le signe sémitique de la semence en croix de ce cosmos
> (uréthral, urinaire)
> issu du sperme funéraire de la pensée [...]
> [...]
> pédérastiquement à l'origine père, fils et esprit.*

A topologia do quadrado aberto em sua base nada tem, pois, a ver com o quadrante da cruz. O além do infinito funerário da tríade é aqui substituído pelo duplo fundo – outra cena da infinidade enumerante diferenciada e significante pela primeira vez de maneira não piramidal. Nem um resultado nem uma causa, mas unicamente o correlato desmedido da fórmula presente, o que deve ser pensado como o outro – o

---

67 Martin Heidegger, por outro lado, adverte em sua linguagem: "A transposição da Linha não deveria necessariamente devenir uma mutação do Dizer e não exigiria uma muda na relação com a essência da palavra". (A Linha é chamada também "meridiano zero", realização do niilismo). E mais adiante: "É, porventura, deixado à vontade arbitrária dos Declarantes, qual a língua que eles falarão para dizer os vocábulos que estão no fundo de sua natureza no momento em que eles irão transpor a Linha, isto é, atravessarão a zona crítica do niilismo realizado? Basta, talvez, que essa língua seja geralmente compreensível, ou reinam aqui outras Leis e Medidas, de uma natureza tão única quanto esse movimento de história-de-mundo que constitui a realização planetária do Niilismo e a Disputa de sua essência?" Cf. Contribuition à la question de l'Être, *Question I*, Paris: Gallimard, 1968.

* Não há signo de porco mais grandioso do que / o signo semítico da semente em cruz desse cosmos / (uretral, urinário) / procedente do esperma funerário do pensamento [...] / pederasticamente na origem pai, filho e espírito (A. Artaud, *Lettre contre la kabbale*, maio 1947.

germinante – da fórmula à qual ele falta –, a infinidade é uma infinidade angular que não existe senão obrigada a estar fechada, obrigada, pois, a se apresentar como seu contrário, que ela inclui. Na problemática do "eu" não transcendental, isso significaria que "eu" recusa o erótico com o "Mesmo" ("ele"), mas encontra seu oposto, "ela", para alcançar a multiplicidade de "nós" numa geração infinita que não tem de ser interceptada, expiada, feita refluir, pois ela não abre passagem sobre coisa alguma – nenhum resultado, produto, parto, a não ser o "fenotexto", a fórmula, o "vós" colocado entre parênteses.

A única maneira de dar início ao infinito é, pois, a de indicá-lo numa vedação. É assim que o infinito se inscreve no duplo-algarismo de uma geração formulada, e o nome de "Deus" – d'"Ele" – se torna estruturamente impossível em tal notação. O infinito enumerante, a diferencial significante, são, assim, o lugar por excelência da não-teologia, pelo qual o texto se junta à função científica. Integrando o espaço em que Deus aparecia para remediar a perda da multiplicidade da significância – digamos, um espaço que transformava a perda em Deus, a castração em transcendência –, a diferencial significante restabelece o infinito no sinal que lhe é estranho, o inscreve neste outro em relação ao qual ele é possível de ser pensado, e se constitui, assim, como integração simultaneamente da castração e da transcendência.

Ora, o texto não se detém no encerramento do infinito num quadrado: a matriz quaternária se encaixa em si mesma.

O texto produz a reviravolta dissimétrica de 1, 2, 3 no 4, do extratempo até aqui, do genotexto para o fenotexto.

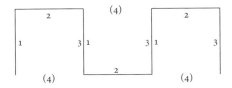

Recordação da *grega* e do enquadramento de múltiplos afrescos, esse gráfico designa o corte radical entre dois espaços daí em diante vistos e inconciliáveis senão no duplo algarismo do texto conduzindo o infinito do genotexto no ponto da representação fenomenal.

Mas as cenas se sobrepõem: o ponto branco do presente é também uma "emergência e uma articulação progressiva" que não pode ser visto como tal senão depois do duplo fundo do genotexto enumerante das "constelações maciças":
O infinito abre em direção do ponto e vice-versa:

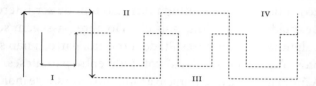

Nesta topologia dissimétrica das duas cenas encaixadas uma na outra, uma *é* a outra, "é" não indicando uma identidade, mas uma translação.

"4.52. un fourmillement de foule et rien qui est d'ailleurs quelque chose et la même chose que rien" (um formigamento de multidão e de nada que é, por outro lado, alguma coisa e a mesma coisa que nada).

O quadrado contém, pois, uma coexistência de elementos opostos, capazes de coabitar com a condição de que se faça abstração do tempo e de que se ponham juntos *locais* realizáveis em diferentes sequências temporais. No quadrado, pode-se pensar a contradição, e é assim que ele inclui "a outra cena" do inconsciente freudiano, onde a negação não existe. Também o quadrado é a figura fechada de um infinito que se produz decrescendo e crescendo, sem origem, e que implica a reiteração que significa uma produção sem teleologia, uma evolução sem alvo extrínseco, uma germinação na estabilidade possível de ser dominada.

É conhecido o raciocínio de Leibniz procurando escolher uma figura para o modelo do mundo entre três hipóteses: o triângulo ("teria havido um começo [...]"), a hipérbole ("não teria começo algum, e os instantes ou estados do mundo ter-se-iam desenvolvido em perfeição desde toda a eternidade") e o quadrado ("A hipótese da perfeição igual seria aquela de um retângulo"). "Eu ainda não vejo um meio de fazer ver demonstrativamente aquilo que se deve escolher pela razão pura"[68].

---

68 A. Bourguet, 5 ago. 1725.

A teoria freudiana de uma significância deslocada da cena da razão dá justamente a chave dessa demonstração. E compreende-se, nesta luz, o famoso e banal quadrado leibniziano, que une a combinatória e a teoria dos jogos:

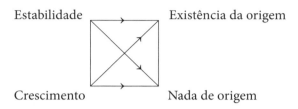

Estabilidade — Existência da origem

Crescimento — Nada de origem

Os quadrados de *Nombres* modificam radicalmente o quadrado leibniziano, transpondo-o sobre o duplo fundo do genotexto, e, desse ponto de vista, abrindo-se em direção da representação suspendida e não existindo senão à luz da germinação infinita da significância.

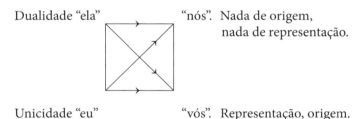

Dualidade "ela" — "nós". Nada de origem, nada de representação.

Unicidade "eu" — "vós". Representação, origem.

No quadrado de *Nombres*, "eu" é duplo não enquanto reagrupador de duas unidades na dele, mas enquanto pertencente ao mesmo tempo: ao genotexto, no qual, como um ponto singular ele participa através de seus *diferentes* "nós" no procedimento enumerante infinito, não fechado, não representável, não comunicável; e ao fenotexto, no qual, como um sujeito *semelhante* a "vós", ele comunica uma fórmula, uma lei. Duplamente múltiplo, enquanto ponto diferente e enquanto sujeito semelhante, ele é capaz de apresentar a cenografia de seu pensamento e daquilo que o envolve. A fórmula cartesiana poderia ser assim transposta: "Mais "eu" pensa, mais "eu" *se torna* uma diferencial".

É da alçada da topologia assim descrita que o *texto* se organiza como um espaço de tipo leibniziano: infinito e feito de pontos, nenhum dos quais é um *lugar* (nenhuma combinatória de pontos forma o espaço: "o ponto é o lugar de nenhum outro lugar"), mas que são outras tantas *situações* que formulam a condição de todo ato simbólico e definem suas modalidades. Não escrevia Mallarmé, talvez aproximando-se das notações leibnizianas: "Nada ter-se-á realizado senão o lugar excepto talvez uma constelação".

Os pontos múltiplos que o "eu" infinitizado pode ocupar na constelação do texto, são justamente os pontos em que a unidade individual cessa de ser ("là où cesse le corps" – lá onde cessa o corpo) e onde um tipo de simbolicidade se define para ser imediatamente modificada e partir de um ponto outro. A translação e a imbricação do quadrado permite pôr *simultaneamente a distância* a fórmula teológica: "uma esfera infinita cujo centro está em toda parte e a circunferência em parte alguma" *da mesma maneira que sua transposição* produz pela interrupção "copérniciana" do inconsciente freudiano: "cuja circunferência está em toda parte e o centro em parte alguma". Nem presente, nem ausente, o centro, para o quadrado (ou o cubo), *nunca se realizou e nunca se realizará*.

Construir este universo de combinatória infinita, de um infinito divisível em combinatórias cada uma das quais se aproxima do "termo" infinito sem nunca atingi-lo – eis o ajuste ao qual o texto recorre ao se exibir sobre esse duplo fundo que é o não centrável.

Ora, se ele é uma combinatória, o espaço textual não é uma "harmonia" na qual poder-se-ia estabelecer uma multiplicidade de sistemas indefinidamente substituíveis e relativos, definidos desde seu ponto referencial respectivo. Ele foge de tal ordem harmônica que logo se inclina em direção da teologia quando atribui o centro ausente, seja a uma divindade monádica (Leibniz), seja a um sujeito, Homem-Autor e Possuidor da rede (como é o caso do espaço perspectivo que não tem efetivamente ponto privilegiado, porque esse ponto é exportado para fora do quadro no lugar corporal, subjetivo e não mais pontual do sujeito – o Geômetra – que cria porque ele se representa). No texto, esse lugar corporal do sujeito, o lugar 4, representando-se entre parênteses, é incluído como um lugar pontual *no* quadrado do qual, assim, não há possibilidade de fuga subjetiva e teológica não é possível. A monada divina e/ou subjetiva, que fica censurada ou colocada como causa exterior radicalmente extrínseca, é, no texto – por meio de uma modificação materialista da problemática leibniziana –, fixada como local pontual que se tornou, pela primeira vez, possível de ser pensada a partir da função que Freud lhe atribui por fora da outra cena da germinação infinita. A originalidade do *texto* – e sua importância para a análise de nossa cultura – é que ele se organiza como o único continente capaz de reunir num conjunto quebrado a combinatória infinita e o corpo extrínseco: essa combinatória que não necessita do corpo senão como ponto (e o coloca entre parênteses), esse corpo que necessita da combinatória para garantir sua representação. Impossível sem o lugar que o represente, o infinito textual retoma esse lugar ("vós") para fazer sua anamnese, para demonstrar-lhe, pois, sua gênese biológica, lógica, metafísica, política, que ele se representa como uma reminiscência.

"Temos uma infinidade de conhecimentos dos quais nem sempre nos apercebemos [...]. Cabe à memória guardá-los e à reminiscência de no-los apresentar[69]". De maneira que a germinação infinita é sempre alguma coisa a mais, e a fórmula – o fenômeno – alguma coisa a menos de que seria precipitado encontrar o mais *citado*. Freud acentua a diferença entre essas duas cenas que ele chama de "conteúdo manifesto" e de "pensamento latente", insistindo sobre a "importância de levar em consideração a figurabilidade", e condena aqueles que, interessando-se no pensamento latente, omitem a colocação em fórmula, a formulação[70].

À força de ser esse espaço quebrado do infinito para o ponto, da geração para a fórmula, esse *local* da diferencial, o espaço textual é aquele que nenhum racionalismo pode ocupar. Ele é *aquilo* que o discurso científico pode se representar, pode representar, ao passo que o texto faz sua anamnese. Não visto pelo discurso científico tomado na representação, sabiamente censurado, posto de lado ou reduzido a uma simples estrutura – o que ele não é –, esse lugar que nossa cultura elabora hoje para

---

69 Leibniz, *Philosophie* v. 73. Sobre a teoria de Leibniz, cf. M. Serres, op. cit.
70 *La Science des rêves*, Paris: F. Alcan, 1926, p. 431.

se pensar é difícil, senão impossível agora, de ser aceito. Mas como tal, justamente, ele é um dos sintomas mais marcantes da transformação radical que essa cultura está vivendo. O texto mostra, com efeito: "4.76. comment il s'agit maintenant d'une révolution opérant non plus avec des substances ou des unités mais avec des continents et des textes entiers"*.

Nesse continente de uma nova realidade que ele abre, ele chama necessariamente as práticas revolucionárias de hoje:

> 2.86. "Dans l'histoire ce qui est nouveau et juste n'est souvent pas reconnu par la majorité au moment de son apparition et ne peut se développer que dans la lutte" / "la revolution communiste est la rupture la plus radicale avec le regime traditionnel de propriété; rien d'étonnant si, dans le cours de son développement, elle rompt de la façon la plus radicale avec les idées traditionnelles" [...]. Cela à redire de nouveau, sans fin [...]. Cela à injecter sans fin dans le mouvement des organes, des visages, des mains [...]. Cela à regrouper, à reimprimer, à refaire lire ou entendre, à réarmer par tous les moyens, dans chaque situation précise et particulière, dans chaque intervalle, dans chaque scène, quels qu'en soient la dimension, le dessin [...]. A redire sans cesse, en accentuant chague fois le rappel de la guerre en cours, les revendications concrètes de la base anonyme volée constamment et de jour en jour [...]. "Les oeuvres littéraires et artistiques du passé ne sont pas des sources mais des cours d'eau" / "le trait commun à la littérature et à l'art de toutes les classes exploiteuses sur le déclin, c'est la contradiction entre le contenu politique réactionnaire et la forme artistique des ceuvres. Quant à nous, nous exigeons l'unité de la politique et de l'art, l'unité du contenu et de la forme, l'unité d'un contenu révolutionnaire et d'une forme aussi parfaite que possible" / – Et pour cela, ici, parmi le calme provisoire qui nous tient dans le travail lent, parmi la réserve constituée par cette langue comme en retard sur le feu et le changement**.

---

* "4.76. como se trata agora de uma revolução operante não mais com substâncias ou unidades, mas com continentes e textos inteiros."
** 2.86. "Na história, aquilo que é novo e justo não é muitas vezes reconhecido pela maioria no momento de seu aparecimento e não pode se desenvolver senão na luta" / "a revolução comunista é a mais radical das rupturas contra o regime tradicional de propriedade; nada de surpreendente se, no curso de seu desenvolvimento, ela rompe do modo mais radical com as ideias tradicionais" [...]. Isso a ser redito novamente, sem fim [...]. Isso a ser injetado sem fim no movimento dos órgãos, dos rostos, das mãos [...]. Isso a reagrupar, a reimprimir, a refazer ler ou entender, a rearmar por todos os meios, em cada situação precisa e particular, em cada intervalo, em cada cena, quaisquer que sejam sua dimensão, seu

Diretamente: do trabalho na significância para o trabalho na história monumental:

1.93. Je pouvais maintenant me détacher de la surface dure, brûlante qui avait dirigé mes nuits, laisser tourner maintenant la roue distribuant les places, les mots, les outils; je pouvais mieux prendre part, maintenant, à la guerre en train de s'étendre dans chaque pays, sous le masque des arrestations et des prix [...]. Appelant à l'action directe, indirecte, et n'ayant plus à répéter que le même avis: savoir se révolter encore et encore, ne jamais renoncer, ne jamais accepter le geste de se courber et de censurer, apprendre à contra-attaquer, à changer et à connecter – 兼.*

---

desenho [...]. A ser redito incessantemente, acentuando cada vez a recordação da guerra em curso, as reivindicações concretas da base anônima furtada constante e gradualmente [...]. "As obras literárias e artísticas do passado não são fontes, mas cursos de água" / "o traço comum à literatura e à arte de todas as classes exploradoras em fase de decadência é a contradição entre o conteúdo político reacionário e a forma artística das obras. Quanto a nós, exigimos a unidade da política e da arte, a unidade do conteúdo e da forma, a unidade de um conteúdo revolucionário e de uma forma tão perfeita quanto possível" / – E por isso, aqui, na tranquilidade provisória que nos segura no trabalho lento, entre a reserva constituída por essa língua como em atraso sobre o fogo e a mudança.

* "1.93 Eu podia agora me desligar da superfície dura, abrasante que tinha dirigido minhas noites, deixar agora girar a roda que distribui os lugares, os vocábulos, os instrumentos; podia melhor tomar parte, agora, na guerra que se estendia em cada país, sob a máscara das prisões e dos preços [...]. Chamando para a ação direta, indireta, e não tendo mais que repetir senão a mesma opinião: saber se revoltar ainda e ainda, nunca renunciar, nunca aceitar o gesto de se curvar e de censurar, aprender a contra-atacar, a mudar e a concatenar –兼."

Índice

Este índice arrazoado dos *conceitos* fundamentais – ou, mais exatamente, das mais decisivas *intervenções* teóricas – destina-se a traçar a linha que, depois de uma leitura de *conjunto*, separa-se para permitir seguir os níveis sucessivos de abordagem, dispersos na pluralidade dos estudos, e constituir uma problemática nova.

Sem querer unificar aquilo que é diferenciado pela *temporalidade* de sua elaboração assim como pelo degrau de aproximação *científica* e *teórica*, o índice irá designar as direções essenciais de um projeto global, a ser *prosseguimento*, visto desde o último estádio do trabalho.

Alguns desses conceitos-intervenções, formulados anteriormente por diferentes autores, encontram em nossos estudos um outro desenvolvimento: nós os retomamos portanto.

Notar-se-á que os quatro capítulos desse índice se entrecortam e são dificilmente isoláveis um do outro. Mas se eles formam, um sistema, eles não detêm o curso da pesquisa, e não fazem senão *propor* um objeto de análise *aberto*.

A. O LUGAR SEMIÓTICO

1. Semiótica como Ciência e Teoria

1. *A emergência da semiótica*: remontando aos estóicos, junta-se ao procedimento axiomático (p. 11, 194-202); o termo saussuriano de semiologia (p. 12-13); a semiótica e o conjunto das ciências (p. 10-17, 26-28); lugar de ruptura da ciência como um "círculo de círculos" (p. 24-25); ciência interdisciplinar (p. 19);
* *a semiótica como teoria* (p. 14-17, 24); como metateoria (p. 16-17, 184); como questionamento dos discursos inclusive o seu próprio (p. 15-16, 17-18, 21, 55-58, 287, 288);
* *a semiótica como "lógica dialética"* (p. 15); os modelos semióticos como representação e como teoria (p. 23-24); a semiótica-ciência crítica (p. 25); a semiótica face à produção (p. 33-34); semiótica e escritura (p. 68-70); a semiótica como produção de linguagem (p. 52-53); a semiótica diante da pluralidade de procedimentos lógicos (p. 37-40, 43, 50-53).

2. *A semiótica e as ciências anexas*: semiótica e linguística (p. 12, 22, 26-27, 38-39, 68-72, 145); as ciências anexas como premissas subvertidas (p. 26); semiótica e matemática, lógica, psicanálise (p. 15, 18, 50-53, 196-199); o signo matemático sem o fora e a semiótica isomorfa à produtividade (p. 169, 186, 194-196); a semiótica desloca a estética literária, a retórica e seus disfarces (p. 1-11, 34-35, 46-47, 83, 182, 203-205).

3. *A semanálise*: apresenta no interior do sistema do signo a outra cena da significância, cuja estrutura não é senão uma base deslocada no espaço ou no tempo. (p. 3, 7, 19, 268-275, 278-283); o sujeito entre a estrutura rompida e a geração significante (p. 287); discurso semanalítico e texto escrito (p. 17-18, 288).

2. A Matriz do Signo e sua Travessia.

1. *O Signo, o Sentido, a Troca*: ver "O Sentido e a Moda";
* *topologia do signo*: história da díade significante / significado (p. 60-63, 112-115); o signo e a metafísica da superfície (p. 65-67); o binarismo (p. 60, 66); denegação do espaço

e do gesto teatral, exigência de um trabalho despojado de sentido (p. 61-63); o signo é associativo e substitutivo, instaura uma analogia (p. 65, 213-214); a alteridade – *ersatz* do signo (p. 77-78); a analogia se encontra como traço radical do verossimilhante semântico (p. 207, 213-220); o signo como *representamen* exige uma cadeia comunicativa (p. 63-65, 220-222); crítica da teoria do signo como implicação convencional (p. 73); estatismo, didatismo, finitização próprios ao sistema do signo (p. 74); a causalidade e o signo: principium reddendae rationis (p. 73-75); denotação, conotação (p. 17, 65, 256); desdobramento do signo no discurso retórico – a polissemia e o enfraquecimento do sentido na pluralização (p. 216-217); o sentido como produto do sentido da cadeia falada e do sentido retórico que recoloca os elementos da cadeia falada e sua combinatória (p. 59, 81-82); o signo-base da sociedade de troca (p. 56), zona do sujeito (p. 269-271); eficaz para o estudo das estruturas de ordem sincrética, isto é, elas próprias, estrangeiras ao signo, mas impotentes face a uma prática pós-sincrética (p. 41-43); elemento especular, vela a geração de significância (p. 278, 282);

- *a matriz significante está sujeita a uma mudança histórica*: diferenças do símbolo e do signo (p. 112-115, 240);

- *o sujeito, a comunicação*: a cumplicidade do signo e do sujeito (p. 64); o descentramento do sujeito no espaço pragmático, o "o sujeito zerológico" (p. 190-192, 271-273); o texto como morte do sujeito (p. 357-370, 374-377); o sujeito dissolvido no texto visto que ao atravessar o entrave de o Um, o Fora e o Outro (p. 6-9); a comunicação verossimiliza (p. 220-222); o verossimilhante constitui o *outro* enquanto *mesmo* (p. 220); a distinção prática-produtividade/ comunicação-significação (p. 28-32, 85-88); o discurso romanesco na cadeia sujeito- -destinatário (p. 151-154);

- *a temporalidade*: a semiótica deveria se construir como uma cronoteoria (p. 15); a linearidade temporal, extraída de sua dialética no espaço, reparte a matriz do signo (p. 67-68); a temporalidade como espaçamento do gesto negativo (p. 81); o tempor retórico introduzido por sequências que mimicam a estrutura da proposição sujeito-predicado

(p. 227); o sujeito do discurso não pode suspender o princípio de "verdade" discursiva senão dentro de uma temporalidade T^{-1} (p. 220); a temporalidade romanesca: teológica, linear, regulada pela não-disjunção (p. 123); a temporalidade escritural – presente maciço da enunciação inferencial (p. 133); o extratempo textual, suas relações com o presente, o imperfeito, a nominalização (p. 337-344).

2. *A produtividade pré-sentido*

- *o trabalho na língua*: a ideologia da significação censura a problemática do trabalho (p. 60-63); o estranhamento em relação ao sentido e à comunicação (p. 1); a translinguística (p. 38-39, 69, 142-145);

- *a prática significante*: como sistema modeladores secundários (p. 6-7, 21, 38-39);

- *a produção:* projetar um sistema semiótico do ponto de vista de sua produção (p. 28-34); a produção como *dispêndio* (p. 31), *outra cena*, não representável e não mensurável (p. 32); oposta à comunicação (p. 28-30); objeto da semiótica pós--freudiana (p. 18, 32-34); a contribuição de Marx, a *Darstellung* e a produtividade anterior à troca (p. 85-89); o gesto como produção: irredutível à linguagem verbal, dispêndio anterior ao fenômeno da significação (p. 90-93); o texto como produtividade (p. 236-238); o texto como um poder-escrever (p. 205); a produção é indecidida em uma retórica literária (p. 210); medida inerente ao texto, mas irredutível ao texto dito (produto) (p. 234-235); exige uma rede de axiomas lógicos polimorfos (p. 237); a produtividade indecidível (p. 238);

- *a significância:* o lucro do trabalho excedente da cadeia significante (p. 3); geração duplamente aproveitável: 1. geração do tecido da língua, 2. geração do sujeito que se coloca na posição de apresentar a significância (p. 279, 282, 287, 357-369); a relação entre a significância e a estrutura (p. 87-94); a geração e o sentido produzido (p. 285);

3. *A significação como produtividade não tem unidade minimal objectal:* ver o capítulo "A Geração da Fórmula".

- *a palavra dialógica:* a significância desloca a matriz do signo (p. 3); a palavra dialógica como cruzamento de superfícies textuais (p. 141); espacialização da palavra situada entre o sujeito, o destinatário e os textos reescritos (p. 151-154);

- *o duplo, o conjunto* desequilibram o signo (p. 146, 177-178, 182-183, 186-188);
- *a anáfora:* conexão semântica não estrutural (p. 75-78); suplemento da estrutura (p. 75-78); decentraliza o princípio de causalidade (p. 78); a designação "precedente" à significação (p. 87-88, 90-91, 93-94); a produtividade textual trans-estrutural se organiza anaforicamente (p. 235-237); o número de-signante é anafórico (p. 294);
- *o intervalo:* articulação não interpretável (p. 93-94); sentido/corpo (p. 8, 350-355, 358-359); a anáfora como *salto* do traçado *em direcão de, sobre, através de* (p. 75-78); o corte-reenvio (p. 336); o salto é um selo: relação do genotexto e do fenotexto (p. 345-354);
- *a variável:* conceito operatório colocado na busca de uma "unidade" trans-signo, como uma *função* (p. 705); a função supra-segmental que funda a prática trans-linguística (p. 69, 70, 71);
- *o número, a função numérica do significante:* os sistemas hipersemióticos do Oriente, fundados em relações numerológicas (p.45, 193, 293, 294, 300, 318-319, 369-376); o número em relação ao signo (p. 293-294, 318-319); sem fora nem dentro, significante e significado, o "enumerante" textual é uma pluralidade de diferenças (p. 299); o texto dispõe uma infinidade significante (p. 296-298, 302-306); a unidade gráfica/fônica na qual a infinidade significante insiste é uma *diferencial significante* (p. 297); os sítios da significância (p. 278, 297, 376); a diferencial significante como transformação do significante e do significado no infinito-ponto (p.177-178, 296-299, 300).

B. PRÁTICAS SEMIÓTICAS

1. *Tipologias das práticas significantes:* substituição da retórica tradicional (p. 46-47, 109, 286); práticas significantes sistemática,

transformativa e paragramaticamente (p. 109, 191-192); tipologia dos discursos enquanto práticas significantes e historicidade do signo (p. 112-115, 125-127, 153-163, 163-168, 240-241); os modos de enunciação da *lei* e suas relações com a "infinitização" do discurso (p. 328-329);

2. *O carnaval*: sua oposição à lógica do discurso corrente (da representação e da comunicação) (p. 140, 155-156); suas relações com a estrutura do sonho e do desejo (p. 156-158).

3. *A epopeia* (p. 154-155).

4. *A menipeia* (p. 159-163).

5. *O romance:* a enunciação romanesca inferencial (p. 121); texto fechado bloqueado pela não-disjunção (p. 117-119, 122-128); programação do romance (p. 117); sua dupla finição: estrutural e composicional (p. 133-135); o romance como narrativa e como literatura (p. 136-138); o romance polifônico (p. 10, 148, 162); o romance como etapa da metamorfose do sujeito da narração (p. 119-120, 151-152); o romance – e a ideologia do signo – transpõe a ambivalência da menipeia: hieróglifo e espetáculo, texto e representação (p. 115-122, 145-149, 162); o romance moderno antirrepresentativo (p. 164-166, 277, 278, 287-288, e, em geral, "A Geração da Fórmula").

6. *A literatura como verossimilização:* a verossimilhança como segundo grau da relação simbólica de semelhança (p. 206); efeito interdiscursivo desprezando a produção (p. 208-209); a verossimilhança semântica (p. 207, 213-220); a verossimilhança sintática como derivabilidade do sistema retórico escolhido (p. 208, 223-230); a arquitetônica da verossimilhança: significante ("arbitrário") – significado (semanticamente detectáveis) – discurso (narrativa-retórica = sintaxe do verossimilhante) – metadiscurso (explicação teórica) (p. 230-232); repetição e enumeração para verossimilhar (p. 228-229); a retórica como corrupção do sentido (p. 83-84); a verossimilhança como grau retórico do sentido (p. 210).

7. *O gesto:* produtividade que constitui uma exceção à estrutura significante (p. 77, 78-94).

C. A LÓGICA DO TEXTO

I. Em Direção de uma Definição do Conceito de Texto

1. *O texto como produtividade:* arrebenta a cadeia comunicativa e impede a constituição do sujeito (p. 2-6, 233-235); ascende ao germe do sentido e do sujeito (p. 2, 281-286, 357-361, 366-370); rede de diferenças (p. 5, 178-180); multiplicidade de marcas de intervalos não centrados (p. 6); fora do signo tomando o signo a seu cargo (p. 70).

2. *O texto trans-linguístico:* irredutível a um enunciado desdobrável em partes (p. 10, 70-71); redistribui as categorias da língua (p. 70, 109-110, 289, 292, 320, 325, 327, 330-331, 337-344); transgride as leis da gramática (p. 173-178); escritura-leitura (p. 176); seu estranhamento com a língua (p. 1, 19, 233); a teatralidade do texto (p. 155-158, 161-162, 213-214, 232-233).

3. *A intertextualidade:* destitui a intersubjetividade (p. 142); cruzamento de enunciados tomados de outros textos (p. 111); transposição, na palavra comunicativa, de enunciados anteriores ou sincrônicos (p. 129-133); o texto polifônico (p. 10, 148, 159-161, 164); multiplicidade de códigos em relação de negação um com o outro (p. 186-191, 252-254); a dedução prévia desperta e destrói as estruturas discursivas exteriores ao texto (p. 306-317, 335-337).

4. *O texto como objeto dinamizado:* o genotexto e o fenotexto (p. 279-282); nem casualidade nem estruturação (p. 282-283); o fenotexto como resto de uma geração que é o efeito de sua própria causa (p. 284, 285, 286); estrutura profunda e estrutura de superfície (p. 280); a colocação-em-língua do gesto científico (p. 9-10, 285-286).

II. Particularidades Lógicas

1. Diferenças entre a lógica poética e a lógica do discurso comunicativo (p. 172-174, 248-250); transgressão da *lei* e da unicidade (p. 5, 177, 178); o concreto não individual da linguagem poética (p. 248); referente e não referente da linguagem poética (p. 250-254).

- O dialogismo: inerente à linguagem (p. 144-145), coextensivo às estruturas profundas do discurso, no jogo Sujeito-Destinatário (p. 151, 152, 153); como aniquilação do pessoal (p. 151-152, 159); o monologismo (p. 153-155); a ambivalência (p. 145-149, 170, 178); a "lógica" do dialogismo (p. 149, 179, 197-198).

2. *O paragramatismo* (p. 170-171, 268-275, 291-292, 305-318): "aplicação" de conjuntos sêmicos (p. 177-183); a rede paragramática (p. 179-202). Gramas parciais, subgramas (p. 180): fonéticas (p. 181), sêmicas (p. 182), sintagmáticas (p. 186); o espaço paragramático como zona de exclusão do sujeito e de anulação do sentido (p. 192, 271-272).

3. *A linguagem poética e o infinito:* a potência do contínuo (p. 149) o transfinito (p. 149), a infinidade potencial (p.39, 171-172, 175, 237), a infinidade real (p. 175); a lógica bivalente como limite (p. 255-262, 263, 265-266); a infinidade significante disposta em diferenciais significantes dentro do texto (p. 297, 298, 299, 302-303, 360).

4. *A negação:* ponto de articulação do funcionamento significante (p. 245) para os estóicos (p. 245) e Platão (p. 246-248); *Aufhebung* (p. 244, 246-247, 270); *Verneinung* (p. 269, 270, 271); como operação interna do julgamento (p. 247); a negação como afirmação (p. 140, 275); a contradição como definição (p. 185); a negatividade do gesto (p. 92-94); a negação dialética como alternância rítmica de contrários disjuntos (p. 80-82, 84); o duplo (p. 146-148, 177-178); a díade oposicional (p. 185-190); a reunião não sintética (p. 192, 250, 267).

- a não-disjunção: no signo (p. 78-80); no romance (p. 122, 155, 160-161); a introdução do tempo, do sentido, do princípio teológico (p. 123-126); lei da narração, da mímesis (p. 82-83, 124);
- a estrutura ortocomplementar: para incluir a pluralidade de significações poéticas na lógica booliana (p. 255-262, 263-266); as leis de idempotência (p. 256), de comutatividade (p. 258), de distributividade (p. 261), do terceiro excluído (262);
- O indecidível (p. 238-239).

5. *A sintaxe linguística e a gramática do texto:* a estrutura sujeito-predicado como matriz da versossimilização (p. 223-227); gramática gerativa e produtividade textual (p. 280-283); o complexo significante como grande unidade do texto (p. 320, 326, 327, 335); suas diferenças em relação à proposição sujeito-predicado (p. 325); a nominalização infinitizando o sentido (p. 320-335).

D. SEMANÁLISE E GNOSEOLOGIA MATERIALISTA

I. A História

- na ideologia da representação e em relação à "literatura" (p. 204-205); a historicidade linear substituída por uma tipologia de práticas semióticas (p. 33-34, 41-43, 44); a história estratificada (p. 6-7), paragramática (p. 170-171, 200-202); apreendida através da palavra como cruzamento de textos (p. 140); a palavra dialógica transforma a diacronia em sincronia (p. 141, 142); a ambivalência do texto (p. 145); as mutações de estruturas significantes juntam-se às rupturas históricas (p. 44-45); a história como o significável da infinidade textual (p. 345-347, 355-357); o texto designa como um atributo (um acordo) um fora móvel (p. 4); a diferencial significante – ponto de insistência daquilo que excede o sentido: da "história material" (p. 292, 294, 297, 298, 299, 301-305, 355-356, 366-370, 374-380).

II. A Ideologia

- *o ideologema:* verificação de um texto com o conjunto textual (p. 55-57, 110);
- a ideologia recupera o trabalho na língua como "literatura", "magia", "poesia" (p. 1); a semiótica como teoria da formalização que é, abre-se para uma ideologia (p. 24-25); a semiótica como ciência das ideologias (p. 32-33); o texto como representação *e* trabalho (p. 161-162), ideologia e notação (p. 9, 286); a contribuição da semanálise para a constituição de uma gnoseologia materialista (p. 15-16, 18-19).

Este livro foi impresso em São Paulo,
nas oficinas da Markpress Brasil, em fevereiro de 2013,
para a Editora Perspectiva s.a.